慶應義塾大学法学研究会叢書〔87〕

株式譲渡と株主権行使

山本 爲三郎
Tamesaburo Yamamoto

慶應義塾大学法学研究会

はしがき

株式会社と（記名株式の）株主との関係は株主名簿によって規律される。株式譲渡自由原則の下、会社の承認なく株主は入れ替わる。会社は株主に株主総会招集通知発送などの義務を履行しなければならない。会社にとって、株主を把握し固定化する法技術である株主名簿の制度が求められることになるわけである。このような趣旨の制度であるから、必然的に、譲受人株主と株主名簿上の株主とが異なる場面が生じる。そして関係当事者間の利益状況を考慮すると、名義書換未了株主の権利行使を認めてもよい、さらに認めるべき場合がある。こうした関係を論理的に説明しようとして、ここ三〇年ほどの間、折に触れて様々な観点から考えてきた。さらに前進するために、これまでの論考を本書にまとめた。

本書は序章を除き既発表論考から成る（巻末の初出一覧参照）。問題を多角的に把握するために、判例研究や演習解説も対象とした。最も古い論考は一九八七年に発表されている。会社法分野の法状況の動きは激しい。考察の対象としたが、端株や単位株のように廃止された制度もある。これらを収録したのは、特に本書のような基本法理の解明を目的とする研究にとっては、過去の時点での検討であっても（したがって、各論考発表時点での法令、文献に依る）、その時点での法状況を前提にする研究として、沿革研究というだけでなく、法解釈の可能性の探究という観点から、現在においても意義を有すると考えるからである。

各論考はすでに引用の光栄に浴しているため、本書ではなるべく原文のまま掲載することとした。ただし、若干の表記統一を行い、多くの論考に発表後の法改正に関する付記を加筆している。

思い返せば、研究者として駆け出しの頃に疑問に感じた主題である。関連性を意識しながら考察の対象を少しずつ広げてきた。その間には、法改正が度重なり、判例は進展し、実務も大きく変動した。このような動向を受け止めながら、その時々において基本法理を確認し、問題の論理的把握に努めてきた。本書収録の全論考を貫く法解釈に対する私の姿勢である。もっとも、再読すると忸怩たる思いも強い。熟考を重ねてきたつもりであるが、得心したとは言い難い。蝸牛の歩みを続けたいと思う。

本書は慶應義塾大学法学研究会叢書中の一冊として刊行される。塾法学部、法学研究会に謝意を表するとともに、法学部の教員としては宿題を一つ仕上げたような気持である。慶應義塾大学出版会の岡田智武氏には今回もお世話になった。同氏の徹底した仕事ぶりには感嘆するしかない。

早春の研究室にて

山本　爲三郎

目次

第四章　株券法理

略記一覧（法令等の名称につき次の略語を用いることがある）

会　→　会社法
会規　→　会社法施行規則
株式消却特例法　→　株式の消却の手続に関する商法の特例に関する法律
業務規程　→　株式等の振替に関する業務規程（証券保管振替機構）
業務規程施行規則　→　株式等の振替に関する業務規程施行規則（証券保管振替機構）
計規　→　会社計算規則
決済合理化法　→　株式等の取引に係る決済の合理化を図るための社債等の振替に関する法律等の一部を改正する法律
上場規程　→　東京証券取引所有価証券上場規程
商　→　商法
商法特例法　→　株式会社の監査等に関する商法の特例に関する法律
整備　→　会社法の施行に伴う関係法律の整備等に関する法律（平成17年）
手　→　手形法
日刊新聞法　→　日刊新聞紙の発行を目的とする株式会社の株式の譲渡の制限等に関する法律
振替　→　社債、株式等の振替に関する法律
振替施行令　→　社債、株式等の振替に関する法律施行令
振替命令　→　社債、株式等の振替に関する命令
保管振替　→　株券等の保管及び振替に関する法律
民　→　民法
有　→　有限会社法

序　章　譲渡による株式取得と株主権行使

一　はじめに

株主は、その有する株式を譲渡することができる（会一二七条。株式譲渡自由原則）。しかし、株式の譲渡は、その株式を取得した者の氏名または名称および住所を株主名簿に記載し、または記録しなければ、株式会社に対抗することができない（会一三〇条）。株式の譲渡による取得者（新株主）の会社に対する株主権の行使が制度的に制約されているのである。一方で、商法制定以来、株式の譲渡方法は幾度となく制度が改正され、それに伴い、株主名簿制度に関する法規整も改正を重ねてきた。本書はこのような法改正による制度間の相互関係を分析しながら、譲渡による株式取得と会社に対する株主権行使の制約につき、その基本構造を論理的に解明することを目的とする。

各章で論じる内容は次の通りである。本章では、第一章以下を横断的に整理する。第一章では、株主名簿制度の法的構造を検討し、名義書換の効力を分析する。第二章では、株主名簿制度に立脚する基準日制度を検討することによって、基準日に株主名簿に登録されていない株主の法的地位を探求する。第三章では、譲渡制限株式制度を検討することによって、譲渡制限株式の譲渡による取得の承認請求と株主名簿の名義書換請求の関係を解き明かす。第四章では、前章までの前提となる株式譲渡の法規整の変遷を考察する。

二　記名株式譲渡方法の変遷と株主名簿の名義書換の意義

前述のように、株式（記名株式）を譲渡によって取得した株主は株主名簿に名義が登録されなければ会社に権利行使できない。株券発行会社においては株式の譲渡は株券の交付によって行う（会一二八条一項）。これに対して、平成二年の商法改正によって廃止された無記名株式に関しては、その移転には株券の交付を要し（平成一八年廃止前商二〇五条一項）、その権利行使は株券を会社に供託（提示）して行うこととされていた（平成二年改正前商二二八条）。有価証券上の権利は、原則として、当該有価証券を交付して移転し、当該有価証券を提示して行使する。無記名株式は有価証券法理に忠実であった。一方、株券発行会社の記名株式に関しては、株券を提示しても株主名簿の名義書換未了株主は会社に対して権利行使できない（原則。名義書換請求〔会一三三条二項、会規二二条二項一号〕などは株券を提示して権利行使する）。株券発行会社の記名株式は、権利流通面では有価証券法理に、権利行使面では株主名簿法理に従っているのである。

もっとも、記名株式の譲渡方法や株券に対する法規整は、商法改正史の当初においては制度的な混乱が見られた。そして、ようやく昭和二五年に至って、株券の安全機能を確立する商法改正が実現した。これに伴い、株主名簿への名義の登録は会社に対してのみの対抗要件とされた。すなわち、記名株式の譲渡方法が法定されていなかった昭和一三年商法改正までは、株主名簿への名義登録が会社その他の第三者への株式譲渡の対抗要件とされていた（昭和一三年改正前商一五〇条）。記名株券の指図証券性が認められた昭和一三年商法改正では、記名株券の裏書による株式の移転の場合（定款に別段の定めを置くことができた）には株主名簿の名義書換が会社に対する対抗要件、それ以外の方法による株式の移転の場合には株主名簿の名義書換が会社その他の第三者への対抗要件とされていた（同年改正商二〇六条一項二項）。昭和二五年改正によって、株券交付を要する株式譲渡方法が強行法化され（同年改正商二〇五条一項）、株券占有による権利推定（同年改正商二〇五条二項三項）および株式の善意取得制度（同年改正商二二九条）が整備された。こうした法整備を背景にして、株主名簿の名義書換は会社に対してのみの対抗要件とされたのである（昭和二五年改正商二〇六条一項）。

このようにして、少なくとも昭和二五年の商法改正以降は、株主名簿の名義書換未了であっても、株式の譲受人は、会社以外の第三者に株主であることを対抗できることが明らかにされた。これに対して会社との関係では、株主名簿の名義書換が記名株式の譲渡の対抗要件とされる。ただし、これは指名債権譲渡におけるような権利移転の効力についての対抗要件ではない。譲受人への株式の移転は株券の交付（昭和四一年商法改正までは裏書交付、あるいは譲渡証書を付した株券の交付。同年改正からは無記名証券としての株券の交付）によってすでに効力を生じているからである。したがって、株主名簿の名義書換は、会社との関係で株主として扱われるのは誰かの基準——会社に対する株主資格設定の意義を有することになる（平成一六年改正商法以降の株券不発行会社については後述四、平成二一年以降の振替株式については後述五および八参照）。

三　株主名簿の名義書換の効力

二で論じたように、株主名簿の名義書換によって会社に対する株主資格が設定される。この資格設定の意味はない旨を規定するだけである（会一三〇条）。そこで、この規定の意味を考えよう。

（二）対会社株主権対抗力

前述のように、株式譲渡の効力と株主名簿への名義登録は別個に把握される（株主権の所在と会社との関係で株主として扱われる者）。つまり、株主名簿の名義を書き換えなくても株式譲渡の効力は生じる。したがって株式の譲受人は、株主であることを証明して会社に権利行使できるはずである。ところが、会社法一三〇条は、株主名簿の名義を書き換えなければ、株式の譲受人は会社に株主であることを対抗できないとする。株主名簿に名義が登録されていない譲受人株主の対会社株主権対抗力を制限するわけである（名義人株主は制限を解かれて対抗力を回復する）。

なお、名義書換を要するのは、明治三二年商法一五〇条では記名株式の譲渡による譲受人とされていたが、その後、記名株式の移転による取得者（明治四四年改正商一五〇条、昭和一三年改正商二〇六条一項二項、昭和二五年改正商二〇六条一項）とされ、さらに、平成一七年会社法一三〇条一項では株式譲渡による取得者とされた。株式譲渡とは個別の法律行為による株式の移転を意味し、合併や相続など一般承継による株式の移転は含まれない（会社分割による株式の移転は、分割の効果として分割会社が消滅するわけではないので、名義書換請求との関係では株式譲渡として扱うべきであろう）。したがって、平成一七年会社法は、一般承継による株式の取得者は株主名簿の名義を書き換えなくても会社に株主である旨を対抗できるとするようである。一般承継前の名義は承継後は当該承継による株式取得者を表示することになる（甲こと乙）から、この場合には、名義を変更訂正しなくても株式取得者は会社に対する株主権対抗力および権利行使資格を有すると解される。もっとも、株主名簿上の名義が自己を表示するものである旨は証明しなければならないから、一般承継による株式取得者は名義の表示を変更訂正（甲を乙に）することになろう（会社法施行規則二二条一項四号は、合併や相続に関しては名義表示の変更訂正に関する規定と解される）。

(二) 資格授与的効力

株式を譲り受けた旨を証明しても、名義書換未了の抗弁を会社がなせば、譲受人株主は会社に対して株主権を行使できない。すなわち、株主名簿の名義書換は、権利行使資格を設定する効力を有することを意味している。権利行使資格であるから、名義人株主は自己が株主名簿上の名義人である旨を示して権利行使すればよく、株主権を所持していることまで証明する必要はない。一方、会社が名義人の権利行使を拒絶するには、名義書換が無効である旨、あるいは権利行使時において名義人が株主ではない旨を証明しなければならない。以上の関係は、株主名簿の名義書換に資格授与的効力があると説明される。株主名簿の名義書換には、対会社株主権対抗力回復効と権利行使資格設定効とが認められるのである。両者は区別されなければならない（権利自体の主張と権利行使資格の主張）。

株主名簿上の名義人株主が資格授与的効力を主張できるということと、誰が当該株式の株主かは別個の問題である。資格授与的効力は、名義人株主であること（株主名簿上の名義が自己を表示するものである旨）を示して主張するのである（株主権を所有していることの証明を要するのであれば、資格授与的効力は不要である）。また、会社が個別の株主に各種通知等を行う義務は、（記名株式の）株主に対する会社の義務であり、資格授与的効力とは別個の問題である。会社は株主に対して右義務を履行しなければならない。株主名簿の名義を基準にするのは、名義書換未了株主は会社に対する株主権対抗力を制限されており（株主である旨を会社に主張できない）、株主名簿の名義人に対して義務を履行しておけば、名義人が株主でなくても、後述のように会社は免責を受けるからである。

(三)　会社免責力

株主名簿上の名義人を株主として扱えば、たとえその者が株主でなくても、会社は免責され右取扱は適法化される。この会社免責力は、株主名簿上の名義という外形的事実に株主推定力を認める反面として導かれるわけではない。株主でない者に名義が書き換えられた場合のように名義書換が無効であれば、資格授与的効力は生じないといわなければならない（善意無重過失で書換に応じた会社の免責は別途に問題となる）。すなわち、会社は名義書換の無効を証明すれば、名義人株主の権利行使を拒否できる（名義書換時には無権利者であったが、その後、株式を取得した場合であっても、当該株主は名義書換未了株主である）。

会社免責力は株主名簿上の名義人が株主でないときに問題となる。これには二つの場合がある。まず、株主でない者が株主名簿に名義を登録された場合（したがって、当該名義書換は無効である）。そして、名義登録が有効になされたが（したがって、名義書換時点では名義人は株主権を有していた）、その後、名義人が株主でなくなった場合である。

前者（名義書換が無効である場合）については、さらに、当該名義書換につき会社が免責される場合とそうでない場合とを区別する必要がある。無権利者への名義書換につき善意無重過失の会社は、当該名義書換につき次に述べるような法的根拠に基づき免責されなければならない。すなわち、株券発行会社においては、株券所持による株主推定（会一三一条一項）が根拠とされる（有価証券の一般理論）。株券不発行会社においては（振替株式を除く）、株主推定規定が存せず、株主名簿の名義書換は株主名簿に登録された名義人と当該株式の取得者が共同して請求するのが原則である（会一三三条）。名義書換の共同請求に応じた会社は、取得者の無権利につき善意無重過失であれば免責されなければならない（名義人株主の有する資格授与的効力が前提となる）。振替株式については、口座登録の権利推定力（振替一四三条）が、振替機関（総株主通知）を介して、免責の根拠となろう（基準日など一定の日における

名義書換の擬制（振替一五二条一項後段）参照）。

会社が免責されるからといって、当該名義書換が有効になるわけではない。しかし、会社が名義書換につき免責されるので、当該名義書換に係る前名義は失効する。そして右免責は、その名義書換の結果である名義登録に基づいて名義人を株主として扱った会社の免責に引き継がれる――株主名簿の名義登録自体から「免責力」が生じるわけではない。株主名簿制度下では、会社・株主間の継続的な関係を資格として設定する契機は名義書換以外にないからである。これに対して、名義書換につき会社が免責されない場合には、当該名義書換は無効であり、前名義が効力を維持する。

後者（名義書換が有効である場合）では、資格授与的効力が生じている。会社・株主間の継続的な関係が資格として設定されるのである。株主資格は株主権の存在自体とは別個の問題であるから、株主がその株式を譲渡して無権利者になっても、株主資格は存続する。一方、資格授与的効力の結果、名義人の権利行使（名義人である旨を示してなす権利行使）を会社は認めなければならない。そこで、資格授与的効力の反映として、名義人が株主でなくなった場合には、名義人を株主として扱った会社は免責されなければならない――資格が存続する限り免責力も認められる。このような資格と免責との関係は、資格の有する権利推定力で説明される。

四　株券不発行会社における株主名簿法理

株式の譲渡は、株券発行会社の場合には株券の交付（会一二八条一項本文）が、振替株式については振替口座への振替登録（振替一四〇条）が、それぞれ効力要件とされている。二重譲渡はできず、権利の抵触関係は起こらないので第三者との対抗問題は生じない（振替機関・口座管理機関が加入者口座に振替株式の超過登録をすると、当該超過分が譲渡の対象とされる場合がある。これは二重譲渡の問題ではなく、善意取得の問題として処理される（振替一四四～一四九条））。株券発行会社の株式や振替株式については、名義書換未了株主も会社以外の第三者に対して株主であることを主張できる（会一三〇条、振替一六一条三項）。これは、株券占有者や振替口座を開設した加入者に株主推定が働く（会一三一条一項、振替一四三条）からではなく、株券発行会社の株式や振替株式については、そもそも当該株式の株主である旨の主張を第三者との関係で制約する必要がないからである。株券不発行会社の振替株式ではない株式について、その譲受人である株主が名義書換以前には会社以外の第三者にも株主たることを主張できないとされているのは（会一三〇条）、株式譲渡が意思表示のみによって行われるので、二重譲渡に対処する明確な基準とする趣旨からである。

株券発行会社の株式や振替株式については、名義書換未了株主も、第三者に対して株主である旨を主張でき、さらに、株券占有・口座登録によって株主である旨が推定される（この法律上の株主推定力を前提にして、株式の善意取得制度が設けられる）。株券不発行会社の株主（振替株式の株主を除く）には法律上の株主推定規定が存せず、さらに、株主名簿の名義を書き換えなければ会社その他の第三者に株主である旨を主張できないのである。

このように、平成一六年商法改正以降の株券不発行会社においては、振替株式を除いて、株式は譲渡の合意によって移転する。そして、株主名簿の名義書換をしなければ会社その他の第三者に対抗できない。もっとも、対抗力が制限されているに過ぎないから、会社が名義書換未了株主を株主として扱ってその権利行使を認めても差支えない。名義書換未了株主が有する株式を、会社が取得することも（自己の株式の取得）、会社以外の第三者が取得することもできる。ただし、当該株式は善意取得の対象にならず、また、二重譲渡される可能性がある。二重譲渡の場合には、先に名義書換をなした方が株主である旨を主張できることになる。ただし、特に小規模な株式会社では株式譲渡の有無や、そもそも誰が株主であるのかが明確ではない場合が存する。株主名簿の名義も実在する他人名義を借用している場合も見受けられる。株主名簿が作成されていない事例すら存在する。訴訟においては、事実認定が重要になる。

五　振替株式と株主名簿法理

振替株式についての権利の帰属は振替口座簿の登録によって定まり（振替一二八条一項）、振替株式の譲渡は口座振替による（振替一四〇条）。そして、振替口座への登録によって、当該口座を開設した加入者は当該振替株式についての権利を適法に有するものと推定される（振替一四三条）。振替株式につき株券は発行できないが、振替口座への登録・口座振替は株券の占有・交付と対比される。振替株式は、権利流通面において有価証券法理に準じて取り扱われるのである（株券の電子化）。

一方、振替株式の譲渡においても株主名簿制度が適用される（会一三〇条一項、振替一六一条三項）。振替株式についての株主名簿の名義書換は総株主通知による（振替一五二条一項）。総株主通知は、個別の名義書換手続を排し（振替法一六一条一項による会社法一三三条の適用除外）、発行会社が定めた基準日の株主など当該銘柄の株式に係るすべての振替口座簿上の株主を振替機関が発行会社に通知する制度である（振替一五一条一項）。そうすると、直近の総株主通知（株主名簿への名義登録）以降に振替株式の株主となった者（株主権行使の前提となる名義書換請求ができない）が、次の総株主通知まで個別の権利を行使できないのは不合理なので、基準日株主が行使すると定められた権利（会一二四条一項）以外の権利（少数株主権等（振替一四七条四項括弧書））の行使については、株主名簿の登録を基準とせず、振替口座簿に登録された株主からの申出に基づき振替機関が行う当該振替株式発行会社に対する（口座登録事項の）通知（個別株主通知）によることとされている（振替一五四条。個別株主通知後に振替株式が譲渡される可能性があるので、少数株主権等の権利行使は、通知到達の翌日から四週間（振替施行令四〇条）以内に限定される）。その結果、株主名簿上の株主であっても、少数株主権等の行使には個別株主通知を要することになり、この限度において株主名簿制度の適用が除外されている（振替一五四条一項、会一三〇条一項。後述八参照）。

少数株主権等の行使の場面では株主名簿制度の適用が除外されるが、上述のような期限のある権利行使資格の設定——個別株主通知が求められる。すなわち、振替株式の株主が振替口座登録事項証明書（振替二七七条前段）などによって自己の少数株主権等を証明しても、個別株主通知がなされていなければ、会社は当該少数株主権等の行使を認めないことができる。権利行使資格を欠くだけであるから、会社は当該少数株主権等の行使を認めても構わない。個別株主通知がなされた場合には、個別株主通知申出者に対して、会社は権利行使時点において株主である旨の証明を求めることはできない（会社が少数株主権等を行使する株主に求めることができるのは、当該権利行使者と個別株主通知で通知された株主との同一性証明である）。当該個別株主通知が無効である旨（例えば、株主ではない者が個別株主通知を申し出た旨）、あるいは、少数株主権等の行使時に個別株主通知申出人が株主ではない旨を証明すれば、会社は当該少数株主権等の行使を否定することができる。

なお、個別株主通知によって設定されるのは、特定の権利の行使資格ではなく、株主資格である（株主によって特定された権利についての行使資格として制度設計されているのではない）。したがって、当該個別株主通知の内容から当該株主が行使できる少数株主権等については、上記四週間、どの少数株主権等に関しても権利行使資格を備えることになる。

六　譲渡制限株式と株主名簿法理

会社の承認なくしてなされた譲渡制限株式の譲渡の効力については、会社との関係に限らず譲渡当事者間においても無効であるとする絶対的無効説、会社との関係においては無効であるが譲渡当事者間では有効であるとする相対的無効説、および、譲渡当事者間に限定されず会社との関係でも当該譲渡は効力を有するとする有効説が主張されていた。

平成一七年会社法は、譲渡制限株式制度をその譲渡による当該株式の取得について会社の承認を要する制度として整理している（会二条一七号・一〇七条一項一号・一〇八条一項四号・一三六条・一三七条一項）。譲渡制限株式の取得者は、株式会社に対し、当該譲渡制限株式を取得したことについて承認をするか否かの決定をすることを請求することができる（会一三七条一項）。譲渡による譲渡制限株式取得者が取得承認を請求できるのは、取得承認のない譲渡制限株式の譲渡であっても、会社との関係でもその効力を否定されることなく取得者は株主（ただし、取得承認を受けていない名義書換未了株主）だからである。そして、会社の取得承認がなければ譲渡制限株式の取得者は株主名簿の名義書換を請求できない旨が定められている（会一三四条一号二号）。すなわち、会社の承認なく行われた譲渡制限株式の譲渡は会社との関係でも有効であるが、取得承認を名義書換のレベルで把握した上で取得承認を受けることを名義書換（株主権行使資格設定）の前提とする整理をなしているのである。相対的無効説によっても絶対的無効説によっても、会社の取得承認を得なければ、会社との関係では譲渡制限株式の譲渡は無効であるから、その取得者が名義書換を会社に請求できないのは当然であるし（最判昭和六三年三月一五日金融・商事判例七九四号三頁参照）、逆に、取得承認を得れば名義書換を請求できるのは当然である。上記規定は、論理的に明白である事柄をわざわざ注意的に定めたのではなく、取得承認を名義書換のレベルで把握した上で取得承認を受けることを名義書換の前提とする整理をなした規定である。平成一七年会社法は有効説を採用したというほかない。

七　基準日と株主名簿法理

会社に対して株主の権利を行使できるのは、原則として、権利行使時の株主名簿上の株主である（会一三〇条）。例外的扱いとして、会社は、一定の日における株主名簿上の株主を特定の株主権を行使できる者と定めることができる。基準日の制度である（会一二四条）。

会社法一二四条四項によると、基準日に係る権利が株主総会における議決権である場合には、会社は、当該基準日後に株式を取得した者の全部または一部を当該権利を行使することができる者と定めることができる（ただし、当該株式の基準日株主の権利を害することはできない）。

基準日の制度は、基準日における株主名簿上の株主を当該権利行使に限って固定化する技術的制度だと理解できる。つまり、基準日の株式（の権利）に関する制度であるから、基準日後の新株式（発行された新株式については会社が当然に株主名簿に登録することになる〔会一三二条一項一号〕）については別個に把握しうる。会社法一二四条四項は、基準日に既に発行されている株式を基準日後に譲り受けた株主（基準日株主が基準日後の株主の議決権行使に同意する場合）を含めて、議決権に関してのみ基準日後株主の権利行使を会社が認めることができると整理したといえよう。

基準日前に株式を取得したが基準日において名義書換未了である株主（名義書換失念株主）は、本来権利行使が認められるべき実質的地位を有していると評価できる。基準日株主が行使すべき権利が、議決権であるにしろ剰余金配当受領権であるにしろ、会社は、名義書換失念株主の権利行使を認めることができると解してよかろう。この場合に固定化されたのは当該権利行使に係る権利行使資格に過ぎないからである。

全部取得決議に係る議決権行使基準日後に全部取得条項付種類株式を取得した者（基準日後株主）は、全部取得条項付種類株式の全部取得決議に係る取得価格決定を裁判所に申し立てることができるか否かが、近時、争われている。このような基準日後株主は、（会社法一七二条一項の）二号株主（当該株主総会において議決権を行使することができない株主）に含まれると解してよいだろうか。基準日後株主も二号株主の文言に形式的に該当するが、当該株式については基準日株主が議決権を行使する。もっとも、基準日株主の議決権行使と基準日後株主の価格決定申立は矛盾しない（この価格決定申立が基準日株主の権利を害するわけではない）。基準日株主は、全部取得条項付種類株式の会社による取得とその対価を定める決議に参加する。しかし、基準日株主であってもその後株式を譲渡した者は株主ではなく、全部取得条項付種類株式を会社に強制取得されるのは取得日の株主なのである（この場面では株主名簿法理は及ばない）。ただし、全部取得決議成立によって、全部取得条項付種類株式は定められた取得日に会社に取得されることが具体的に確定する。当該決議の時点で当該株式を有している反対株主に取得価格決定申立権が認められるのは当然である（基準日後株主であっても二号株主と解してよい）。右決議によって当該株主はその利益を害されるおそれが生じるからである。これに対して、右決議成立後の株式譲受人は、取得対価の交付と端数の金銭処理が行われる株式をあえて譲り受けたのであるから、それによって利益を害されるおそれの主張、つまり取得価格決定申立はなせないと解すべきであろう。取得日の全部取得条項付種類株式の株主の権利は右決議で確定するからである。

八　有価証券法理の復活と株主名簿制度

振替株式の株主も株主名簿によって会社に把握される。株主名簿への登録が会社に対する権利行使資格を設定するという仕組が利用されているが、総株主通知および個別株主通知制度によって振替株式に係る株主名簿制度は大きく変容している。すなわち、総株主通知制度は個別の名義書換手続を廃する。そして、少数株主権等の行使については、株主名簿制度の適用が除外され、個別株主通知によって権利行使資格を得ることとされているのである。

換言すれば、当該銘柄の振替株式の総株主通知に基づいて株主名簿の名義が一斉に書き換えられるが、これによって株主名簿上の株主となっても、その株主は少数株主権等を行使するに当たって株主名簿に登録された株主である旨を主張できない。基準日を定めて行使する振替株式の権利に関しては、実質的には、総株主通知自体が会社に対する権利行使資格を設定している（振替一五二条一項後段参照）。そして、これ以外の権利（少数株主権等）の行使については、そもそも株主名簿制度の適用が除外され、株主名簿上の株主であろうがそうでなかろうが、個別株主通知によって権利行使資格が設定される。振替株式に関しては、（実質的に）株主名簿によらずに権利行使資格が設定される。

振替株式発行会社であっても、振替株式ではない株式を発行していたり、議決権基準日後の振替株式の株主に議決権を認める場合があろう。株主名簿にはすべての発行済株式につき株主が登録されるので、右のような場合も統一的に把握できる。けれども、振替株式の場合には、前述のように、少数株主権等の行使については株主名簿制度の適用はなく個別株主通知によって権利行使資格が設定され、基準日を定めて行使する株主の権利に関しては実質的に総株主通知によって権利行使資格が設定される。振替株式は、権利流通面において有価証券法理に準じて扱われるが（株券の電子化）、権利行使面においても有価証券法理に準じているのである（総株主通知・個別株主通知と株券提示を対比）。その意味においては、振替株式は無記名株式化しているといえよう。

もちろん、総株主通知によって把握した振替株式の株主の氏名（名称）・住所に基づいて、会社は振替株主に対して直接に義務を履行する。したがって振替株式であっても、例えば、所在不明株主に対する通知・催告の省略、その株式の競売・売却処分をなしうると解される（会一九六～一九八条）。一方で、記名株式は株主名簿制度を前提としていたが（平成一八年廃止前商法二二三条は株主名簿の記載事項〔株主の氏名・住所など〕を定めるが、無記名株式が存在した平成二年改正前〔同条一項〕には、「記名株式ヲ発行シタルトキハ」と条件づけられていた。また、株式の移転の対抗要件に関する平成一八年廃止前商法二〇六条一項は、平成二年改正前には「記名株式」の移転に関する対抗要件の規定であった）、振替株式と株主名簿は実質的に切断されているのである。上述の所在不明株主およびその株式に対する措置も、当該株主は継続的に株主名簿上の株主であることが当然の前提であった。これに対して振替株式については、総株主通知ごとに株主名簿に名義が登録され、株主名簿上の継続性は考慮されていない（株主名簿記載事項には株式取得日が挙げられているが〔会一二一条三号〕、総株主通知事項には株式取得日は含まれていない〔振替一五一条一項柱書、振替命令二〇条参照〕。そして、総株主通知事項の株主名簿への登録をもって、株主名簿の名義書換がなされたものとみなされている〔振替一五二条一項、会一三〇条一項〕）。しかしながら、振替株式について上述の措置を行うにあたって、発行会社は振替機関等に対する情報提供請求権（振替二七七条後段、振替施行令八四条、振替命令六一条二号）を行使して対象株主が継続して株主であった旨を確認する義務を負うとは解せないであろう。有価証券法理が優先する振替株式については別途の考慮を要するのである。

第一章　株主名簿制度効力論

■第一節■　株主名簿制度効力論

一　はじめに

株主名簿制度は会社・株主間の継続的、集団的な法律関係を画一的に処理するためのものである。そのため、株主名簿に名義が記載されなければ株主は対会社株主権対抗力を制限されるが（商二〇六条一項）、記載されると資格授与的効力（株主権推定力）が生じ、名義人を株主として扱った会社は免責される、と一般に解されている。けれども、これらの効力の妥当範囲や根拠、意味内容等についてはなお検討すべき点があるように思われる。本節は、株主名簿の右効力関係を把握することにより、株主名簿制度の構造を明らかにしようと試みるものである。

二　対会社株主権対抗力制限効

(一)　対会社株主権対抗力制限効の一般的限界

株式の譲渡は当事者の意思表示と株券の交付により完成する(商二〇五条一項)。つまり、譲渡当事者間はもちろん会社に対しても、株式譲受人は株式譲渡の効力を主張できる。したがって、株主であれば株主であることを証明して会社に権利行使できるはずである。ところが、商法二〇六条一項は、株主名簿に名義を記載しなければ、株主であっても会社に株主であることを対抗できないとする。株主名簿に名義記載のない株主の対会社株主権対抗力を制限するわけである[1](名義人株主は制限を解かれて対抗力を回復する)[2]。これは右条項が、会社の事務処理上の便宜のために、株主名簿制度に与えた特殊な効力である[3]。そこで、株主にこのような制約を課す二〇六条一項の適用限界が問題となろう。

(1)　株主名簿作成前

会社は株主名簿を作成しなければならず、その本店への備置が取締役の義務とされている(商二六三条一項)。しかも、株主名簿は会社が株主を把握する制度であり会社にとって利益となるから、一般的には遅滞なく株主名簿が作成されるものと思われる。けれども、小規模閉鎖会社の中には株主名簿の存在自体不明確なものがある[4]。株主名簿はその記載事項が商法に定められているだけで(商二二三条)、存在形式は会社の任意に委ねられており、しかも作成を強制する制度的保障もない。作成義務は法定されていても、株主名簿が存在しない場合もありうるわけである。

もっとも、そもそも無記名株式が廃止された現在、株式は記名株式であり、株主名簿の存在を前提とする。[5] したがって、株主名簿の不存在は法的にはありえないともいえそうである。けれども、前述のように株主名簿は本店に備え置かれ、さらに株主および会社債権者の閲覧・謄写請求の対象とされている（商二六三条二項）。この趣旨からすれば、株主名簿は客観的に存在し、また、容易に閲覧できるものでなければならないと思われる[6]――代表取締役の記憶は株主名簿にあたらない（株主名簿の効力を認めることはできない）。問題はこのような意味での株主名簿が存在しない場合の、会社と株主間の関係である。

まず、株主名簿への名義記載がなければ株主の対会社株主権対抗力が制限されるとして、株主名簿作成義務のある会社が株主名簿の不存在をもって、株主の権利行使を拒めるとするのは不合理である。株主名簿の存在が証明されない限り、原則に戻って、株主は対会社株主権対抗力を奪われないと解さなければならない。もっとも株主は、株主名簿が存在する場合には、株主名簿上の名義人であることを証明して権利行使することになる（株主権の証明ではない――株主権を証明しても権利行使できない）。けれども株主名簿が存在しなければ、株券を呈示するなど株主権を証明して権利行使することになる（株主以外の者を株主として権利行使させた場合、株主名簿が存在しないのであるから、会社は株主名簿の免責力を主張できないが、有価証券たる株券呈示に基づく免責力は主張しうる）。これは株式の譲受人からすれば、名義書換手続を経ずに直接会社に対して権利行使できることを意味する。反面、株主は株主名簿による株主推定（資格授与的効力）を受けられない。株主名簿が存在しない以上当然であるが、これらの点に関しては、記名株式であるにもかかわらず、無記名株式同様に扱われるわけである。[7]

ただし、株主名簿の不存在が記名株式を無記名株式にしてしまうわけではない。株主名簿が存在しないからといって、例えば、株主総会の招集通知を個別の株主に発する義務（商二三二条一項）を会社が免れる理由はない。

これは（記名）株主に対する会社の義務の履行である。記名株式である以上、会社は株主に対して個別に各種通知等義務を果たさなければならない。そのために株主名簿は有用であるが、株主名簿の存在がこれらの義務を根拠づけるのではない。株主と会社との継続的な関係の中で、記名株式の内容として右義務の履行が求められるのである[8]――株主名簿のいわゆる資格授与的効力が働くわけではない。株主名簿が存在しなくても会社は右義務を履行しなければならないのである[9]。なおこの点、名義を書き換えた株主は、株主総会の招集や利益配当などに際し、株主名簿に基づき会社から個別的な通知を受けることができる、と説明されることがある[10]。繰返しになるが、右のような通知を受けられるのは（記名）株主だからであり、株主が株主名簿の名義人になったからではない。株主名簿に基づきこのような通知がなされるのは、株主名簿上の名義人に株主権が帰属しない場合でも、真の株主（名義書換未了株主）は会社に対する株主権対抗力を制限され、右通知義務を負う会社は免責されるからである。

（2）　株主名簿作成後

株主名簿は会社・株主間の関係を合理的に処理するための制度である。名義書換未了株主の対会社株主権対抗力制限効（商二〇六条一項）は、この制度趣旨を効果的に達成するために認められるのである[11]。したがって、名義書換未了株主が常に会社に対して株主権の主張をなせないわけではない。会社・株主間の関係の合理的処理のためには、本則に戻って、株主であれば会社に対して株主権の主張をなしうると解すべき場合も存在する。その代表的な例が名義書換請求である。株主であれば株主名簿の名義書換を請求できる――株主でない者の請求による名義書換は無効である。会社が名義を書き換えるのは請求者が株主だからであり、名義書換請求関係においては（名義書換未了）株主は会社に株主権を主張できると考えざるをえない[12]。さらに、株主権から反覆的に発生する権利ではなく、それにより株式自体の消滅やその内容の変動がある場合で、株券の提出により株主権が行使される関係においては、名義書換なくして株主は会社に対して株主権の主張をなしうる。株券を基準に権利関係を処理するのが合理的だからである。[13] このように株主名簿制度の趣旨から、株主の対会社株主権対抗力制限効は限界づけられる。[14]

（二）名義書換の不当拒絶

株主名簿の名義書換のいわゆる不当拒絶の場合[15]には、会社は当該名義書換未了株主の権利行使を否定できない。[16] 形式的には株主名簿制度の対会社株主権対抗力制限効が認められる。しかし、株主の請求に対して名義書換義務を負う会社が正当な理由なくこの義務を果たさず、名義書換未了をもって株主の権利行使を拒絶できるとすれば、それは不当な制度利用というしかない。したがって、この場合には名義書換未了株主であっても、会社に対して自己の株主権を主張できると解される。

問題は、対会社株主権対抗力を制限されない法的構造である。株主名簿の名義書換があったものと考えるのであれば、物理的には名義記載を欠くが、名義書換の不当拒絶を受けた株主は株主名簿上の名義株主だから、会社に株主権を対抗できるのは当然ということになる。けれども、名義書換の一般的な効力発生時点との関係がある。請求すればそれだけで名義書換の効力が生じるのであれば（名義書換請求権の形成権的構成）、そもそも不当拒絶は法的には問題とならない。会社が名義書換請求を受理しない、あるいは請求されたのにもかかわらず実際に株主名簿上の名義自体を故意に書き換えない（名義書換の効力不発生）、こうした場合が不当拒絶と認識されるところであろう。[17] そうだとすると、不当拒絶を受けながら（名義書換の効力不発生）、名義書換があったとする考え方だと名義は書き換えられていることになり、この関係を説明する必要がある。むしろ、名義記載のないことを前提に、会社は不当拒絶を受けた（名義書換未了）株主を株主として扱わなければならない信義則上の義務を負担すると構成すべきであろう。

すなわち、名義書換義務を負う会社との関係では、不当拒絶は不当拒絶を受けた株主を株主名簿制度の対会社株主権対抗力制限効から解放する[18]――名義書換未了株主ではあるが会社に対して株主権を対抗できる。さらに、一般に名義書換がなされた場合には、株主は株主名簿上の名義人である旨を証明すれば会社に対して権利を行使できる――権利行使時の株主証明までは必要ない。これとの対比において、不当拒絶を受けた株主が権利行使時に常に株主証明を課せられるのは不当であろう。不当拒絶の旨を証明すれば、会社は株主でないことを証明しない限り権利行使を拒絶できないと解すべきであろう（株券等により株主権を証明しての権利行使ももちろんなしうる）。これは不当拒絶を受けた株主に対するいわゆる資格授与的効力の付与のようであるが、会社との関係で資格が設定されているわけではない。したがって、信義則上右のように扱われるだけであり、資格授与的効力が発生するのではない。[19]またそれ故に、会社の免責も問題とならない――株式を譲渡してしまった被不当拒絶株主を株主として扱っても会社は免責されない。会社が免責を受けたければ、請求に基づく名義書換を行えばよいのである。

(三)　他人名義借用による株式引受

他人名義を借用して株式が引き受けられた場合の株金払込責任については、商法二〇一条に規定されている。一方、名義人と名義借用者のどちらが株主となるかについては、理論で決すべき問題であり、[20]通説・[21]判例[22]は名義の如何を問わず、自己が株主になる意思で引受をなした名義借用者が真の株主であると解している。[23]この立場を前提にすると、名義人とは別個に真の株主が存在する場合が出てくるが、会社は名義人を株主として扱えば免責され、真の株主は株主名簿の名義書換を受けなければ会社に対抗できないとする所説が多い。[24]会社は記名株式の引受人を書面（商一六九条）あるいは株式申込証（商一七五条・二八〇条の六・二八〇条の一四）により把握し、それに基づき株主を株主名簿に記載する。[25]したがって、会社が株主名簿の名義人を株主として扱った場合には、名義人がたとえ真の株主ではなくても、真の株主が作出した外観に依拠して義務を履行したことになるから、会社は免責されなければならない。[26]問題は真の株主の対抗力である。

まず、株主名簿上の名義は誰を表示するものか検討しなければならない。前述のように、株式を引き受けるにあたって他人名義を用いようとも、自己が株主となる意思で引受をなした以上、名義借用者が株主となる。つまり、その他人名義は名義借用者である株主を表示するものである。これに対して、東京地判昭和六三年一月二六日金融・商事判例七九九号一六頁は、商法二〇六条一「項が取得者の氏名及び住所の記載を会社に対する対抗要件とし、同法第二二三条第一項第一号において、記名株式の株主名簿には株主の氏名及び住所を記載すべきものとしているのは、これらを株主名簿に記載させることにより、その記載から株主が誰であるかを明らかにするためであり、株主名簿が多数のしかも絶えず変動する記名株主の権利行使を認め又は促すために作成を義務付けられているものであること、株主及び会社の債権者にもその閲覧・謄写権が認められていること（商法第二六三条第二項）に鑑みると、ここにいう『住所』及び『氏名』は、これらにより客観的に株主を特定することができる内容のものでなければならないことは明らかである。したがって、ここにいう『氏名』とは、本名、すなわち、日本国籍を有する者にあっては原則として戸籍上の氏名をいうものと解すべきであり、その例外として、株主が自己の氏名としてこれと異なる氏名を長期間にわたり一般的に使用し、その結果、社会生活上、それが当該株主の氏名として一般的に通用している場合に限り、その氏名（通称）をもここにいう氏名に当たるものと解すべきである。」とする。けれども、会社との関係で株主として扱われる者を設定するのが株主名簿であり、他の株主や会社債権者との関係を設定するわけではない。[27]そしてまた、株主名簿は絶えず変動する多数の株主を会社が把握するための制度であるが、そのために会社免責力が認められるのである。株主名簿に記載する名義が、戸籍上の氏名や社会生活上一般に通用している通称でなければならない理由はない[28][29]。

そもそも、どのような名義で行為をなそうと、基本的に行為者の自由である。そして、株式譲渡自由原則のもと会社は株主を（その名称を含めて）選別できないし、株主の請求により名義書換義務を負う。したがって、会社は株主の用いた名称をその株主を表示するものとして株主名簿に記載しなければならない[30][31]。他人名義借用の場合も、株主が自己を表示するものとして使用する限り、株主名簿に記載された名義は株主の名義である。このように、株主は名義書換にあたりどのような名義でも使用できる[32]。借用名義（他人名義）は借用者たる株主を表示するわけである——当該株式につき名義人自身（名義貸与者）を表示するものではないが、前述のように会社の免責はある。そして、株主名簿の名義が真の株主を表示するものである限り、真の株主は対会社株主権対抗力を有すると考えなければならない（会社免責と株主権対抗力は別個の問題である）[33]。もっとも、真の株主が権利行使するにあたっては、株主名簿上の名義が自己を表示するものである旨を証明しなければならない。名義人との同一性証明は、株主の戸籍上の氏名が株主名簿に記載されている場合でも同様に求められる[34]——株主権の証明ではない。この証明ができなければ、真の株主といえども、株主名簿上の株主ではない（株主権対抗力を欠く）との会社の主張が通ることになる——名義人株主を株主として扱えば免責される。反対に証明できれば、株主名簿上の株主ということになるから、会社は株主の権利行使を拒めない（この意味において、株主名簿の有効な名義記載には資格授与的効力がある——株主証明をしなくても株主名簿の名義人であることを示せば権利行使できる）。

このように、他人名義を用いた株主もその名義が自己を表示するものだと証明できれば、株主名簿上の株主としての扱いを受ける。名義書換を受けなければ株主権を会社に対抗できないわけではない[35]。この理は、株式の譲受人が他人名義を用いて名義書換をなした場合も同様である。

なお、どのような名義を用いようと株主の自由である。これを利用して、他人名義や仮名を用いて、実際には一人の株主なのに株主名簿上名義を分散する例がみられる。分散名義を利用して株主以外の者が名義人として権利行使を主張してくることが考えられるが、無権利者の主張であるにすぎない。会社は名義人株主ではないことあるいは無権利者であることを理由に、株主権の主張を認めなくてよい。その反面、他人名義の場合のその他人自身が主張する時などには、株主との同一性において名義人株主らしい外観が生じており、無権利の名義貸与者を株主として扱った会社は免責されると解さなければならない。このように、会社免責は認められるが、そもそも名義の分散自体が問題である。[36]株主名簿制度は会社・株主間の関係を合理的に処理しようとするものであるから、名義の分散は無効とならないまでも、少なくともすでに名義人株主となっている者が他の株式につき別個の名義で名義書換を請求してきた場合には、会社は名義を統一するよう要求でき、それに従わなければ名義書換を受理する必要はないと解すべきであろう。

(四)　定款による株式譲渡制限制度との関係

前述のように、他人名義借用の株式引受の場合でも、名義借用者が株主となるのであり、会社免責の問題は別として、株主名簿上も名義人は「名義貸与者こと名義借用者」である。同様に、株式譲受人が他人名義を用いて名義書換請求をなした場合も、株主名簿上の名義人は「名義貸与者こと名義借用者」である。このように解しても、株式譲渡自由原則のもと、株主名簿名義書換義務を負う会社にとり不利益はない。すなわち、そもそも真の株主が名義書換を請求する時には、会社は書換（会社に対する株主資格の設定）を行わなければならず、株主の選別はできない。そうだとすると、株式引受段階においても重要なのは引受人の意思であり、名義自体ではない（割当自由原則のもと、会社にも引受人選択の自由があるが、相手方誤認による錯誤無効等を主張できるのは特殊な場合に限られると思われる）。[37]そして、名簿上の株主を確定する会社の利益は、免責の問題として考慮すれば十分だからである。

ところが、一方で、商法が認める定款による株式譲渡制限制度は、株主名簿制度を利用した株主選別を――名義書換拒否権を認めるという形で――会社に許容するものである。[38][39] そこで、定款による株式譲渡制限制度が採用されている会社にあっては、株主名簿上の名義人（名義書換を承認され名義人となった者）の確定につき会社の株主選択（株主資格設定制限）意思が重視されるべきことになる。会社としては当該名義人（その名義から会社が株主と判断した者）が株主名簿上の名義人になることを承認したわけである。もちろん、そうだからといって、名義人株主が真の株主となるわけではない。真の株主は名義借用者である。けれども、定款による株式譲渡制限制度採用下においては、名義借用者の行う名簿上の名義人との同一性主張が制限を受け、会社の判断に反する右主張はできない。したがって、名義借用者は原則として名義書換未了株主であり、会社に対する株主権対抗力を制限される。他面において、会社は株主名簿上の名義人（名義貸与者）を株主として扱えばそれで免責される。[40] 名義借用者が株主権対抗力を主張するには、名義書換時にその名義で登録すること（借用名義＝貸与者名義が借用者を表示すること）を会社が承認しているか、または、名義借用者が自己の名義で名義を書き換えることを会社が承認した上、名義書換が行われた場合に限られよう。

（1）　なお、（記名）株式の譲渡方法と株主名簿の名義書換の効力の変遷につき、山本爲三郎「株券法理」倉沢康一郎＝奥島孝康編『岩崎稜先生追悼論文集・昭和商法学史』（一九九六年）七四六～七五三頁（本書三一九～三三四頁）参照。

（2）　この点、株主がたとえ自己の株主権を証明しても、名義書換未了である限り、会社に対して権利行使できないことを、確定的効力と呼ぶことがある（江頭憲治郎「株式の名義書換」『会社法演習Ⅰ』（一九八三年）一〇一頁、松岡誠之助『新版注釈会社法（3）』（一九八六年）一六八頁、相原隆「株式の名義書換」奥島孝康＝中島史雄編『商法演習Ⅰ〔会社法〕第二版』（一九九五年）六二頁、弥永真生『リーガルマインド会社法〔第3版〕』（一九九七年）九九～一〇〇頁）。そしてさらに、確定的効力は会社・株主間の法律関係の画一的処理を実現するためのものであるから、それは単に対抗力の問題ではなく、会社・株主間の関係を固定化する意味を有すると考える所説もある（篠田四郎『現代企業法（会社法）上』（一九九四年）一三六〜一三七頁、長浜洋一『株式会社法〔第3版〕』（一九九五年）一四六〜一四七頁、坂田桂三『現代会社法〔第三版〕』（一九九五年）二五二〜二五三頁）。この所説は、確定的効力によって会社は名義書換未了株主を株主として扱ってはならないとする。右のような内容を有する確定的効力が存在するのであれば、会社は常に株主名簿上の名義人を株主として扱わなければならないから、株主権推定力としての資格授与的効力も会社免責力も認める余地はないように思われる（竹内昭夫『会社法講義（上）』（一九八六年）二五三頁参照）――推定ではなく確定であるし、確定である以上免責するもしないもない（もっとも、名義書換が無効である場合、右所説でも株主名簿上の名義人を会社は株主として扱えないが、会社免責は問題となしえよう）。また、名義書換にあたり、このような確定的効力が発生するのであれば、株式譲渡の構造――会社・株主間の法的関係についても再考する必要が出てこよう（山本爲三郎「定款による株式譲渡制限制度の法的構造」『中村眞澄教授・金澤理教授還暦記念論文集・現代企業法の諸相』（一九九〇年）一五四〜一五五頁注（52）〔本書二二七〜二二八頁〕参照）。

（3）　山本・前掲注（2）一五一〜一五二頁〔本書二二四〜二二六頁〕。

（4）　例えば、大阪地判昭和四六年三月二九日判例時報六四五号一〇二頁は被告会社には株主名簿が存在しないとの認定をしている。なお、京都地判平成四年二月二七日判例時報一四二九号一三三頁では、提出された株主名簿により被告会社主張の株主は分かるが、被告会社の株主構成は必ずしも明らかではない旨が判示されており、また、神戸地判平成五年二月二四日判例時報一四六二号一五一頁は、被告会社の二回の新株発行に際しては正規の株主名簿が作成されなかったと認定している。小規模閉鎖会社においては株主名簿の真偽の問題がある、あるいは株主名簿の管理がずさんである場合があることを窺わせる。

（5）　記名株式は株主名簿を通して権利行使することが予定されている株式であり（商二〇六条一項）（高鳥正夫『新版会社法』（一九九一年）一〇一頁注（1）参照）、この点で無記名株式（平成二年改正前商二二八条――無記名株式の権利行使は株券の会社への供託により行われる）と区別された（山本・前掲注（1）七四四頁〔本書三一四頁〕）。なお、記名株式と無記名株式とは権利内容が同一であるとし、両者の相違を株券上の株主名記載の有無にも求める見解もあるが、株券上の株主名の記載は本質的ではない〔山本・前掲注（1）七五四頁〔本書二三五〜二三六頁〕〕。
（6）　株主名簿の形式に制限はない。磁気ディスクなど電磁的記録でもよい。ただし、株主または会社債権者の閲覧請求に応じて、相当な期間内にプリントアウトするなど合理的な方法で見読できる状態にある限り、株主名簿と認められる〔西島梅治『新版注釈会社法（4）』〔一九八六年〕一六〜一七頁、竹内・前掲注（2）一九二〜一九三頁、大隅健一郎＝今井宏『会社法論・上巻〔第三版〕』〔一九九一年〕四〇五頁、鈴木竹雄＝竹内昭夫『会社法〔第三版〕』〔一九九四年〕一三六〜一三七頁注（四）、篠田・前掲注（2）一三四〜一三五頁〕。実際の例として、稲葉威雄ほか『条解・会社法の研究4・株式（3）』〔一九九三年〕六〜七頁〔中西発言〕参照。
（7）　株主名簿が滅失してしまった場合も同様に解される。なお、この場合の会社免責について、稲葉ほか・前掲注（6）一一〜一三頁の議論参照。
（8）　継続的関係自体が会社の右義務を導くのではない。無記名株式の方式も制度としては可能である〔無記名株主に対しては、個別の通知を会社に要求することはできないから、平成二年改正前商法は無記名株式発行会社に、例えば株主総会の開催につき公告を義務づけていた〔改正前商二三二条三項〕〕。まさに記名株式であるからこそ、その内容として会社の右義務が認められるのである。
（9）　したがって、株主名簿がなければ、株主に対する義務を履行しなければならない会社にとって、非常な不便かつ危険に逢着することになる〔例えば、株主総会の招集通知が株主に発信できない場合、会社は免責を受けられないから、総会決議の瑕疵が問題となる〕。実際に株主の変動が起こりうる株式会社にとって、会社が株主として取り扱う者の形式的基準となる株主名簿は、特に会社にとり意味のある制度である。
（10）　大隅＝今井・前掲注（6）四七三頁。
（11）　山本・前掲注（2）一五二頁〔本書二二五〜二二六頁〕。
（12）　山本・前掲注（2）一五二〜一五三頁〔本書二二六頁〕。
（13）　山本・前掲注（2）一五三頁・一五五頁注（57）・一五六頁注（58）〔本書二二六〜二二七頁・二二九〜二三〇頁注（57）（58）〕参照。

(14)　この点に関し、東京高判平成四年一一月一六日金融法務事情一三八六号七六頁は、「控訴人両名は、いずれもその保有する一万〇四四〇株の株式を被控訴人会社の設立又は新株の発行に伴い原始取得したものと解すべきであって、株式の譲渡等により承継取得したものと解すべきでないことは、前記の認定、判断に照らして明らかであるから、控訴人らの株式の保有は、本来、被控訴人会社の株主名簿上にその旨の記載がなくても、被控訴人に対抗し得るものというべきである。」という(同旨、坂田・前掲注(2)二五二頁)。確かに商法二〇六条一項は、「株式ノ移転ハ取得者ノ氏名及住所ヲ株主名簿ニ記載スルニ非ザレバ之ヲ以テ会社ニ対抗スルコトヲ得ズ」と規定する。しかしながら、これは株式の移転についての対抗力を制限しているのではなく、会社に対する株主権対抗力の制限に関する規定である。つまり、原始取得であろうと承継取得であろうと、誰が会社との関係で株主として扱われるかの基準となるのが株主名簿である。会社設立時の株式発行や会社成立後の新株発行にあたって遅滞なく株主名簿に名義が記載されない時には、これらの場合に会社は当然に名義記載義務を負うから(本節注(25)参照)、名義書換の不当拒絶と同様に扱ってよい。原始取得だから株主名簿制度の対会社株主権対抗力制限効が及ばないと解する理由はない(同旨、北沢豪「商事法判例研究」判例タイムズ八八四号(一九九五年)五七頁)。名古屋高判平成三年四月二四日高裁民集四四巻二号四三頁も、商法二〇六条一項は「株主の権利が継続的、反復的、集団的に、しかも絶えず変動する株主によって行使されるという実態に対応するための技術的処理として、株主名簿の記載により会社と株主との関係を画一的に処理するために設けられたものであるから、単に株式の移転の場合に限ってその対抗要件を定めたに止まらず、およそ会社に対して株主たることを主張するすべての場合についての対抗要件を定めたものと解すべきである。」とする(同旨、大阪高判昭和四一年八月八日下民集一七巻七・八号六四七頁)。

(15)　なお、東京地判昭和四六年八月一六日判例時報六四九号八二頁は、原告が被告会社の株式を所有することの確認および株主名簿の名義書換を求める訴えを提起したところ、被告会社が認諾し、認諾調書が作成された事例であるが、「かような場合、株式の取得者たる原告らは右認諾に基づき現実に株主名簿の書換を了しない間においても、名義書換の請求が不当に拒絶された場合と同様――むしろ、より以上の根拠をもって――会社に対し株主としての権利を行使することができると解するのが相当である。」とする。

(16)　松岡・前掲注(2)一七三頁、竹内・前掲注(2)二五五頁、大隅＝今井・前掲注(6)四八三～四八四頁、高鳥・前掲注（5）一二四頁、篠田・前掲注（2）一三六～一三七頁、前田庸『会社法入門〔第4版〕』（一九九五年）二三七頁、相原・前掲注（2）六六～六七頁、長浜・前掲注（2）一四七頁、加美和照『新訂会社法・第五版』（一九九六年）一五一～一五二頁、島袋鉄男「株主名簿の名義書換」酒巻俊雄ほか編『重要論点会社法』（一九九六年）二〇三頁。

（17）山本・前掲注（2）一五三～一五四頁注（51）（本書二二七頁注（51））、同「無権利者の請求による名義書換」法学研究六六巻一二号（一九九三年）一六七頁注（38）（本書七六～七七頁注（38））参照。

（18）反面、従前の名義人はその地位——会社に対する資格を失う。その結果、会社は当該名義人を株主として扱うことにより免責されない（稲葉ほか・前掲注（6）二四頁〔稲葉発言〕、山本・前掲注（17）一六七頁注（38）〔本書七六～七七頁注（38）〕、相原・前掲注（2）六六～六七頁）。

（19）前述のように、会社は（記名）株主に対して個別に各種通知等義務を果たさなければならない。これは株主名簿の資格授与的効力が働くからではない。もっとも、株主名簿制度のもとでは、株主名簿上の株主に対して右義務が履行される。たとえ当該株式につき真の株主——名義書換未了株主が存在する場合でも、彼は会社に対する株主権対抗力を制限され、名義人を株主として扱った会社は免責されるからである。これに対して、被不当拒絶株主は名義書換未了であるが株主権を会社に主張できるから（なお、本節注（18）参照）、会社は株主名簿に名義がないことを理由に被不当拒絶株主に対する右義務の履行を免れない。実際の裁判例においても、この義務の不履行が問題とされるものが多い（例えば、東京地判昭和四六年八月一六日・前掲注（15）は、「原告らは株主名簿の名義書換を受けなくても、被告会社に対し株主としての権利を行使しうるものというべきである。また、右のとおりである以上被告会社は原告らに対し株主総会招集の通知をなすべきであり、原告らのため株主名簿の名義書換がなされていないことを理由にその責を免れることはできないというべきである。」とし招集手続違反の株主総会決議を取り消した事例であり、東京高判平成五年八月二三日金融法務事情一三八九号三二頁は、名義書換を不当に拒絶した会社が被不当拒絶株主に商法二八〇条の三の二の通知を行わなかったことを違法とする事例である）。

（20）今井潔「仮設人名義または他人名義による株式の引受」『大森先生還暦記念・商法・保険法の諸問題』（一九七二年）一二九～一三一頁、米津昭子『新版注釈会社法（3）』（一九八六年）三九～四〇頁、野村直之「株主権の確認を求める訴え」山口和男編『裁判実務体系21』（一九九二年）七三～七四頁、龍田節『会社法〔第五版〕』（一九九五年）一八三頁注（b）、

宮島司『会社法概説』（一九九六年）八〇頁。

（21）　上柳克郎「他人名義による株式の引受」証券・商品取引判例百選（一九六八年）一三頁、倉沢康一郎・戸田修三ほか編『注解会社法〔上巻〕』（一九八六年）二二九～二三〇頁、伊沢和平「他人と通じて他人名義で株式を引き受けた場合の株主」新証券・商品取引判例百選（一九八八年）二九頁、大隅＝今井・前掲注（6）二三二～二三三頁、鈴木＝竹内・前掲注（6）七六頁注（八）、篠田・前掲注（2）六四頁、鈴木竹雄『新版会社法・全訂第五版』（一九九四年）六四頁注（6）、前田・前掲注（16）五八頁、龍田・前掲注（20）一八三頁注（b）、森本滋『会社法〔第二版〕』（一九九五年）七二頁、長浜・前掲注（2）五三頁、荒谷裕子「他人名義による株式の引受」酒巻俊雄ほか編『重要論点会社法』（一九九六年）七一～七二頁、宮島・前掲注（20）八〇頁。

（22）　最判昭和四二年一一月一七日民集二一巻九号二四四八頁（「他人の承諾を得てその名義を用い株式を引受けた場合においては、名義人すなわち名義貸与者ではなく、実質上の引受人すなわち名義借用者がその株主となるものと解するのが相当である。……（中略）……株式の引受および払込については、一般私法上の法律行為の場合と同じく、真に契約の当事者として申込をした者が引受人としての権利を取得し、義務を負担するものと解すべきであるからである。」）、最判昭和五〇年一一月一四日金融法務事情七八一号二七頁。

（23）　もっとも、実際の行為者が名義借用者として株主となる意思を有していたかどうかの認定は、必ずしも容易ではない。伊沢・前掲注（21）二九頁は、経済的出捐者は誰であるかが一番重要なポイントとなるが、名義貸与者を株主とする意思が認められる場合もあるとされ（同旨、菅原菊志「他人名義での株式引受と株主の地位」The Law School 三八号〔一九八一年〕七四頁）、野村・前掲注（20）七四～七五頁は、株式の贈与や株式取得資金の贈与、消費貸借を名義借用と区別するのは容易ではないと指摘される（この点、有限会社の原始社員の事例であるが、高松高判平成八年五月三〇日金融・商事判例一〇〇一号八頁〔名義借用ではなく出資金の贈与と認定〕、その原審判決、高知地判平成七年五月一七日金融・商事判例一〇〇一号一〇頁〔名義借用ではなく、会社設立当初における社員権の無償譲渡と認定〕参照）。

（24）　上柳・前掲注（21）一三頁、菅原・前掲注（23）七三頁・七四頁、倉沢・前掲注（21）二二九～二三〇頁、大隅＝今井・前掲注（6）二三三頁、鈴木＝竹内・前掲注（6）七六頁注（八）、篠田・前掲注（2）六四頁、鈴木・前掲注（21）

六四頁注（6）、長浜・前掲注（2）五三頁、荒谷・前掲注（21）七二頁、大阪高判昭和四一年八月八日・前掲注（14）。丑場直道「仮設人名義による株式の引受」河本一郎＝橋本孝一編『会社法の基礎〔実用編〕』（一九七五年）四五～四六頁は、仮設人名義で株式が引き受けられた場合も同様に解される。

（25）株主名簿の記載事項に関する商法二二三条一号の「株主」には、会社設立に際する株式発行および会社成立後の新株発行における株式引受人（その後の株主）が当然含まれる（西島梅治『新版注釈会社法（4）』〔一九八六年〕七頁、米津昭子『基本法コンメンタール〔第五版〕会社法1』〔一九九四年〕二三一頁）。会社との関係で株主として扱われる者を設定するのが株主名簿だからである。本稿注（14）参照。

（26）当該名義が真の株主を表示するものであることを知っている場合には、会社は真の株主を名義人株主として扱わなければならず、名義貸与者を株主として扱っても免責されない（菅原・前掲注（23）七四頁）。もっとも後述のように、これは名義人と真の株主との同一性の局面の問題であり、会社は株主名簿に記載された名義人に宛てて通知義務を果たせば免責される（商二二四条一項）。

（27）なお、稲葉ほか・前掲注（6）四～六頁の議論参照。

（28）同旨、出口正義「最新判例批評」判例評論三五六号（一九八八年）五一頁、三木浩一「株主名簿に仮名で登録されている株主の総会決議取消訴訟における当事者適格――丸井事件判決を通して――」判例タイムズ六九六号（一九八九年）二七～二九頁。

（29）なお、右昭和六三年東京地判のいうとおりだとすれば、名義書換段階において戸籍謄本や住民票の写しの提出を求めるなど、会社側の注意義務も問題となろう。さらに、名義書換請求権を有する株主に右のような義務を課すことができるのか、慎重な検討が必要だと思われる。

（30）客観的に株主本人を特定すると認められない名称や架空名義での名義書換を会社は拒否できるとの立場もあるが（大隅＝今井・前掲注（6）四七七～四七八頁注（2）、小林量「平成8年度重要判例解説」ジュリスト一一一三号〔一九九七年〕九六頁）、他人名義や架空名義であること自体は、名義書換拒否の理由にはならない。

（31）もっとも、株主名簿に使用する文字につき、稲葉ほか・前掲注（6）一五～一八頁参照。

（32）　吉田昂「株主名簿に記載する株主名」河本一郎＝橋本孝一編『会社法の基礎〔実用編〕』（一九七五年）三一～三二頁参照。なお、この点、名古屋地判平成八年一月二六日判例時報一五六四号一三四頁は、「株主名簿にどのような名前、住所を記載するかは、登録を請求する株主の意思に委ねざるをえず、会社は株主の請求どおりに記載するほかはない」と判示する。

（33）　伊沢・前掲注（21）二九頁参照。

（34）　株主確認は、株主総会での場合、通常、会社が株主に送付した議決権行使書用紙、委任状用紙、出席票等の提出により行われる。ただし、他の方法（運転免許証、身分証明書等の提示、氏名・住所等の申告）で確認する場合もある（柳田幸三＝吉戒修一監修『実務解説株式会社法〔上巻〕』（一九九一年）四九三頁、田村詩子・北川善太郎ほか編『解説実務書式大系12』（一九九四年）一四七～一四八頁）。これらの方法による株主確認に関する会社免責につき、大隅健一郎＝今井宏『会社法論中巻〔第三版〕』（一九九二年）八四～八五頁参照。なお、東京地判平成七年八月二三日金融・商事判例一〇〇二号三八頁は、名義書換代理人である信託銀行が、住所変更届手続につき、株主名簿登録印鑑と住所変更届押捺印鑑との印影照合のみにより同一性認定を行う扱いをなした点につき、このような取扱で足り、しかもこの事件の場合右印鑑照合に過失はなかったと判断している（この点、大隅＝今井・前掲注（6）四七七頁によると、印鑑照合で印影が一致する者に権利行使を認めるときには会社は免責される。同旨、松岡・前掲注（2）一五九頁、前田・前掲注（16）一三六頁）。

（35）　伊沢・前掲注（21）二九頁。

（36）　この点、近時、多数の架空名義を用いて転換社債を取得した上、転換権を行使し、各名義ごとに単位未満株式の買取を発行会社に請求する（昭和五六年改正商附則一九条一項）事例が少なからず見受けられる（鳥飼重和「単位未満株式買取請求の濫用的行使と実務的対応――三笠製薬事件を中心に――」代行リポート一一五号（一九九六年）九頁以下参照）。名義の分散により多数の単位未満株式を発生させ、転換価額が買取価格よりも下回る場合に、買取を請求して確実に利益を得ようとするものである。けれども、いくら名義を分散しても、真の株主は一人だけであり（しかも、架空名義はこの株主を表示するものであるから、当該株式についての名義人はこの株主だけである）、実際には単位未満株式はそれほど生じない。つまり、架空名義による名義の分散で、見かけ上、単位未満株式が多数発生するようであっても、真の株主のもとではそれに見合うだけの単位未満株式買取請求権は発生していないのである（株主名簿への名義記載は株主権の対抗力に関するものであり、新たな権利を作出するものではない。また、買取請求制度は単位未満株式拡散防止措置の代償として認められたのであるから、単位株式を分割して単位未満株式として買取請求をなすことも許されないと解される〔竹内昭夫『改正会社法解説〔新版〕』（一九八三年）六九頁、関俊彦『新版注釈会社法（4）』（一九八六年）二五二頁、大隅＝今井・前掲注（6）五六一～五六二頁、増田政章「架空名義で株式を分散し単位未満株式を取得した者が、買取請求を棄却された事例」私法判例リマークスno.15（一九九七年）一一四頁〕）。したがって、会社は多数の名義を基準とした買取請求に応じる必要はない。実際に買い取った場合の免責は別個の問題である――過失があれば違法な自己株式の取得になり、取締役の責任が生じる（単位株主であることを知り、それを容易に証明できるのに買取に応じた場合には違法な自己株式取得になる、との立場が多い〔関・前掲本注二五四頁、大隅＝今井・前掲注（6）五六二頁、小林・前掲注（30）九六頁〕。この点、鳥飼・前掲本注一八～一九頁は、一定の場合の本人確認義務を指摘される）。なお、名古屋地判平成八年一月二六日・前掲注（32）は、このような場合、昭和五六年改正商法附則一九条一項の「『自己の有する単位未満株式』か否かは、株主名簿の記載にかかわらず、実質的な観点から判断するべきであり、当該真実の株主の所有株式数を合計して、なお単位未満株式が生じるか否かによって、判断するべきである。」とする（控訴審判決同旨、名古屋高判平成八年六月二七日資料版商事法務一四九号二一八頁）。

（37）今井・前掲注（20）一四〇～一四三頁は、会社に株式引受契約錯誤無効の主張が認められる場合を検討されている。もっとも、株主割当の場合はそもそも問題とならない。第三者割当での相手方誤認は可能性が低い。結局、募集の場合の会社側の相手方認識につき、一般の契約と同様に考えるのかが問題となる。今井・前掲注（20）一三六頁・一四一頁は、株式引受契約は個人を重視する法律行為だと強調されるが、定款による株式譲渡制限制度を採用している会社であれば格別、募集による株式発行の場合に人的要素を重視する構成を採るのには疑問がある。

（38）山本・前掲注（2）一五七～一五八頁（本書二三〇～二三二頁）、同「取締役会の承認のない譲渡制限株式の譲渡の効力と譲渡人・譲受人の地位」判例タイムズ八〇八号（一九九三年）三七頁・四〇～四二頁（本書二四四～二四五頁・二五三～二五七頁）、同「定款による株式譲渡制限制度の法的構造」私法五六号（一九九四年）二三二～二三四頁、安井威興「定款による株式譲渡制限制度の基本構造と取締役会の承認のない譲渡制限株式の譲渡の効力」法学研究六六巻一号（一九九三年）二四一～二四三頁、近藤龍司「判例研究」法学研究六六巻七号（一九九三年）一四六～一四七頁、大賀祥充『現代株式会社法〔新全訂版〕』（一九九六年）二〇〇頁、黄清渓「判例研究」法学研究六九巻七号（一九九五年）一一三頁。宮島・前掲注（20）一五一～一五二頁も同旨か。なお、山本爲三郎「会社の行う株式の譲渡制限について」法学研究六六巻一号（一九九三年）一四三頁以下（本章第三節）参照。

（39）なお、私見に一定の評価を与えつつも、加藤修「株式の譲渡制限」奥島孝康＝宮島司編『倉澤康一郎教授還暦記念論文集・商法の判例と論理』（一九九四年）一二五頁は、「会社との関係における資格の問題である名義書換という上部構造において問題解決をはかるものであり、株主権の移転という基礎部分に迫らない点で、方法論的に満足できない。」とされ、藤原俊雄「株式の譲渡制限制度の運用と問題点」判例タイムズ九一七号（一九九六年）四六頁は、「むしろ、株式取得者が会社との関係ではいまだ株主ではないとの事実を前提とし、譲渡人からの株式取得により株主たる地位に立つことを、会社に認めさせようとする権利が取得承認・買受人指定請求権である、とでもいうほかはないであろう。」（同旨、戸川成弘「取締役会の承認のない譲渡制限株式の譲渡の効力について――相対説の相対的構成と譲渡人の法的地位――」富大経済論集四〇巻一号〔一九九四年〕九〇～九一頁）とされる。また、若色敦子「いわゆる譲渡制限株式における承認請求権の性質」『蓮井良憲先生・今井宏先生古稀記念・企業監査とリスク管理の法構造』（一九九四年）四〇二～四〇三頁は、取締役会の承認は株式譲受人の株主権の会社に対する効力発生の停止条件であり、この条件成就に努力するものとして譲受人に認められるべき権利が取得承認請求権だとされる。けれども、株式譲渡自由原則のもと誰もが当該会社の株主となりうるが、取得承認・買受人指定の「請求権」を有するのは誰か――会社との関係で株主と認められない者が右請求権を有する論理的根拠はあるのかが、問題となっているのである。会社との関係でも株式譲受人が株主（名義書換未了株主）となると解するしかなかろう。

（40）この点、伊沢・前掲注（21）二九頁は、「定款でもって株式の譲渡制限をしている会社の場合は、人的要素が重要視される株式会社であるから、会社が名義貸与者を株主であると信頼していた場合には、行為者の意思がたとえ異なっていたとしても、会社側に利益が認められ、名義貸与者を株主として扱ってもよいと考えられる。」とされる。

三　資格授与的効力（株主権推定力）

株主名簿制度は名義書換未了株主の対会社株主権対抗力を制限する。これは株主権の対抗力の問題で、その所在の問題ではない。株式譲渡自由原則のもと常に変動が予想される株主に対して、継続的に義務を履行しなければならない会社の事務処理の便宜のための制度である。したがって、会社は、すでに株式を譲渡した株主名簿上の名義人を株主として扱って免責を受けてもよいし、名義書換未了株主を自己の危険において株主として扱うこともできる（株主に株主として権利行使させることを適法になしうる）(41)。

会社が株主名簿上の名義人を株主として扱い免責されるのは、株主名簿への名義記載に資格授与的効力があるからだと説明されることが多い――資格＝株主権推定力が会社免責力の根拠と認識される。それでは、なぜ株主名簿への名義記載から資格授与的効力が生じるのだろうか。一般に、ある一定の事実状態から権利外観が生じる場合に、それを法的な権利推定と把握する時、その事実状態を実質的権利と区別される形式的資格と観念する(42)。株主名簿への名義記載にもこのような意味での資格が与えられると考えてよいとも思われる。けれども、株主名簿への名義記載という外形的事実に資格が認められるのであれば、株主でない者の請求によりその者に株主名義が書き換えられた場合にも、資格は発生するはずであろう。つまり、このような無効と解すべき名義書換(43)によっても、資格授与的効力は生じる。その結果、一方で、名義書換の無効が証明されても、さらに名義人が現在株主でないことを証明しなければ――資格授与的効力＝株主権推定を破らなければ、会社は名義人の株主としての権利行使を拒否できない。他方で、会社が名義書換につき免責を主張できない場合にも、株主名簿上の名義記載により資格授与的効力が生じているから、名義人を株主として扱えば会社は免責されそうである。[44]しかしながら、前者については、株主名簿制度は無権利者を保護するものではないから、無権利であっても一旦名義書換に成功すれば、名義書換の無効が証明されてもなお名義人として権利行使を請求しうると解するのは妥当ではない。[45]後者についても、このような結論が不合理であるばかりでなく、[46]これでは名義書換の有効・無効をそもそも問題とする余地がなさそうであるが、名義書換は会社・株主間の継続的な関係を資格として設定する契機であるから、その効力を問題にできないとすれば疑問である。したがって、株主名簿上の名義記載という外形的事実に資格授与的効力の根拠を置く考え方は、正当なものと評価することはできないと思われる。

株主名簿への名義書換の効力を問題とする以上、名義書換が無効である場合には、事実上記載されている当該名義からは資格授与的効力は生じないと考えなければならない[47]（会社免責は別個の問題である）。名義人が名義人である旨証明しても、会社は名義書換の無効を証明するだけで名義人の権利行使を拒絶できる。[48]すなわち、無効な名義記載には資格授与的効力が認められないのである。けれども、名義の有効な書換があった場合において、会社が名義人の権利行使を拒絶するには、権利行使現在において名義人が株主ではない旨を証明しなければならない。名義人としては自己が名義人である旨を証明すれば十分である。これは、有効な名義書換によって株主は会社に対して資格を取得することを示している。[49]

このように、株主名簿の有効な名義書換により、名義人株主は会社に対して資格授与的効力を主張できるようになる。その内容は株主権推定力であり、会社に対する資格――権利行使資格の設定である。株主名簿上の名義人であることを示す者の株主権行使を、名義書換の無効あるいはその者が株主ではないことを証明できない限り、会社は認めなければならない――会社は株主であることの証明を求められない。もっとも、前述のように、会社が個別の株主に各種通知等を行う義務は、記名株主に対する会社の義務であり、資格授与的効力とは別個の問題である。会社は株主に対して右義務を履行しなければならない。株主名簿の名義を基準にするのは、名義書換未了株主は会社に対する株主権対抗力を制限されており、株主名簿の名義人に対して義務を履行しておけば、名義人が株主でなくても、会社は免責を受けるからである。

なお、前述のように、株主名簿上の名義人株主が資格授与的効力を主張できるということと、誰が名義人株主かの問題は別個のものである。資格授与的効力を主張するためには、名義人株主であること──株主名簿上の名義が自己を表示するものである旨を示さなければならないのである。

(41)　山本・前掲注（2）一五四〜一五五頁注（52）（本書二二七〜二二八頁注（52））、本節前掲注（2）参照。

(42)　松田二郎『株式会社法の理論』（一九六二年）二五〇頁、鈴木＝竹内・前掲注（6）一六一頁注（一）、鈴木・前掲注（21）一二二〜一二三頁参照。

(43)　無権利者の請求による名義書換は無効と解すべきである（山本・前掲注（17）一四七頁（本書五五頁））。

(44)　山本・前掲注（17）一五七〜一五八頁注（21）（本書六六〜六七頁注（21））。

(45)　山本・前掲注（17）一五〇頁（本書五八頁）。

(46)　山本・前掲注（17）一五八頁注（21）（本書六六〜六七頁注（21））。

(47)　山本・前掲注（17）一五〇頁（本書五八頁）。

(48)　山本・前掲注（17）一四七〜一四八頁（本書五五頁）。

(49)　なお、片木晴彦「株主名簿の名義書換前の株主が書換請求をしていなくとも会社に対し株主たる地位を対抗することができるとされた事例」私法判例リマークス六号（一九九三年）一一八頁は、株券を発行していない株式会社では、「株主名簿の記載の持つ権利推定的効果および会社にとっての免責効果も一応は存在するとしても、極めて弱いものとならざるをえない。ここでは株券の所持による資格授与的効力が成立せず、または株券を通じて株式を善意取得する余地もない以上、株券を発行している通常の株式会社の場合と異なり、株主名簿に氏名の記載のない実質的株主も、実質上の権利を証明することで株主としての権利行使を主張することは可能であると解される。」とされる。資格授与的効力について論じられているが、ここで問題なのは名義書換未了株主の会社に対する株主権対抗力の方であろう。また、株券発行の有無により株主名簿制度の効力に相違を設ける構成も、株主名簿の記載の本質は株券所持の資格授与的効力の代替にあるとの理解（片木・前掲本注一一七頁）を前提とするから可能なのであろうが、会社・株主間の関係を律する株主名簿と株式の所在にかかわる株券とでは制度趣旨が異なっており、やはり無理があるように思われる（この点、出口正義「商事判例研究」ジュリスト一〇六四号〔一九九五年〕一二〇頁は、小規模同族的で株券未発行の会社であっても、株主名簿により株主の権利関係を明らかにしておく必要性があり、株主名簿の存在を無視するような解釈は避けるべきだとされる）――本節本文四〇～四一頁参照。

四　会社免責力

株主名簿上の名義人を株主として扱えば、たとえその者が株主でなくても、会社は免責され右取扱は適法化される。会社免責力は株主名簿上の名義人が株主でない時に問題となる。これには二つの場合がある。まず、株主でない者が株主名簿に名義を記載された場合（したがって、当該名義書換は無効である）。そして、名義記載が有効になされたが（したがって、名義が記載された時点では名義人は株主権を有していた）、その後、名義人が株主でなくなった場合である。

(二)　無権利者への名義書換の場合

株主名簿の名義書換は、株主がその株主権の一内容として有する名義書換請求権に基づいて行われる。したがって、無権利者の請求による名義書換は無効である。名義書換が無効だというのは、株主名簿上に事実上存在する当該名義からは、資格授与的効力が生じないことを意味する——前述のように、株主名簿上への名義記載という外形的事実に資格授与的効力は認められない。もちろん無権利者であるから、株主名簿に名義を有していようとも、対会社株主権対抗力を持たないのは当然である。しかしながら、会社免責力については別個の考慮が必要である。株券を呈示して名義書換を請求する無権利者に、会社が善意無重過失で応じた場合には[50]、当該名義書換について会社は免責される[51]。そして名義書換は、株主名簿制度下において会社・株主間の継続的な関係を資格として設定する契機となるものである。それ故に、名義書換の免責は、その名義書換により株主名簿に記載された名義人を、当該株式について新たな名義書換が行われるまでの間、株主として扱った会社の免責に引き継がれると解される[52]。

請求によらずに会社の判断で無権利者を株主名簿に記載しても、そのような名義記載は無効である（名義人につき資格授与的効力は生じない）。この場合には会社の免責はない。株主名簿上から物理的、外形的には抹消されていても、前名義は法的には失効していない。したがって、「前名義人」は株主名簿の「現」名義人としてそこから発生する効力を主張できる[53]。

設立に際する新株発行あるいは会社成立後の新株発行における株主名簿の記載についても同様である（株式を引き受け株主となった者の名義を記載する義務を会社は負うのであり、それ以外の者の名義記載は無効である）[54]。もっとも前述のように、株式引受人が他人名義を用いた時には、真の株主を表示するものとして当該名義の記載は効力を有する——株式の譲受人が他人名義を用いて名義書換をなした場合も同様である。ただし、名義人と株主の同一性を知らなければ、名義貸与者を株主として扱った会社は免責を認められなければならない。これは、名義人の外観を有する者への債務履行の免責問題である。

(二)　株主名簿上の名義人が株主でなくなった場合

前述のように、株主の請求により名義書換が有効に行われれば、株主名簿上の当該名義に資格授与的効力が認められる。会社・株主間の継続的な関係が資格として設定されるのである――株主資格の設定であり株主権の創設ではない。したがってこの関係は、原則として当該株式について有効な次の名義書換が行われるまでは、継続すると考えなければならない――株主資格は株主権の存在自体とは別個の問題であるから、名義人がその株式を譲渡して無権利者になっても、株主資格は存続する。一方、資格授与的効力の結果、名義株主の権利行使を会社は認めなければならない。そこで、資格授与的効力の反面として、名義人が株主でなくなった場合には、名義人を株主として扱った会社は免責されなければならない――資格が存続する限り免責力も認められる。

(50)　この善意無重過失の意味については、山本・前掲注（17）一五五頁注（12）（本書六三～六四頁注（12））参照。
(51)　山本・前掲注（17）一五〇～一五一頁（本書五八～五九頁）。
(52)　山本・前掲注（17）一五四頁（本書六二頁）。
(53)　山本・前掲注（17）一七〇頁（本書八〇頁）。
(54)　この場合、会社は株主名簿の名義人を株主として扱っても免責されない。さらに、株式を引き受けて株主となった者に対して、株主総会の招集通知発信等の義務を果たさなければならない――右株主は対会社株主権対抗力を制限されない（北沢・前掲注（14）五七～五八頁参照）。

五　おわりに

株主名簿制度の構造を名義記載の法的効力の観点から検討してきた。株主名簿制度は、株主名簿の適法な存在をもって、名義書換未了株主の対会社株主権対抗力を制限する――名義書換未了株主は会社に自己の株主権を主張できない。ただし、この制度は会社・株主間の関係を合理的に処理することを目的とするから、名義書換請求関係などにおいては株主名簿の対抗力制限効は及ばない。これは対抗力制限効の一般的限界である。名義書換のいわゆる不当拒絶の場合も、名義書換未了株主は会社に対して株主権を主張できる。これは対抗力制限効の信義則上の特殊な限界である。

限界はあるものの、株主名簿制度は名義書換未了株主の対会社株主権対抗力を制限する。株式は会社社団構成員たる地位を表すが、株式を有していても原則としてそれだけでは株主は株主権を会社に主張できない――株主権対抗力の制限であり、会社が名義書換未了株主の権利行使を認めることはできる。さらに株主名簿制度は、名義書換未了株主の対会社株主権対抗力を制限するだけではなく、株主名簿上の名義人を株主と推定し（資格授与的効力）、その者を株主として扱った会社を免責する（会社免責力）。このような意味において、株主名簿上の株主資格と株式の所在自体が明確に分離される。両者は混同されてはならない。

株式を所有していても会社に対する株主資格を持たなければ、原則として会社との関係では株主として扱われないのであるから、対会社株主資格を有する者――株主名簿上の名義人は誰かが問題となる。検討すべき課題が二点ある。株主名簿上の名義が他人名義を借用したものである場合、および、定款による株式譲渡制限制度との関係である。

従来、他人名義で株式を引き受けた者は株主とはなるが、株主名簿の名義書換をなさなければ会社に対抗できないと説かれることが多かった。けれども、自己を表示するものとしてその名称を使用した以上、株主名簿上の名義は当該株主を表示する。ここでの問題の所在は、その名義と株主との同一性にある。この点、従来の通説は問題点の分析が不十分であったといえよう――会社は株主を選択できないけれども、会社免責が別個に考慮されるのである。

商法が認めた定款による株式譲渡制限制度は、株主名簿制度を利用した株主選別を――名義書換拒否権を認めるという形で――会社に許容するものである。ここでは、株主名簿上の名義人（名義書換を承認され名義人となった者）の確定につき会社の株主選択（株主資格設定制限）意思が重視されなければならない。そこで、定款による株式譲渡制限制度採用下においては、名義借用者の行う名簿上の名義人との同一性主張が制限を受け、会社の判断に反する右主張はできない。したがって、名義借用者は原則として名義書換未了株主であり、会社に対する株主権対抗力を制限される。この場面においても、株式の所在と対会社株主資格とは区別されなければならないのである。ところが、従来の通説は定款による株式譲渡制限制度を株式の所在に関する制度と捉えたために、論理的に破綻し説得力を欠く説明しかなしえなかった。通説は混乱を来しているといえよう。

名義書換が有効になされれば、資格授与的効力が生じる。無効な名義書換からも資格授与的効力が発生するかのような説明がよくなされる。会社免責力との関係を考えるからであろう。けれども、会社免責は別個の問題である。同様に、株主名簿の対会社株主権対抗力制限効と資格授与的効力も混同してはならない。会社は（記名）株主に対して個別に各種通知等の義務を負う。名義書換未了株主に会社が右義務を果たさなくて済むのは、株主権対抗力との関係である。株主名簿上の名義人に右義務が履行されるのは、名義人が真の株主の場合には株主が株主権対抗力を有するからであり、名義人が無権利者の場合には会社が免責されるからである。

会社は株主名簿上の名義人を株主として扱えば、名義人が株主でない場合でも免責される。名義人が名義記載当初から無権利である場合――名義書換が無効の場合には、名義書換における会社免責がその後の免責の根拠となる。他方、名義書換が有効に行われた場合には資格授与的効力が生じ、その反面、会社免責力が認められることになる。

株主名簿制度の効力を巡る従来の議論には疑問とすべき点や不明確、検討不足な部分が多い。本節では、問題点を整理し、効力関係を論理的に把握することにより、株主名簿制度の法的構造を解明した。各場面において、通説の結論自体を劇的に転換しようとするものではないかもしれない。けれども、たとえ利益衡量論的発想による結論重視を肯定的に捉えたとしても、そのような結論――価値判断の正当性を裏づける論理構成の提示を忘れてはならないだろう。本節の基本的姿勢はこの点にある。

六　法改正に関する付記

平成一七年会社法では、株券発行会社[55]（会一一七条七項）を除く株式会社においては、株主名簿の名義書換は会社に対する関係だけでなく、第三者に対しても株式譲渡の対抗要件（株主である旨の対抗）とされた[56]（会一三〇条）。株券発行会社では、株式の譲渡には株券交付を要する（会一二八条一項本文）ので、株式の譲受人と第三者との間で権利の対抗問題（株主は誰になるかの問題）は生じない。さらに、株券の占有者は当該株券に係る株式についての権利を適法に有するものと推定される（会一三一条一項）。一方、株券不発行会社においては、当事者間の合意のみで株式を譲渡できるので、二重譲渡（複数の譲受人間での対抗関係）が問題になりうる。そこで、株主名簿の名義書換が会社以外の第三者との関係でも株式譲渡の対抗要件とされているのである。注意を要するのは、株券所持による株主推定と株式譲渡の対抗要件とは内容が異なる点である。株券発行会社では、名義書換未了株主も第三者に対しては株主である旨を主張（対抗）でき、さらに、株券占有によって株主権が推定される。株券発行会社でなければ、名義書換未了株主は第三者に対しても株主である旨を主張できないのである。

平成二一年一月五日から株式振替制度が実施され、株式上場会社は株券不発行会社に移行した（決済合理化法附則六条一項）。上場会社においては、振替口座への振替登録が振替株式（上場株式）の譲渡の効力要件である（振替一四〇条）。したがって、株式の譲受人と第三者との間で権利の対抗問題は生じない。さらに、株式譲渡の株主は口座に登録された振替株式についての権利を適法に有するものと推定される（振替一四三条）。そこで、株式上場会社は株券不発行会社ではあるが、名義書換未了株主は会社に対してのみ株主である旨の主張を制限されている（振替一六一条三項）。

以上の点につき、第一章第三節（三）、同第四章第一節（七）参照。

なお、他人名義を用いて株式を引き受けた者の責任に関する平成一七年改正前商法二〇一条に当たる規定は、会社法には設けられていない。解釈問題になる。また、平成一七年の改正においては、各法律中の有価証券の「呈示」という文字が「提示」に改められている。

（55）　株券不発行会社については、第四章第一節（七）参照。
（56）　すでに平成一六年改正商法（法律八八号）は、株券不発行会社を認める（改正二二七条一項）とともに、株券不発行会社における株式の譲渡につき株主名簿の名義書換を第三者に対する対抗要件としていた（改正二〇六条の二）。

(57)　山本爲三郎『会社法の考え方〈第9版〉』（二〇一五年）九一頁参照。

■第二節■　無権利者の請求による名義書換

一　問題意識の提示

一般的な退社の制度を認めない株式会社においては、株主の投下資本の回収手段として、株式譲渡の自由が基本原則とされる。そして、株式の譲渡は譲渡の意思表示と株券の交付により完成する[1]（商二〇五条一項）。これは譲渡当事者間のみというような相対的なものではなく[2]、譲渡当事者以外の者、特に会社も原則として譲渡の効力を否定することはできない。株主権は会社に対する権利であるが、右のようにその所在は常にまた容易に変動することが予定されている。しかし、会社としては株主を画一的に把握したいと望むであろうし、株主側も権利行使の度ごとの株券呈示による株主証明――証明責任は転換される（商二〇五条二項）――の手間が省けるのであればそれにこしたことはない。そこに次のような株主名簿制度の採用の意義が見出される[3]。

すなわち、株式会社においては、取締役は株主名簿を作成し本店に備え置かなければならない（商二六三条一項）。株主名簿には株主の氏名・住所等を記載する（商二二三条）。そして、株式譲受人は株主名簿の名義を自己名義に書き換えなければ、会社に対して株主権を対抗できない（商二〇六条一項）[4]。このようにして、株主名簿に記載された者が会社との間で株主として取り扱われることになる。もっとも名簿に記載されている事実だけを基準に、名簿上の株主と会社との関係を捉えることはできない――少なくともできない場合があるとの認識に異論はないであろう。これは株主名簿への名義記載がどのような効力を発生させるかという問題に還元されるが、この点に関する議論は錯綜しており、同じ用語を用いながらその意味内容は異なるといった状況をも生じさせている（例えば、名義書換による確定的効力）。しかも、株主名簿に事実として記載されている名義の意味についても、充分な検討がなされておらず、それが議論の錯綜に拍車をかけているように思われる。本節は、名義書換が無権利者の請求によりなされた場合を採り挙げ、これらの問題を主に理論的な面から整理し、会社と株主との関係を考えようとするものである。

（1）　名義書換までは株式の移転は完成しないとする所説も唱えられているが、名義書換に権利創設的効力を認めるもので正当ではない（山本爲三郎「定款による株式譲渡制限制度の法的構造」『中村眞澄教授・金澤理教授還暦記念論文集・現代企業法の諸相』〔一九九〇年〕一五四～一五五頁注（52）〔本書二二七～二二八頁注（52）〕参照）。

（2）　なお、鈴木竹雄「記名株券の特異性（その二）」（一九五二年）『商法研究Ⅱ』三一二頁は、株式は譲渡されたがいまだ名義書換がなされていない「場合には、譲受人が株式から生ずる権利を自身享受しようと思えばいつでも名義書換を求めて享受できるにかかわらず、それをしないのであって、そのことは、譲渡人が依然権利を行使することを承認しているものと認められるべきではないかと思う。すなわち、当事者間では譲渡により譲渡人が実質的無権利者となることもちろんであるが、対会社の関係では名義書換があるまでその譲渡は完成せず、その意味において通常の場合のように譲渡人を無権利者と認めることができないのではないかと考える。」とされている。これは、株式の移転を相対的に捉える見解のようにも読め、出口正義「株主名簿の記載の効力――名義書換未了の株主の地位――」『石田満先生還暦記念論文集・商法・保険法の現代的課題』（一九九二年）二七六～二七七頁も、「譲渡当事者間では株主権が完全に移転し譲渡人は無権利者となるが、対会社の関係では名義書換請求権だけが譲受人に移転し、その名義書換によってはじめて譲渡人の株主権が完全に譲受人に移転すると解する」考え方ではなかろうかとされる。もっとも、鈴木説の「すなわち」以下はその前の文章を言い替えただけで、株式移転の相対性を特に主張するものではない、との受け取り方が一般的であったように思われる。

（3）　山本・前掲注（1）一五二頁（本書二二五～二二六頁）参照。

（4）　商法二〇六条一項は「株式ノ移転ハ取得者ノ氏名及住所ヲ株主名簿ニ記載スルニ非ザレバ之ヲ以テ会社ニ対抗スルコトヲ得ズ」というが、これは株式移転の効力の対抗不可を意味するのではなく、株主としての取扱を会社に主張できない――つまり会社に対する株主資格の設定を行うのが名義書換だと考えるのが通説である（もっとも、会社に対する株主資格には対会社株主権対抗力、株主推定力、会社免責力という異なる三つのレベルが含まれており、場合によって使い分けられていることに注意を要しよう）。なお、「資格」の問題と「対抗」の問題の区別を強調される、長谷川雄一「記名株券上の株式の本質と名義書換の意義」『長谷川雄一教授還暦記念・有因証券法の研究』（一九八九年）七〇頁・七九頁・八四～八五頁参照。

二　名義人株主の地位

(一)　緒　論

株式会社は株主名簿上の株主名義を基準にして株主に権利を行使させる。そこで株主名簿の名義記載から、例えば確定的効力、資格授与的効力、免責的効力といった効力が発生すると説明されることが多い(5)。このような効力が認められるとしても、その内容に関しては議論が存すること前述のとおりである。しかも、株主名簿上に名義が記載されていても常にこれらの効力が発生するとはいえない。そして、この点が各種効力の内容把握にも影響を与えているように思われる。そこで、無権利者が株券を呈示してなす名義書換請求と会社の免責を対象として、いくつかの学説を分析しつつこの問題に検討を加えてみたい。

(二)　無権利者からの請求による名義書換の効力

まず、無権利者からの請求による名義書換はどのように評価されるのだろうか。大隅＝今井説は次のように主張される。

「名義の書換があるときは、爾後株式取得者は実質的権利を証明することを要しないで、株主としての権利を行使することができる（推定力）。もっとも、株主名簿の記載がこのような効力を生ずるためには、名義の書換が適法に行われたことを要するのであって、例えば名義の書換が株式取得者の請求によらないでなされた場合、名義書換の請求が無能力の理由によって取消されたような場合には、会社は名義の書換自体が無効の瑕疵をおびることを理由として、株主名簿上の株主の権利行使を拒むことを妨げない。のみならず、名義の書換は本来有効な株式の取得を前提としてなされるべきものであるから、株主名簿上の株主が実際上は株式を取得せず、真実株主でないこと（真実株主でない者の請求により名義の書換がなされたこと）が明らかになった場合には、会社はその事実を立証して当該株主名簿上の株主の権利の行使を拒否することができるものと解しなければならない(6)。」

株主は株券の交付により株式の譲渡を自由になしうる。会社は株式譲渡の効力を原則として否定できない。しかしながら株主名簿制度は、譲受人株主の対会社株主権対抗力を制限する。(7)そこで、制限された対抗力を回復するために株主に株主名簿の名義書換請求権が認められることになる。その意味で名義書換請求権は株主権の一内容であり、その行使は株主の自由である。このように考えてくると、株主の請求に基づくもののみが適法な名義書換であるとする大隅＝今井説(8)には充分な説得力があるといえよう。(9)

そこで、無権利者の請求による名義書換は無効と解することになる。この点につき菱田説はより明解に、「名義書換自体は適式に行われたが、無権利者の請求によりなされた名義書換は、本来はなされるべきでなかったものでー無権利者は名義書換請求権を有しないが、会社は分らなかったので名義書換をしてしまったのである―、それにつき会社が善意かつ無重過失のゆえに免責されようとも、無効の瑕疵を有すると考える」(10)とされる。名義書換の有効・無効と会社の免責とは異なる面に属する問題であるから、会社が免責される場合だからといっても――したがって結果的に、株主名簿上の名義人（無権利者）が会社との間で株主として扱われることになる――、当該名義書換の瑕疵が治癒されることにはならないと思われる。菱田説の論理は筋の通ったものといえよう。

(三)　「名義人の権利行使」の拒絶

以上を前提にすると、一応次のように考えることができる。すなわち、無権利者の請求に基づく名義書換は無効である。この場合には、株主名簿上の株主の権利行使であっても、会社は名義書換の無効を理由としてそれを拒むことができる(11)――たとえ名義書換後に株式を取得していたとしても、彼は名義書換未了株主であり、会社に株主権を対抗できない。木内説も、会社が「善意無重過失」(12)で無権利者の名義書換請求に応じた場合につき、次のように主張されている。

「会社のほうから権利移転の事実がなかったことを証明することができれば、名義書換の効力を否定して、株券占有者の権利を拒み、旧名義人を株主として扱うことはできるというべきである。その際、会社は名簿上の株主が現在株主であること（たとえば、拾得者がその後もとの株主から株式を譲り受けて権利者となっていること）を否定する主張・立証をする必要はないというべきである。それは、株主名簿の記載そのものには『資格授与的効力』がないことを意味する。[13]」

さて、右のような考え方には一見問題がないようにも思えるが、そうでもない。右の木内説の要点は、無効な名義書換に基づく名義記載からは「資格授与的効力」は生じない、というところにある。これは、無効な名義書換に基づくとはいえ、一旦、株主名簿に名義が記載されれば、その記載からは株主取扱についての形式的な基準となる効力が発生するのではないか、との考え方を意識してのものである。

(四)　株主名簿の名義記載から生じる効果

鈴木説をみてみよう。(二)～(三)で述べてきた考え方と基本的な視点を異にする。

「株主名簿の効力を考えると、株主名簿の記載は、前述のように、株主が株券を呈示してこれを求め、そして会社がその資格を審査して記載をなしたものである。したがって株主名簿上株主として記載された者は、形式的資格を備えた株券を所持する者とまさに同様に考えられてしかるべきである。株主名簿の記載は、その意味において、株券自体の反映といってもよいであろう。」

以上の結果、株主名簿上の名義株主は、株主としての資格を有する者と推定され、したがって第一に、株主の権利を行使するにあたり、改めて株券を呈示してその資格を証明する必要なく、単に株主名簿を引くだけで十分である。第二に、会社としても、名義株主に権利の行使を認めれば、その者が実質的権利を有する者でないときも、当然免責を受けることとなる。株主名簿の記載にも、かように、資格授与的効力・免責的効力が認められるが、それは株主名簿の記載が株券の所持自体の代用ないし反映と認めらるべきものだからである。[14]」

「以上のように、株主名簿の記載には、第一に、実質的権利を有する者も、株主名簿に記載されるまでは会社に対し株主として主張できず、したがって株主の権利を行使しえない効力がある。第二に、株主名簿に記載があれば、その記載にもとづき実質的権利の証明を要せず、権利を行使しうる効力がある。そして第三に、株主名簿に記載があれば、その記載にもとづき権利の行使を許せば、会社が免責を受ける効力がある。第一のものは形式的資格が存しない以上、実質的権利を有する者をも否定しうる効力であるのに対し、第二・第三のものは形式的資格が存する以上、実質的権利如何と一応切り離されて生ずる効力にほかならない。[15]」

「第三の効力によれば、会社は名簿上の株主に権利行使を許せば、免責を受けうるが、それは形式的資格ある者の請求により名義書換をなしたから、その当然の結果として名簿の記載に免責力が認められるわけである。[16]」

このように鈴木説では、無権利者ではあっても株券を所持する者の請求[17]に応じる限り、当該名義書換につき「善意無重過失」の会社は当然免責される。[18]そして、株主名簿の名義記載は「株券の所持自体の代用ないし反映」であるから、右と同様に、株主名簿の名義記載自体にも「免責力」が認められることになる[19]（ここでの、「株主名簿の記載が株券の所持自体の代用ないし反映と認められる」との表現は、単なる説明の便宜のための比喩的表現ではなく、「免責力」等の効果が発生する株主名簿の名義記載の法的性質についての主張であろう）。つまり、名義書換の有効・無効を直接問題にするのではなく、株主名簿の名義記載をも、株券呈示による「株主推定」とその結果である「免責力」という図式で把握してしまうわけである。[20]それでは、このような把握の仕方は正当なものといえるだろうか。

上述の鈴木説の射程は、無権利者の名義書換請求につき、会社が「善意無重過失」の場合に限られるのか、「悪意あるいは重過失」ある場合も含めておよそ名義書換がなされた場合一般が対象とされるのか。この点明確ではないが[21]、会社が免責される場合には、株主名簿の当該名義記載に「資格授与的効力」を認められることは確かである。そうすると少なくともこの場合には、名義書換時に無権利であったことを証明しても会社は名義人の権利行使を拒否できない。それには名義人が現時点で無権利者であることを証明しなければならない[22]。しかしながら前述のように、無権利者への名義書換は、たとえ会社が「善意無重過失」でそれに応じたとしても、無効だと解すべきである。したがって、会社としては当該名義書換が無効であることを、そしてそれのみを主張・証明すれば名義人株主の権利行使を拒否しうる、とする木内説の結論の方に説得力があるように思われる。無権利者でも一旦名義書換に成功すれば、現在株主でないことを会社が証明できるまでは積極的に権利行使を請求しうると解するのは、妥当ではない。株主名簿制度は無権利者を保護するものではないからである。もちろん、名義書換後に株式を取得する場合もあるが、改めて正式に名義書換請求をなして株主名簿制度の中に入ればよい。

このように、やはり名義書換の有効・無効は問題にされなければならない。そして名義書換が無効だと、それに基づく株主名簿の名義記載にも積極的な効力を認められないわけである。前述の木内説によると、「それは、株主名簿の記載そのものには『資格授与的効力』がないことを意味する。[23]」。

(五)　名義書換に関する会社免責の根拠

右のように、無効な名義書換に基づく株主名簿の名義記載からは「資格授与的効力」は発生しない。けれども、株券の占有者は適法な所持人と推定される（商二〇五条二項）――株券占有者に対して法律上の権利推定がなされる。そこで、株券を呈示して株主名簿の名義書換請求がなされた場合には、会社は請求者の無権利を証明しない限り（証明責任の転換）、原則として名義書換を拒めないことになる——理由なく名義書換を拒めば、少なくとも、会社は損害賠償義務を負担しさらに過料に処せられる（商二二五条柱書・四九八条一項一一号参照）可能性がある。[25] そうだとすれば、「善意無重過失」で名義書換に応じた場合には、たとえ請求者が無権利者であっても、会社は免責される必要があろう。この免責の点については大体において見解の一致がみられる。[26]

もっとも、前述（注（18））の鈴木説では、株券を呈示してなされた請求に「善意無重過失」で応じた会社が免責されるのは、「有価証券の一般理論」の適用の結果であった。これに対して大隅＝今井説は次のように主張される。

「法は既述のように株券の所持に資格授与的効力を認め、株券の所持人はこれにより適法な権利者と推定されるものとしているのであって（商二〇五Ⅱ）、会社がこれらの者の請求により名義の書換をなすときは、たとえ請求者が実質上は無権利者である場合においても、原則として会社は免責される。……（中略）……。

かように会社が形式的資格ある者の請求により名義の書換をなすときは、これにより免責されるが、しかしこれはひっきょう会社の名義書換手続を簡便ならしめるための必要に出ているのであるから、会社がたまたま請求者が真の権利者でないことを知る場合においては、その事実を主張して名義書換を拒否することができるし、その事実を容易に立証しうる場合には、進んで名義書換を拒むことを要するものと解するのが、信義誠実の要求でなければならない。……（中略）……。以上の点については、手形法四〇条三項の規定を類推適用して、会社は請求者が無権利者であることを知りかつこれを容易に立証しうるときは、名義の書換を拒否することを要するが、それ以外の場合には会社はこれを拒否することをえない（拒否すれば会社の危険においてなすこととなる）とするのが多数の見解であるが、行きすぎであると思う。手形上の法律関係はその手形を通ずる一回かぎりの関係であるが、株券上の法律関係は団体とその構成員との間の継続的な関係であるから、会社はその構成員たる真の株主の利益のために今少しく配慮すべき権利と義務とを有するものと解するのが至当だからである。」(27)

大隅＝今井説も「有価証券の一般理論」を基礎にし、ただ、会社・株主間の法律関係の特殊性を考慮しているのであり、鈴木説と基本においては不一致はないといえようか。

本節においても、一応この「有価証券の一般理論」を前提に以下検討を続けたい。

(六)　名義書換後の会社免責の根拠

書換自体は株券所持の「株主推定」の反映としての免責で処理できても――名義書換請求を認めたことに関しては会社は免責される――、その後は書き換えられた新たな名義人を株主として扱うことになる。これは新名義が何らかの効力を有しているからなのか。それとも無権利者の請求による名義書換は無効であり、株券所持の株主推定が書換後も反映し続け、その結果としての免責なのか。これが次の問題である。

大隅＝今井説によると、「会社が株主名簿の記載に基づき株主名義人を株主として取扱うならば、たとえその者が真実の株主でなかった場合においても、会社はこれにより免責される（免責力）。……（中略）……。かかる効力を認めるのでなければ、不断に変動する多数の株主からなる会社の法律関係は到底円滑に処理することをえないのであって、株主名簿の制度のもつ最も重要な意義はここにある。……（中略）……。もっとも、株主名簿上の株主が実際上は株式を取得しておらず、真実株主でない場合には、会社はこれを主張してその権利行使を拒みうることは既述のとおりであるのみならず、会社が容易にこれを立証しうる場合には、真の株主の利益のためにその権利行使を拒否することが、誠実義務の要求であるといわなければならない。それゆえ、かかる場合には、会社は株主名簿上の株主を株主として取扱うことにより免責されない。ただし、会社が株主名簿上の株主が真実の株式取得者でないことを知っていても、その立証をなしえない場合には、その者を株主として取扱うことにより免責される。そうでなければ、会社をして真の株主の利益のために不確実な訴訟の危険を引受しめることとなるからである。(28)」。

株主名簿上の名義人を株主として扱えば会社は免責されるが、ここに株主名簿制度の最も重要な意義があるとされる。これが株主名簿の名義記載の「免責力」と捉えられているところからすると、株主の名義書換請求権に基づかない無効な名義書換による名義記載であっても、会社を免責する効力は有することになる。しかしながら、明文の規定がないのになぜ「免責力」が認められるのか(29)の理論的根拠は示されていない(30)――株主名簿制度とはそういうものだとの認識だけでは説得力に欠けよう。(31)しかも検討しているのは名義書換が無効な場合であり、無効な名義書換による名義記載からは「(株主名簿上の株主は実質的権利を証明しないでも権利行使できるという）推定力」は生じない、と前掲の大隅＝今井説は主張されている。そこで「免責力」の根拠がなおさら問題となる。つまり、右のような「推定力」が認められるのであれば、その反面として名簿上の株主を株主として扱った会社を免責する必要があるともいえようが、(32)ここでは「推定力」がないことが前提なのである。(33)大隅＝今井説によると、「かかる効力を認めるのでなければ、不断に変動する多数の株主からなる会社の法律関係は到底円滑に処理することをえないのであって、株主名簿の制度のもつ最も重要な意義はここにある。」とされている。しかしながらこれでは、「推定力」も認められないのに会社が許した無権利者の権利行使が、有効なものとして取り扱われる「免責力」を基礎づける理由としては、曖昧に過ぎるといえるのではなかろうか。特に、問題としているのは、名義書換が無効な場合であり、名義書換は有効に行われたがその後名義人株主が株式を譲渡して無権利者になった場合ではないのである。

この点、鈴木説によると、株主名簿の名義記載は「株券の所持自体の代用ないし反映」であるから、そこに「資格授与的効力」が生じる。この効力を基礎に「免責力」を捉えればよいわけである。しかし前述のように、無効な名義書換による株主名簿の名義記載には「資格授与的効力」は認められない。

そこで木内説は、「株主としての権利の行使は」「一回の権利の行使だけが問題である手形上の権利」「のように個別化されるものではなく、まさに株主としての地位に基づいて裁断なく続けられているものというべきであるから、株主であるかどうかについての善意悪意をある時点の権利行使に限って判断し、それでもって会社の免責の可否を考慮することはできないというべきである。まさにそれは名義書換とか株券の供託という会社が株主の権利行使の前提としている株券の呈示の時においてしか可能ではない。[34]」とされる。

会社・株主間の継続的な関係を資格として設定する契機は、株主名簿制度の下では名義書換でしかありえない。その意味で、会社免責の可否の判断は名義書換における株券呈示の時の免責の有無が、その後の名義記載に基づく株主取扱に対する免責の判断に引き継がれると考えてよく、木内説はこの限りにおいては核心を指摘していると思われる。[35]

(七)　小　括

以上の分析と検討により、一応次のようにいえよう。すなわち、無権利者の請求に基づく名義書換は無効である。そして名義書換が無効というのは、その名義書換の結果株主名簿上になされる名義記載からは「株主推定力」が生じないことを意味する——もちろん対会社株主権対抗力も生じない（したがって、名義人が名義書換後適法に株式を取得していたとしても彼は名義書換未了株主に過ぎない）。しかしながら、これにより当該名義人を株主として扱った会社が全く免責されなくなるわけではない。「有価証券の一般理論」を基礎として、株券を呈示して名義書換を請求してきた無権利者に「善意無重過失」の会社が応じた場合には、当該名義書換について会社は免責されると解すべきである。そして右免責は、その名義書換の結果である名義記載に基づいて名義人を株主として扱った会社の免責に引き継がれる――株主名簿の名義記載自体から「免責力」が生じるわけではない。株主名簿制度下では、会社・株主間の継続的な関係を資格として設定する契機は名義書換以外にないからである。残された問題は前名義人の地位をどのように解するかである。

（5）　松岡誠之助『新版注釈会社法（3）』（一九八六年）一六八～一六九頁参照。
（6）　大隅健一郎＝今井宏『会社法論・上巻〔第三版〕』（一九九一年）四八五～四八六頁（同旨、大隅健一郎「株式の名義書換の効力について」〔一九五四年〕『会社法の諸問題〔新版〕』二一八頁、同「株式の譲渡」『株式会社法講座二巻』〔一九五六年〕六七三～六七四頁）。
（7）　山本・前掲注（1）一五一～一五二頁（本書二二四～二二五頁）参照。
（8）　大隅＝今井・前掲注（6）四七三～四七四頁ではより明確にこの点が論じられている。
（9）　なお、奥村長生「株式の名義書換の効果に関する一試論」『松田判事在職四十年記念・會社と訴訟・上』（一九六八年）九七～九八・一〇二頁参照。
（10）　菱田政宏『会社法・新版上巻』（一九八八年）一七三頁。
（11）　同旨、松岡・前掲注（5）一六九頁。
（12）　会社は請求者の無権利を証明しない限り、名義書換を拒めない。そこで、無権利を容易に証明しうるのに、悪意または重大な過失によりそれをなさない会社は免責されないが、そうでなければ免責される、と解するのが一般的である（大隅・前掲注（6）『株式会社法講座二巻』六六二～六六三頁、松田二郎『会社法概論』〔一九六八年〕一六三～一六四頁、竹内昭夫「株式の名義書換」〔一九七三年〕『会社法の理論Ⅰ』一九一～一九二頁、同『会社法講義（上）』〔一九八六年〕二四九～二五〇頁、古瀬村邦夫「株主の権利行使」『現代企業法講座3』〔一九八五年〕一〇六頁、菱田・前掲注（10）一七〇頁、長谷川・前掲注（4）八六頁、高鳥正夫『新版会社法』〔一九九一年〕一二三〜一二四頁、河本一郎『現代会社法〈新訂第五版〉』〔一九九一年〕一二二〜一二三頁。手形法四〇条三項の類推適用――松岡・前掲注（5）一四七頁、龍田節『会社法〈第二版〉』〔一九九一年〕二一六頁。同条項を参照――木内宜彦「株主名簿の名義書換」倉沢康一郎＝岩崎稜＝奥島孝康＝新山雄三＝木内宜彦＝森田章『分析と展開・商法Ⅰ〈会社法〉』〔一九八七年〕七一頁）。この場合、単に「『悪意または重過失』の会社は免責されない」とされることが多いが、これは右の意味で使われており、したがって通常の意味に比べて狭く、逆に会社が免責される場合の「善意無重過失」はかなり広い（無権利を容易に証明できなければ、請求者が無権利者であることを知っていてもこの概念に含まれる）。本節でも、以下、「善意無重過失」「悪意または重過失」という用語を基本的に右のような意味で用いることになる。なお、右のように解する根拠について、注（18）参照。

（13）木内・前掲注（12）七二頁。

（14）鈴木・前掲注（2）三〇八〜三〇九頁。このような考え方は、既に、松田二郎『株式会社の基礎理論――株式關係を中心として――』〔一九四二年〕三八五〜三八六頁において示されていた（「記名株式に於ける株主名簿上の記載は、恰も無記名株式に於ける株券の占有に該當するものにして、後者が實質的権利と關係なき資格（Legitimation）を附与すると同様、前者も亦之を附與するものなのである」）。なお、注（20）参照。

（15）鈴木・前掲注（2）三一〇頁。

（16）鈴木・前掲注（2）三一二頁。

（17）なお、株券が発行されている場合には、株主名簿の名義書換請求には株券の呈示が必要だと解するのが一般のようである（鈴木・前掲注（2）三〇〇頁、大隅・前掲注（6）『株式会社法講座二巻』六六一頁、龍田節「名義書換前の株式譲受人の地位」『商法演習Ⅲ〈改訂再版〉』〔一九六八年〕一二頁、石井照久＝鴻常夫『会社法・第一巻』〔一九七五年〕二五二頁、古瀬村・前掲注（12）一〇六頁、鴻常夫「株式の名義書換」鴻常夫＝河本一郎＝北沢正啓＝戸田修三編『演習商法〈会社〉上巻』〔一九八六年〕二六〇頁、竹内・前掲注（12）『会社法講義〈上〉』二四八頁、菱田・前掲注（10）一六九頁・一七一頁、田中誠二『三全訂会社法詳論・上巻』〔一九九三年〕三九八頁。松岡・前掲注（5）一五八頁は、「名義書換を請求するにあたって株券の呈示を要することは、有価証券の法理からすれば当然である。」とされる）。もっとも、稲葉威雄＝江頭憲治郎

＝大谷禎男＝中西敏和＝森本滋＝柳田幸三＝吉戒修一『株式（1）』（一九九〇年）一六一～一六四頁での議論および本節注（47）参照。

（18）この点につき、鈴木説（前掲注（2）三〇八頁）は次のように断定される。「商法第二〇五条第二項……（中略）……によれば、……（中略）……株券を所持する者は、正当な所持人と推定される。いわゆる資格授与的効力を認めたものであり、したがってかかる形式的資格を有する者は、他に証明を要せず株主名簿の名義書換を請求することができる。しかしかような形式的資格を有する者であっても実質的権利を有しないときは、会社はそれを証明して名義書換を拒絶できる。しかし形式的資格を有する者の請求により名義書換をなしたならば、たといその者が実質的権利を有しない場合であっても、それを証明しうるにかかわらず悪意または重大な過失によってそれをなさず名義書換に応じたのでない限り、会社は免責を受ける。以上は有価証券の一般理論をそのまま適用したものであって、この点についてはとくに論ずるまでもないと思う。」

証券呈示者（形式的資格を具備する者）に権利行使させると、「善意無重過失」の義務者は免責される。これは「有価証券の一般理論」であり、それがそのまま株主名簿の名義書換の場合にも適用されるというもので（同旨、高鳥正夫「株式の名義書換における会社の調査」（一九七二年）『会社法の諸問題〔増補版〕』二二四～二二五頁、松岡・前掲注（5）一六〇頁・一六一頁。石井＝鴻・前掲注（17）二五三頁は、「会社の免責については手形法四〇条三項のような明文の規定は存しないが、証券の占有にみとめられる資格から出てくる当然の効果である。」とされる〔同旨、鴻・前掲注（17）二六一頁〕。なお、河本・前掲注（12）一二二頁は単に、「商法二〇五条二項は、この免責的効力をも同時に含んでいるものと解すべきである。」とされる）、理解しやすく明解である。もっとも、本節では詳細に考察する用意はないが、この「有価証券の一般理論」の内容とその適用が特に論じるまでもない程自明のものなのかについては、なお検討が必要ではなかろうか。少なくとも後述の大隅＝今井説では、「有価証券の一般理論」の一つの具現化規定であると思われる手形法四〇条三項（鈴木・前掲注（2）三〇八頁注（一）は、本条は手形法一六条一項の当然の結果と認められるとされる）の類推適用が、この場合には否定されているのである。なお、注（12）参照。

（19）同旨、出口・前掲注（2）二八九頁。

(20)　松田二郎『株式会社法の理論』（一九六二年）二五〇頁は、「およそ証券の流通過程または集団的の多数人を相手とする法律関係においては、いちいち仔細に実質的な権利関係に立入って、これを検討することは不可能に近いため、勢い外観によって律することが必然的に要求され、ここに『権利』（または実質的権利）に対する『資格』（Legitimation）（または形式的資格）の観念を生ずる。ここにいう資格とは、いわば『権利者たる外観』を意味する。……（中略）……。そして資格は、次の二つの作用を有する。第一に、資格の存する場合、資格を有する者は権利者たることを立証しないで、権利者であるとの推定を受ける。これは資格の附与する『推定力』である。……（中略）……。第二に、義務者は善意で資格を有する者に給付することによって、義務を免れる。これは資格の附与する『免責力』である。」と主張され、さらに、「従って、名義書換の結果、株主名簿上に株主たる記載がされると、それは『資格』を示すものであり、すなわちそれは『推定力』と『免責力』とを与えるものである。」との結論を導かれる（松田・前掲注（14）三八五～三九九頁、同・前掲注（12）一六一～一六二頁参照。同旨、大隅・前掲注（6）『会社法の諸問題〔新版〕』二〇八～二〇九頁、長谷川・前掲注（4）八五頁）。確かに傾向としてはこのようにいえようが、かなり漠然とした考察である。右のような「資格の一般理論」、および株主名簿上の名義記載が「資格」であり「資格の一般理論」の適用を受けることの検証が、やはり必要ではなかろうか（この点なお、龍田・前掲注（17）一七頁は、「制度の目的だけから効力の根拠を説明することは確かに十分ではないが、株主名簿の記載によって社団的事務処理のための新たな資格が創設される、と見てよいのではないかと思う」とされる）。この点鈴木説は、右の「資格の一般理論」の中のより具体的な「有価証券の一般理論」を基礎に、株主名簿の名義記載の意味を捉えるもの、と評価しうるもののように思われる。なお、注（14）参照。

(21)　もっとも鈴木説では、株主名簿の名義記載は「株券の所持自体の代用ないし反映」とされるわけであるが、これは名義記載を単なる事実状態としての面で捉えるという趣旨のように読める。無権利者であっても株券を所持していると、そこに形式的資格が認められる――「株主推定」がなされる（商二〇五条二項）。この「株主推定」は会社の善意・悪意にかかわらず、事実としての株券所持に与えられる効力である。株主名簿の名義記載もそれと同様――株券を所持・呈示している状態と同じであり、そこに形式的資格が認められる（商二〇五条二項参照）。したがって同様に、事実として名義が書き換えられた以上、たとえ実質的株主であろうと前名義人はあくまで「前」名義人であり、形式的資格を持たない名義書換未了株主たる地位を有するに過ぎなくなる――会社に株主権を対抗するためには再度名義書換を受ける必要がある。逆に、会社が悪意であろうと（無権利の）名義人は名義記載から生じる「権利推定」を利用しうる――会社は名義人が現在無権利者であることを証明できないと、権利行使を認めざるをえない。このように鈴木説の構成では、そもそも名義書換の有効・無効を問題にする余地がなく、また、「資格授与的効力」に関する限り、それは会社の免責にかかわりなく名義書換があれば生じるように思われる。

ただし、名義書換において免責されない会社が書換後の名義に基づいて権利行使を認めれば、当該名義にも「株主推定力」があるから、その権利行使時に免責要件を備えていたかどうかで会社の免責が判断される――つまり、会社は原則として株主名簿上の名義人を株主として扱ってよいことになろうが、この結論は不都合というほかなかろう。けれども鈴木説の基本構造からすると右結論が導かれる。したがって、鈴木説がこれを認めるものかどうかは明らかではないが、仮に否定するのであれば、その理由を明示する必要があろう。

（22）なお、菱田・前掲注（10）一七一～一七二頁では、鈴木説と同様の説明がなされている。その一方で、後述（三（三））のように、名義書換の無効を理由に名義人の権利行使を拒むことができるとされる。しかしこの構成には疑問がある。鈴木説では、株券所持という形式的資格と株主名簿上の名義記載という形式的資格を同視し、そこにともに「株主推定力」を認める。これは形式的資格、つまり外形的事実に対して認められるもので、会社の主観的態様に左右される性質のものではない（注（21）参照）。

（23）なお、木内説は適法になされた有効な名義書換に基づく株主名簿の名義記載からも「資格授与的効力」は発生しないとされる趣旨のようである（木内宜彦「株主名簿の名義書換」受験新報三四巻八号〔一九八四年〕三一頁参照。なお、奥村・前掲注（9）一〇四～一〇六頁参照）。しかしながら、名義書換が無効な場合において株主名簿の記載に「資格授与的効力」が認められないからといって、名義書換が有効な場合までそうだと言い切れるだろうか。株主名簿制度から生じる効力のみでなく、有価証券と解されている株券に表章される株式という権利の性質――会社が株主に負う義務の性質をも視野にいれた、さらに慎重な検討が必要だと考える。

（24）大判昭和一八年五月一七日新商事判例集一巻七九一頁参照。もっとも、竹内・前掲注（12）『会社法の理論Ⅰ』一九六～

一九七頁参照。

(25) 名義書換の不当拒絶と株主の権利行使に関して、注(38)参照。

(26) 注(12)参照。

(27) 大隅＝今井・前掲注(6)四七五〜四七六頁。

(28) 大隅＝今井・前掲注(6)四八六頁(同旨、大隅・前掲注(6)『会社法の諸問題〔新版〕』二一八〜二一九頁、同・前掲注(6)『株式会社法講座二巻』六七四頁)。

(29) 「免責力」に関して、鈴木・前掲注(2)三〇七〜三〇八頁注(一)は、「会社法には直接の規定がなく、強いていえば商法二二四条にその趣旨が現われているにすぎない」、大隅・前掲注(6)『会社法の諸問題〔新版〕』二〇九頁は、「商法第二二四条の規定においてもその趣旨の一端をうかがうことができる。」、そして松岡・前掲注(5)一六九頁は、同条一項を、「まさに株主名簿の免責的効力の現れにほかならない。」とされる。これらの指摘は、同条項が「免責力」の根拠規定だと主張しているのではなく、「免責力」を前提にして、その一つの具現化規定として同条項を捉えるに過ぎないものと思われる(石井照久『会社法・上巻・第二版』(一九七二年)二〇六頁参照)。なお、奥村・前掲注(9)一〇五頁参照。

(30) 大隅・前掲注(6)『会社法の諸問題〔新版〕』二一九頁、同・前掲注(6)『株式会社法講座二巻』六七四頁は、商法二〇六条一項を「免責力」の根拠規定とされるようである。その前提としては、同条の「本旨が、株式の取得者は名義の書換をなすのでなければ会社に対する関係においては株主とみとめられず、株主として取扱われえないとするにあるものと解すべき」だとの理解がある。しかし、名義書換未了株主を会社は株主として取り扱うことができないとの解釈が正しいとすると、名義書換が無効な場合には、株主名簿上の株主はこの効力の対象となりえず、会社は彼を株主として扱えないということになるのではなかろうか。少なくともこの場合には、二〇六条一項を「免責力」の根拠規定とする右の論理は妥当しないというべきであろう。なお、鈴木・前掲注(2)三〇七〜三〇八頁注(一)参照。

(31) 奥村・前掲注(9)一〇四〜一〇五頁参照。なお、龍田・前掲注(17)一一六〜一一七頁参照。

(32) なお、竹内・前掲注(12)『会社法の理論Ⅰ』二〇三頁は、「推定力が会社のために働くのが免責力であ」るとされ、江頭憲治郎「株式の名義書換」『会社法演習Ⅰ』(一九八三年)九九頁は、「資格授与的効力の反映として、株主名簿の記載からは、会社のために『免責的効力』が生じる。」とされている。

(33) なお、松田・前掲注（20）二五〇～二五一頁は、注（20）での引用部分に続けて、「わが国における嘗ての学説は、株主名簿上の株主たる記載に対して、『推定力』を認めたが、『免責力』を認めていなかった。そこに理論上の一大欠陥が存したのである。」とされている（この点、ドイツ法に関して、出口・前掲注（2）二七〇頁・二八二～二八三頁参照）。「資格」である以上「免責力」が認められなければならないとの主張である。大隅＝今井説は、「推定力」のない「資格」概念が成り立つことを前提にして、「資格」であることを根拠に「免責力」を導き出していることになろう。しかしこのような「資格」概念は疑問とせざるをえないであろう。

(34) 木内・前掲注（12）七三～七四頁。

(35) なお、奥村・前掲注（9）一〇二頁参照。

三　前名義人の地位

(一) 緒　論

無権利者の請求による名義書換は無効であるから、会社はその無効を理由に名義人株主（無権利者）の権利行使を拒むことができる。この場合、株主名簿上に事実として存在する当該名義記載からは「株主推定力」は生じないから、名義人が現在株主でないことを証明する必要はない。ここまでは前述の検討結果である。それでは前名義についてはどう考えればよいのだろうか。つまり、誰が会社に株主として扱われるのだろうか。株主名簿の前名義人であろうか――名義書換が無効なのであるから、それはなかったことになり、前名義がそのまま生きていると考えるのか（したがって、株主名簿上の株主として前名義人は会社に対して権利を主張でき、会社も彼を株主として扱わなければならない）。あるいは、前名義人はあくまで「前」名義人であり、真実の株主であったとしても名義書換未了株主に過ぎず、会社に株主権を対抗することはできないのか（したがって、会社も前名義人を株主として扱う必要はない――株主として扱うことができるか否かについては議論がある）。これは名義書換――名義記載の「免責力」と密接に関連する問題である。場合を分けて考えてみよう。

(二)　会社が免責される場合

無権利者が株券を呈示してなす名義書換請求に、「善意無重過失」で応じた会社は免責される。そしてこの免責力は、当該名義人を株主として扱った会社に引き継がれる。つまり、結果的に名義人が会社との関係で株主として扱われることになる。したがって、前名義は失効する――「対会社株主権対抗力」、「株主推定力」さらに「免責力」が全て失われる。前名義人は名義書換未了株主となるわけである。ただしこの場合、いささか概念的に過ぎるようではあるが、会社が免責されようとされまいと無権利者の請求による名義書換は無効なのであるから、前名義は「法的」には引続き株主名簿上に残っており、ただそのすべての効力を制限されている、との構成も、後述（前名義の効力の復活を考える所説がある）との関係で不可能ではないであろう。

(三)　免責される会社が「名義人の権利行使」を拒絶する場合

前述のように、名義書換につき免責される会社でも、その請求時に名義人が無権利者であったこと――名義書換の無効を理由に名義人の権利行使を拒むことができる。その場合、当該名義人に関する「免責力」は問題となくなるから、前名義の効力が復活し、前名義人は「前名義人」であること――つまり「現名義人」であることを理由に株主としての権利行使をなしうるのか（会社は彼を株主として扱わなくてはならず、またそうすれば、真実の株主でなかった場合にも免責される）。あるいは、前名義人は名義書換未了株主に過ぎず、会社は彼を株主として扱う義務はないと考えられるのか。

大隅＝今井説では、「株主名簿の名義書換が真実の株式取得者の請求によらないでなされた場合に、会社がその者の権利行使を拒みうるのは当然であって、その結果その株式について権利を行使する者がなくなっても、それはやむを得ないことである。」[36]とされている。

無権利者の請求による名義書換は無効であり、それを理由に会社は名義人株主の権利行使を拒否しうる。しかし、無効とはいえ事実として名義は書き換えられたのであるから、たとえ実質上の権利者であろうと前名義人はもはや名義書換未了株主たる地位しか有さない。したがって、前名義人は会社に対して株主権を対抗できず、その結果、当該株式について権利行使者がいない事態が生じるが（名義書換未了株主の権利行使を会社は認めることができないとの所説を前提とする）[37]、やむをえない。このように大隅＝今井説では、名義書換の無効は書換後の名義記載に積極的効力を与えないことを意味するにとどまり、旧名義は事実上名義書換があればそれにより排除される――有効な名義書換の法的効力により排除されるのではない、と考えられているようである。[38]

右のような理解の下では、たとえ名義書換未了株主の権利行使を会社から認めることはできるとの所説を採ったとしても、会社にその義務はないから、やはり当該株式につき権利行使者が存在しない事態が考えられる。けれども、前名義人は必ずしも真実の株主とは限らないから――その場合、無権利者に権利行使させなければならなくなることと比較すると、この点の不当性はそう強くない。むしろ、前名義人は「前」名義人に過ぎないから、改めて株主であることを証明して名義書換を受けさせることが、名義書換を介しての株主の画一的な取扱を要求する株主名簿制度の趣旨に合致するといえそうであり[39]、右のような考え方は相当の合理性を有するものとして評価しえよう。

ところがこの点、菱田説は次にように主張されている。

「株主名簿の名義書換は会社の善意でかつ重大な過失なく行なわれたが、名義書換後、株主名簿上の名義人が実質上株式を取得していないことが明らかとなった場合には、会社はその事実を証明してその者の権利行使を拒否し得、かつ、会社がこれを容易に立証しうる場合には、その権利行使を拒否することを要する。……（中略）……。名義人が名義書換の時に無権利者であった（株式取得者でない）と判明した以上、株主名簿の名義書換は無効であったと判明したのであるから、それ以後は、会社はその無権利者を株主と取扱っても免責されないと解される。無効な名義の書換は、法的には名義の書換はなかったということになる。したがって、法的には元の名義人が依然株主名簿上その名義人として記載されているということになると考える。[40]」

無権利者の請求による名義書換は無効である。しかしながら、名義書換につき会社が免責される場合には、結果的に当該名義書換は有効なものとしての取扱を受ける。一方、会社が免責されない場合には、前名義人は現名義人として株主名簿上の株主としての地位を主張することができる——事実上の新名義にかかわらず前名義がその効力を維持している。菱田説はこのようである。[41] このように考えると、株主名簿には実際には名義が記載されていないのに、前名義人はたとえ無権利者であっても「資格授与的効力」を主張でき、会社は「免責力」により保護される。株主名簿上の名義という物理的事実を基準としない点で不安定ではあるが、法的評価を問題とすればよいとの立場にもかなりの説得力があるように思われる。

(四) 会社免責の限界

ところで菱田説によると、名義書換が無権利者の請求によるものである事実を容易に証明しうるに至った場合には、以後会社は名義人を株主として扱うことにつき免責されないとされる。前掲の大隅＝今井説においても、「会社が容易にこれを立証しうる場合には、真の株主の利益のためにその権利行使を拒否することが、誠実義務の要求であるといわなければならない。それゆえ、かかる場合には、会社は株主名簿上の株主を株主として取扱うことにより免責されない。」とされていた。会社の免責の限界に関する主張である。会社が積極的に名義人の権利行使を拒む場合だけでなく、名義書換の無効を容易に証明しうる状態になると会社は免責されなくなる。[42]「容易に」との条件がつくが、その判断をなさなければならない会社は不安定な立場に立たされよう。

そこで、木内説は次のように主張される。

「いったん善意無重過失でもって名義書換に応じた後に、会社がその名簿上の株主が無権利者であったということを証明できるに至った場合」には、名義人の権利行使につき免責されないとする見解「は問題である。たしかに名簿上の株主が株券の盗取者や拾得者であることを証明できるのに、その権利行使を認めるというのでは、信義則上おもしろくないともいえそうであるが、しかし、それでは株券の占有を信じて名義書換をしたことによって与えられる前述の免責の効果はほとんど意味を失ってしまうであろう――株券の善意取得者がのちに前者の無権利であったことについて悪意となったとしてもはやその権利を失わないことを想起すべきである――。真の権利者に対する関係は、前述の株式譲受人の場合と同様に、商法二〇六条一項の『対抗力』の問題となるにすぎないのではないか――真の権利者は自ら株券の占有を回復して名義書換を請求しなければならないというべきである――。すなわち、たとえばＡからＢへと株式の譲渡がなされたときに、その権利移転の事実を証明できるとしても、依然としてＡを株主として扱ってよいのと同様に、CからDが株券を盗取して、それによってDから名義書換の請求がなされ、会社が善意無重過失で名義書換をした以上、CはDから株券の占有を回復して名義書換を請求しなければならないというべきである。[43]」。

名義書換の無効を容易に証明できるようになったとしても、[44]会社はなお名義人を株主として扱って免責されるとの主張である。けれども、木内説自身認められるように、これでは「信義則上おもしろくない」といえるのではなかろうか。株式の善意取得の場合を引き合いに出されるが、これは基本的に関係のない者どうし（株券喪失者と善意取得者）の間の一度限りの問題である。株主との継続的な関係の中で、無権利者に権利行使させて会社は免責を受けることができるか否かという問題とは自ずから次元を異にする。また、前掲のように木内説は「株主であるかどうかについての善意悪意をある時点の権利行使に限って判断し、それでもって会社の免責の可否を考慮することはできないというべきである。まさにそれは名義書換とか株券の供託という会社が株主の権利行使の前提としている株券の呈示の時においてしか可能ではない。」とされている。確かに会社免責の有無は名義書換時の評価がその後に引き継がれると解してよいが、そのことが直ちに、会社免責の制限は一切考えられないという結論を導くとはいえない。名義書換の無効を容易に証明しうる状態になった以上、会社はその免責の基礎を失うわけであり、以後免責の利益を受けえないと解すべきであろう。繰返しになるが会社・株主間は、一度限りのものではなく、継続的な関係だからである。

木内説はさらに次のような指摘をされる。

「たとえば株主総会の招集通知を名義上の株主に発送した後に、その者が無権利者であることにつき会社が悪意となったとすると、招集通知は有効であるが、その者による議決権行使は無効であると扱うべきことになるのであろうか。

あるいは名義上の株主に新株引受権が与えられたが、その後株式の申込の時までに会社が悪意となったとすると、いったい会社としてはどのような処理をしなければならないことになるのか。[45]」

会社の免責にも限界があると解する以上、確かに右のような場合には面倒な扱いをしなければならないだろう。[46]けれども、前述（三）の大隅＝今井説と菱田説とではその程度が異なってくる。すなわち、前名義の効力が復活すると考えると、現名義人の権利行使を拒絶しなければならないと共に、前名義人に権利行使させなければならないことになる。この所説を採ると非常に厄介な扱いをしなければならなくなりそうである。[47]

（五）　名義書換につき会社が免責されない場合

無権利者の請求に「悪意または重過失」ある会社が応じて名義書換をなした場合には、その名義人を株主として扱うことにより会社は免責されない。前述（三）の菱田説のように考えると、前名義の効力はそのまま生きており、前名義人は株主名簿上の株主としての地位を主張しえよう。[48]

これに対して大隅＝今井説では、無効とはいえ一旦名義が書き換えられてしまった以上、たとえ真実の株主であろうと前名義人は名義書換未了株主たる地位にとどまることになる。確かに、株主名簿制度は名義書換を介して株主を画一的に取り扱おうとする制度である。また、株券を呈示しての請求がなされたのである限り、真実の株主から名義書換請求者に株券の占有が移転しているわけであり、紛争の直接の当事者は右両者である――会社ではない。したがって、当事者間で紛争を解決すればよいのであって、会社が巻き込まれる理由はないともいえそうである――真実の株主であろうと前名義人が株主資格を回復するには、株券を取り戻して名義書換を請求しなければならない。[49]しかしながら、事実としての名義書換が行われると前名義は失効するとの立場を採ると、なおさら免責要件を備えない会社は無権利者の名義書換請求に応じてはならないはずである――その意味では紛争の当事者ともいえよう。それにもかかわらず、無権利者の請求を契機として名義人の株主資格を排除できてしまうという結論は、やはり不都合ではなかろうか。[50]

(36)　大隅＝今井・前掲注（6）四八四頁注（9）。

(37)　大隅＝今井・前掲注（6）四八二～四八三頁。

(38)　ただし一方で、「会社が株主の名義書換の請求を不当に拒否した場合には、名義の書換がなくとも株主は株主の権利を行使することができるものと解すべきである。……（中略）……。同様に、会社のなした名義の書換が会社の悪意または重大な過失によるものであるときは、実質上の株主たる旧名義人は、株主たることを証明して、会社に対しその権利を行使することを妨げない。」（大隅＝今井・前掲注（6）四八三～四八四頁）ともされている。名義書換につき会社が免責されない場合には、名義書換の不当拒絶の場合と同様に、真実の株主である前名義人は権利行使を主張できるわけである。この場合には前名義が生きている（効力を失っていない）とすると、前名義人は「前名義人」であることおよび名義書換の無効、さらに会社が免責されないこと（この点についてはなお、鈴木・前掲注（2）三二一～三二三頁、石井・前掲注（29）二〇七頁、石井＝鴻・前掲注（17）二五五～二五六頁参照）を証明すればよいのであり、それ以上に、「実質上の株主」である必要も「株主たることを証明」する必要もない。したがってこの場合には、名義書換未了株主である「実質上の株主たる旧名義人」を特別に扱うという趣旨になる。大隅＝今井説の構成では、無効な名義書換につき会社が免責されない場合にも、やはり事実としての名義書換により前名義は失効するのである。

　なお、名義書換の不当拒絶に関しては、最高裁昭和四一年七月二八日判決（民集二〇巻六号一二五一頁）が、「正当の事由なくして株式の名義書換請求を拒絶した会社は、その書換のないことを理由としてその譲渡を否認し得ないのであり（大審院昭和三年七月六日判決、民集七巻五四六頁参照）、従つて、このような場合には、会社は株式譲受人を株主として取り扱うことを要し、株主名簿上に株主として記載されている譲渡人を株主として取り扱うことを得ない。」と判示しており、右結論は多くの学説によっても支持されている（石井＝鴻・前掲注（17）二五六〜二五七頁、古瀬村・前掲注（12）一一五頁、鴻・前掲注（17）二六四頁、木内・前掲注（12）七五頁、龍田・前掲注（12）二一六〜二一七頁）。株主名簿上の名義人を株主として扱いえないとは、名義の記載に「免責力」がないことを意味しよう。しかし、「会社は株式譲受人を株主として取り扱うことを要」するとは、どのような意味を有するのかは明確には論じられてはいない。名義書換がなされたものとして考えているのか（名義記載を事実状態として捉えるのではなく、法的な状態としてみることになる）――したがって、当該被拒絶者に関して「株主推定力」や「免責力」が当然発生する（菱田・前掲注（10）一七一頁は、「株主名簿の名義書換の請求が適法になされ会社に名義書換の義務があるとき、名義書換が事実上名簿の上になされなくても、法的には名義書換は請求のときになされたものと解すべきである。」とされる）。あるいは、形式的な名義記載は元のままではあるが――したがって、名義株主が依然として会社との関係では株主資格を有し、譲受人株主は会社に対して自己の株主権を対抗できないはずであるが――、この場合は例外的に株主名簿の名義記載の効力を限界づけ、譲受人株主が会社に対して権利を主張しうると扱って行くと解することになるのだろうか（譲受人は名義書換未了株主であるが〔通説によると、名義書換の効力が生じるのは会社がその請求を受理した時点である（山本・前掲注（1）一五三頁注（51）〔本書二一七頁注（51）〕参照）。したがって、その受理を拒む不当拒絶の場合には名義書換は効力を生じないと思われる。なお、会社の過失により名義書換がなされなかった場合に関して、古瀬村・前掲注（12）一〇六頁、大隅＝今井・前掲注（6）四七九頁・四八五頁注（12）参照〕、会社に対して自己の株主権を対抗しうる〔商法二〇六条一項の例外的取扱〕。さらに、個々の権利行使の度ごとに株券を呈示して株主であることを証明しなくてもよいのか、あるいは、株主証明は権利行使の前提要件かについては〔相原隆「株式の名義書換」奥島孝康＝中島史雄編『商法演習Ⅰ〔会社法〕』（一九九二年）六三〜六四頁は、不当拒絶の場合には、「株主名簿制度の外で株券の所持に基づく権利行使が認められ」るとされる〕、考え方は分かれよう）。

（39）　前名義の効力が復活すると考えた場合に、株主名簿上に事実上残っている名義の扱いはどうなるのか。会社の一存で前名義人の名義に書き換えることができるのだろうか（なお、大隅＝今井・前掲注（6）四七八頁注（2）参照）。あるいは書き換えの義務は生じるのか。前名義人が既に無権利者であることが明らかになっている場合は問題であろうし、名義書換の不当拒絶の場合とも比較しつつ、なお検討する必要があるように思われる。

(40)　菱田・前掲注(10)一七三～一七四頁。
(41)　竹内・前掲注(12)『会社法講義(上)』二五三頁(同旨、同・前掲注(12)『会社法の理論I』二〇九頁)の論述も基本的には同じような理解をされたものと思われる(「株主名簿上の株主であったAがBに株式を譲渡し、Bが名義書換をする前にCが盗んで自己名義に書換をしたとすると、Cは無権利者であるから会社は無権利を立証して権利行使を拒みうる。このことは画一説〔会社は名義書換未了株主に権利を行使させることはできないとする所説――筆者注〕の立場でも肯定される(大隅「株式の譲渡」前掲六七四頁)。そうすると、会社に対して権利を行使しうる者は誰か。会社に対して誰が権利を行使しうるかは、専ら名義の記載によって判断すべきだという画一説の立場からすれば、Cの株主名簿の記載の効力が否定された以上、その前の名簿上の株主Aが会社に対する権利者ということになるはずである。」)。また、江頭・前掲注(32)一〇四頁は、名義書換の無効に関して会社が免責されない場合、前名義人を「名簿上の株主と認めることについてはわが国では異論はないであろう。」と断定される。
(42)　同旨、松岡・前掲注(5)一六九頁(「会社は、株主名簿上の株主が実質的に株式を取得していないことを容易に証明できるにもかかわらず、悪意または重大な過失でその者に権利の行使をみとめたときは、免責されない」)。
(43)　木内・前掲注(12)七二頁。
(44)　なお木内説は、名義書換の無効を証明できる結果、当該名義人の現在の無権利をも証明できる場合を想定されているようである(木内・前掲注(23)三〇頁、同・前掲注(12)七二頁参照)。
(45)　木内・前掲注(12)七三頁。
(46)　なお、木内説においてもこの問題は生じうる。すなわち、「会社が無権利者からの名義書換の請求に善意無重過失で名義書換に応じてしまった後に、……(中略)……少なくとも無権利者であり、かつそれを証明できることについて悪意である場合には、無権利者に権利行使をさせてはならず、権利者に権利行使させなければならないと解することができると考える。」とされているのである(木内・前掲注(12)七五頁)。
(47)　前名義の効力が復活するとの所説を前提にすると、真実の株主たる前名義人あるいは(単なる)前名義人は、名義書換の無効を理由に、株主名簿の名義の訂正を請求する権利を有すると考えることもできるかもしれない(菱田・前掲注(10)

一七三頁。なお、松田・前掲注（12）一六五頁、田中・前掲注（17）四〇四～四〇五頁参照）——株券を有するのであれば「名義書換」をさせればよいのであるから、「訂正」には株券の呈示は不必要と解されよう（なお、稲葉ほか・前掲注（17）一四九～一五〇頁での議論および本節注（17）参照）。もっとも、前名義の効力が復活するとの所説を採る以上、訂正により事態が改善されるわけではない。

（48）菱田・前掲注（10）一七二頁。

（49）なお、高鳥・前掲注（18）二二六頁参照。

（50）もっとも、前述（注（38））のように大隅＝今井説は、名義書換の不当拒絶の場合と同様に、「実質上の株主たる旧名義人は、株主たることを証明して、会社に対しその権利を行使することを妨げない。」とされている。けれども、名義書換をなしたのは免責の利益を受けられない会社である。これにより、本来ならば名義人として株主権の行使をなしうる者が、名義書換につき会社が免責されないことだけでなく、権利行使のために株主であることの証明をも要求されるのは不当ではなかろうか。

なお右の場合に、大隅・前掲注（6）『株式会社法講座二巻』六七三頁は、実質上の株主たる前名義人は株主であることを証明して、株主名簿の記載の訂正を求めることができる、とされている。しかし、株主証明を要求するのであれば、名義の訂正ではなく名義書換請求で処理するのが筋ではなかろうか（あるいはこの場合には、株券の呈示が不必要だとの趣旨であろうか。なお、前掲注（47）参照）。

四　おわりに

株主名簿上の株主と真実の株主との齟齬をどのように調整するかは困難な問題である。右齟齬は、真実の株主による名義書換が行われた後、名簿上の当該株主が株式を譲渡する場合にも出現する。この場合には名義書換は有効であり、新しい名義記載には「株主推定力」が認められ、前名義は完全に失効する。その後、名義人と真実の株主との齟齬が生じるわけである。これに対して本節で取り扱った、無権利者による名義書換は無効である。新しい名義記載からは「株主推定力」は発生しない。ただし、真実の株主との齟齬を調整する「免責力」は、株券呈示による名義書換時に「有価証券の一般理論」の結果発生したものが、その後の名義記載に基づく株主取扱の会社免責に引き継がれる。問題は前名義の効力である。

無効な名義書換によっては前名義は失効しない（会社が免責される場合は別である）と考えると、会社免責の限界との関係で「齟齬」の調節が困難となる。一方、事実として名義書換がなされたのであるから、前名義はそれにより失効すると考えると、会社が免責されない場合には不都合な結果となる。

この問題に関しては次のように考えられないだろうか。すなわち、無効な名義書換により「免責力」が生じる場合には、会社との関係では新名義人が株主として取り扱われることになる。その結果、前名義は失効する。一旦失効した以上は、会社が免責を主張しえなくなった場合にもその効力は復活しない——後は真実の株主と株券を占有する名義人との間の問題であり、会社は新たな名義書換請求に対応するだけでよい。一方、名義書換につき会社が免責されない場合には、当該名義書換は何の効力も有しないのであるから、前名義は効力を維持し続ける。

■第三節■ 個別株主通知の効力

一　株券保管振替制度から株式振替制度へ

平成一六年商法改正（法律八八号）[1]前には、株式会社であれば株券を発行しなければならず（昭和二五年改正商二二六条一項）[2]、株券の交付が株式譲渡の効力要件とされていた（昭和四一年改正商二〇五条一項）[3]。一方、平成一六年改正商法（二二七条一項）は、株券発行を原則としながら、株券不発行会社を認めた。もっとも、同年改正法施行後もそれ以前と同様に、株式上場会社は、上場株式の譲渡につき「株券等の保管及び振替に関する法律」[4]（以下、保管振替〔法〕と呼ぶ）に基づく株券保管振替制度を利用していた。この制度は、後述のように株券の存在を前提としていた。したがって、同年改正商法下においても株式上場会社は株券発行会社であった。

平成一七年会社法は、株券不発行を原則としながら、株券を発行する旨を定款に定めることを認めた（会二一四条）。ただし、平成一七年改正前商法に基づいて設立された株式会社は、株券を発行しない旨の定款の定めがない場合には、株券を発行する旨の定めが定款にあるものとみなされる（会社法の施行に伴う関係法律の整備等に関する法律七六条四項）。そして、会社法施行当時（平成一八年五月一日）[5]、株式上場会社は、依然として株券保管振替制度を利用する株券発行会社であった。

株券保管振替制度は、株券の存在を前提としながら株券の現実の移転をなさず、口座簿の振替記載による株式の譲渡を認めようとするものであった。株主は、保管振替機関（保管振替二条二項・三条一項・三条の三、保管振替施行令一条）にその参加者（証券会社や銀行など（保管振替二条三項・六条一項））を通して、株券を預託することができた（保管振替一四条）。保管振替機関は参加者口座簿を備え（保管振替一七条）、参加者は保管振替機関ごとに顧客口座簿を備えることを要した（保管振替一五条）。そして、参加者口座簿または顧客口座簿に登録された者は当該口座登録株式数に応じた株券の占有者とみなされ、その振替登録は株券交付と同一の効力を有するとされた（保管振替二七条）。つまり、預託株券に係る株式の譲渡については、実質的には口座振替によって行われるにもかかわらず、依然として株券交付による株式譲渡とみなされていたのである。株主は保管振替機関に株券を預託しないこともでき（保管振替二八条一項）、その場合には株式譲渡は株券交付によって行った（会一二八条一項本文参照）。

株券が預託された株式については、発行会社の株主名簿には保管振替機関が名義人として登録されたが、保管振替機関は株主名簿の登録および株券に関してのみ権利を行使することができるに過ぎなかった（保管振替二九条）。そのほかの株主権は実質株主（保管振替機関への預託株券の共有者）が行使した（保管振替三〇条）。そのために、保管振替機関の実質株主通知に基づき、発行会社は保管振替機関ごとに実質株主名簿を作成して備え置く義務を負い、実質株主名簿への登録は株主名簿の登録と同一の効力を有することとされた（保管振替三一～三三条）。保管振替機関が行う右通知は、原則として、発行会社が定めた基準日における実質株主の通知とされていた（保管振替三二条一項）。

平成二一年一月五日から、[6]「社債、株式等の振替に関する法律」（以下、振替〔法〕と呼ぶ）に基づく株式振替制度が実施された。保管振替法は廃止され（決済合理化法附則二条）、上場株式は株券保管振替制度から株式振替制度に移行された[7]（一斉移行。決済合理化法附則七条一項）。株式振替制度は株券を不要とする制度であり、株券を発行する旨の定款の定めがない会社の株式[8]（譲渡制限株式を除く）で振替機関[9]が取り扱うものが振替株式とされる（振替一二八条一項）。振替株式の帰属は振替口座簿中に株主が開設した口座への登録によって定まり（振替一二八条一項）、当該振替株式を譲受人の口座に振替登録することによって株式の譲渡を行う（振替一四〇条。振替株式については口座振替が譲渡の効力要件とされている）。株券（現物である証券）の占有（会一三一条一項）・交付（会一二八条一項本文）から電磁的な振替口座への登録（振替一二八条一項・一四三条）・振替登録（振替一四〇条）に移行したので、株式振替制度への移行は株券の電子化と称されることがある。

このように、上場株式の帰属と譲渡は、株券所持とその交付（会一三一条一項・一二八条一項本文参照）から、口座登録と口座振替へと移行した。もっとも、株主と会社との関係が株主名簿への名義登録によることには変わりはないとされている（会一三〇条一項、振替一六一条三項）。

振替株式についての株主名簿の名義書換は総株主通知による[10]（振替一五二条一項）。総株主通知は、個別の名義書換手続を排し[11]（振替法一六一条一項による会社法一三三条の適用除外）、発行会社が定めた基準日の株主など当該銘柄の株式に係るすべての振替口座簿上の株主を振替機関が発行会社に通知する制度である（振替一五一条一項）。そうすると、直近の総株主通知（株主名簿への名義登録）以降に振替株式の株主となった者が、次の総株主通知まで[12]個別の権利を行使できないのは不合理なので、基準日株主が行使すると定められた権利（会一二四条一項）以外の権利（少数株主権等〔振替一四七条四項括弧書〕）の行使については、株主名簿の登録を基準とせず、振替口座簿に登録された株主からの申出に基づき振替機関が行う当該振替株式発行会社に対する（口座登録事項の）通知（個別株主通知）によることとされている（振替一五四条。個別株主通知後に振替株式が譲渡される可能性があるので、少数株主権等の権利行使は、通知到達の翌日から四週間〔振替施行令四〇条〕以内に限定される）。その結果、株主名簿上の株主であっても、少数株主権等の行使には個別株主通知を要することになり、この限度において株主名簿制度の適用が除外されている（振替一五四条一項、会一三〇条一項）。

（1）「株式等の取引に係る決済の合理化を図るための社債等の振替に関する法律等の一部を改正する法律」（平成一六年法律八八号）である。以下、決済合理化法と呼ぶ。
（2）同条項が新設される前の解釈については、山本爲三郎「株券法理」倉沢康一郎＝奥島孝康編『岩崎稜先生追悼論文集・昭和商法学史』（一九九六年）七四四〜七四五頁（本書三一五〜三一六頁）参照。
（3）本節の対象は記名株式であるが、平成二年商法改正によって廃止された無記名株式についても適宜検討を加える（後述三（二）参照）。
（4）昭和四一年改正前については、山本・前掲注（2）七四六〜七五〇頁（本書三一九〜三二三頁）参照。
（5）平成一八年政令七七号。
（6）平成二〇年政令三五〇号。
（7）振替機関（振替二条二項）は、当該株式を取り扱う旨につき、発行会社からあらかじめ書面で同意を得ておかなければならない（振替一三条一項、証券保管振替機構「株式等の振替に関する業務規程」〔平成二三年六月二七日改正版。以下、業務規程と呼ぶ〕七条一項。なお、後掲注（9）参照）。振替株式は、金融商品取引所に上場されている株式あるいは上場予定の株式でなければならない（振替一一条一項一号、業務規程六条一号・九条一項）。他方で、金融商品取引所に上場される株式は、振替機関（指定振替機関。東京証券取引所「有価証券上場規程」〔以下、上場規程と呼ぶ〕二条四二号）の振替業における取扱の対象であることあるいは上場の時までに取扱の対象となる見込みのあることを要する（上場規程二〇五条一一

号・二一二条七号・六〇一条一項一六号・六〇三条一項六号)。

(8) 平成二一年一月五日において、株券を発行しない旨の定款の定めを設けていない株券保管振替制度利用会社は、同日を効力発生日とする株券を発行しない旨の定めを設ける定款の変更の決議をしたものとみなされる(決済合理化法附則六条一項)。

(9) 振替機関として株式の振替業務を行っているのは、二〇一七年(平成二九年)三月末現在、株式会社証券保管振替機構のみである(指定振替機関。上場規程施行規則四条参照)。

(10) なお、会社が株式を発行した場合には、当該会社は発行した株式の株主に係る株主名簿記載事項(会一二一条)を株主名簿に登録しなければならない(会一三二条一項一号。同条項号は振替法一六一条一項によって適用除外されていない)。この点に関して、後掲注(58)参照。

(11) 株券保管振替制度の下では、保管振替機関に預託されている株券に係る株式については実質株主通知によって実質株主名簿が作成されたが、預託されていない株券に係る株式については株券提示によって株主名簿の名義書換を行っていた。これに対して振替株式については株券が発行されない。株券番号のような株式を特定する制度は設けられておらず、株主名簿の記載を逐次書き換えることが困難だと考えられたので(高橋康文編『逐条解説・新社債、株式等振替法』〔二〇〇六年〕三四〇頁)、株式振替制度利用会社の株主名簿管理事務を合理化する趣旨で株主名簿の名義書換は総株主通知によってのみ行うこととされた(始関正光「株券等不発行制度・電子公告制度の導入」『株券等不発行制度・電子公告制度』〔二〇〇五年〕九〇頁)。個別の名義書換ではどの名義の株式数を減少させるか特定しなければならないのに、株式振替制度にはそのための仕組が用意されていないのである(法務省民事局参事官室「株券不発行制度及び電子公告制度の導入に関する要綱中間試案の補足説明」商事法務一六六〇号〔二〇〇三年〕二六頁参照)。

なお本節では、株券の「提示」という表記に統一した。平成一七年改正前商法(五一七条)は有価証券に関しては「呈示」と表記していたが(なお、「供託」につき後掲注(21)参照)、同年改正商法五一七条や会社法(二八〇条三項・二九二条二項後段・七一八条四項など)では「提示」とされている。

(12) 基本的には年二回、つまり、定時株主総会における議決権行使のための基準日(振替一五一条一項一号)および中間決算期（振替一五一条一項四号）に総株主通知が行われる。

二　振替株式と株主名簿の関係

前述のように、株券保管振替制度では、保管振替機関への株券の預託は株主の任意であった。そして、預託しない株主は個別に株券を提示して名義書換を申請した上（会一三三条、会規二二条二項一号参照）で株主名簿に登録され、株券を預託した株主（実質株主。保管振替三〇条一項）は実質株主通知によって実質株主名簿に登録された（保管振替三二条二項）。株券保管振替制度においては、実質株主名簿という技術を用いながらも、会社と株主との関係は株主名簿制度によって規律されていた、といってよかろう。これに対して、株式振替制度では、株主名簿への名義登録は基本的に総株主通知に基づいて行われ、株主は個別に名義書換を請求することはできない。個別株主通知の制度が設けられているが、これは株主名簿制度によらずに会社に対して株主に少数株主権等の行使を認めるものである。(13)

「振替株式についての少数株主権等の行使については、会社法第百三十条一項の規定は、適用しない。」（振替一五四条一項）。振替法が新設した個別株主通知制度（振替一五四条二〜五項）適用の前提である。この関係は、単に、「個別株主通知は、社債等振替法上、少数株主権等の行使の場面において株主名簿に代わるものとして位置付けられて」いる、と説明されることがある（最決平成二二年一二月七日民集六四巻八号二〇〇三頁（以下、平成二二年最決と呼ぶ））。「株主名簿に代わるもの」とはいかなる意味を有するのだろうか。本節では、株主名簿制度の法的意義を分析・確認した上で、個別株主通知の効力を権利行使期間、通知対象期間および通知すべき時期の三つの観点から検討したい。

(13)　保管振替法の下でも、集団的株主権行使にあたる場合になされる実質株主通知(同法三一条一項)に基づいて実質株主名簿が作成されていたが(同法三二条二項)、個別株主通知に相当する制度は設けられていなかった。少数株主権等にあたる株主権を行使するときには、株主は、株券の交付請求(同法二八条一項)によって保管振替機関から株券を引き出した上、当該株券でもって株主名簿の名義を書き換えて権利行使していたのである(渡邉剛＝仁科秀隆＝村野雅美「株券電子化を踏まえた総会運営」商事法務一八六三号〔二〇〇九年〕三二頁(注五))。株券不発行会社を対象とする株式振替制度ではこのような方法を用いることはできない。

三　株主名簿制度の法的意義

(一)　株主名簿制度

株式会社は、株主名簿を作成し、株主の氏名(名称)・住所や当該株主の有する株式数など(株主名簿記載事項)を登録し(会一二一条)、その株主名簿を本店(株主名簿管理人がある場合にあっては、その営業所)に備え置かなければならない(会一二五条一項)。会社成立後に発行した新株については、発行会社が株主名簿に株主名簿記載事項を登録する(会一三二条一項一号。振替一六一条一項参照)。株式譲渡自由原則(会一二七条)の下、株式が譲渡された場合には、会社が新株主を把握するのは困難なので、株主の請求によって株主名簿の株主名義を書き換える（会一三三条）。振替株式の場合には、総株主通知によって通知された事項（総株主通知事項）[14]を株主名簿に登録する（振替一五一条一項・一五二条一項）――個別の名義書換が同時に行われるのではなく、基準日など一定の日における当該銘柄振替株式の振替口座簿上の総株主が株主名簿に登録される（これを広義の名義書換と呼んでも差支えない）[15]。このようにして、会社が株主を把握でき、それに基づいて株主への義務を履行できるようにした制度として株主名簿制度が設けられている。

（二）　株主名簿制度が適用されない株式（無記名株式）

株式譲渡自由原則（会一二七条）のもとでは、株主は常に変動することが制度的に予定されている。会社に対する支配権的権利者が固定化されていないのである。そこで株主権の行使方法が問題となる。株主名簿はこれに対処する制度である。平成二年商法改正で無記名株式が廃止されるまでは[16]、記名株式が原則とされながらも[17]、定款で定めれば無記名株式の発行が認められていた（平成二年改正前商二二七条一項）。記名株式は株主名簿にその株主の氏名（名称）・住所を登録する株式であり（会一二一条）、無記名株式は株主名簿にその株主の氏名（名称）・住所を登録しない株式である。この点につき、平成二年改正前商法二二三条二項は、「無記名式ノ株券ヲ発行シタルトキハ株主名簿ニハ其ノ額面無額面ノ別、種類、数、番号及発行ノ年月日ヲ記載スルコトヲ要ス」（同条一項対照）[18]と規定していた。もっとも、同条項にいう株主名簿は、記名株式について作成される株主名簿とは異なり株主を把握する意味を持たず、実質的には株券発行台帳だと解されていた[19]。

記名株式と無記名株式とでは、株式の権利内容は同一であるが、株主の会社に対する権利行使方法が異なる[20]。記名株式に関しては、株主名簿によって株主を把握できるので、会社は株主名簿に登録された株主に宛てて株主総会招集通知を発したり、剰余金を配当する。これに対して、無記名株式の株主が誰であるかを会社は把握できない。無記名株式の株主に対する通知・催告を会社はできない仕組になっているのである。そこで、その代わりに公告をなすことになる（平成一二年改正前商法二三二条三項〔株主総会開催公告〕など）。これを受けて、無記名株式の株主は会社に株券を供託[21]して株主の権利を行使することとされていた（平成二年改正前商二二八条）。

一般原則によれば、株券が有価証券である以上（会一二八条一項本文参照）、株主は株券を提示して株主の権利を会社に行使することになる。昭和四一年の商法改正によって、記名株式が化体される記名株券も無記名株式が化体される無記名株券同様に無記名証券とされた。[22]したがって同年改正法以降は、記名株式の株主であっても、株券に記載された株主と所持人の同一性証明[23]を要しないことになり、株券の占有だけで株主推定を受けることになる（会一三一条一項参照）[24]。株券を提示するだけで会社に権利行使できるわけである。株主名簿制度が適用されない無記名株式の権利行使方法である。ところが記名株式に関しては、株主名簿制度が適用され、その株主は株主名簿に登録されていなければ原則として権利行使できない。株主名簿制度は、一般原則とは異なる右のような効力を有するのである。

(三)　株主名簿の名義書換の効果

（記名）株式を譲り受けても、株主名簿の名義を書き換えなければ、譲受人は当該株式の株主である旨を会社に対して主張できない（会一三〇条一項）。名義書換しなければ対抗力が付与されないのは、株主名簿に名義登録されなければ株主になれないだとか、株式の移転を会社に対抗できない、という趣旨ではない。[25]株主名簿制度は、株主が本来有する株主権対抗力（自分が株主である旨を主張できる法律上の力。権利者が権利を有することを主張できるのは当然の原則である）を会社に対する関係で制限する。[26]そして、株主名簿の名義書換によって新名義人株主はその対抗力を回復するのである。

このように、会社に対する株主権の行使には対会社株主権対抗力が必要である。この対抗力を備えているかどうかは株主名簿の名義が基準となる。したがって株主は、株主である旨を株券所持（会一三一条一項参照）などによって証明しても、原則として会社に対して権利行使できない。株主名簿上の名義人であることを証明して権利行使することになるわけである（実質的権利の証明ではなく形式的資格の証明であり、権利主張者と名義人の同一性の証明である）。つまり、名義書換には会社に対する株主資格——権利行使資格を設定する効果が生じるのである。これは資格授与的効力と呼ばれるが、その内容は株主権推定力である。株主権推定力の結果、株主名簿上の名義人であることを示す者の株主権行使を、名義書換の無効あるいはその者が株主ではないことを証明できない限り、会社は認めなければならない（会社は名義人たる権利行使者に対して株主であることの証明を求められないのである）。[27]

対会社株主権対抗力の問題と株主権推定力とは異なる。対会社株主権対抗力を制限されるというのは、株主権推定以前に、株主である旨の主張が会社に対して制限される関係である。会社は株主に対して個別に各種の通知をなす等の義務を負っている。名義書換未了株主に会社がこれらの義務を果たさなくて済むのは、名義書換未了株主の会社に対する株主権対抗力が制限されているからである。株主だと主張できない以上、株券占有による株主推定（会一三一条一項）も原則として会社に対しては働かない。会社は、名義書換未了株主は権利行使資格を欠くとも抗弁できるが、そもそも名義書換未了株主は株主である旨を会社に主張できないのである（振替株式についての少数株主権等の行使については、後述（四）する）。株主名簿上の名義人に上記義務が履行されるのは、名義人が真の株主の場合には問題がなく、名義人が無権利者の場合には会社が免責されるからである。

右に述べた会社免責力は、株主の請求により名義書換が有効に行われた場合には、それによって生じる株主権推定力（資格授与的効力）を根拠として認められ、無権利者の請求による無効な名義書換の場合には、名義書換に関する会社免責（株券所持による株主推定〔資格授与的効力。会一三一条一項〕を前提に、善意無重過失で名義書換に応じた会社は免責される〔有価証券の一般理論。資格授与的効力の反面として認められる免責なので、無権利の証明が容易でないときには悪意であっても会社は免責される〕）がその後の免責の根拠となる（名義書換は会社・株主間の継続的な関係を資格として設定する契機となるものなので、一度限りの権利行使の問題と異なる。名義書換についての会社免責は、その後名義人を株主として扱った会社の免責へと引き継がれると解される）。[28] 振替株式については、一定の日における当該振替株式の振替口座簿上の総株主を、振替機関が行う総株主通知を介して株主名簿に登録することになる。この場合も、振替口座の登録に認められる株主推定（資格授与的効力。振替一四三条）が総株主通知を介して株主名簿の登録に反映されるので、上述同様に考えてよい。

株主名簿の名義書換には、以上のように、対会社株主権対抗力制限回復効、株主権推定力（資格授与的効力）、会社免責力が認められる。（平成二年改正で廃止された）無記名株式には株主名簿制度の適用がないので、株主名簿制度による対会社株主権対抗力制限効は及ばなかった。もっとも、無記名株式の株主は株券占有による株主権推定を利用して会社に対して権利行使したが、他方で、株券を供託（提示）しない権利行使を会社は認めないことができた。株券の供託（提示）が権利行使資格とされたのである。無記名株式には株主名簿制度が適用されないので、株式譲渡における株券交付が前者（譲渡人）の権利行使資格（株主権推定力）を失効させる行為になった。記名株式に関しては、前者（譲渡人）の権利行使資格（株主名簿の登録）を優先させるために名義書換未了株主の対会社株主権対抗力を制度的に制約する。無記名株式の権利を行使するときには株券供託（提示）を要するだけなので、株券供託（提示）の権利行使資格性で足りたのである。

株式の譲渡は、株券発行会社の場合には株券の交付（会一二八条一項本文）が、振替株式については振替口座への振替登録（振替一四〇条）が、それぞれ効力要件とされている。二重譲渡はできず、[29]権利の抵触関係は起こらないので第三者との対抗問題は生じない。[30]したがって、株券発行会社の株式や振替株式については名義書換未了株主も会社以外の第三者に対して株主であることを主張できる（会一三〇条、振替一六一条三項）のは、株券占有者や振替口座開設者に株主権推定が働く（会一三一条一項、振替一四三条）からではなく、株券発行会社の株式や振替株式については、そもそも当該株式の株主である旨の主張を第三者との関係で制約する必要がないからである。株券不発行会社の振替株式ではない株式について、その譲受人である株主が名義書換以前には会社以外の第三者にも株主たることを主張できないとされているのは（会一三〇条二項）、株式譲渡が意思表示のみによって行われる[31]からである。

（14）　株主名簿記載事項は、株主の氏名（名称）・住所、当該株主の有する株式数（種類株式発行会社にあっては株式の種類および種類ごとの数）、株式取得日、（株券が発行されている場合には）株券番号である（会一二一条）。総株主通知事項は、振替口座簿に登録されている株主の氏名（名称）・住所、当該株主の有する振替株式の銘柄・数、および主務省令で定める事項である（振替一五一条一項）。株式上場会社は株券不発行会社であり、主務省令が定める総株主通知事項は一般放送事業者など株式保有規制が法定されている場合の特則事項である（社債、株式等の振替に関する命令二〇条）。したがって、基本的には、総株主通知事項には株主の株式取得日が含まれていない点が、総株主通知事項と株主名簿記載事項との相違であることになる（総株主通知事項の株主名簿への登録は、会社法一三〇条一項の登録とみなされる〔振替一五二条一項〕）。なお、個別株主通知事項については、後述四（二）参照。

（15）　実質的には、基準日など一定の日において振替口座簿に登録されている株主につき振替機関がデータを作成し、会社はそのデータによって既発行株式の総株主を把握する。株主名簿制度は法技術的に借用されるに過ぎない。しかしながら、振替株式でない株式を発行している会社は株主名簿を作成しなければならないし、振替株式についても株主名簿に関する諸制度・効力（基準日、株主などの閲覧・謄写請求、免責力など）を利用でき、効率的な方法といえよう（基準日後に発行された新株式の株主も、基準日株主ではないが、株主名簿上の株主として把握できる。この点に関して、後掲注（58）参照）。もっとも、既存の株主名簿制度は、個別の株主による名義書換請求を前提とする。振替株式ではない株式は株主名簿によって継続的に把握されるのである。総株主通知による場合には、基準日など一定の日の振替株式の株主の情報だけが株主名簿に登録される。直前の総株主通知や直後の総株主通知の情報とは内容に継続性を有さないのである。

（16）無記名株式の発行例はほとんどなかったので廃止することとされた（大谷禎男『改正会社法』〔一九九一年〕一四八～一四九頁）。

（17）この点の沿革については、正亀慶介『新版注釈会社法（4）』（一九八六年）一一一頁参照。

（18）平成二年改正前商法二二三条一項は、「記名株式ヲ発行シタルトキハ株主名簿ニハ左ノ事項ヲ記載スルコトヲ要ス」とした上で、記載事項として、株主の氏名・住所、各株主の有する株式数、各株式の取得年月日などを定めていた。

（19）西島梅治『新版注釈会社法（4）』（一九八六年）九～一〇頁。

（20）昭和四一年商法改正前には、株式の譲渡方法にも差異があった（山本・前掲注（2）七五一頁〔本書三三三頁〕参照）。

（21）この供託は供託法にいう供託ではなく、発行会社に株主であることを株券でもって示す行為である（正亀・前掲注（17）一一九頁）。

（22）山本・前掲注（2）七五一頁（本書三三三頁）。

（23）無記名株式が廃止された平成二年商法改正によって、株券の記載事項に株主の氏名が追加された（同二二五条柱書）。その意味については、山本・前掲注（2）七五四頁（本書三三六頁）参照。なお、平成一七年会社法では株主の氏名は株券の記載事項とされていない（会二一六条）。

（24）指図証券であれば最後の被裏書人と所持人の同一性証明を要するが（山本爲三郎「裏書の連続」受験新報四九巻一〇号〔一九九九年〕二八～二九頁参照）、これと同様に考えるべきかが問題となる。

（25）山本・前掲注（2）七五二頁（本書三三二頁）。

（26）この制限の限界につき、山本爲三郎「定款による株式譲渡制限制度の法的構造」『現代企業法の諸相　中村眞澄教授・金

澤理教授還暦記念論文集第一巻』（一九九〇年）一五二～一五三頁（本書二二六～二二七頁）参照。

(27) 株主権推定力は有効な名義書換により生じる。無権利者からの請求に応じてしまった名義書換は無効であり株主権推定力は生じない（山本爲三郎「無権利者の請求による名義書換」法学研究六六巻一二号〔一九九三年〕一四六～一五〇頁〔本書五四～五八頁〕）。

(28) 山本・前掲注（27）一五〇～一五四頁（本書五八～六三頁）参照。

(29) 譲受人の振替口座に譲渡対象銘柄振替株式の数の増加登録が行われたが、譲渡人の振替口座から当該銘柄振替株式の数の減少が行われなかった場合には、譲渡人による当該株式の譲渡が再び行われる可能性がある。もっとも二度目の譲渡は、無権利者による譲渡であり、善意取得（振替一四四条）で処理される問題である（振替一四五～一四九条）。対抗問題ではない。

(30) 株券発行会社においては株券の交付が質権設定の効力要件であり（会一四六条二項）、振替株式に関しても質権者の振替口座の質権欄への振替登録が質権設定の効力要件とされる（振替一四一条）。株式の強制執行は、株券発行会社の場合には株券の差押により行い（民事執行法一二二条一項・一二三条一項）、振替株式に関しては債務者の振替口座を開設している振替機関等は差押命令によって当該口座に登録された株式の振替・抹消を禁止される（民事執行規則一五〇条の二・一五〇条の三第一項）。したがって、以上の関係においても対抗問題は生じない。株券発行会社においては株券の安全機能が働き、振替株式についても振替口座の登録が同様の機能を果たすわけである。

(31) 山本爲三郎『会社法の考え方〈第8版〉』（二〇一一年）一一一頁（第9版九一頁）。

四　個別株主通知の効力

（一）　個別株主通知と少数株主権等の権利行使期間

振替株式についての少数株主権等の行使については株主名簿制度が適用されない（振替一五四条一項、会一三〇条一項）。そして、振替株式の帰属は振替口座簿の登録によって定まる[32]（振替一二八条一項）から、振替株式の株主であることやその少数株主権等の要件充足（持株数や株式保有継続期間）については振替口座簿の記録によって証明して権利行使することになる[33]。

これにつき振替法は、発行会社に対する個別株主通知の制度を設けている（同法一五四条）。その手続を概略すると、少数株主権等を行使しようとする株主は、直近上位機関（株主が振替口座を開設している振替機関あるいは口座管理機関（振替二条六項[34]））に個別株主通知申出書を提出して、個別株主通知の申出の取次の請求（口座管理機関に対する場合）あるいは個別株主通知の申出（振替機関に対する場合）を行う（振替一五四条三項四項、業務規程一五四条一項、証券保管振替機構「株式等振替制度に係る業務処理要領（二〇一一年四月第二・八版。以下、業務処理要領と呼ぶ）」二―一〇―一頁。申出を受けた振替機関等は、速やかに、申出株主に受付票を交付する[35]（業務規程一五四条四項））。申出を受けた振替機関は、データをまとめて個別株主通知データを作成し、発行会社に個別株主通知を行う（業務規程一五四条五～二〇項）。標準日程によると、口座管理機関が個別株主通知の申出の取次を受け付けた日に振替機関は申出取次データを受領し、当該申出取次データ受領日の翌営業日から起算して四営業日目に発行会社に個別株主通知がなされる[36]（業務処理要領二―一〇―三三頁）。そして、振替株式についての少数株主権等は、個別株主通知後四週間経過する日までの間でなければ、行使できない（振替一五四条二項、振替施行令四〇条）。

振替株式の株主は、自己の振替口座に登録されている事項を証明した書面の交付（あるいは当該事項に係る情報の電磁的方法による提供[37]）を、当該口座が開設されている振替機関あるいは口座管理機関に対して請求できる（振替二七七条前段）。この振替口座登録事項証明書（同内容の電磁的情報）をもって、当該株主が自己の少数株主権等を証明しても、個別株主通知がなされていなければ、会社は当該少数株主権等の行使を認めないことができる。個別株主通知を申し出た株主であっても、当該通知に基づく上記一定期間内でなければ少数株主権等を行使できない（期間外の少数株主権等の行使を会社は拒絶できる）。法令に定められた一定期間でなければ少数株主権等を行使できない制度を設けたのは、「個別株主通知がされた後に当該株主がその振替株式を他に譲渡する可能性があるために、振替株式についての少数株主権等の行使を個別株主通知から一定の期間に限定する必要がある一方、当該株主が少数株主権等を実際に行使するには相応の時間を要し、その権利行使を困難なものとしないためには、個別株主通知から少数株主権等を行使するまでに一定の期間を確保する必要もあることから、これらの必要性を調和させるために相当な期間を設定しようとすることにある」（平成二二年最決[38]）。そして、この権利行使期間内に少数株主権等を行使した個別株主通知申出者に対して、発行会社は、権利行使時点において株主である旨の証明を求めることはできない（発行会社が少数株主権等を行使する株主に求めることができるのは、当該権利行使者と個別株主通知で通知された株主との同一性証明である[39]）。一方、その者が上記期間中必然的に株主であるわけではない（もちろん、個別株主通知を申し出た無権利者が少数株主権等を擬制されるのでもない[40][41]）。

個別株主通知後の四週間は、以上のような法的効果が生じる。したがって、個別株主通知を申し出た株主には、発行会社に対する法定の株主資格（制度上の株主権推定力付与[42]）、そして株主権行使資格が設定されると解される[43]（個別株主通知を介した振替法一四三条の反映と考えるべきであろう）。

このように把握すると、まず、次の①②の二点を指摘できる。

①個別株主通知後四週間経過までの期間、上述のような意味において、個別株主通知を申し出た株主に、その少数株主権等の行使に関して権利行使資格が設定される。権利行使資格に過ぎないから、当該資格保有者が株主ではない旨を証明できれば[44]、会社はその者による権利行使を否定できる[45][46]。

②権利行使資格の設定であって、権利行使要件（権利行使の効力要件）ではない。したがって、個別株主通知がなされていない株主の少数株主権等行使を、会社が認めることは差支えない[47]。この点に関して、実務においては、個別株主通知を申し出た株主が、個別株主通知を待たずに[48]（権利行使期間が始まる前に）、少数株主権等を行使した場合でも、受付票が添付されているときには当該権利行使を認めてもよい、と取り扱うようである[49]。たとえ総株主通知に基づく株主名簿への名義登録の直後に名義人が少数株主権等を行使したとしても、当該権利行使時点において当該名義人が株主であるとは限らない（株主名簿制度の適用はない）。権利行使資格（個別株主通知後四週間）を備えない者の権利行使（少数株主権等の行使）を認めるにつき、会社は免責されない。実務の取扱は、受付票の添付によって、少数株主権等行使時点において行使者が株主である蓋然性が高いとの判断であろう。もっとも、受付票の提示は、直接的には、受付票記載の受付日において権利行使者が受付票記載銘柄の振替株式の株主である旨を事実上推定するに過ぎない[50]。

さらに、以下の指摘もなしうる。個別株主通知によって少数株主権等につき権利行使資格が設定されるが、これはある特定の少数株主権等に関してのみの権利行使資格ではない。個別株主通知の内容から当該株主が行使できる少数株主権等については、上記四週間、どの少数株主権等に関しても権利行使資格を備えることになる[51]。特定の権利の行使資格の設定ではなく、株主資格の設定だからである。個別株主通知の手続も、行使を予定する少数株主権等を特定して行うこととはされていない[52]。

後述（四（二））のように、株式保有継続期間などの少数株主権等の行使要件を充足しているか否かは、個別株主通知によって判別する。個別株主通知の申出において、株主は、「直近上位機関が加入者のために開設した一の口座に記載又は記録がされた個別株主通知対象銘柄である振替株式の数のみを個別株主通知の対象とする」ように請求することもできる（業務規程一五四条二項、業務規程施行規則一九九条二号。一部通知）。[53]一部通知によっては、少なくとも株式継続保有を要件とする少数株主権等は行使できない（発行会社は当該権利行使を拒むことができる）。

最後に、個別株主通知は、発行会社との関係で少数株主権等の行使につき株主資格を設定する制度である。この点、親会社（会二条四号）の株主に認められた子会社への権利行使（会三一条三項・八一条四項・八二条四項・一二五条四項・二五二条四項・三一八条五項・三一九条四項・三七一条五項・三七八条三項・四一三条四項など）の局面では、個別株主通知制度の適用はなく、[54]通常の権利行使と同様に、振替株式の株主は自己の株主権を主張・証明して権利行使することになる。株主名簿制度によって株主であることの主張を制限されたり（振替一六一条三項、会一三〇条一項参照）、個別株主通知によらなければ権利行使できない、というような制限には服さないのである。

（二）　個別株主通知と通知対象期間

無記名株式の場合には、株券の占有に法律上の権利推定が働き（会一三一条一項参照）、株券の供託（提示）が権利行使資格となった。株券提示によっては証明できない過去の権利関係（例えば、株式保有の継続期間）については別途証明を要した（この証明方法に法定の制約は設けられていなかった）。[55]振替株式における少数株主権等の行使についても、無記名株式と同様に株主名簿制度は適用されない。振替株式の帰属は振替口座簿の登録によって定まる（振替一二八条一項）から、少数株主権等の行使要件としての株式継続保有期間などの証明は振替口座簿の記録によることになる。そして、その証明方法は個別株主通知に委ねられているのである。

個別株主通知の対象となる事項は、担保関係を除くと、株主の氏名（名称）・住所、当該株主から申出があった銘柄の振替株式の保有数、当該銘柄保有株式の増加・減少の数・日、および主務省令で定める事項である[56]（振替一五四条三項・一二九条三項六号）。個別株主通知申出日の前日（業務規程施行規則二〇四条参照）の株式保有状況だけでなく、それ以前の一定期間における保有株式の増減も通知対象とされる。六か月前からの株式継続保有を行使要件とする少数株主権等が存するからである（会二九七条一項・三〇三条二項・三〇五条一項・三〇六条二項・三六〇条一項・四二二条一項・四七九条二項・八四七条一項・八五四条一項）。そこで、右の一定期間である通知対象期間（業務規程一五四条八項一号・一九項）は、申出受付日の前日から起算して六か月と二八日前[57]の日から申出受付日の前日までと定められている（業務規程施行規則二〇四条）。

このように、個別株主通知によって、会社に対して、通知対象期間中に振替口座簿に登録された対象銘柄振替株式の数の増減が開示されることになる。振替株式についての権利の帰属は振替口座簿の登録によって定まるので、通知対象期間中における申出株主の対象銘柄振替株式保有状況はこの開示の内容通りだと推定されることになる。

通知時点において個別株主通知事項はすべて過去の権利関係である（標準日程で申出から四日後に通知される）。それにもかかわらず、通知申出株主は、個別株主通知に引き続く四週間、発行会社に対して少数株主権等を行使できるように制度設計されている。前述（四（一））のように、振替口座登録事項についての権利推定（振替一四三条）の反映として、期間限定の権利行使資格が設定されるのである。ただし、振替法の趣旨は有価証券に表示されるべき権利の流通の円滑化にあるから（振替一条）、個別株主通知による権利行使資格は流通の対象となる株式に関して設定されると解すべきであろう。振替法一四三条の反映としての権利推定の対象は、申出受付日の前日において振替口座簿に登録されている対象銘柄振替株式である。したがって、当該日における口座簿登録株式につき資格が設定される。当該日を除く通知対象期間中の対象銘柄振替株式保有状況は、個別株主通知で開示された通りであるとの推定を受けるが、権利行使資格の対象ではない。

(三)　個別株主通知を行うべき時期

会社に対する権利行使については、基準日株主が権利行使者と定められているときには基準日における株主名簿の登録で判断する[58]。一方、振替株式につき少数株主権等を行使する場合には株主名簿の登録は基準とならない。個別株主通知によるわけである。もっとも、株主の権利行使に手続上時間を要する場合があり、その間、当該株主の株主権行使資格の継続性が問題とされる。

この点に関連して、全部取得条項付種類株式取得価格決定の申立（会一七二条一項）の事案である平成二二年最決は、「個別株主通知は、社債等振替法上、少数株主権等の行使の場面において株主名簿に代わるものとして位置付けられており（社債等振替法一五四条一項）、少数株主権等を行使する際に自己が株主であることを会社に対抗するための要件であると解される。そうすると、会社が裁判所における株式価格決定申立て事件の審理において申立人が株主であることを争った場合、その審理終結までの間に個別株主通知がされることを要し、かつ、これをもって足りるというべきである」と判示している。

平成二二年最決以前の下級審裁判例は、平成二二年最決と同旨のもの[59]（東京高決平成二二年二月九日金融・商事判例一三三七号二七頁①）もあったが、取得価格決定の申立は、少数株主権等の行使に該当するから、個別株主通知後四週間が経過する日までになさなければならないと判示するもの（東京地決平成二一年一〇月二七日金融・商事判例一三三六〇号二七頁〔平成二二年最決の原々審決定〕、東京地決平成二一年一一月一三日金融・商事判例一三三七号三一頁〔①の原審決定〕、東京高決平成二一年一月二〇日金融・商事判例一三三七号二七頁）も多かった。

既述のように、個別株主通知は発行会社との関係で少数株主権等の行使につき株主資格を設定する制度である。個別株主通知によって株主であるか否かが定まるのではない。個別株主通知がなければ、少数株主権等の行使に対して、権利行使資格を欠くと会社が抗弁できるだけである。したがって、会社がこの抗弁をなさないことを前提にすると、裁判所が個別株主通知の有無（個別株主通知は会社に対してなされる）を職権調査することはできないし、個別株主通知がなされていないから当事者適格を欠くとして、申立を却下することは許されない。解釈が分かれたのは、会社が右抗弁をなした場合における個別株主通知を行うべき時期についてである。会社法一七二条は株主の利益保護の規定であり、また、訴訟要件は審理終結時までに具備すればよい。そうすると、個別株主通知は審理終結までの間になせば足るという平成二二年最決の結論に妥当性がありそうである。

もっとも、平成二二年最決の判旨は、個別株主通知は少数株主権等を行使する際に自己が株主であることを会社に対抗するための要件であると解されるから、申立人が株主であることを会社が争った場合、その審理終結までの間に個別株主通知がされることを要する、というものであった。けれども、株式価格決定申立時には個別株主通知がなされていなくても審理終結までの間になされれば足るという結論は、個別株主通知は少数株主権等を行使する際の対抗要件だということからは、直接には導けない。当該権利行使の間、継続的に会社との関係で株主権行使資格を具備していることを要するかが問題となるからである。平成二二年最決の論理ではこの説明が充分になされていない。

この点に関し、個別株主通知が遅きに失し、個別株主通知の内容となる通知対象期間では提訴時の株式保有を証明できないような場合には、どのような解釈を採っても対抗要件を充たさないということになると思われる、との指摘も存する。(60) この指摘は、平成二二年最決では不充分であった論理を埋めるのに、通知対象期間に着目する。しかしながら、上述（四（二））のように、申出受付日の前日において振替口座簿に登録されている対象銘柄振替株式につき権利行使資格が設定される。したがって、個別株主通知による権利行使期間に少数株主権等を行使している以上、資格を具備した権利行使である。そして申出株主は、通知対象期間中の対象銘柄振替株式保有状況が個別株主通知で開示された通りであるとの推定を受ける。同様に、通知対象期間よりも前の提訴時にはすでに株主であった証明（提訴時から継続的に株主である旨の証明）を別途なすことは妨げられないというべきである。個別株主通知制度がこれを排除する趣旨を有するとは考えられない。

なお、個別株主通知に基づいて価格決定を申し立てた場合であっても、その後、申立人が株主でなくなった場合には、会社はそれを証明して申立人の当事者適格を争うことができる。一方、権利行使資格の問題であるから、権利行使時（申立時）にあれば足り、審理継続中に四週間の期間が経過したからといって改めて個別株主通知を申し出る必要はない。

（32）　口座の登録によって振替株式の帰属が定まるといっても、振替口座に登録されている株式を、当該口座の名義人が必ず有しているとは限らない。株式譲渡がなされて譲受人の口座に当該株式の数が増加登録されたのにもかかわらず、譲渡人の口座から譲渡した株式の数が減じられなかった場合に、譲渡したはずの株式を譲渡人が保有しているわけではない。振替処理遅延あるいは誤登録の状態である。株式譲渡が無効であるのに、譲受人（とされた者）の口座に振り替えられた株式がそのまま残っている場合も、譲受人が当該株式を保有しているわけではない。ただし、これらの場合でも、当該振替株式が登録されている振替口座の名義人に権利推定が働き（振替一四三条）、善意取得（振替一四四条）の可能性がある。

（33）　振替口座簿は発行会社の管理下にはないので、原則通り、権利者が権利を証明することになる。証明方法として個別株主通知の申出を求めても、株主に過重な負担をかけることにはならない（法務省民事局参事官室・前掲注（11）二七頁）。

（34）　振替機関である証券保管振替機構に口座を開設できる者は限定されているので（業務規程一八条。口座管理機関など）、通例は、直近上位機関は口座管理機関を指すことになる。

（35）　受付票記載事項は、申出株主の氏名（名称）・住所、振替機関等の名称、申出受付日、受付番号、個別株主通知対象銘柄、一部通知を求める場合にはその旨・理由である（業務規程一五四条四項、業務規程施行規則二〇一条・一九九条二号）。一部通知については本文後述参照。

（36）　後述するように同じく権利行使資格といっても、株券提示や株主名簿の名義書換による場合とは異なって、個別株主通知による場合には、株主と会社との間にそのどちら側の補助者でもない第三者機関が介入する仕組になっているので、申出と通知の間における一定の期間の経過が避けられない。

（37）　インターネットを通じて提供するか、当該情報を記録した磁気ディスク等を交付する方法によることになる（口座管理機関に関する命令九条）。

（38）　この引用は、平成二二年最決が、振替法一五四条二項によって少数株主権等行使期間が政令に委任されている理由を述べている部分である。政令委任理由の主旨は最後に述べられている必要性調和のための相当期間設定にあり、それ以前の部分は少数株主権等行使期間設定の理由である。

（39）　全国株懇連合会「株主本人確認指針」2（2）②参照（後掲注（41）参照）。

（40）　四週間という期間は、平成二二年最決が指摘するように、必要性の調和のための相当な期間であって、個別株主通知申出株主が依然として株主である蓋然性が高い期間ではない。相当期間の判断は立法の裁量による。平成二一年改正振替施行令四〇条は、パブリック・コメントに付された上で、それまでの二週間を四週間に伸長した。個別株主通知の実務の状況からすると、少数株主権を共同で行使する場合など時間的に権利行使の確実性を確保したほうがよいとの判断である（大野晃宏＝小松岳志「社債、株式等の振替に関する法律施行令の一部を改正する政令の解説」商事法務一八六一号〔二〇〇九年〕一四～一五頁）。例えば、一般株主を中心とする多数の株主が株主総会招集請求権などの少数株主権を共同で行使する場合には、従来は、参加する各株主が中心となる株主に委任状を交付すれば足りた。株式振替制度の下では、委任状に加えて参加各株主がなす個別株主通知の手続を要することになった。なるべく多くの株主を糾合しようとしても、不慣れな一般株主にこの手続を短期間で求めるのは困難であろう。

（41）　なお、全国株懇連合会「株式取扱規程モデル」の平成二一年改正前一一条は、「振替法第一四七条四項に規定された少数株主権等を当会社に対して直接行使するときは、署名または記名押印した書面により、個別株主通知の受付票を添付して行うものとする。」としていた。受付票添付を求めていたのは、個別株主通知がなされていること、および通知後権利行使期間内であることを確認する趣旨であった（同年改正前「株式取扱規程モデル・補足説明」一一条（2）。全国株懇連合会「「株式取扱規程モデル」「株主本人確認指針」「少数株主権等行使対応指針」の改正について」商事法務一八六四号〔二〇〇九年〕五四頁）。同条は、振替施行令四〇条の平成二一年改正（前掲注（40）参照）を受けて、「振替法第一四七条四項に規定された少数株主権等を当会社に対して直接行使するときは、個別株主通知の申出をしたうえ、署名または記名押印した書面により行うものとする。」と改正された。少数株主権等の行使を一層確実なものとするため受付票の添付を義務づけないよう関係者から強い要望を受けたことによる見直しである（全国株懇連合会・前掲本注五四頁）。

（42）この点に関して、「このことは、法令において、発行会社が原則として少数株主権等の行使を認めなければならない「期間」が定められているということを意味している。そうすると、その「期間」中は、少数株主権等を行使した者について、発行会社の側から情報提供請求によって株主であるか否かを当然に確認しなければならない義務があるということにはならないはずである。」との説明がなされている（大野晃宏＝小松岳志＝黒田裕＝米山朋宏「株券電子化開始後の解釈上の諸問題」商事法務一八七三号〔二〇〇九年〕五二頁）。当該期間は株主資格（株主権推定力）が設定されるからである。

（43）個別株主通知の法的性質は、少数株主権等行使の際に自己が株主であることを発行会社に対抗するための対抗要件であると解すべきだ、との主張もなされている（大野ほか・前掲注（42）五一頁）。「したがって、有効な個別株主通知を欠く場合であっても、発行会社は、その責任と判断により、任意に少数株主権等の行使を認めることができる。」（大野ほか・前掲注（42）五八頁（注二））との解釈の裏づけとされる。「対抗要件」の概念は多義的に用いられる傾向がある。本節では、これを分析し、法的性質の相違を論じている。

（44）その者が現在株主ではない旨を証明して権利行使を否定することができる。その者が個別株主通知を申し出たときに株主ではなかった旨（個別株主通知の無効）の証明でも同様である。さらに、申出後に株主でなくなった旨を証明してもよい（たとえ現在株主であっても、株主資格は株主でなくなったときに失効する）。

（45）振替株式の発行会社には、正当な理由があるときは、振替機関等に対する情報提供請求権が認められている（振替二七七条後段、振替施行令八四条、社債、株式等の振替に関する命令六一条二号)。証券受渡・決済制度改革懇談会「総株主通知等の請求・情報提供請求における正当な理由についての解釈指針」(平成二二年六月二九日改正版)の第一の二の1によると、「⑵株主と自称する者が株主であるかどうかを確認するために必要があるとき。」や「⑶株主が株主権の行使要件を充たしているかどうかを確認するために必要があるとき。」には、正当な理由があるものとされている。

(46) このような証明を容易になしうるのに少数株主権等の行使を認めた場合には、取締役の善管注意義務違反が問題とされうる(大野ほか・前掲注(42)五八～五九頁(注五))。

(47) 大野ほか・前掲注(42)五八頁(注二)。

(48) なお、個別株主通知申出株主には、個別株主通知後、遅滞なく、個別株主通知済通知書が交付されることになっている(業務規程一五五条四項、業務処理要領二―一〇―三二～三三頁)。

(49) 全国株懇連合会「株式取扱規程モデル・補足説明」平成二一年改正一一条(2)なお書は、「個別株主通知が未達であっても、個別株主通知の受付票が添付されているときは、持株要件や継続保有要件があるものを除き、権利行使を認めることも考えられる。」としている。

(50) 全国株懇連合会「株主本人確認指針」2の摘要は、個別株主通知がなされるまでの期間であっても、「受付票が少数株主権等行使の際にあわせて提供されれば個別株主通知の申出が行われたことは確認できるため少数株主権等の内容によってはその権利行使を即座に認めることも可能となる」から、「個別株主通知が発行会社宛に為されるまでの期間を架橋する資料として、受付票の添付を求めることが考えられる。」としている。たとえ受付票が添付されても、権利行使期間前の権利行使の許容につき会社は免責されない。この「架橋」は、特別な法的効果を意図するものではないと思われる。

(51) したがって、「ある少数株主権等の行使のための個別株主通知の有効期間内に、同一の株主が別の少数株主権等を行使する場合は、再度の個別株主通知は不要である。」(浜口厚子「少数株主権等の行使に関する振替法上の諸問題」商事法務一八九七号〔二〇一〇年〕三九頁(注三))。

(52) 本節本文前述の個別株主通知申出書には、個別株主通知の対象とする振替株式の銘柄、申出株主の氏名(名称)および住所を記載しなければならない(業務規程一五四条二項、業務規程施行規則一九九条、業務処理要領二―一〇―一頁)。行使しようとする少数株主権等を示す必要はない。振替機関が発行会社に対してなす個別株主通知にも少数株主権等の事項は含まれない（業務規程一五四条一九項、業務規程施行規則二〇九条一項参照）。

(53)　標準日程によると、申出受付日の翌営業日から起算して三営業日目に発行会社に個別株主通知（一部通知）がなされる（業務処理要領二―一〇―三四頁）。

なお、振替法一五四条三項一号は「当該加入者の口座の保有欄に記載又は記録がされた当該振替株式……の数」を個別株主通知事項と定めているので、一部通知の請求に基づくのでなければ、振替機関は、名寄せを行った上で発行会社に個別株主通知をなすことになる（業務処理要領一―六―一頁）。

(54)　大野ほか・前掲注（42）五三頁。

(55)　松波港三郎「無記名株式」『株式会社法講座・第二巻』（一九五六年）五九四頁。

(56)　主務省令で定める事項は一般放送事業者など株式保有規制が法定されている場合の特則事項である（社債、株式等の振替に関する命令二五条・二〇条）。

(57)　二八日間は個別株主通知による少数株主権等の行使期間である四週間にあたる。複数の株主が少数株主権等を共同行使しようとするときに、各株主の個別株主通知日にズレが生じる場合に配慮したものである（神田秀樹ほか『株券電子化・その実務と移行のすべて』〔二〇〇八年〕一五四頁参照）。

(58)　もっとも、議決権に係る基準日についての基準日後株主の権利行使（会一二四条四項）の問題がある（山本爲三郎「株式の流通・発行と基準日」法学教室三七四号〔二〇一一年〕一二～一三頁〔本書一五八～一六〇頁〕、本書第二章第二節第三節参照）。

(59)　募集株式発行差止仮処分命令の申立と個別株主通知の関係につき、東京地決平成二一年一一月三〇日金融・商事判例一三三八号四五頁も同旨。

(60)　仁科秀隆「メディアエクスチェンジ株式価格決定申立事件最高裁決定の検討」商事法務一九二九号（二〇一一年）一二頁。

五　法改正に関する付記

少数株主権等の行使にあたっては個別株主通知を要する。株主代表訴訟の提訴請求（会八四七条一項）も少数株主権等の行使に該当する。一方、前述（四（一））のように、親会社の株主に認められた子会社への権利行使に個別株主通知制度の適用はない。平成二六年改正会社法によって新設された特定責任追及の訴えに係る提訴請求（会八四七条の三第一項）も、完全子会社に対して行うので個別株主通知制度は適用されない[61]。口座管理機関への請求によって提供される振替口座登録事項証明書（振替二七七条前段）によることになろう。

前述（前掲注（41））のように、平成二一年、全国株懇連合会「株式取扱規程モデル」から少数株主権等行使に際しての個別株主通知受付票添付部分が削除された。この改正後、株主本人確認が所定の本人確認資料により安定的に運用されていることを踏まえ、平成二八年八月二六日、全国株懇連合会「株主本人確認指針」2(2)および3(5)から個別株主通知受付票に関する説明が削除された。ただし、個別株主通知受付票を本人確認資料の補完として取り扱うことを否定するのではないとされる。

（61）　坂本三郎編著『一問一答平成26年改正会社法』（二〇一四年）一六六頁。

■第四節■ 株主名簿上の名義 〔演習〕

設　問

AとBは、Aが一〇〇〇万円、Bが五〇〇万円出資して、公開会社（会社二条五号）である甲株式会社を設立した。もっとも、諸般の事情から、株主名簿に株主として登録されたのはA（二〇〇株）、C（五〇株）、D（二五株）、E（二五株）であった（CはAの妻、DおよびEはAとCの子）。取締役にはA、B、およびDが就任した（三名とも代表取締役に選定された）。ただし、C、D、E（以下ではこの三者を「Cら」と呼ぶ）が甲社の経営に関与したことは実質的には一度もなかった。AとBの合意が取締役会決議、株主総会決議とされ、甲社は順調に経営されていた。

その後、Aが死亡した折に、Cらは自分たちも株主名簿に登録された株主であることを初めて知った。そこで、かねてからBと折り合いが悪かったCは、甲社経営からBを排除することにした。Cの意を受けたDは、相続を理由に株主名簿の名義を書き換えた上（C（一五〇株）、D（七五株）、E（七五株））、Cらに臨時株主総会の招集通知を発し、その総会でCらは、Bを取締役から解任し、CおよびEを取締役に選任する決議を行った。これに対してBは、株主でありかつ取締役でもある自分に連絡もせずになされた上記決議は無効であると抗議している。Bは、会社法上どのような手段を採ることができるか。

一方、取引先や金融機関との関係上、増資が不可避だと判断したCらは、Cらだけで取締役会を開催し、株主名簿に基づき株主割当による新株発行を決議した。それに従い、Cらは甲社に一五〇〇万円を出資するとともに、株主名簿の名義と持株数をC（三〇〇株）、D（一五〇株）、E（一五〇株）と書き換えた。八か月後に開催された定時株主総会への出席を拒まれたBは、設立時から株主であると抗議した。Bが株主ではないとはいえないと判断したCらは、株主名簿の名義と持株数をC（二五〇株）、D（一二五株）、E（一二五株）、そしてB（一〇〇株）と書き換えた。Bは、株主割当による新株発行の分が正当に反映されていないと考えている。会社法上どのような手段を採ることができるか。

要　点

一　株主名簿に登録する名義
二　株主名簿への名義登録の効果
三　他人名義と失念株

解　説

一　株主名簿に登録する名義

（一）　設問事例において、甲社設立時出資額一五〇〇万円はAとBが負担している。しかし、同社株主名簿にはBの名義が登録されていない。一方で、Cらは、Aの死亡まで株主名簿に株主として登録されていることを知らず、同社経営に関与したことは実質的には一度もなかった。また、同社では、AとBとの合意が株主総会決議とされていた。これらの事実関係からすると、同社の設立時株主はAとBであるが、同社の株主名簿にはBを表示するものとしてCらの名義が用いられていたと解すべきであろう。

（二）　設問事例では、仮設人氏名を別名として用いる場合とは異なり、実在する他人名義（当該他人の戸籍上の氏名や社会生活上一般に通用している通称）を用いている。この点については、次のように考えられる。そもそも、どのような名義で行為をなそうと、基本的に行為者の自由である。株主名簿に記載する名義が、戸籍上の氏名や社会生活上一般に通用している通称でなければならない理由はない。株式を引き受けるにあたって実在する他人名義を用いようとも、自己が株主となる意思で引受をなした以上、名義借用者（設問事例ではB）が株主となる（最判昭和四二年一一月一七日民集二一巻九号二四四八頁参照）。つまり、その他人名義は名義借用者である株主を表示するものである。そして、会社は株主の用いた名称をその株主を表示するものとして株主名簿に記載しなければならない。株主名簿の名義が真の株主を表示するものである限り、真の株主は会社に対して自己が株主である旨を主張できる（会一三〇条一項）。

もっとも、株主から会社に対して株主としての権利を行使したり会社が名義人（設問事例ではCら）が株主であると主張する場合には、真の株主は、株主名簿上の名義が自己を表示するものである旨を証明しなければならない（名義人との同一性証明は、会社に対して株主の権利を行使するには、株主の戸籍上の氏名が株主名簿に記載されている場合でも同様に求められる）。この証明ができなければ、真の株主といえども、株主の権利を会社に行使できない危険を負っているのである。反対に証明できれば、株主名簿上の株主として、会社は株主の権利行使を拒めない（この意味において、株主名簿の有効な名義記載には資格授与的効力がある――株主証明をしなくても株主名簿の名義人であることを示せば権利行使できる）。

なお、実在する他人名義を株主名簿の登録名義として用いている名義借用株主（真の株主）は、株主名簿の名義を書き換えなければ会社に対して自己が株主である旨を主張できない、と説明されることがある。けれども、このような説明は、株式引受人や株式譲受人が自己を表示する名称は、例えば戸籍簿上の氏名に限定されるとする立場を前提にするものであり、正当な解釈とはいえない。また、株主名簿上の名義人（名義貸与者）に株主として権利行使させた会社の免責は別個の問題である（設問事例では、Cらの氏名はBを表示する名義であることを甲社が認識していたので、免責はない）。

二　株主総会決議の瑕疵

（一）　設問事例では、Cらは、臨時株主総会を開催し、Bを取締役から解任し、CおよびEを取締役に選任する決議を行っている。Aは死亡し、Bは無視されたようであるから、取締役会（なお、甲社は公開会社〔会二条五号〕であるから取締役会設置会社である〔会三二七条一項一号〕）による株主総会の招集決議（会二九八条一項四項）はなかったと思われるが、代表取締役Dによる招集通知の発信（会二九九条一項）はなされている。また、Bに対しては招集通知が発せられていないがその全体に対する割合は三分の一である。したがって、設問の臨時株主総会決議は不存在とまではいえないが、取消事由（招集手続の法令違反。会八三一条一項一号）が存する。

（二）　Bは、取締役Bの解任決議およびC・Eの取締役選任決議の取消を請求する訴訟（取消事由は、取締役会の株主総会招集決議不存在、および株主Bに対する招集通知不発信）を、当該決議日から三か月以内ならば、提起することができる（会八三一条一項一号）。その場合の原告適格は、当該決議の取消によって取締役となる者（同条一項後段。当該決議取消判決が確定すればBは決議時に遡って取締役たる地位を回復する）あるいは株主である。当該訴訟の被告は会社なので（会八三四条一七号）、訴えを提起できる株主は株主名簿上の株主であることを要する（会一三〇条）。この場合には、上述のように、Bは、株主名簿上のCらの名義（一〇〇株分。この点につき後述三参照）が自己を表示するものである旨を主張・証明しなければならない。

（三）　なお、Bが会社法三四六条一項の取締役（取締役権利義務者）であるときには、新たに選任された取締役（仮取締役〔一時取締役〕を含む）が就任するまでの法定の地位であるから解任できない（最判平成二〇年二月二六日民集六二巻二号六三八頁参照）。もっとも、Bは、CおよびEの取締役就任時にBの取締役権利義務者たる地位は消滅する。Bを解任する決議は無効なので、Bは、CあるいはEの選任決議取消の訴えを提起すればよい。

Bが取締役権利義務者でないときには、解任されなかった場合の任期の満了によって、解任決議取消の訴えは、特別の事情がない限り訴えの利益を欠くことになり、請求を却下される。CおよびEの取締役選任決議取消の訴えについても同様である（最判昭和四五年四月二日民集二四巻四号二二三頁）。

三　他人名義と失念株

（一）　甲社は公開会社であるから、授権資本制度（会三七条三項・二〇一条一項）の下、定款に定められた発行可能株式総数（会三七条一項・一一三条一～三項）から発行済株式総数を控除して得た数の範囲内で、新株発行権限は取締役会に属する。

CおよびEを取締役に選任する総会決議、Bを取締役から解任する総会決議（ただし、前述二（三））は、取り消されるまでは有効な決議である。したがって、Cらからなる取締役会が行った株主割当による新株発行決議は有効な決議として扱われる。払込もなされているので、設問事例の新株発行は不存在とは評価できない。そして、仮に何らかの新株発行無効原因があったとしても、新株発行無効の訴えは公開会社では新株発行後六か月以内に提起されなければならないから（会八二八条一項二号）、設問事例のBは新株発行無効の訴えを提起することができない。

（二）もっとも、株主割当による新株発行決議時においてBは一〇〇株を有する株主であるから、本来は、Cらに割り当てられた三〇〇株のうち一〇〇株はBに割り当てられるべきであった。これは、株式を譲渡したが依然として株主名簿に名義が残っている株式譲渡人に株主割当によって新株が割り当てられた場合（このように株式譲渡人が取得するのが失念株）と同視してよい場合であろう。そこで、後述の「展開」のように考えて、Bは、五〇〇万円の支払と引換に新株一〇〇株の引渡をCらに請求できると解すべきである。その結果、株主名簿の名義は、C（二〇〇株）、D（一〇〇株）、E（一〇〇株）、そしてB（二〇〇株）と書き換えられることになる。

展開

株式譲渡に伴う失念株の問題は、小規模閉鎖会社においては発生し難い。事実上、株主の交代が会社に把握されやすいし、小規模閉鎖会社の多くが公開会社（会二条五号）でない株式会社（その発行する全部の株式が譲渡制限株式である会社）だからである。したがって、失念株が問題とされた裁判例の多くが上場会社の事例であった。しかしながら、二〇〇九年一月五日に上場株式（振替株式）の譲渡に社債株式振替法が適用されてからは、上場会社でも、振替株式については振替機関による基準日等における総株主通知（社債株式振替法一五一条一項）に基づいて株式発行会社が株主名簿の名義を書き換えることになるので（同一五二条一項）、失念株の問題は生じない。

失念株問題に関しては、名義人株主は新株引受によって得た利益を名義書換未了株主に引き渡せばよい、とする立場が有力である（法的構成としては、不当利得説と準事務管理説が主張されている）。けれども、これまでの裁判例におけるような上場会社の事例では、経済的利益の引渡での解決が合理的であり現実的であったかもしれないが、会社支配構成に影響を与えるような場合には、名義書換未了株主に失念株引渡請求を認める余地のない解釈を採るべきではない。小規模閉鎖会社の場合には、名義書換未了株主は、株式払込金と引換に失念株の引渡を請求できると解するのを原則とするべきであろう。

■第五節■

名義書換未了株主の会社に対する法的地位〔演習〕

設問

Ａ株式会社は、定時総会のために例年どおり決算期の翌日から株主名簿を閉鎖した。Ａ社の株主名簿上の株主Ｂから株式を譲り受けたと主張するＣは、Ａ社に対して株主総会に出席したい旨を連絡した。次の各場合において、Ａ社はＣに招集通知を発送し、株主総会で議決権を行使させるべきか。

(1)　株主名簿閉鎖前にＣは株式を譲り受けたが、名義書換を請求しないうちに名簿が閉鎖された場合。
(2)　名簿閉鎖前にもかかわらず、Ｃの名義書換請求をＡ社が受け付けなかった場合。
(3)　Ｃの株式譲受けが名簿閉鎖期間中であった場合。

解説

一　名義書換未了株主の会社に対する法的地位に関する基礎知識

（一）　株式譲渡の方法と株主名簿の名義書換

株式の譲渡は、株主の投下資本回収方法として保障されなければならず（株式譲渡自由の原則。商二〇四条一項本文）、譲渡当事者間の合意と株券の交付という簡易な方法で行える（商二〇五条一項）――譲渡契約は株式引渡請求権を発生させるが、株式移転の効果は株券の交付（準物権行為である）がなければ生じない。このように、株式の譲渡自体は株券の交付で完成する。けれども、会社に株主であることを対抗するには株主名簿の名義書換が必要である（商二〇六条一項）。名義書換請求には有価証券である株券の呈示が必要とされ、株券を占有する者には法律上の株主権推定がなされる（商二〇五条二項。株式を有することを法律上推定する、つまりそのような形式的資格を法律上与えるので、株券所持の資格授与的効力とも呼ばれる）。そこで、株券を呈示して株主名簿の名義書換請求をなす者が無権利者であっても、その請求に応じて名義を書き換えた会社は免責されることになる（ただし、無権利を容易に証明できるのに悪意または重過失によりそれをなさない会社は免責されない――有価証券の一般理論）。

（二）　株主名簿制度・名義書換の効力

株式譲渡自由原則のもと、株主は常に変動することが制度的に予定されている。他方、会社は株主に対して、株主総会招集通知を発したり、利益配当をなしたりしなければならない。これらの義務を履行するために、会社は株主を把握しておかなければならない。そこで、変動可能性のある多数の株主を会社のもとで一元的に把握する法技術として株主名簿の制度が設けられているのである。

株主は株主名簿に名義を登録しなければ（この登録は、各株式につき最初に発行を受けた者については会社の義務として、株式の移転があった場合には株式取得者が会社に名義書換を請求することによって行われる）、会社に対して株主である旨を対抗できない（商二〇六条一項）。これは株主名簿に名義登録されなければ株主になれないだとか、株式の移転を会社に対抗できない、という趣旨ではない。株主名簿制度は、株主が本来有する株主権対抗力（自分が株主である旨を主張できる法律上の力。権利者が権利を有することを主張できるのは当然の原則）を会社に対する関係で制限し、名義書換により名義人株主はその対抗力を回復するという仕組である。

会社に対する株主権の行使には対会社株主権対抗力が必要であり、対抗力の有無は株主名簿の名義が基準となる。したがって、株主は自己の株主権を証明しても原則として会社に対して権利行使できず、株主名簿上の名義人である旨を証明（実質的権利の証明とは異なる形式的資格の証明であり、権利主張者と名義人の同一性の証明）して権利行使することになる。つまり、名義書換によって、会社に対する株主資格――権利行使資格を設定する効果が生じる。これは資格授与的効力と呼ばれるが、その内容は株主権推定力である。株主権推定力の結果、株主名簿上の名義人であることを示す者の株主権行使を、名義書換の無効あるいはその者が株主ではないことを証明できない限り、会社は認めなければならない（会社は株主であることの証明を名義人に求めることはできない）。

株主権推定力は有効な名義書換により生じる――無権利者からの請求に応じてしまった名義書換は無効であり株主権推定力は生じない（会社免責は別個の問題である）。また、名義書換により会社・株主間の継続的な関係が株主資格として設定されるのであり、たとえ後に名義人が株式を譲渡して無権利者となっても、この資格は当該株式についての次の有効な名義書換が行われるまで継続する。

このように、会社は株主名簿上の名義人を株主として扱うことになる。名義人が真の株主である場合には、権利者を権利者として扱うわけで問題なく、名義人が株主でない場合には右取扱は無効であるが、会社は免責される。株主名簿の名義書換から会社免責力が生じるわけである。

会社免責力は、株主の請求により名義書換が有効に行われた場合には、それによって生じる株主権推定力（資格授与的効力）を根拠として認められ、無権利者の請求による無効な名義書換の場合には、名義書換に関する会社免責（前述のように、株券呈示による請求に応じた会社は原則として免責される）がその後の免責の根拠となる（名義書換は会社・株主間の継続的な関係を資格として設定する契機となるものなので、一度限りの権利行使の問題と異なり、名義書換の免責はその後名義人を株主として扱った会社免責へと引き継がれると解される）。

（三）　名義書換の不当拒絶

会社との関係で株主として扱われる資格を設定する契機なので、株主名簿の名義書換は株主にとって非常に重要な意味を持つ。一方、株券を呈示してなされる名義書換請求に応じれば、たとえ無権利者の請求であっても会社は免責される。したがって、株主名簿閉鎖期間中であるとか請求者の無権利を証明できる場合を除けば、会社は請求を受理して名義を書き換えなければならないのであり、書き換えするかしないかの裁量の余地はない。それにもかかわらず——正当な理由がないのに、株券呈示による株主の名義書換請求を会社が拒めば、名義書換の不当拒絶となる。

不当拒絶を受けた株主の権利行使を、株主名簿上の名義人でないことを理由に会社は拒めないと解されている。すなわち、不当拒絶を受けた株主は株主名簿上の名義人ではないが対会社株主権対抗力を回復し（株主名簿制度による対会社株主権対抗力制限効の限界。反面、従前の名義人は会社に対する株主資格を失う）、会社はこの者を株主として扱わなければならなくなるわけである。

(四)　株主名簿の閉鎖と基準日

株主名簿の閉鎖は、議決権行使や利益配当を受けるなど会社に対して株主権を行使できる者を固定化するために、三か月以内の一定期間（この期間は定款で定めるか二週間前に公告する必要がある）、株主名簿の名義書換をなさない措置を会社に許す制度である（商二二四条の三）。閉鎖期間中も株券の交付により株式は譲渡できるので株主は変動するが、株主名簿上の名義人、つまり会社との関係で株主として扱われる者が固定化されるわけである。

例えば、前年度の決算確定の定時総会で、そのための計算書類の承認決議において議決権を行使する株主は、前年度末日（決算日）時点の株主であるべきであろう。一方、株主としての権利行使は権利行使時に株主である者（会社との関係ではその時点の株主名簿上の株主）でなければならない。両時点の間に行われる株式譲渡を会社が阻止することはできない。しかし、決算日の翌日から定時総会の終了まで株主名簿を閉鎖すれば、決算日現在の名義人がそのまま定時総会時の名義人となり、さらに決算日現在の株主を確定するのに要する時間も十分にとれ、問題は技術的に解決する。

議決権行使や利益配当を受けるなど会社に対して株主権を行使できる者を確定するために、権利行使日の前三か月以内の特定の日（この日は定款で定めるか二週間前に公告する必要がある）において、株主名簿に名義が登録されている者を権利行使者とするのが基準日の制度である（商二二四条の三。株主名簿閉鎖期間中であってもその間に発行された新株については株主名簿に登録されることになるので、決算日以降の新株主に利益配当がなされる不都合が生じるが、決算日を利益配当の基準日にすれば問題は解消する）。基準日の制度を採用しても、基準日現在の株主名簿上の名義人を確定する作業が必要なので、基準日（例えば決算日）の翌日から株主名簿を閉鎖する例が多く見られる。この場合には、右作業に要する期間（例えば一か月）閉鎖すればよく、権利行使日（例えば定時総会会日）まで閉鎖することによる株主の名義書換できない不利益を軽減できる。

二　判例による名義書換未了株主の会社に対する法的地位

(一)　名義書換未了株主の会社に対する法的地位

最判昭和三〇年一〇月二〇日民集九巻一一号一六五七頁は次のように判示する。「商法二〇六条一項（昭和二五年法律一六七号による改正前の、本件株主総会決議当時の同条項をいう。）によれば、記名株式の移転は、取得者の氏名及び住所を株主名簿に記載しなければ会社には対抗できないが、会社からは右移転のあつたことを主張することは妨げない法意と解するを相当とする。」（なお、株式譲渡方法の変遷に伴い商法二〇六条一項は改正されてきたが、譲渡の効力と会社に対する資格設定を区別するという同条項の基本構造に変化はない。また、平成二年の商法改正により無記名株式が廃止されたので、現在では株式は記名株式である〔もっとも、平成二年商法改正附則一二条参照〕）。

(二)　名義書換の不当拒絶

最判昭和四一年七月二八日民集二〇巻六号一二五一頁は、過失による名義書換の懈怠も不当拒絶と同様に扱うべきだとし、次のように判示している。「正当の事由なくして株式の名義書換請求を拒絶した会社は、その書換のないことを理由としてその譲渡を否認し得ないのであり（大審院昭和三年七月六日判決、民集七巻五四六頁参照）、従つて、このような場合には、会社は株式譲受人を株主として取り扱うことを要し、株主名簿上に株主として記載されている譲渡人を株主として取り扱うことを得ない。そして、この理は会社が過失により株式譲受人から名義書換請求があつたのにかかわらず、その書換をしなかつたときにおいても、同様であると解すべきである。」

三　名義書換未了株主の会社に対する法的地位

名義書換未了株主も株主ではあるが、対会社株主権対抗力を制限されているので、その権利行使主張を会社は拒むことができる。しかしながら、これは対抗力制限の問題であり、株主権の所在の問題ではないので、判例が認めるように、会社から名義書換未了株主を株主として扱うことは可能だと解される。会社のための制度である株主名簿制度の利益を会社が放棄し、真の株主を株主として扱うわけで、このような取扱ができないという理由はないのである。

ところが、株主名簿は会社・株主間の法律関係の画一的処理を実現するためのものだから、単に対抗力を制限するだけではなく、会社・株主間の関係を固定化する意味を有し、会社は名義書換未了株主を株主として扱うことができない、とする所説がある。しかしそうだとすると、会社は常に株主名簿上の名義人を株主として扱わなければならず、株主権推定力としての資格授与的効力も会社免責力も認める余地はなくなる（推定ではなく株主確定であるし、確定である以上免責するもしないもない）。こうなってくると、名義書換未了株主が株主であること自体問題になろう。実際、右所説を前提に、名義書換未了株主が有するのは名義書換により株主になる地位であり、名義書換により初めて株式を取得する、という主張がなされている。名義書換により株主になる地位の内容は、あるいは名義書換請求権、あるいは株主権の中の財産的権利、また基本権たる株式だとされる。株式譲渡の対象となるのはこのような権利だというわけである。けれども、株式の内容を社員権と考える以上、株式を譲渡の対象となる部分とならない部分に区別する構成には無理があろう。さらに株式譲渡の当事者の意思からも株式が譲渡されるのであり、株式を構成する内容の一部が譲渡されるのではないというべきである。

四　株主名簿閉鎖期間中の名義書換

株主名簿の閉鎖制度を利用すると、会社は株主からの名義書換請求を適法に拒むことができる。それでは名簿閉鎖期間中に、名義書換請求に応じて名義を書き換えることはできるだろうか。会社に対する株主権の行使に関して株主を固定化するのが株主名簿閉鎖の制度である。したがって、原則として閉鎖期間中は名義書換はできないと解すべきである。ただし、名簿閉鎖前にすでに株主であったが名義書換未了である者については、本来権利行使が認められるべき実質的地位を有しているといえる。そこで、このような場合には、会社の事務処理の煩雑が問題となるだけなので、会社がそれをいとわなければ、名義書換請求に応じることもできると考える（もっとも、同様にこのような場合なのに、一方で名義書換に応じ、他方で名義書換を拒む措置は株主平等に反することに注意を要する）。また、基準日の制度と株主名簿閉鎖制度が併用されている場合には、基準日現在の株主確定のための事務処理の便宜を図ることが名簿閉鎖の趣旨となるので、基準日以降に株主になった者からの名義書換請求にも応じることができると解してよい（ただしこの場合には、基準日現在の株主名簿上の名義人が行使するものとされた権利については、新名義人株主は行使できない）。

さらに、名義書換が許容される範囲内において、名義書換をなさないで、名義書換未了株主の権利行使を会社は認めることができると解してよかろう。

（参照、保住昭一「名義書換未了株主の会社における地位」『商法の争点Ⅰ』〔一九九三年〕九二～九三頁、山本爲三郎「株主名簿制度効力論」法学研究七〇巻一二号〔一九九七年〕二二五頁以下〔本書二一頁以下〕、西尾幸夫『会社判例百選』〔第六版〕〔一九九八年〕三八～三九頁）

五　法改正に関する付記

株主名簿閉鎖の制度は、平成一六年の商法改正で廃止された。もっとも、定款による株主名簿の閉鎖の可否が解釈問題として残る。第二章第一節三参照。

■第六節■　他人名義による出資の引受〔判例研究〕

東京地判平成二七年二月一八日、平成二五(ワ)二六一三一号、株主権確認等請求事件、判例時報二二六七号一一四頁

判示事項

一　有限会社の資本増加に係る出資の履行につき出捐を行った者が社員と認められた事例
二　一人株主が行った譲渡制限株式の贈与は、会社の承認がなくても、会社との関係でも有効である
三　発行済株式総数の三分の二に当たる株式を有する二名の株主に招集通知がなされずに開催された株主総会の取締役解任決議は法的には不存在であるとされた事例

参照条文

会社法一三六条・八三〇条一項

事　実

有限会社Y_1（Y_1社）は、昭和二八年八月一四日に設立された、旅館および貸席等を目的とする発行済株式総数一万五三〇〇株の特例有限会社である。同社の設立時の出資一口の金額は一〇〇〇円、資本の総額は三〇万円であり、夫婦であるAとBが、それぞれ持分（出資口数）一五〇口ずつを所有していた。Aは同社の設立時からの取締役兼代表取締役であったが実質的な経営には携わっておらず、設立当初から、Bが同社の実質的な経営者として資金調達等の経営全般を担っていた。平成元年一二月一六日、Bは同社の取締役に就任し（平成二四年七月一七日、辞任）、Y_2（AとBの間の子）が同社の取締役兼代表取締役に就任した。同月二〇日、同社の資本総額は三〇万円から一五三〇万円に増加した（本件資本増加）。平成二〇年一〇月二五日、X_2（AとBの間の子）が同社の取締役兼代表取締役に就任し、平成二一年四月一六日、X_1（Aの子）が同社の取締役に就任した。

本件資本増加に関しては次のような事実が認められる。Y_1社の平成元年一二月一六日付け社員総会議事録には、資本の総額を三〇万円から一五三〇万円に増加し、増加した持分一万五〇〇〇口のうち、Y_2が九〇〇〇口、X_1が二〇〇〇口、X_2が二〇〇〇口、Cが二〇〇〇口を引き受ける旨の記載がある。本件資本増加当時、Bは、少なくとも同社の金銭管理や帳簿作成等を担当していた。同月一八日、当時の第一勧業銀行池袋西口支店（本件支店）

において、X_1、X_2およびCの名義で各二〇〇万円、Y_2名義で九〇〇万円の手形貸付が実行され（本件各貸付金）、同日、本件支店において、X_1、X_2、CおよびY_2各名義の普通預金口座がそれぞれ開設され（本件各口座）、本件各口座に本件各貸付金（ただし、利息相当額が控除された後の額）が入金された。同月一九日、本件各口座から本件各貸付金が支払われ、本件各口座が解約された（翌日、本件資本増加がなされている）。このような資金の流れに基づいて、X_1およびX_2（原告ら）は、出資全額を払い込んで持分一万五〇〇〇口を取得したのはBだと主張した。これに対して、Y_1社およびY_2（被告ら）は、本件資本増加においては、Y_2が九〇〇万円（自己資金とAからの贈与から出資した旨を主張したり、Y_2名義で実行された九〇〇万円の手形貸付は自ら本件支店へ赴いて融資の手続をしたものである旨を主張する。もっとも、本判決はY_2が九〇〇万円を出捐したことを裏付ける証拠はないとして被告らの主張を否定している）、Bが六〇〇万円を出捐して出資を履行したと主張した。

平成三年一二月一四日にAが死亡したことから、Aの相続人であるB、原告ら、Y_2、DおよびC（以上、「A相続人」）は、平成四年五月二〇日、遺産分割協議をし、Aが保有していたY_1社の持分一五〇口をBが取得することとした。同年六月一一日、A相続人が豊島税務署に提出したAを被相続人とする相続税の申告書には、Y_1社の社員およびその持分として、A一五〇口、B一五〇口、Y_2九〇〇〇口、X_1二〇〇〇口、X_2二〇〇〇口、C二〇〇〇口である旨が記載されている。Aを被相続人とする相続税に関する税務署の担当官が作成した「修正事項一覧」と題する書面には、平成二年七月一三日付けで、Aの財産から一三九一万〇五六〇円が増資分に係る借入金の返済に充てられた旨が記載されている。同社の顧問会計事務所の担当者が同日付けで作成した「A氏相続税修正額」と題する書面には、一三九一万〇五六〇円が「B・Y_1旅館増資借入返済」である旨記載されている。平成四年一二月一五日、A相続人が豊島税務署に提出したAを被相続人とする相続税についての修正申告書には、相続開始前三年以内に贈与を受けた財産の明細として、上記「A氏相続税修正額」に記載された金額と同額が記載されている。

Bは、平成二二年一〇月二二日付けで、Y_1社の持分を、原告らおよびY_2において平等とする旨の書面（本件書面）を作成した。また、Bと原告らは、平成二三年八月二六日付けで、Bが保有する同社の株式一万五三〇〇株のうち五一〇〇株ずつを、原告らに対してそれぞれ贈与する旨の各贈与契約書（本件各贈与契約書）を作成した。

Y_1社は、平成二四年一一月三〇日付けの臨時株主総会（本件総会）において、原告らを取締役から解任する旨の決議（本件解任決議）がされたとして、同日付けで、原告らの取締役解任およびX_2の代表取締役退任の登記をした。本件総会の議事録には、株主の総数一名、発行済株式の総数一万五三〇〇株、出席株主数一名、出席株式の議決権の数一万五三〇〇個と記載されている（被告らは、Y_2は、本件資本増加によって九〇〇〇口を取得し、その後、Bから三〇〇口および六〇〇〇株の贈与を受けて、同社の全株式を取得したと主張する。しかし、本判決は、これらの贈与を客観的に裏付ける証拠はないと判示している）。同月時点における同社の役員報酬額は、X_2につき月額一七万二九〇〇円、X_1につき月額一一万五八〇〇円であったが、同社は原告らに対して同年一二月以降の報酬を支払っていない。

本件は、原告らが、被告らに対し、それぞれY_1社の株式五一〇〇株を有する株主であることの確認を求めるとともに、本件総会決議が存在しないにもかかわらず同社の取締役を解任されたとして、X_2が同社の代表取締役の地位にあることの確認を、X_1が同社の取締役の地位にあることの確認を求め、また、同社に対し、解任後である平成二四年一二月から平成二五年九月までの未払報酬（X_2につき一七二万九〇〇〇円、X_1につき一一五万八〇〇〇円）およびこれらに対する訴状送達の日の翌日である平成二五年一一月二日から支払済みまで商事法定利率年六分の割合による遅延損害金の支払をそれぞれ求める事案である。

判　旨

請求認容。

一　**本件資本増加時における出資の履行および持分の帰属について**

以上の事実関係から、「Bが、平成元年一二月一八日、原告ら、Y_2及びC名義で本件各貸付金一五〇〇万円を本件支店から借り入れ、その際に開設された本件各口座に本件各貸付金が入金され、その翌日である同月一九日、本件各口座から本件各貸付金を引き出し、本件各口座を解約し、本件各貸付金をもって本件資本増加に係る出資全額を払い込み、その後、平成二年七月一三日付けで、Aの財産から一三九一万〇五六〇円を本件各貸付金の弁済に充て、同金額をAからの贈与として税務上の処理をしたものというべきである。」

「以上の事実によれば、本件資本増加時における出資の履行は、その全額がBの出捐によるものと認めるのが相当である。」

「したがって、本件資本増加時における出資の履行は、その全額をBが出捐したものと認められ、また、S税理士事務所のG作成の「(有)Y_1社の株主の異動の経緯について」と題する書面（証拠略）及びF税理士作成の「有限会社・Y_1社の株主の異動にかかわる経緯について」と題する書面（証拠略）によれば、Bの意向に従ってY_1社の株主構成が変更されていたことがうかがえることからすると、本件資本増加に係る持分一万五〇〇〇口のうち、原告ら及びC名義の合計六〇〇〇口のみならず、Y_2名義の九〇〇〇口についても、Bが保有していたものというべきである。」

二　Bから原告らに対するY_1社の株式五一〇〇株ずつの贈与について

「平成二三年八月二六日付け本件各贈与契約書を作成したことが認められるから、Bは、原告らに対し、遅くとも同日までに、Bが保有するY_1社の株式一万五三〇〇株のうち五一〇〇株ずつをそれぞれ贈与したものというべきである。」

「なお、Y_1社は、特例有限会社であるから、その発行する全部の株式の内容として当該株式を譲渡により取得することについてY_1社の承認を要する旨の定款の定めがあるものとみなされるが（会社法の施行に伴う関係法律の整備等に関する法律九条一項）、上記のとおり、BがY_1社の発行済株式の総数である一万五三〇〇株を保有していたものと認められるから、Y_1社の承認がなくとも、前記…の贈与はY_1社に対する関係でも有効である。」

三　本件解任決議の存否について

「本件総会は、Y_2がいわゆる一人株主として出席して開催されたものであると認められる。」

「しかし、……、本件総会当時、原告らがY_1社の株式を五一〇〇株ずつ保有していたものというべきところ、原告らに対して本件総会の招集通知が発せられた事実を認めることはできないから、本件総会に際しては、Y_1社の発行済株式総数の三分の二に当たる株式を保有する株主に対する招集通知がされていなかったこととなる。」

「以上のことからすると、本件総会の招集には重大な手続的瑕疵があるから、本件解任決議は、法的には不存在であるといわざるを得ない。」

四　Y_1社の原告らに対する未払報酬について

「本件解任決議は不存在であるから、原告らはY_1社の取締役の地位にあるものというべき」である。

「そうすると、原告らは、Y_1社に対し、……平成二四年一二月から平成二五年九月までの報酬請求権を有するものというべきである。」

研究

一　本件解任決議が効力を有すると、原告らは、取締役たる地位を失い、解任以降は取締役としての報酬請求権を有しないことになる（正当理由のない解任による損害賠償請求権は別途生じうる（会三三九条二項））。本件総会では、Y_2がY_1社の一人株主として扱われている。被告らの主張によると、Y_2は、本件資本増加によって九〇〇〇口を取得し、その後、Bから三〇〇口および六〇〇〇株の贈与を受けて、同社の全株式を取得したという。しかし本判決は、BからY$_2$への三〇〇口および六〇〇〇株の贈与を否定した。一方、Bが、同社設立当初から一五〇口を有し、A死亡後はAの一五〇口も保有することになった点については争いはない。本件資本増加による原告らおよびC名義の合計六〇〇〇口は、Bが出捐し保有していたことについても争いがない。したがって、実質的には残余の九〇〇〇口の帰属が問題とされた。

ところで、Y_1社に株主名簿が存在するのであれば、被告らが本件総会当時から株主名簿に登録されている株主はY_2のみである旨を証明すると、原告らは名義書換未了株主として会社に株主権を主張できないことになる。他方、原告らも同社の発行済株式総数の少なくとも三分の二につき本件総会当時から株主名簿上の株主である旨の証明をなしえた可能性がある。両当事者からこのような主張がなされていないので、同社には株主名簿は存在していないと推測される（おそらく同社設立当初から社員名簿・株主名簿は作成されなかったのであろう）。社員名簿・株主名簿の作成義務は会社にある（平成一八年廃止前有一八条、会一二一条）。それ故に、社員名簿・株主名簿の不存在を理由に、社員・株主の権利主張を会社が拒むことはできないといわなければならない（拙稿「株主名簿制度効力論」法学研究七〇巻一二号〔一九九七年〕一二七頁〔本書一二三頁〕）。もっとも、社員名簿・株主名簿が存在しなければ、社員・株主が社員権・株主権の保有を証明して会社に権利主張することになる。本件でも、もっぱら社員権・株主権の実質的な帰属関係が問題とされている。

そこで、まず、本件資本増加に係る持分一万五〇〇〇口の帰属に関する本判決の判断を検討する（二）。次に、本件総会当時における原告らの持株数（三）、最後に、本件解任決議の効力（四）についてそれぞれ考察する。

二　本件資本増加決議に係る社員総会議事録には、増加した持分一万五〇〇〇口のうち、Y_2が九〇〇〇口、X_1が二〇〇〇口、X_2が二〇〇〇口、Cが二〇〇〇口を引き受ける旨の記載がある。A死亡に係る相続税の申告書にも各社員の持分につき右と同様の記載がなされている。もっとも、本件資本増加に際して、Bが六〇〇〇口分を出資し同口数を保有したことについては当事者間で争いはない。つまり、両当事者共に、資本増加に係る新持分は出資につき当該持分を引き受ける意思で出捐した者に帰属するのであり、持分引受の名義によるのではない、と理解しているのである。

右のような理解は、現存する他人名義を用いた株式引受において株主になるのは、当該名義人ではなく実質上の引受人（名義借用者）であるとする通説（岩原紳作ほか編『会社法判例百選〔第3版〕』〔二〇一六年〕二二～二三頁〔神作裕之〕参照）・判例（最判昭和四二年一一月一七日民集二一巻九号二四四八頁、最判昭和五〇年一一月一四日裁判集民一一六号四七五頁）を前提とする。契約の当事者は、当事者が用いた名義によって決定されるのではなく、当該契約の効果帰属主体として実質的に意思表示した者である。したがって、通説・判例の立場は正当であり、本件においても、用いられた名義にかかわらず持分を引き受ける意思を誰が有していたかを問題としなければならない。

引受人たる意思の判断においては、実際の出捐が最も重要な要素となろう（倉澤康一郎ほか編『判例講義会社法〔第2版〕』〔二〇一三年〕二二頁〔尾崎安央〕参照）。本件資本増加に係る出捐については次のような事実関係が認定されている。①本件資本増加に係る出資金相当額が、本件増資直前に本件支店の本件各口座を介して一括して借り入れられている。②本件資本増加に係る社員総会議事録に記載されている引受人名義および銀行からの借入名義はBではないが、本件資本増加のうち六〇〇〇口分については本件両当事者ともBの出捐により出資が履行されたと認めている。③本件資本増加に係る出資金相当額が、AからBに贈与されたとして税務上の処理がなされた。④AはY1社の実質的な経営には携わっておらず、本件資本増加当時、Bが同社の金銭管理や帳簿作成等を担当していた。⑤本件資本増加のうち九〇〇〇口分についてY2が出捐したとする被告らの主張は、本判決により証拠がないとして退けられた。以上から、本件資本増加は、Bによって、同人に計算を帰属させて行われたと推認されるといってよい。すなわち、「本件資本増加時における出資の履行は、その全額がBの出捐によるものと認めるのが相当である。」とする本判決の判断は妥当であろう。

ただし、出捐はBが行ったとしても、それのみでBに自己が引受人となる意思があったと断定することはできない。名義を借用する場合だけでなく、名義人を社員・株主とする意思で行為する場合（資金の贈与など）もあるからである。例えば、札幌地判平成九年一一月六日判例タイムズ一〇一一号二四〇頁は、個人事業主Tが全額（金銭）出資して個人事業Kを株式会社化（被告K社）した事案において（Tとその妻が実質的な株主であると被告K社は主張している）、他の株主を「単なる名義株主としたものとみるのは相当ではな」く、「株主や持ち株数の決定は、当時、Kの業務に携わっていた者を対象とし、それぞれの地位や役割を考慮して、それを反映させるようにしたものであ」って、「Tは、実質的な株主として原告らに株式を保有させるため、原告らの株式の払込義務を原告らに代わって履行したものと認めるのが相当である。」と判示している。また、東京地判昭和五七年三月三〇日判例タイムズ四七一号二一〇頁は、被告会社設立に際して発行された株式のうち原告名義で引き受けられた三〇〇〇株の帰属が問題となった事案において（「被告の設立に際して発行された株式の払込金一〇〇万円は、訴外Mが原告に送付した金員でもつて賄われてい」た）、「訴外Mが原告のために右三〇〇〇株の払込義務を原告に代つて履行したものと認めるのが相当である。」としたが、その理由は、「原告が訴外Mの事実上の養子として、訴外Mの事業の後継者となるべくその経営に携わつてきたこと、原告が被告の代表取締役に就任するとともに訴外Mに代つて被告の経理関係を担当していたこと、更には、被告の工場敷地について原告名義の所有権移転登記手続がされていること（右工場敷地は訴外Mがその資金でもって買い受けた―筆者注）を考えると、右三〇〇〇株は、単なる原告名義の名義株ではな」い、と判示している。

右両地判の見地からは、本件資本増加の直前にY_2がY_1社の取締役兼代表取締役に就任したことの評価が問題となろう。この点、本件資本増加時までにおいて、Y_2が同社の経営にどの程度の貢献をなしていたかは全く不明である。他方で、同社ではBが実質的な経営者として資金調達等の経営全般を担っていた。本件資本増加当時もBが同社の金銭管理や帳簿作成等を担当しており、本件資本増加における出資は全額がBの出捐によると認定されている。そして、本件資本増加のうち六〇〇〇口分に関しては、Bが出資して保有したことにつき当事者間で争いはない。さらに、「S税理士事務所のG作成の「（有）Y_1社の株主の異動の経緯について」と題する書面（証拠略）及びF税理士作成の「有限会社・Y_1社の株主の異動にかかわる経緯について」と題する書面（証拠略）によれば、Bの意向に従ってY_1社の株主構成が変更されていたことがうかがえる」とされている。また、Bは本件書面および本件各贈与契約書を作成している。これらの間接事実からすると、本件資本増加において、本件各名義人の名義を借りた上で、Bは自己が引受人となる意思で出資を履行したと推定されよう（もっとも、Bの引受人となる意思の認定につき、本判決は本件書面・本件各贈与契約書に係る事情を理由として挙げていない）。

この点につき、被告らはY_2が九〇〇万円を出捐したと主張する（本判決はこの主張を裏付ける証拠はないと否定している）。出捐関係を争ったわけである。しかし、本判決は全額をBが出捐したと認定した。そして被告らは、Y_2が代表取締役に選任された趣旨やそれまでの同人のY_1社での貢献、事後的には持分に応じた配当金受領・議決権行使などを主張することによって、九〇〇〇口に関しては、Y_2に持分を付与する意図でBは出捐したとする主張・証明をなしていない。本件資本増加に係る持分一万五〇〇〇口の全部をBが取得したとする本判決の判断は妥当であろう。

以上のような考察に対して、本件資本増加後のBの意思をもって本件資本増加におけるBの意思を推認する危険性も指摘されている（髙橋陽一「本判決解説」平成二七年度重要判例解説〔二〇一六年〕九四頁）。一般論としてはそうであろう。しかしながら、本判決はBの事後の意思のみを理由としているのではない。また、家族で経営するような小規模閉鎖的な会社においては、増資の時点における出捐者や名義人の意思が曖昧なことも多く（例えば、実質的株主間で事後に合意した事案であるが、東京高判平成四年一一月一六日金融法務事情一三八六号七六頁は、個人商店が株式会社化された際、およびその後の新株発行に際する株式の保有割合は不明であり〔株金の払込は隠し預金にしていた事業上の余剰利益から全額出捐しており、多数の名義だけの株主が存していた〕、経営者として業務を分担してきた実質上の株主三名が、同社設立後二一年経過した頃に合意した割合を株式の保有割合〔同社設立、新株発行時まで遡って確定する趣旨の合意と解する〕と判示している）、事後の意思を間接事実の一つとして増資時の意思を推定する手法を採るのもやむをえないと思われる。仮にBが本件資本増加時の意思を後に覆したというのであれば、被告らはBの本件資本増加時の意思を上述のような間接事実をもって証明するのが筋であろう（荒谷裕子「本判決評論」私法判例リマークス五三号〔二〇一六年〕八〇頁は、本判決は、「最終的に誰が実質的な引受人であるかの判断・決定は、当事者の立証責任の問題に帰結するということを改めて示した」と評されている）。

なお、（上述の検討の繰返しではあるが）、そもそも本件資本増加は何を目的としていたのだろうか。否定されたが、被告らはY_2が本件資本増加において出捐して九〇〇〇口を取得したと主張するのみである。本件資本増加の目的によっては、Y_2に九〇〇〇口を付与する趣旨が伴っていたと推認しうる場合もあろう。しかしながら、当事者の主張や認定事実からは全く不明である。昭和六一年の「商法・有限会社法改正試案」一―20は、有限会社に最低資本金（五〇〇万円）制度を設ける提案をしており、それを受けた「商法等の一部を改正する法律案要綱」（第二の一3）が法務大臣に答申されたのは平成二年三月である。本件資本増加は平成元年一二月であるから、あるいは最低資本金対策の趣旨があったかもしれない。いずれにしても、両当事者とも本件資本増加の目的を主張しておらず、この点からの検討ができない。

三　本件資本増加前のY_1社の社員はAおよびBであり出資口数は各一五〇口であったこと、A相続人による遺産分割協議によって亡Aが保有していた持分一五〇口はBが取得することになったこと、以上については当事者間で争いがない。本判決は、本件資本増加による一万五〇〇〇口はBに帰属すると判示した。したがって、Bが同社の全持分一万五三〇〇口を保有するに至ったことになる。

本判決は、平成二三年八月二六日付け本件各贈与契約書に基づいて、Bから原告らに対するY_1社株式各五一〇〇株の贈与を認めた。引き続き、本判決は、「Y_1社は、特例有限会社であるから、その発行する全部の株式の内容として当該株式を譲渡により取得することについてY_1社の承認を要する旨の定款の定めがあるものとみなされるが（会社法の施行に伴う関係法律の整備等に関する法律九条一項）、上記のとおり、BがY_1社の発行済株式の総数である一万五三〇〇株を保有していたものと認められるから、Y_1社の承認がなくとも、前記…の贈与はY_1社に対する関係でも有効である。」と判示する。

一人会社における譲渡制限株式の譲渡による取得に対する会社の承認につき（なお、「株式の譲渡」とは法律行為によって株式を移転することであり、株式の売買だけでなく贈与（本件事案、後掲平成五年最判の事案（無償譲渡））も含まれる（山下友信編『会社法コンメンタール3』（二〇一三年）三〇一頁（前田雅弘）。譲渡制限株式の譲渡につき、味村治『改正株式会社法』（一九六七年）一八頁））、最判平成五年三月三〇日民集四七巻四号三四三九頁は、譲渡制限株式の趣旨は「専ら会社にとって好ましくない者が株主となることを防止し、もって譲渡人以外の株主の利益を保護することにあると解される（最高裁昭和四七年(オ)第九一号同四八年六月一五日第二小法廷判決・民集二七巻六号七〇〇頁参照）から、本件のようないわゆる一人会社の株主がその保有する株式を他に譲渡した場合には、定款所定の取締役会の承認がなくとも、その譲渡は、会社に対する関係においても有効と解するのが相当である。」と判示しており、本判決もこれに依拠していると思われる。判例は譲渡制限株式制度の趣旨から一人会社においては会社の承認手続を要しないとする立場である、と解すれば十分であるが、一人株主が行うので会社の承認があったと理解することもできるかもしれない。いずれにしても、本件各贈与を有効だとする本判決の結論に異論はなかろう（倉澤康一郎ほか編『判例講義会社法〔第2版〕』（二〇一三年）三二頁〔松山三和子〕参照）。

四　本判決は、「本件総会当時、原告らがY_1社の株式を五一〇〇株ずつ保有していたものというべきところ、原告らに対して本件総会の招集通知が発せられた事実を認めることはできないから、本件総会に際しては、Y_1社の発行済株式総数の三分の二に当たる株式を保有する株主に対する招集通知がされていなかったこととなる」ことからすると、「本件総会の招集には重大な手続的瑕疵があるから、本件解任決議は、法的には不存在であるといわざるを得ない。」と判示する（なお、Y_2も五一〇〇株を保有していたとの認定はなされていない）。

実際に株主総会が開催されていないのに株主総会議事録が作成されているような場合だけでなく、総会招集手続の瑕疵が著しい場合も、株主総会決議が成立した外観にかかわらず当該決議は不存在と評価される。後者における招集通知欠缺の事案である最判昭和三三年一〇月三日民集一二巻一四号三〇五三頁は、株主九名・株式総数五〇〇〇株の会社において、株主六名・持株数二一〇〇株に対しては株主総会の招集通知が全くなされず開催された株主総会の決議は不存在だとする（右六名以外の株主は代表取締役とその実子二名であり、実子二名に対する招集通知は口頭でなされていた〔当時の商法二三二条二項の解釈として、招集通知は書面によることを要するとされていた（上柳克郎ほか編代『新版注釈会社法（5）』〔一九八六年〕四六頁〔前田重行〕）〕事実も認定されている）。本件では、招集通知の欠缺は少なくとも株主数・株式数ともに総数の三分の二に達する。さらに、本件総会の目的は原告らの取締役からの解任である（反対派を経営から排除するために、株主総会からも排除したわけである）。本件事案は、昭和三三年最判の事案よりも瑕疵が小さいとはいえない。また、本件のような場合にも決議取消事由（会八三一条一項一号）があるに過ぎないとすると、理論上は、同時に相反する株主総会決議の成立を可能ならしめる（甲株主総会決議と乙株主総会決議。ともに、取り消されなければ有効な決議である）。このような不都合を回避する趣旨においても、本件解任決議は不存在と解すべきであろう。

最後に、Y1社の原告らに対する未払報酬の有無について本判決は、「本件解任決議は不存在であるから、原告らはY1社の取締役の地位にあるものというべき」であり、「そうすると、原告らは、Y1社に対し、……平成二四年一二月から平成二五年九月までの報酬請求権を有するものというべきである。」と判示する。株主総会決議の不存在は、決議不存在確認判決によらなければ主張できないわけではない。未払報酬の支払請求の前提として主張することもできるから、この点の判旨に問題はなかろう。原告らの請求が、平成二五年九月までの報酬の支払に限定されているのは、訴状送達の日が平成二五年一一月一日であるからであろう（なお、特例有限会社には、取締役の任期に関する会社法三三二条の適用が排除されている〔整備一八条〕）。未払報酬の遅延損害金につき商事法定利率が用いられた点に関しては、最判平成四年一二月一八日民集四六巻九号三〇〇六頁参照。

■第七節■ 有限会社において、持分譲渡に伴わずに生じた「失念持分」の帰属先〔判例研究〕

千葉地判平成一五年五月二八日、平成一四(ワ)七七号、一二三八号、出資口数確認請求事件、出資金持分引渡請求事件、金融・商事判例一二一五号五二頁

判示事項

閉鎖会社である有限会社においては、増資の際、名義上の社員が割当を受けて会社から持分を付与された場合、不当利得の法理を適用し、実質的な社員は、名義上の社員に対し、名義上の社員により払い込まれた増資分の出資金を支払うことと引換に、名義上の社員に付与された持分それ自体の取得を求めることができると解すべきである。

参照条文

有限会社法五一条、民法七〇三条

事　実

Y_1有限会社における設立（昭和四四年二月四日）当初の社員名簿上の社員と出資口数は、Aが四〇〇口、Y_2（Aの妻）が四〇〇口、Y_3が五〇〇口、Y_4が五〇〇口、Y_5が一〇〇口、Y_6が一〇〇口であった（Y_3〜Y_6はAの子）。また、出資一口の金額は一〇〇〇円であった（以上の出資口数関係をⓐとする）。

Aが死亡した平成二年一月一五日以降、Aを相続したY_2〜Y_6と本件原告Xとの間でY_1会社の持分について争いとなった。これにつき、東京高判平成一三年四月二六日（平成一二年(ネ)五四二三号）は、XとAがともに一〇〇万円（出資口数一〇〇〇口に相当）ずつ出資してY_1会社を設立したので、上記社員名簿の持分ⓐのうち二分の一にあたる持分が実質的にXに帰属するとし、上記各名義人の持分のうちそれぞれ二分の一（合計一〇〇〇口）がXに帰属する旨を確認した（同年九月四日確定）。そして右判決後、Y_1会社は一〇〇〇口の出資口数を有する社員としてXを社員名簿に登録した。

一方、Y_1会社は、平成八年三月一二日、出資口数一口あたり〇・五口の割合で増資したが（本件増資）、この増資の手続につき、Y_1会社はXに対して通知等を一切なさなかった。本件増資の結果、Y_1会社の出資総口数は三〇〇〇口となり（出資金全額〔一〇〇万円〕がY_2〜Y_6により払い込まれている）、本件口頭弁論終結時におけるY_1会社社員名簿上の出資口数は次のとおりとされた。すなわち、A（相続人代表Y_2）が四〇〇口、Y_2が四〇〇口、Y_3が五〇〇口、Y_4が五〇〇口、Y_5が一〇〇口、Y_6が一〇〇口、Xが一〇〇〇口（以上の出資口数関係をⓑとする）。このような出資口数関係は、上記ⓐを基礎にして、本件増資による出資口数を計算し（AおよびY_2〜Y_6の各出資口数が五割増しになる）、その上で、一〇〇〇口分をXの持分として、AおよびY_2〜Y_6の各持分から差し引いた結果である。

Xは、平成一三年七月一七日、本件増資による自己の増加出資口数五〇〇口分の出資金五〇万円をY_1会社に送金し（Y_1会社はこれを供託した）、さらに、平成一四年一一月一二日から一七日にかけて、Y_2らのために、本件増資による出資額の二分の一にあたる合計五〇万円をそれぞれ供託した。Xの主張する持分関係は、A（相続人代表Y_2）が三〇〇口、Y_2が三〇〇口、Y_3が三七五口、Y_4が三七五口、Y_5が七五口、Y_6が七五口、Xが一五〇〇口である（以上の出資口数関係をⓒとする）。これは、ⓐの出資口数関係につき各人の持分を半分にし、減じた分（一〇〇〇口）がXの持分だとした上で、それぞれの持分を本件増資により一・五倍した関係である。

以上の事実関係を前提にして、XがY_1会社（代表取締役Y_3）に対して、社員名簿の記載ⓑをⓒのように書き換えることを求めたのが本件甲事件。そして、XがY_2〜Y_6に対して、ⓑではなくⓒの出資口数関係であることの確認を求めたのが本件乙事件である。

判旨

「本件増資の際に、Xが実質的権利を有していた合計一〇〇〇口の持分に対して割り当てられた出資引受権は、実質的権利者であるXに帰属するものであるから、Y_2らが、社員名簿に従いY_2らに形式的に割り当てられた出資引受権を行使して、本件増資による増資分合計五〇〇口の持分を取得したことは、実質的には、何ら法律上の原因なくして、Xに帰属すべき財産権を取得したものと評価することができる。

そして、閉鎖会社である有限会社においては、社員にとって、通常、外部者を排除して社員相互の信頼を維持し、かつ、既存の持分比率が維持されることが重要な権利であるから（有限会社法五一条参照。）、増資の際、名義上の社員が、出資引受権の割当てを受け、払込をし、会社から持分の付与を受けた場合、実質的な社員と名義上の社員との間の実質的な公平を図るために不当利得の法理を適用し、実質的な社員は、名義上の社員に対し、名義上の社員により払い込まれた増資分の出資金を支払うことと引き換えに、名義上の社員に付与された持分それ自体の取得を求めることができると解すべきである。」

研　究

一　本件はいわゆる失念株の帰属に関する問題の有限会社版であるようである。もっとも、典型的な失念株問題は、株式譲渡に伴って生じるが、本件では社員権譲渡は行われていない。そこで、この点をまず検討しておこう。

Y_1有限会社の設立当初の社員名簿には、〔事実〕欄記載のⓐのような出資口数関係が記載されていた。けれども、実質的な出資口数関係は、XとAが一〇〇〇口ずつ所有していたのであり、Y_2〜Y_6は実際には社員ではなかった。つまり、Y_2〜Y_6の名義は借用されていたわけであり、AおよびY_2〜Y_6の名義はXとAを表示する名称であったと解される。このような借用がなされていた理由は詳らかではないが、XとAが一〇〇万円ずつ出資してY_1社を設立した経緯からすると、AおよびY_2〜Y_6の名義はXとAを表示する名称であると、Y_1社も認めていたといってよい事例であったと思われる（この点、「本件コメント」金融・商事判例一二一五号〔二〇〇五年〕五二〜五三頁によると、東京高判平成一三年四月二六日は次のように認定していたようである。すなわち、公認会計士の助言もあって、税法上有利になるように出資者としてXの代わりにAの家族の氏名を借用したに過ぎない。そして、XはAの内縁の妻として、病弱で社交が苦手なAを補いAの看病をしながら、各種事業において多くの分野を担当し主導的に事業を推進していた）。

有限会社の社員には出資引受権が認められ（有五一条本文）、本件増資当時の社員名簿（前記出資口数関係ⓐ）に基づき増資が行われたようである（増資決議〔有四七～四九条・六条一項三号〕のために社員総会が開催されたか否かは不明）。確かに、会社との関係は社員名簿に基づいて権利関係が処理される（有二〇条一項）。しかし本件では、出資一〇〇〇口分については「AおよびY_2～Y_6」こと「X」であるとY_1社も認識していたと判断される（借用名義登録時点で会社が認めていた以上、その後の〔代表〕取締役の交代によっても、借用名義がXを表示する旨をXが主張できないようになるわけではない〔証明の問題は別個に生じる〕）。したがって、本件増資当時のY_1社総出資口数二〇〇〇口のうち、一〇〇〇口については、Y_1社はXを社員として扱わなければならない（山本爲三郎「株主名簿制度効力論」法学研究七〇巻一二号〔一九九七年〕一二三〇～一二三三頁〔本書二六～二九頁〕参照）。

この点、Aが死亡した平成二年一月一五日以降、本件増資当時においても、Aを相続したY_2～Y_6とXとの間でY_1社の持分の帰属先が争われていた。そして、東京高判平成一三年四月二六日（同年九月四日確定）により、Y_1社総出資口数二〇〇〇口のうち（本件増資についてはは主張がなかったのであろう）、一〇〇〇口についてはXに帰属する旨が、XとY_2～Y_6間で確認されている。実質的な当事者間で、持分紛争は一応解決されたのである。一方、Y_1社とXとの関係では、上述のように、社員名簿登録名義に関するXの主張・証明によることになる。

Xの社員権を無視した本件増資手続に瑕疵はあるが（増資決議すら不存在であるといってよい事例であろう）、本件ではこの点には触れられていない。X自身が本件増資の無効を主張していないのである。増資無効の訴えの提訴期間（有五六条一項）はすでに経過していたであろうし（さらに、代表権を有する取締役〔おそらくY_3〕が増資手続を行ったのであろうし、出資も履行されているので、本件増資が不存在であったとは解し難いであろう）、また、増資自体はなされる必要があったからであろう（平成二年の有限会社法改正において有限会社の最低資本金が一〇万円から三〇〇万円に引き上げられたが〔改正九条〕、引上の猶予期間が設けられ、それは平成八年三月三一日までであった〔改正附則一条・一八条一項、平成二年政令三五一号〕。なお、同改正においては出資一口の最低額も一〇〇〇円から五万円に引き上げられたが〔同年改正一〇条——平成一三年改正で最低額規制は撤廃された〕、既存会社については従前の例によることとされた〔改正附則二二条〕）。

本件訴訟においては、結局、本件増資時の持分は、会社との関係では出資口数関係ⓐの名義どおりに取り扱われ（社員名簿の登録名義に形式的に従ったこのような会社の取扱自体には、Xは異を唱えていない）、XとY2〜Y6との関係では、総出資口数二〇〇〇口のうち一〇〇〇口についてはXに帰属するように扱われることになる（ⓐの出資口数関係につき各人の持分を半分にし、減じた一〇〇〇口がXの持分）。そうすると、本件増資における出資引受権の付与につき、A（その相続人）側にのみ付与した会社の取扱は社員割当として有効とされ、XとA（その相続人）側との関係では出資引受権の半数はXに帰属すべきことになる。このような関係は、従来、失念株問題として認識されてきた法構造に類似する（なお、最判昭和四三年一二月一二日民集二二巻一三号二九四三頁〔顧客の委託の趣旨に従って自己の名において上場株式を取得して保管中に破産宣告を受けた証券会社に対して、委託者は当該株式につき取戻権を行使できるが、さらに、当該株式につき名義人であった右証券会社が株主割当により取得した新株についても給付請求できるとされた事例〕参照）。

二　株主割当による新株発行において株主名簿上の名義人である株式譲渡人が引き受けて払込をなした株式につき、あるいは、株主名簿上の名義人である株式譲渡人に無償交付や配当された株式につき（いずれも平成一七年改正前商法の概念）、その株式（失念株）の帰属が当該名義人と名義書換未了株主である譲受人との間で争われた裁判例は、近年、裁判例集の中に見受けられなくなってきた。また、著名な最判昭和三五年九月一五日民集一四巻

一一号二一四六頁をはじめ、上記のような紛争事例は、公開会社株式の譲渡に伴って生じた失念株が対象とされていた（福島地判昭和二九年一月二九日下民集五巻一号八六頁、東京地判昭和三七年四月一二日下民集一三巻四号七二八頁、山口地判昭和四二年一二月七日下民集一八巻一一・一二号一一五三頁、大阪地判昭和四五年二月二六日週刊金融・商事判例二三〇号一二頁、東京地判昭和四八年二月二三日判例時報六九七号八七頁、大阪高判昭和五一年七月七日金融・商事判例五〇四号二七頁、東京地判昭和五六年六月二五日金融・商事判例六三六号五五頁、東京地判平成一六年七月一五日金融・商事判例一二一五号五九頁）。

近年、上記のような失念株に関する裁判例が少ないのは、上場会社の株式譲渡につき株券保管振替機関が実質株主を発行会社に通知することにより（実質）株主が権利行使することになる制度（したがって株式譲受人が名義書換を失念する事態は制度上ない）、つまり、株券保管振替制度の利用が進展したのが主たる理由ではないかと思われる——反面、従来の失念株とは利益状況を異にする機構名義失念株の問題が生じるようになった（永井恒男「株券保管振替制度と株主総会実務」商事法務一三二〇号〔一九九三年〕四六〜四七頁参照）。

公開会社株式に関してのみ問題が顕現してきたのは、小規模閉鎖会社においては失念株が発生し難いからであろう。事実上、社員（株主）の交替が会社に把握されやすいし、制度上も、社員権譲渡規制（有一九条。株式会社においても、小規模閉鎖会社の多くが定款による株式譲渡制限制度〔商二〇四条一項但書〕を採用している）が設けられているからである。

三　以上に述べたような点から見て、本件は特殊である。

制度上の小規模閉鎖会社である有限会社において、本件のような「失念持分」問題が生じたのは、名義借用、持分帰属紛争に、最低資本金規制が重なったからである。したがって、公開株式会社における株式譲渡と名義書換の時間差から生じる失念株問題と、本件を同視してよいか慎重に見極めなければならない。通常の失念株問題では、新株引受権の価値を含む価格で株式が譲渡されたか、名義書換未了株主は名義を書き換えないことで権利（新株引受権）を放棄しているのか、という点が重視される。本件では、そもそも社員権譲渡はなく、XはY_1社設立当初からの社員である。Xが出資引受権を有するのは当然である。これに対して、Xの一〇〇〇口分についてもA・Y_2〜Y_6に出資引受権があるとすると、それは当該一〇〇〇口についても、XではなくA・Y_2〜Y_6が社員権を有すること（A・Y_2〜Y_6とXとの関係において、東京高判平成一三年四月二六日で否定されている）を意味する――もちろん社員権本体と（抽象的）出資引受権とが分属する構成は採りえない。A・Y_2〜Y_6は本件増資に対応する具体的出資引受権を有するのではないかと仮定してみても、そもそも社員名簿の記載ⓐにもかかわらずY_1社との関係においてもXが一〇〇〇口分の社員であるから、Xの一〇〇〇口分に対応する具体的出資引受権をA・Y_2〜Y_6が取得する根拠がない。Xは、社員名簿上の名義に形式的に従って行われた本件増資に対して、異を唱えていないが、これをもって出資引受権を放棄したとはいえない。以上を要するに、Xの一〇〇〇口分についてA・Y_2〜Y_6に出資引受権が帰属することはない。そして、本件紛争の本質は、東京高判平成一三年四月二六日と同様に、会社支配に直結する持分帰属紛争である。

そうだとすると、実際には総出資口数の半分を有しながらその帰属が争われている最中に、最低資本金規制に適合するように社員名簿ⓐを基準にして社員割当による増資が行われ、「失念持分」が生じた、という経緯に鑑みると、Xは出資払込金と引換に「失念持分」の引渡を請求できると解するのが妥当な結論というべきであろう。繰返しになるが、本件紛争の本質は、会社支配に直結する持分帰属紛争だからである。

以上のような判断からすれば、本判決の結論は支持しうるものである。

四　失念株に関して、名義人株主と名義書換未了株主との法的関係を説明する所説として、周知のように、不

当利得説と準事務管理説とが対立している。本件事例は、一見この失念株の構造と同一であるかのようであるが、すでに見てきたように、社員名簿上の名義は真の社員であるXを表示する名義であり、Y_1社もそれを認識していたと解される。ただし、本件増資にあたって、Y_1社は名義人その者を社員として扱ったが、Xはこの会社との関係での取扱には瑕疵を主張しなかった。このような特殊な条件のもとで、Y_1社と名義人との関係が、名義人と真の社員であるXとの関係と区別されることとなったのである。

したがって、本件の結論を導くのに、従来の失念株問題に関する上記所説をあてはめるにしても、特に次の点に関する考慮が必要である。すなわち、失念株問題に関する所説の中では、名義人株主は新株引受によって得た利益を引き渡せばよい、とする立場が有力である。けれども、これまでの裁判例におけるような事例では、経済的利益の引渡での解決が合理的であり現実的であったかもしれないが、同じく公開会社の場合であっても、会社支配構成に影響を与えるような場合には（通例、失念株問題は生じないであろうが）、名義書換未了株主に失念株引渡請求を認める余地のない解釈を採るべきではない。本件のような小規模閉鎖会社（有限会社）の場合には、名義書換未了株主（社員）は、株金（出資）払込金と引換に失念株（失念持分）の引渡を請求できると解するのを原則とするべきであろう（なお、鳥山恭一「本判決解説」法学セミナー六〇五号〔二〇〇五年〕一二六頁は、不当利得説の立場から公開会社でも閉鎖会社でも原則は同様に解すべきだとされる）。

五　法改正に関する付記

（一）　有限会社法は会社法の施行（平成一八年五月一日〔平成一八年政令七七号〕）に伴い廃止された（整備一条三号）。会社法施行の際に現に存在する有限会社（旧有限会社）は、会社法の規定による株式会社として存続する（整備二条一項）。この場合には、旧有限会社の社員、持分、出資一口は、それぞれ株主、株式、一株とみなされる（整備二条二項）。このようにして存続する株式会社が商号中に「有限会社」という文字を用いる場合には、特例有限会社として扱う（整備三条一項二項）。特例有限会社の定款には、その発行する株式全部が譲渡制限株式である旨の定めがあるものとみなされる（整備九条一項。つまり、公開会社〔会二条五号〕でない株式会社）。

（二）　株式会社の場合と異なって、有限会社の場合には資本の総額が定款の絶対的記載（記録）事項とされていたので（有六条一項三号）、資本の増加は定款変更により行われた（有四七～四九条）。一で指摘したように、本件においては増資決議の存否は不明である。会社法では募集株式の発行等として整理されている。有限会社法五一条本文は社員に出資引受権を認めていたが、会社法では株主割当による募集株式の発行等として整理された（会二〇二条）。資本増加無効の訴えの提訴期間は増資登記日から六か月以内とされていたが（有五六条一項）、会社法では新株発行・自己株式処分無効の訴えの提訴期間は株式発行・自己株式処分の効力発生日（会二〇九条）から六か月以内（公開会社でない株式会社にあっては一年以内）とされている（会八二八条一項二号三号）。なお、有限会社の最低資本金は三〇〇万円とされていたが（有九条）、会社法の下では最低資本金制度は定められていない。

（三）　有限会社法一九条一項は会社法一二七条に、有限会社法一九条二～七項は会社法一〇七条二項一号ロ・一〇八条二項四号・一三六～一四五条に対応する（なお、整備九条参照）。持分を譲り受けた者の会社・第三者に対する対抗要件に関する有限会社法二〇条一項は、会社法一三〇条一項と同趣旨であった。なお、平成一七年改正前商法二〇四条一項但書は、会社法においては譲渡制限株式制度として整理されている（会二条一七号・一〇七条一項一号・一〇八条一項四号）。

第二章　基準日と株主

■第一節■　株式の流通・発行と基準日

一　決算と定時株主総会

基準日の一般的な用いられ方を、定時株主総会に関する手続を概略しながら確認しておこう。

株式会社は、毎事業年度終了後一定の時期に株主総会を招集しなければならない（定時株主総会。会二九六条一項）。内容的には前年度決算の確定（前事業年度に係る計算書類の承認）[1]が決議事項となる、あるいは計算書類の内容が報告事項となる株主総会である（会四三八条二項・四三九条）[2]。事業年度を一年とする会社では、毎年一定の時期に開催されることになる[3]。ここでは、公開会社（会二条五号）かつ大会社（会二条六号）で委員会設置会社ではない上場会社を例にしよう[4]。

決算日（例えば三月三一日）[5]を基準日とし、基準日株主（基準日において株主名簿に登録されている株主）が定時株主総会における議決権および当期配当受領権を行使できる者とする（会一二四条一項）。基準日を定款で定めていない場合には、取締役会が基準日を定め、当該基準日の二週間前までに基準日および基準日株主が行使できる権利の内容を公告する（会一二四条三項）。

取締役会から権限（会四三五条二項・四四四条三項）を委ねられた取締役が作成した、計算書類とその附属明細書、連結計算書類は監査役と会計監査人に（計規一二五条）、事業報告とその附属明細書は監査役に（会四三六条一項）、それぞれ監査のために提供される。計算書類とその附属明細書の作成・提供に二〜三週間程度を要しよう。その他の上記各提供は一週間程度後になることが多いと思われる。

会計監査人は、会計監査報告を作成し（会三九六条一項後段、計規一二六条）、一定の日（最短でも計算関係書類（計規一二二条三項三号）受領日から四週間を経過した日）までに、特定監査役（計規一三〇条五項）および特定取締役（計規一三〇条四項）に対して、会計監査報告の内容を通知しなければならない（計規一三〇条一項）。

監査役は監査役監査報告を、それに基づき監査役会は監査役会監査報告を作成する（計規一二七条・一二八条）。特定監査役は、一定の日（最短でも特定監査役が会計監査報告を受領した日から一週間を経過した日）までに、監査役会監査報告の内容を特定取締役および会計監査人に通知しなければならない（計規一三二条一項）。事業報告とその附属明細書に係る監査役会監査報告作成も同様に行う（会規一二九条・一三〇条）。通知期限は、最短でも事業報告を受領した日から四週間を経過した日である（会規一三二条一項）。

監査を受けた計算書類、事業報告とそれらの附属明細書、連結計算書類は、取締役会の承認を受けなければならない(6)（会四三六条三項・四四四条五項）。準備（二週間程度だろうか）の後、取締役は定時株主総会の日の二週間以上前までに、基準日株主に対して、招集通知を発送する（会二九九条一項）。

そして取締役は、（監査・取締役会承認を受けた）計算書類・事業報告・連結計算書類を定時株主総会に提出（提供）し、事業報告の内容と連結計算書類の内容・監査結果を報告し、計算書類につき株主総会の承認を受けなければならない[7]（会四三八条・四四四条七項）。

（1）計算書類とその附属明細書、および事業報告とその附属明細書は、事業年度ごとに作成しなければならない（会四三五条二項）。

（2）計算書類が株主総会の承認を受けなければならないのは、計算書類が剰余金の分配（会四五四条一項参照）の前提であり、また、取締役の経営活動を株主が監督する機会となるからである。計算書類の内容が報告事項となる場合については、後掲注（6）（7）参照。

（3）事業年度の末日を変更する場合を除き、会社の事業年度は一年を超えてはならない（計規五九条二項・七一条二項）。ほとんどすべての会社は事業年度を一年としている。

（4）取締役会、監査役会、および会計監査人を設置しなければならない（会三二七条一項一号・三二八条一項）。

（5）上場会社の四分の三程度が、事業年度を四月一日から翌年の三月三一日までと定める三月決算会社である。

（6）監査を受け取締役会の承認を受けた計算書類が、法令・定款に従い会社財産および損益状況を正しく表示していると認められる場合には、計算書類は取締役会の承認決議で確定する（会四三九条前段、計規一三五条）。計算書類の適否・相当性判断に必要な専門知識を必ずしも有しない株主の承認を求めるよりも、株主から委託されて会計監査を行う監査役および会計監査人の判断に委ねようとする趣旨である。

（7）取締役会の承認決議によって計算書類が確定した場合（前掲注（6））には、取締役は定時株主総会で当該計算書類の内容を報告しなければならない（会四三九条後段）。

二　決算日における株主名簿上の株主

会社に対して株主の権利を行使できるのは、原則として、権利行使時の株主名簿上の株主である（会一三〇条）。ところが、一で見たように、基準日の制度を用いて、決算日における株主名簿上の株主を定時株主総会で議決権を行使し当期配当受領権を行使できる者と定めるのが通例である。この実務を前提に、基準日の効力期間（三か月以内。会一二四条二項）などの法制度が組み立てられているといってよい。もっとも、決算日を基準日に設定するように会社法が義務づけているわけではない。

決算日における株主名簿上の株主に定時株主総会で議決権を行使させ当期配当受領権を付与するのは、ある事業年度の剰余金の配当はその事業年度の株主が受領するべきであり、当該事業年度の決算確定はその事業年度の株主が行うべきだと考えられているからである。(8) そこで、決算日における株主名簿上の株主に上記権利を行使させる仕組が必要とされる。

（8）　このように考えられるようになった歴史的経緯の分析につき、浜田道代「新会社法の下における基準日の運用問題〔上〕」商事法務一七七二号（二〇〇六年）六～八頁・同〔下〕商事法務一七七三号（二〇〇六年）一六～二一頁参照。

三　株主名簿の閉鎖と基準日

昭和二五年の商法改正前には、例えば毎決算日の翌日からその期の定時株主総会の終了の日まで株主名簿の名義書換を停止する旨を定款で定めるのが実務慣行であった。決算日の株主名簿上の株主に定時株主総会で議決権を行使させるには不可避な取扱だとされ、このような定款の定めも効力を有すると解されていた。(9)

同年改正商法は二二四条の二を新設し、その第一項で「会社ハ議決権ヲ行使シ又ハ配当ヲ受クベキ者其ノ他株主又ハ質権者トシテ権利ヲ行使スベキ者ヲ定ムル為定款ヲ以テ一定期間株主名簿ノ記載ノ変更ヲ為サザル旨又ハ一定ノ日ニ於テ株主名簿ニ記載アル株主若ハ質権者ヲ以テ其ノ権利ヲ行使スベキ株主若ハ質権者ト看做ス旨ヲ定ムルコトヲ得」とした。(10)これによって、株式譲渡の絶対的自由原則の下でも、株主名簿を閉鎖し、または基準日を設けることが商法上の明文で認められることになった。

昭和二五年改正法下で、上場会社の大多数はもっぱら株主名簿閉鎖制度を利用した。決算日における株主名簿上の株主を確定する作業が必要だったからである。株主名簿を電磁的記録として管理する技術を持たなかった時代には、株主確定作業にはかなりの時間を要した。特に上場会社では、決算日直前に大量の名義書換請求を処理しなければならなかったのである。一方、株主名簿の長期間閉鎖は好ましいとはいえない。そこで、株主確定に要する時間の短縮を背景に、基準日（議決権と配当に関して決算日を基準日とする）と閉鎖期間を短縮した株主名簿閉鎖（例えば、決算日の翌日から一か月）を併用する会社が主流になっていった。(11)さらに、株主名簿閉鎖制度を廃止しても実務上支障が生じないと判断され、株券不発行制度新設を契機に株主名簿閉鎖制度は平成一六年の商法改正(12)

で廃止された。[13]

（9）大隅健一郎＝大森忠夫『逐条改正会社法解説』（一九五一年、有斐閣）一七七頁。
（10）昭和二五年改正商法二〇四条一項「株式ノ譲渡ハ定款ノ定ニ依ルモ之ヲ禁止シ又ハ制限スルコトヲ得ズ」。
（11）稲葉威雄ほか『条解・会社法の研究（4）』別冊商事法務一四四号（一九九三年）六〇頁〔中西敏和発言〕。
（12）平成一六年改正商法二二七条一項は定款による株券不発行会社を許容した。そして、同二〇六条の二第一項は、株券不発行会社における株式の移転につき株主名簿の名義書換を対第三者対抗要件とした。株主名簿閉鎖中は、会社に対する関係だけでなく、第三者に対する関係でも対抗要件を具備できなくなる。このような不都合も考慮され、株主名簿閉鎖制度は廃止された（始関正光『株券不発行制度・電子公告制度』別冊商事法務二八六号〔二〇〇五年〕四二頁参照）。
（13）もっとも、昭和二五年商法改正前のように、明文の規定に基づかない閉鎖が可能か否かはなお解釈問題として残る。ただし、一般的には株主名簿の閉鎖を必要とする状況はあまりないように思われる。流動性が高い振替株式（上場株式）については、原則として基準日に基づく総株主通知によってのみ株主名簿に総株主通知事項が登録され（振替一五一条一項・一五二条一項）、個別の名義書換請求手続は存しないからである（振替一六一条一項、会一三三条）。

四　会社法における基準日を巡る解釈

（一）　基準日後株主

会社法一二四条四項によると、基準日に係る権利が株主総会における議決権である場合には、会社は、当該基準日後に株式を取得した者の全部または一部を当該権利を行使することができる者と定めることができる（ただし、当該株式の基準日株主の権利を害することはできない）。基準日後における組織再編行為などによって新たに株主になった者にも取締役選任などについて株主総会で議決権を行使できるようにすべきである、との実務の要請に応えた規定である。[14]

実務が株主名簿を定時株主総会終了の日まで閉鎖していた時期にも、株主名簿の閉鎖に関してこのような解釈がなされていた。理論的には、株主名簿の閉鎖は、閉鎖時の株主を固定化する技術的制度だと理解できる。つまり、閉鎖前の株式に関する制度であるから、閉鎖が始められた後の新株式には適用されないと解されていた。[15] 形式的には、発行された新株式については会社が当然に株主名簿に登録することになるから（会一三二条一項一号参照）、新株式の株主は定時株主総会の日の株主名簿上の株主である。そして、定時株主総会では、計算書類の承認以外に、取締役の選任決議なども行われるのが通常であるから、新株主に議決権を認める解釈は実質的な意味で妥当性を有していた。[16][17]

基準日も株主名簿の閉鎖も権利行使すべき株主を確定するために用いられてきた制度であり、[18] 事務処理能力向上に伴い基準日に一本化された経緯がある。[19] したがって、閉鎖後株主に関する上述の解釈は基準日後株主にも基本的に当てはめることができよう。[20] これと一二四条四項の本文と但書の構造からすると、次のように解することができる。議決権基準日後に新しく発行された株式の株主には[21]議決権行使を認めることができ、[22] これによって基準日株主の権利を害することにはならない。既存の株式を基準日後に譲り受けた株主には、基準日株主が基準日後の株主の議決権行使に同意する場合を除いて、[23] 議決権行使を認めることはできない。基準日株主の議決権行使を排除することになるからである（同一の株式につき議決権の二重行使は認められない）。

なお、一二四条四項は議決権に関してのみ基準日後株主の権利行使を認めるので、基準日に係る他の権利につ

いては、基準日後株主に認めることはできないと解されよう。(24)

(二)　名義書換失念株主

一二四条四項は基準日後株主に関する規定である。株式を取得したが名義書換前に基準日を経過してしまった名義書換失念株主(25)に対して、基準日に係る権利につき会社が権利行使を認めることができるか否かは、解釈による。

株主名簿閉鎖中に、会社が当該名義書換失念株主を株主として認めることの可否が、かつて議論されていた。閉鎖期間中に名義書換を認めてよいか否かについてはともかく、閉鎖前にすでに株主であったが名義書換を失念した者については、本来権利行使が認められるべき実質的地位を有しているので、会社はその者の権利行使を認めることができる、と解するのが多数説であった。(26)

基準日についても、基準日において株主であるが名義書換失念者は本来権利行使が認められるべき実質的地位を有していると評価できる。基準日株主が行使すべき権利とされているのが、議決権であるにしろ、剰余金配当受領権であるにしろ、会社は、名義書換失念株主の権利行使を認めることができると解してよかろう。(27)

(三)　基準日とする一定の日

近時、決算日を基準日とする実務慣行の合理性に疑問を呈し、議決権基準日は決算日よりも定時株主総会に近い日とし、配当基準日は定時株主総会後（配当額決定後）にすべきだとの提言が有力になされている。(28)ある事業年度分の配当が次年度に株主となった者に帰属することになっても、そのような取扱を前提として株式が取引される限り、株式の譲渡人は前年度分の配当をも対価に含めて回収できるから不都合はない、との指摘も以前からなされていた。[29] 上述のように、実務は、同じく決算日を基準日としても、議決権と配当受領権とでは基準日後株主に対する対処を異ならせてもいた。会社の裁量（判断）の問題であり、今後の実務の動向が注目される。

（14）法務省民事局参事官室「会社法制の現代化に関する要綱試案補足説明」商事法務一六七八号（二〇〇三年）七一頁参照。

（15）西原寛一ほか『株主総会』（一九五八年、有斐閣）五七頁〔大森忠夫発言〕。

（16）新株主に議決権が認められないと、決算日から定時株主総会終了までの間は、第三者割当による新株発行や組織再編が困難になるおそれもあろう。

（17）これに対して、前期剰余金の配当は決算日の株主になすべきだと考えられたので、配当に関しては基準日が設定された（上柳克郎ほか編『新版注釈会社法（4）』〔一九八六年、有斐閣〕三四頁〔高鳥正夫〕）。定時株主総会終了日までの株主名簿の閉鎖と配当基準日の併用である。

（18）実務では、議決権基準日後に発行された新株式にも議決権行使を認めるのが当然だとされていた（稲葉ほか・前掲注（11）五九頁〔中西発言〕）。

（19）基準日が権利行使株主を確定する制度である点を強調して（商法三四一条の六第二項〔後掲注（20）参照〕の削除〔平成一三年一一月改正〕に関する、原田晃治「平成一三年改正商法（一一月改正）の解説〔Ⅳ〕」商事法務一六四〇号〔二〇〇二年〕一五頁参照）、株主を固定化するだけの制度である株主名簿の閉鎖とは本質的に異なるとの理解は、議決権に関しては、従前の経緯からしても概念的に過ぎよう。この点、剰余金配当に関しては、前掲注（17）参照。

（20）昭和二五年改正商法は、転換社債の株式への転換請求は株主名簿閉鎖期間中はなしえないとした（三四一条の五・二二二条の五第三項）。会社の便宜を優先させたのである（大隅＝大森・前掲注（9）一七〇頁参照）。他面、転換社債権者にとっては閉鎖期間中は株式に転換した上で売却して利益を得ることができないわけである。そこで昭和四一年改正商法は、条文による上記規制を廃止した（三四一条の七〔条文繰下による〕）。同時に、閉鎖期間中の転換請求による新株式について、株主は閉鎖期間中は議決権を有しない、とする規定が新設された（三四一条の六第一項）。分散的に行われるであろう転換請求に対応して総会招集通知を準備するなどの会社の事務負担増加に配慮したのである。そして、基準日に関しても同様に規律された（同年改正商三四一条の六第二項）。株主名簿閉鎖の場合と同様に、議決権基準日後定時株主総会までの間に発行された新株式の株主は総会における議決権を行使できる、との理解が前提となる（味村治『改正株式会社法』〔一九六七年、商事法務研究会〕二〇五～二〇九頁）。なお、平成一三年一一月商法改正を巡る混乱につき、浜田・前掲注（8）〔上〕一一～一二頁参照。

（21）振替株式の場合でも、基準日に基づく総株主通知による株主名簿の登録のほか、株式を発行した場合には当該会社が新株式につき株主名簿記載事項を株主名簿に登録する（振替一六一条一項、会一三二条一項一号参照）。

（22）新株予約権行使（会二八二条）による新株式（会一三二条一項一号三号参照）については、企業買収防衛策として用いられる場合が問題とされよう（江頭憲治郎編『会社法コンメンタール6』〔二〇〇九年、商事法務〕二八二頁〔江頭〕参照）。

（23）相澤哲ほか編著『論点解説・新・会社法』（二〇〇六年、商事法務）一三二～一三三頁参照。

（24）相澤哲編著『立案担当者による新・会社法の解説』別冊商事法務二九五号（二〇〇六年）三〇～三一頁〔相澤＝岩崎友彦〕参照。問題になりそうなのは配当であろうが、実務においても、議決権と異なって、剰余金配当受領権を基準日後株主に認める需要はなかったようである（稲葉ほか・前掲注（11）六〇頁〔中西発言〕参照）。新株予約権行使による株式については、江頭・前掲注（22）二八二～二八三頁参照。

（25）振替株式の譲渡は、譲受人の振替口座に当該株式数の増加を登録しなければ、その効力を生じない（振替一四〇条）。振替口座に株式を有する株主は、基準日において総株主通知によって発行会社の株主名簿に登録される。したがって、基本的に名義登録の失念は生じない。

（26）上柳ほか・前掲注（17）四六頁〔高鳥〕。

（27）相澤ほか・前掲注（23）一三三頁。

（28）浜田・前掲注（8）〔下〕二一～二四頁、田中亘「基準日制度の意義と問題点」『会社法の争点』（二〇〇九年、有斐閣）五三頁。

（29）上柳克郎ほか編『新版注釈会社法（9）』（一九八八年、有斐閣）三八頁〔龍田節〕。

五　法改正に関する付記

二〇一五年（平成二七年）来、基準日に関する提言が相次いでいる。

東京証券取引所の二〇一五年六月一日付「コーポレートガバナンス・コード」（原案は同年三月五日付）補充原則1―2③は、株主総会関連の日程の適切な設定を行うべき旨を定めている。これを踏まえて、平成二七年六月三〇日付「日本再興戦略改訂二〇一五」第二部一1(3)i)③イ)は、適切な総会日や議決権行使の基準日の設定を行うことを促す旨を定め、平成二八年六月二日付「日本再興戦略改訂二〇一六」第2部Ⅱ2―1(2)i)①イ)も同旨を定めている。

持続的成長に向けた企業と投資家の対話促進研究会の平成二七年四月二三日付「報告書　対話先進国に向けた～企業情報開示と株主総会プロセス～について」第三章3・4は、決算日後三か月以内での株主総会開催は日程的に厳しいという認識を前提に、議決権行使基準日を決算日とは別の日（総会日にできるだけ近い日）に定めることが望ましいとする（例えば、五月末に議決権行使基準日を設定し、七月下旬に株主総会を開催する）。株主総会プロセスの電子化促進等に関する研究会の平成二八年四月二一日付「報告書～対話先進国の実現に向けて～」第三章3も同旨である。

金融審議会ディスクロージャーワーキング・グループの平成二八年四月一八日付「報告――建設的な対話の促進に向けて――」Ⅱ3は、株主における株主総会議案の十分な検討期間確保（例えば、株主総会会日の四週間以上前に招集通知を発送する）や、株主総会前のできるだけ早い時期における有価証券報告書の開示を図るためには、株主総会日程の選択肢が広がるような適切な手当て（例えば、事業報告や有価証券報告書では決算日の「大株主の状況」や「上位一〇名の株主の状況」を記載事項としているが、これを決算日の状況から議決権行使日の状況に変更する）が必要である旨を指摘している。

決算日株主に、定時株主総会で議決権を行使させ、剰余金を配当する。この明治以来の慣行を前提に、株主総会の日程の厳しさに対処するには、基準日の効力を延長（例えば四か月）する法改正も考えられる。前述の各提言は、決算日を基準日とする確固たる慣行を変える方向を示している。

■第二節■　基準日後株主による取得価格決定申立

一　問題意識の提示

基準日後株主（株主総会における議決権行使に係る基準日を経過した後に株式を取得した株主）は、全部取得条項付種類株式の全部取得決議に係る取得価格決定を裁判所に申し立てることができるか否かにつき、平成二五年からの二年間で五件の東京地裁決定（民事第八部〔商事部〕）が相次いだ。いずれも問題を肯定している。右取得価格決定を申し立てることができる会社法一七二条一項一号二号の株主は、ある種類の株式に全部取得条項を付す定款変更に係る株式買取請求を認められる反対株主（会一一六条二項一号イロ）、さらに、株主総会決議を要する組織再編に係る株式買取請求を認められる反対株主（会七八五条二項一号イロ・七九七条二項一号イロ・八〇六条二項一号二号）と条文の文言が基本的に同一である。そして、組織再編に係る株式買取請求については、基準日後株主に株式買取請求権を認めない否定説が従来の通説的見解であった。最近の取得価格決定申立に関する裁判例との相違はなぜ生じたのだろうか。

まず、全部取得条項付種類株式の全部取得決議に係る取得価格決定申立に関して問題を整理し、次に、全部取得条項付種類株式設置に係る株式買取請求制度を検討する。取得価格決定申立制度、株式買取請求制度の問題点に言及しつつ、基準日後株主に取得価格決定申立権を認めるべきか否かにつき考えてみたい。

二　全部取得決議に係る取得価格決定申立

(一)　総　説

平成一七年に新設された全部取得条項付種類株式は、株主総会の全部取得決議によって当該会社がその全部を取得する種類株式である（会一〇八条一項七号）。取得対価は、無償であってもよく（会一七一条一項一号柱書「取得するのと引換えに金銭等を交付するときは」）、また、他の種類株式やそれ以外の財産であってもよい。平成一七年会社法の下では、全部取得条項付種類株式は少数株主の締出方法として多用されてきた。その場合には、取得対価は普通株式とされ、交付比率は、相当数の全部取得条項付種類株式を有していないと普通株式が交付されないように算定される[1]。これによって、少数株主は一株に満たない端数のみを有することになる。

端数は金銭処理される（会二三四条一項一号）。会社は、端数の合計数に相当する数（合計数における端数は切り捨て）の普通株式を競売し、競売によって得た代金を端数を有する者に端数に応じて交付するわけである[2]。このように、制度上、端数処理の原則は競売である。しかしながら、実務においては、競売に代えて売却による金銭処理が選択される（会二三四条二～五項）。譲受人を特定でき、予定した代金が確実に得られるからである。上場会社における公開買付と全部取得条項付種類株式による二段階キャッシュ・アウトの場合には、公開買付価格と全部取得条項付種類株式の（端数処理としての）取得価格が同額になるように代金を設定するのが通例である（公開買付の強圧性への対処）。

全部取得条項付種類株式を用いるキャッシュ・アウトは多数決（株主総会特別決議）で行われ（会三〇九条二項三号）、少数株主が有する（全部取得条項付種類）株式は強制的に会社に取得され端数として換金される。会社に残存する多数派株主と締め出される少数派株主は利益相反関係になるので、取得対価の公正性が問われる。上述の金銭処理手続は対価の公正性を保障するものではない。そこで、全部取得条項付種類株式の取得価格が株式を強制取得される株主にとって対価として不当である場合における、株主の利益保護を図る制度が求められる。

（二）　取得価格決定申立の概要

全部取得条項付種類株式を設定する定款の定めには取得対価は求められておらず、株主総会の全部取得決議で取得対価が決定される（会一七一条一項）。そこで、多数決の弊害から少数株主を保護するために取得価格決定申立制度[3]（会一七二条一項）が設けられている[4]（全部取得決議の取消・無効の主張は排除されない。後述四（二）参照）。特に、（全部取得条項付種類株式を用いた）キャッシュ・アウトの場合には、会社に残存する多数派株主と締め出される少数派株主の利益相反関係が顕著になるので、取得価格決定申立に係る裁判例が集積している。

全部取得決議で定められた取得日に、会社は、全部取得条項付種類株式の全部を取得する（会一七三条一項）。他方で、取得対価が、当該会社の株式、社債、新株予約権、あるいは、新株予約権付社債であるときは、各取得対価は取得日に全部取得条項付種類株式の株主（取得価格決定を申し立てた株主を除く）に帰属する（会一七三条二項）。当該会社の株式を交付する場合において、株主に交付しなければならない株式数に一株に満たない端数があるときは、前述のように金銭処理する（会二三四条）。

全部取得決議がなされた場合には、会社法一七二条一項の株主は、取得日の二〇日前から取得日の前日までの間に取得価格決定を裁判所に申し立てることができる。会社法一七二条一項は、取得価格決定を申し立てることができる株主を二種類に分類している。同条項一号の株主（一号株主）は、全部取得を決議した株主総会において議決権を行使できる株主であって、当該株主総会に先立って取得に反対の旨を会社に通知（事前通知）しかつ当該株主総会で取得に反対した株主（書面投票〔会三一一条〕、電子投票〔会三一二条〕によって反対した株主も含まれる）である。同条項二号の株主（二号株主）は、当該株主総会で議決権を行使できない株主である。

裁判所が決定した取得価格につき、会社は、取得日後は年六分の法定利息も支払わなければならない[5]（会一七二条四項）。つまり、金銭債務である取得価格支払義務については取得日の翌日から債務不履行として扱われる。

取得対価として一株以上の株式を交付されることとなる株主も、取得価格決定を申し立てれば、取得対価として金銭支払請求権のみを有することになる[6]。したがって、取得価格の決定が取得日以降になった場合でも、取得日に対象株式は交付されない（会一七三条二項柱書括弧書）。

取得対価が当該会社の株式である場合に、取得価格決定申立株主は、取得日における効果帰属者から除外されている。したがって、全部取得決議によって一株に満たない端数のみの所有者となる株主にも、取得価格決定申立人である以上、取得日において端数は帰属しない。もっとも、平成二六年改正前は、取得価格決定申立株主にも取得日に株式などの取得対価が帰属するとされ、その後に取得価格が決定されると、会社は、当該価格を支払い、当該株主に交付した対価の返還を受けることとされていた。このような混乱を避けるべきだとの立法提言を受けて、この除外規定（会一七三条二項柱書括弧書）が平成二六年改正で挿入されたと思われる。(7)(8)そうだとすると、端数に関しては金銭の支払のみであるから、解釈論として別個に考えてよさそうである。(9)

(三)　一号株主

一号株主は、全部取得決議株主総会における議決権行使に係る基準日における議決権株主であって、反対の意思を二度明示することが条件とされている。対価の内容は株主総会決議で定まるから、全部取得決議に賛成した株主との関係では取得価格決定申立権を認める必要はない。棄権や総会欠席については、反対する機会があったのに反対しなかったのであるから、同様である。端数処理による金銭対価の公正性に疑義を抱くのであれば反対すればよい、とするのが現行法の立場であろう。

事前通知要件は、全部取得決議に反対する可能性のある株主を会社に把握させて対策の余地を与える趣旨で設けられていると解されている。(10)当然のことながら、全部取得決議に反対するための要件ではない。取得価格決定申立の要件であり、申立の可能性のある株主を把握させるのであるから、もっぱら取得資金の準備を念頭に置いた制度ということになろう。そのような意味があるとしても、事前通知要件には次のような根本的な疑問がある。

まず、事前通知は株主総会開催までに会社に到達すればよいので、(11)取得資金調達の準備期間が確保されるわけではない。(12)少なくとも取締役会設置会社においては議題が総会招集通知の内容とされている（会二九九条二～四項）ので、事前通知が予想以上に多くて会社が全部取得条項付種類株式の全部取得は困難だと判断しても、実質的には株主総会において議題の取下が問題になるだけである。いずれにしても、事前通知要件に意義を見い出すことは難しく、(13)株主に手間を取らせるだけであろう。(14)(15)しかも、平成一七年会社法は取得価格決定申立適格を二号株主にも認めたので、その効果を見い出せない事前通知要件を一号株主にのみ課す制度設計の問題性がさらに鮮明になったといえよう[16]。

(四)　二号株主

二号株主は、全部取得決議株主総会において議決権を行使できない株主である。株主総会で議案に反対したのに、多数決で当該議案が可決された場合に、反対株主の保護を考えるという均衡のとり方であれば一号株主の保護で足る。しかしながら、議決権を行使できないからといって、相互保有株主（会三〇八条一項括弧書）などを不当な対価に対する救済対象から除外する理由はない（全部取得決議が不当である場合には、株主は当該決議の取消・無効を主張しうる。それとともに、全部取得決議の結果、不利益を受けると判断する株主が二号株主であっても取得価格決定申立の適格を認める立法判断である[17]）。当該株主総会において議決権を行使できない株式は強制取得されないわけではないからである。

以上のように、現行法では、基準日において議決権を行使できる株主に関して、反対を明示した場合には一号株主、反対を明示しなければ一号株主でも二号株主でもない。当該株主総会において議決権を行使できない株主が二号株主、と整理されている。基準日株主には、全部取得決議に反対することによって、公正な取得価格を保障する手続的機会（取得価格決定申立権）が与えられる。これをその前提である反対機会確保の観点から見れば、全部取得決議に反対する機会が制度上妨げられた株主が二号株主だとの解釈に傾きやすい。一方、取得価格決定申立権は、株式の強制取得を許容する制度に内在する株主保護の不可欠の要素だと位置づけられる。この点を重視すれば、全部取得決議において議決権を行使できない株主は、原則として二号株主であるとの解釈に傾きやすいといえよう。

このような観点の相違が顕著に表れたのが、基準日後株主は取得価格決定を申し立てることができるか、という問題である。

（1）例えば、後掲注（23）の東京地決平成二五年七月三一日、東京地決平成二五年九月一七日の事案では、全部取得条項付種類株式一株につき普通株式を、前者では二万一一三三分の一、後者では三万四七四六分の一の割合で交付している。

（2）端数の合計数に相当する数の株式は端数を交付される株主の共有に属し、会社はこれにつき処分権限を有し処分義務を負う、と解することになろう（山本爲三郎『会社法コンメンタール5』（二〇一三年）三四六頁）。

（3）全部取得条項付種類株式の会社による全部取得決定を前提に、その対価（金銭）の公正性を担保する制度であり、実質的には株式買取請求制度である。

（4）平成二六年改正により、法令・定款違反がある場合における全部取得条項付種類株式の全部取得差止制度が新設された（会一七一条の三）。しかし、著しく不公正な場合が差止事由とされておらず、取得対価の不公正を理由に差止はできないとされている（「会社法制の見直しに関する中間試案の補足説明」（以下、「中間試案補足説明」と略す）第2部第5）。そうだとすると、対価不公正は取得対価決定申立制度によって解決されるべきことになる（江頭憲治郎『株式会社法・第6版』（二〇一五年）一六三頁注（39））。

（5）なお、取得価格の決定があるまでは、会社は公正価格と認める額を支払うことができる（仮払制度。会一七二条五項）。会社にとっては仮払の限度で法定利息の支払を免れるとともに、年六分の利息獲得を目的とした取得価格決定申立を抑制できる（「中間試案補足説明」第2部第4の2参照）。

（6）山下友信『会社法コンメンタール4』（二〇〇九年）一一〇頁。

（7）山下・前掲注（6）一一〇～一一一頁。

（8）坂本三郎編『一問一答・平成二六年改正会社法』（二〇一四年）二七一頁参照。

（9）取得価格決定申立株主には端数は帰属しないという前提では、全部取得決議後に多数の株主が取得価格決定を申し立てると、処理の対象となる端数の合計数が一に満たなくなるおそれがある、との指摘がある。全部取得条項付種類株式と対価となる他の種類の株式との交換比率の計算が困難になるので、平成二六年改正会社法の下では、キャッシュ・アウトに全部取得条項付種類株式は用いにくいとされる（小島義博「期間短縮・わかりやすさで選ぶキャッシュ・アウトの手法」ビジネス法務一五巻八号〔二〇一五年〕一五六頁）。一方、株式併合に係る株式買取請求（会一八二条の四第一項。対象は株式併合によって端数となる株式）にかかわらず、株式併合の効力は株主総会の株式併合決議で定めた効力発生日に生じる（会一八二条一項）。すなわち、株式買取請求株主が有する株式についても併合の効力が生じ、当該株主に端数も帰属する。したがって、株式併合には右のような困難はない。もっとも、全部取得条項付種類株式を用いようと、株式併合を用いようと、キャッシュ・アウトの実質は同じである。平成二六年改正法には、このような差異を設ける意図はなかったのではなかろうか。本節本文後述四（四）参照。

（10）事前通知が求められる趣旨は判然としない。営業譲渡等および合併につき認められる株式買取請求に係る事前通知に関して、昭和二五年制度新設当初の解説は、「他の株主にとつては、どれだけ反対の株主がいるかを知ることが決議に対する自己の態度を決するために必要である」（鈴木竹雄＝石井照久『改正株式会社法解説』〔一九五〇年〕一三四頁）としていた。もっとも、事前通知は会社に対してなせば足り、他の株主に事前通知の有無を伝達する制度は設けられていない。その後は、「会社をして営業譲渡などに反対の株主の有無やその数を知らしめ、その議案を総会に付すべきかどうか、あるいは決議成立のための種々の対策を講ぜしめるためのものであ」る（長谷川雄一『注釈会社法（4）』〔一九六八年〕一五六頁）、とされている（柳明昌『会社法コンメンタール12』〔二〇〇九年〕一〇七頁）。もっとも本節本文で述べるように、事前通知は、合併承認決議などの場合において株式の買取を請求するための要件である。なお、後掲注（12）（14）参照。

（11）柳・前掲注（10）一〇七頁。

（12）本節本文前述のように、通例、端数処理は売却によるので、実質的には多数派株主側が取得資金を用意する。つまり、取得資金を計算・確保した上で全部取得決議を行うので、一部の株主によって取得価格決定が申し立てられたとしても、事前通知の必要性は疑わしい。もちろん、会社が定めた取得価格よりも裁判所が決定した取得価格（公正価格）の方が大幅に高いこともあろう。しかし、それは事後の事情であり、会社が定めた取得価格が公正価格の範囲内にあると判断して全部取得するのであれば、そもそも事前通知は要しないはずである。全部取得条項付種類株式の取得対価として異なる種類の株式を交付される株主が、反対側に立って取得価格決定を申し立てる場合もありうるであろう（全部取得決議自体は成立する場合）。しかし、多数派株主の間の連携失敗、あるいは多数派株主の見通しの甘さ（強引さ）を法制度として補ってやる必要があるだろうか。事前通知は、その意義を見出しがたいのにもかかわらず、会社（多数派株主）側に殊更に配慮した要件といえよう。

(13)　宍戸善一『新版注釈会社法（5）』（一九八六年）二八五頁参照。

(14)　会社債権者保護との均衡を考慮して、取得価格決定の申立を抑制するために株主に手間をかけさせる要件かもしれない。ただし、そうであったとしてもその実効性には疑問があろう。資本維持と取得価格決定申立・株式買取請求の関係をどのように規律するかは難問である（後掲注（34）参照）。もっとも、資本維持・会社債権者保護は財源規制によるべきであり、事前通知要件が財源規制の代替措置にならないのは明白であるように思われる。株主の利益保護のための制度でありながら、その制度の利用を阻害する仕組を設けるのであれば、慎重に検討する必要があろう。

(15)　そもそも、取得価格決定申立制度自体、少数株主にとって使い勝手の良い制度とはいえない。株価算定を含む費用と手間を考慮すると、たとえ取得価格が不公正であっても、取得価格決定申立には二の足を踏む場合が多いと思われる。後掲注（25）参照。

(16)　一号株主と二号株主とで手続的に不均衡があるように感じられるとすると、それは、一号株主に事前通知要件が課せられているからであって、二号株主に事前通知要件が課せられていないからではない。

(17)　少数株主の保護としては、全部取得決議の効力を争わせるよりも（全部取得自体が否定される）、公正価格の決定を裁判所に求める制度の方が適当であるとの判断が根底にあろう。

三　全部取得条項付種類株式設置に係る株式買取請求

(一)　制度の概要

前述のように、全部取得条項付種類株式は株主総会の多数決によって当該会社に取得される株式である。対価として他の種類の株式や金銭が交付される場合もあるが、無対価もありうる。全部取得条項付種類株式を設置する定款変更で対価を定める必要はない。自己の有する株式がこのような不安定な地位に変更される株主保護が求められ、反対株主に株式買取請求が認められている（会一一六条一項二号）。

全部取得条項付種類株式を設置する定款変更に係る反対株主の株式買取請求は、（定款変更の）効力発生日の二〇日前から効力発生日の前日までの間に、その買取請求に係る株式の数を明示してなされなければならない（会一一六条五項）。買取請求がなされると、反対株主と会社との間に当該株式に係る債権契約としての株式売買関係が生じる。[18] したがって、株式買取請求株主は、会社の承諾を得なければ、買取請求を撤回できない（会一一六条七項）。株式買取を請求したのに会社の承諾なく当該株式を市場で売却できれば、撤回制限の実質的無視であり、買取制度の不当な投機目的利用が横行しかねない。[19] そこで、上場株式（振替株式）の買取請求には、会社が開設した振替口座（振替一五五条一項）への振替申請が義務づけられている（振替一五五条三項）。また、上場株式でない買取請求の対象株式は、株主名簿の名義書換ができない（会一一六条六項）。さらに、株券が発行されている場合には、買取請求には会社への株券の提供を要する（会一一六条六項）。いずれも、買取請求者が対象株式を譲渡できなくする措置である。

株式買取請求に係る株式の買取の効力は効力発生日に生じる（会一一七条六項）。すなわち、当該株式は会社に移転し自己株式となる。効力発生日から三〇日以内に買取価格につき協議が調わないときには、株主あるいは会社は、裁判所に対して買取価格決定を申し立てることができる（会一一七条二項）。

(二)　反対株主

全部取得条項付種類株式を設置する定款変更に係る株式買取請求が認められる反対株主は、株主総会決議を要するので、会社法一一六条二項一号イの株主（イ株主）、および、同条項号ロの株主（ロ株主）である（それぞれ取得価格決定に係る一号株主、二号株主に該当する）。対象株式に全部取得条項を付すだけであり、当該株式の株主が株主でなくなるわけではない。しかしながら、株主総会の全部取得決議によって当該会社に強制取得される株式の株主になるから、全部取得条項付種類株式を設置する定款変更に係る株式買取請求が認められる反対株主（したがって買取価格決定申立が認められる株主）は、取得価格決定申立が認められる株主と同様に解することになる。

(三)　取得価格決定申立との関係

株式買取請求に係る株式の買取の効力は効力発生日に生じる。全部取得条項付種類株式の全部取得決議は、全部取得条項を付す定款変更決議の効力発生を前提とする。したがって、全部取得決議時には買取の効力が生じており、株式買取請求権を行使した株主による取得価格決定申立制度の利用は排除されよう。全部取得条項付種類株式を用いたキャッシュ・アウトにおいて、締め出される少数株主が対価に不満があるときには、株式買取請求・買取価格決定申立あるいは取得価格決定申立のいずれか一方のみを選択できることになる。[20][21]

この点からも、全部取得条項付種類株式を用いたキャッシュ・アウトにおいて、株式買取請求・買取価格決定申立が認められる株主と取得価格決定申立が認められる株主の範囲は同一であると解することになろう。

(18) 今井宏『新版注釈会社法(13)』(一九九〇年)一〇二頁参照。
(19) 坂本編・前掲注(8)二八二頁参照。
(20) なお、平成二六年改正前会社法では、既存の株式に全部取得条項を付す定款変更に反対する株主が株式の買取を請求する場合には、当該株式の買取の効力は代金支払時に生じることとされていた(改正前一一七条五項)。全部取得条項付種類株式は、その全部を取得する旨を決定する株主総会決議で定められた取得日に会社に取得される。最決平成二四年三月二八日民集六六巻五号二三四四頁は、買取請求がなされたからといって当該「株式を全部取得条項付種類株式とする旨の定款変更の効果や同株式の取得の効果が妨げられると解する理由はないから」、取得日が到来すれば株主は同株式を失うと解されるので、当該株主は買取価格決定を申し立てる適格を欠くに至る、との判断を示していた。このような論理によると、全部取得条項付種類株式を用いたキャッシュ・アウトにおいては、株式買取請求・買取価格決定申立制度の利用は現実的ではなかった。
(21) なお、全部取得条項付種類株式の全部取得対価には財源規制が適用され(会四六一条一項四号)、対価の交付を受けた株主も責任を負う(会四六二条一項柱書)。一方、全部取得条項付種類株式の買取請求に会社が応じた場合には、分配可能額を超えた額につき業務執行者(取締役、執行役)の責任のみが規定されている(会四六四条)。山下・前掲注(6)一一四～一一五頁は、このように整理された制度の問題点を指摘されている。

四　基準日後株主による取得価格決定申立

(一)　最近の裁判例

全部取得決議に係る議決権行使基準日後に全部取得条項付種類株式を取得した者は、二号株主(当該株主総会において議決権を行使することができない株主)に含まれると解してよいだろうか。基準日後株主も二号株主の文言に形式的に該当するが、当該株式については基準日株主が議決権を行使するから問題とされる。

株主総会決議を要する組織再編に係る株式買取請求が認められる反対株主と、一号株主・二号株主(イ株主・ロ株主)とは、条文の文言が基本的に同一なので、その範囲も同じだと解されている。そして、組織再編の場合には、「当該株主総会において議決権を行使することができない株主」に、基準日後株主は含まれないとする否定説が従来の通説である。(22) 前述(二(四))の反対機会確保観点を重視しているといえよう(基準日株主であるにもかかわらず議決権が制約されており、議案に反対する機会を有しない株主の保護)。

これに対して、取得価格決定申立に関する最近の裁判例(23)(24)はこれを肯定する(肯定説)。①一七二条一項二号の文言、②株式買取請求制度や価格決定申立制度は議決権の行使を前提とする制度ではない、③株主総会において全部取得条項付種類株式の全部を取得する旨の決議がされるまで、当該株式が取得されることも、当該株式を取得するのと引換に交付される金銭等も確定しない、ことを理由に挙げている。①および②は制度の趣旨をどのように解するかによる。③は、全部取得決議が効力を有することによって法的局面がそれまでと異なること、つまり同決議が効力を有するまでの株主は公正な取得価格を担保する手続的機会(取得価格決定申立)を保障される、との解釈である。

（二）　基本的な観点の確認

株主総会の全部取得決議は多数決で決する（特別決議）。全株主の同意は求められていない。株主は多数決ルールに従わなければならない。もっとも、当該株主総会決議が著しく不当であれば、決議の取消や無効を主張できる場合もあろう。当該行為によって株主が損害を被ったのであれば、取締役の責任を追及することも考えられよう。前者は多数決で成立した決議の効力の否定であり、後者は多数決ルールを前提にした損害賠償関係である。

一方、取得価格決定申立制度は、株式を強制取得される株主の利益保護を趣旨とする。特に、キャッシュ・アウトの場合には、会社に残存する多数派株主と締め出される少数派株主の利益相反関係が顕著に認められる。そこで、全部取得決議の成立を前提にしながら、取得価格の公正性を担保する手続的機会が保障されているのである。一号株主に決議への反対が求められているのは、対価の内容が株主総会決議で定まるからであり、また、端数処理による金銭対価の公正性に疑義を抱くのであれば反対すればよいからである。[25] つまり、全部取得決議に反対した株主の保護を特別に図る制度ではなく、決議に反対しなかった株主を保護の対象から除外しているのである。

確かに、昭和二五年に新設された合併および営業譲渡等に係る株式買取請求権は、多数決で負けた株主を保護する制度と解され、したがって、多数決ルールと矛盾すると批判された。[26][27] しかしながら、株式買取請求権は、一定の場合に株主の利益を保護する制度であり、議案に反対しなかった株主を保護の対象から除外しているだけである。多数決ルール自体と矛盾するものではない。特に、当該決議において議決権を行使できない株主も株式買取を請求できる株主として明定された平成一七年改正法においては、この点はなおさら明白であるように思われる。

むしろ必要なのは、上述の「一定の場合」の分析である。組織再編対価の交付は株主の持株数に応じて定めなければならない（会七四九条三項・七五一条三項・七五三条四項・七六八条三項・七七〇条三項・七七三条四項）。これは当該当事会社（例えば吸収合併消滅会社）社団における株主平等であり、当事会社間では不公正な割当比率が定められるおそれがある。存続会社であれ消滅会社であれ当事会社の少数株主にとって、組織再編に係る株式買取請求が機能する一場面である。全部取得決議による取得対価の交付も株主の持株数に応じて定めなければならない（会一七一条二項）。全部取得条項付種類株式の全部取得は当該会社社団内部の行為であるから、組織再編におけるような不公正な割当比率問題は生じない。

吸収合併消滅会社の株主に存続会社の株式が交付される場合、それが消滅会社の少数株主の意に反するのであれば、当該株主は存続会社の株式を交付される前に消滅会社株式の買取を請求する機会が与えられる。割当比率が不公正だとは限らない。会社債権者の保護との関係では均衡を欠くようにも思える。これらの点が株式買取請求権の法的構造の把握を困難にしている。一方で、割当比率が不公正だと判断する少数株主にとっては、過失の証明を要する損害賠償請求よりも(28)、公正価格を保障する仕組である株式買取請求制度は現実的な利益保護手段となる。全部取得条項付種類株式で問題になるのは、多数派株主と意に反する法律関係に組み込まれる少数派株主との間の利益相反関係である。割当比率の公正性ではなく、端数となる株式の対価として交付される金額の公正性が問題とされる(29)。

以上のような相違があるにもかかわらず、組織再編に係る株式買取請求の「反対株主」構成が、全部取得決議に係る取得価格決定申立を認められる株主にも用いられている。重要なのは、それぞれの少数株主がどのような利益状況にあるかの検討であろう。

(三) 組織再編に係る株式買取請求権との比較

平成一七年改正前における組織再編に係る株式買取請求は、現行会社法の一号株主に当たる株主にのみ認められていた。平成一七年の改正で二号株主に該当する株主が追加された理由は、(i) 投資した会社の基礎に変更が生じる場合に、その変更が自らの意に沿わない株主に対して投下資本を回収して経済的救済を得る途を与えるという株式買取請求権の趣旨に照らせば、必ずしもこれを議決権を前提とする権利として規律する必要はない、(ii) 当該組織再編行為に係る株主総会決議につき議決権を有しない種類の株式の株主に株式買取請求権を認めないと、当該種類の個々の株主には、意に沿わない組織再編行為に対抗する有効な手段がない、と説明されている。[30] このような趣旨説明からは、肯定説の①②の理由も素直に首肯できるが、一方で、基準日において株主であることは当然の前提であるとの解釈（平成一七年改正前においては、組織再編に係る株式買取請求は基準日株主にのみ認められるとの通説的解釈を基本的に変更しない）も排除されるわけではない。

組織再編に係る株式買取請求は、上述の改正理由から理解されるように、組織再編当事会社の株主社団からの株主の意思による離脱を認めるものである。つまり、株主として残存するか（組織再編対価として一方当事会社・新設会社の株式を交付される場合には、組織再編行為の効力が生じることによって当該会社の株主としての残存）、投下資本を回収するかの選択肢が与えられるのである。組織再編対価が柔軟化された平成一七年会社法の下でも、組織再編対価は原則として株式であるとすると、依然として反対機会確保の観点を重視する解釈でよいかもしれない。しかしながら、同年会社法による組織再編対価柔軟化および株式買取請求権を行使できる株主の範囲の拡大は、多数決で負けた株主、会社社団に残存できる株主にのみ株式買取請求を認める制度ではなくなったことを意味する。従前の解釈を維持できるとは言い切れない。

組織再編対価は原則として株式であるとしても、全部取得条項付種類株式の全部取得対価は一考を要する。既存の株主全員が責任を取る方途（一〇〇％減資）として構想された制度としては無償であるし、実際に多用される用途は少数株主の締出しだからである[32]（対価は普通株式であるが、少数株主には端数しか交付されない）。そしてキャッシュ・アウトにおいては、少数株主は多数決によって強制的に株主社団から締め出されるのであり（会社社団に残存する選択肢はない）、取得価格決定申立は端数処理としての金銭対価の公正性を担保するに過ぎない。[31]

全部取得決議に係る取得価格決定申立は締め出される少数株主だけがなせるわけではない。もっとも、取得対価として当該会社の株式を交付される株主が取得対価決定を申し立てることができるからといって、反対機会確保観点（株主として残存するか株主社団から離脱するかの選択が可能）を重視する解釈をなさなければならないわけではなかろう。つまり、締め出される少数株主が取得価格決定を申し立てる場合には、株主として残存できないから、対価の公正性担保を重視する解釈が必要とされよう。具体的事案において結論の妥当性を求められる裁判例が、全部取得条項付種類株式を用いたキャッシュ・アウトの事案において肯定説を採用する意味は大きい。

（四）　株式併合に係る株式買取請求権との比較

株式併合において生じた端数は金銭処理する（会二三五条）。これは競売または売却による換金手続であり、対価の公正性を保障するものではない。そこで、株式併合に係る反対株主は、株式併合によって端数になる株式の買取を会社に請求できることとされている（会一八二条の四第一項）。全部取得条項付種類株式の場合と異なって、買取請求の対象は端数となる株式に限られる。株式併合によっても株式の権利内容が変わるわけではない（したがって、株式併合によって一株となる株式の買取を認める必要はない）。端数となる株式の換金について株主の利益を保護する趣旨で株式買取請求制度が設けられているのである。

全部取得条項付種類株式の取得対価が当該会社の株式である場合に生じた端数も、競売・売却によって金銭処理する（会二三四条一項二号）。ただし、取得価格決定申立の対象は申立株主の有する全部取得条項付株式の全部である。全部取得条項付種類株式が他の種類の株式に転換されることになるからである。

もっとも、キャッシュ・アウトに用いられる場合には、通例、普通株式に全部取得条項を付し、全部取得決議によって他の種類株式（普通株式）を交付するという手順を踏む。[33] 株式併合を用いたキャッシュ・アウトと実質は全く同一である。全部取得決議による取得対価の交付は株主の持株数に応じて定めなければならない（会一七一条二項）。取得対価として株式が交付される場合に、（端数にならない）株式となる全部取得条項付種類株式についてまで取得価格決定申立の対象とする意義につき再検討する必要があろう。

株式併合における端数となる株式の買取請求も反対株主（会一八二条の四第二項）に限定して認められている。株式併合は、対象となる株式につき同じ割合で行われる。端数の金銭処理によって不利益を受けるおそれがある株主に買取請求が認められるのであるから、株式併合の効力発生日に端数となる株式を有する株主全員にその機会が与えられるべきであるように思われる。[34] そうだとすると、解釈論において、株式併合に係る株式買取請求が認められる二号株主（会一八二条の四第二項二号）に基準日後株主も含まれるとの解釈に妥当性があろう。

以上のような、株式併合の場合との比較検討からすると、基準日後株主にも取得価格決定申立が認められると解すべきことになろう。

（五）　最近の裁判例の理由③の検討

肯定説の理由③には、二つの意味がある。まず、基準日後に、キャッシュ・アウトを行う株主総会決議がなされることを知って株式を取得した者にも締出対価の公正性を保障する手続的機会（取得価格決定申立）が与えられなければならない。次に、当該株主総会決議成立後に株式を取得した者とは区別しなければならない。

従来、組織再編に係る株式買取請求において、否定説は前者を消極的に評価してきた。組織再編承認議案が株主総会に上程されるであろうことを知りながら株式を購入した基準日後株主に株式買取請求を認めると、予想される組織再編対価が保障される上に、状況を見ながら、他に売却し、あるいは、期待する公正価格を得るために株式買取請求権を行使することもできる。投資リスクを負っているとはいえず、このような者がなす株式買取請求には不当な投機目的が認められるとの判断であろう。しかしながら、組織再編も再編対価も株主総会決議が成立して確定する。株式買取請求による公正価格も期待に過ぎない。しかも、議案上程を知るのは基準日後に限られないから、基準日前であっても同様の状態が生じるはずである。そして、基準日前に株式を取得しても、組織再編承認議案の上程を知って取得した場合には株式買取請求権を行使できないとすると、不当な組織再編だとして議案に反対するために株式を取得した基準日株主も買取を請求できない（組織再編が承認された場合）。株式買取請求制度が有する不当な組織再編を抑制する機能を考慮すると、右のような結論は受け入れがたい。

全部取得決議に係る取得価格決定申立に関しても、同様に解されよう。そもそも、株式取引は投機的な面が強く、それ自体は不当との評価を受けるものではない。全部取得議案の内容公表によっても株式譲渡は規制されない。基準日後の株式譲受人が、購入価格よりも裁判所が決定する取得価格が高くなることを期待していたとしても、不当とはいえない。特に、キャッシュ・アウトにおいて締め出される少数株主には株主として残存する選択肢はない。株式を強制取得されるのであるから、基準日後株主であっても取得価格の公正性を担保する手続的機会が保障されてしかるべきであろう。

全部取得決議成立によって、全部取得条項付種類株式は定められた取得日に会社に取得されることが具体的に確定する。当該決議の時点で当該株式を有している株主に取得価格決定申立権が認められるのは当然である（肯定説に立てば基準日後株主であってもよい）。右決議によって当該株主はその利益を害されるおそれが生じるからである。一方、右決議成立後の株式譲受人は、取得対価の交付と端数の金銭処理が行われる株式をあえて譲り受けたのであるから、それによって利益を害されるおそれの主張、つまり取得価格決定申立はなせない。この点に関しては、吸収合併消滅会社・株式交換完全子会社の株主全員の同意を要する場合（会七八三条二項）には消滅会社・株式交換完全子会社の株主には株式買取請求が認められない扱い（会七八五条一項一号）が参考になる（新設合併につき合併消滅会社の株主全員の同意を要する場合〔会八〇四条二項〕につき同じ〔会八〇六条一項一号〕）。これらの場合が除外されているので、同意後の当該株式の譲受人も株式買取請求は認められない。同意した株主は株式買取請求をなしえない、と限定的に規定されていないのは、同意によって当該株式の法的性質が確定するからである。同意した株主と同意後の株主を一括りにして排除しているのである。

(六)　一七二条一項一号と二号の適用関係

基準日後の株式譲受人は二号株主に該当する。

基準日株主が基準日後に株式を買い増した場合（基準日株主として反対の意思を明示）について、東京地決平成二七年三月二五日は、[35]「一号にいう株主について取得価格決定の申立ての対象株式を基準日当時保有していたものに限定する旨の規定は存在せず、このように解すべき法令上の根拠も見当たらない」として一号を適用している。基準日に有していた株式は一号、基準日後に追加取得した株式は二号の適用を受けるというように区別する必要はないと思われる。[36]

基準日株主が基準日後に株式を売り払った後で株式を購入した場合、二号株主か、基準日株主として反対の意思を明示しているのであれば一号株主と把握できるだろうか。基準日後に売却し買い戻しているが、売却先（例えば完全子会社）との関係で、実質的に継続的に保有していたと解することができる場合は一号株主となろう。[37]このような場合でなければ二号株主となる。[38] なお、全部取得決議に賛成した基準日株主には、取得価格決定申立権を認めるべきではなかろう。

(22) 神田秀樹「株式買取請求権制度の構造」商事法務一八七九号（二〇〇九年）七頁。
(23) 東京地決平成二五年七月三一日資料版商事法務三五八号一四八頁、東京地決平成二五年九月一七日金融・商事判例一四二七号五四頁、東京地決平成二五年一一月六日金融・商事判例一四三一号五二頁、東京地決平成二七年三月四日金融・商事判例一四六五号四二頁、東京地決平成二七年三月二五日金融・商事判例一四六七号三四頁。
(24) 山本爲三郎「東京地決平成二五年一一月六日・判例研究」法学研究八八巻一〇号（二〇一五年）七九頁以下（本書一八九頁以下）参照。
(25) なお、提示された取得価格が不公正であれば、多くの反対株主が出現しそうであるが、多数のキャッシュ・アウト事例が示すように必ずしもそのようにはならない。経済産業省「企業価値の向上及び公正な手続確保のための経営者による企業買収（ＭＢＯ）に関する指針」（二〇〇七年）が公表される所以である。前掲注（15）も参照。
(26) 島本英夫「株式買取請求権について」同志社法学八三号（一九六四年）一五頁参照。
(27) 昭和二七年一二月二七日付の法務事務次官照会「商法改正要望事項」の中の「株主の株式買取請求権に関する規定を削除すること」に対して、慶應義塾大学（津田利治教授）の意見は、「株主の株式買取請求権なるものが理論的に背理の面を持つているのみならず、指摘される如くそれが買取を請求する株主の利益保護のみに偏して、他の株主や特に会社債権者の利益を無視する嫌いがあるから、原則的には廃止する方が望ましい。然しこの制度は一面に於ては不当な条件による合併その他を未然に防止している作用も亦看過できない」から、急いで廃止する必要はない旨を述べている（法務省民事局『商法改正に関する意見集』（一九五三年）二四〜二五頁）。
(28) 山本爲三郎「東京高判平成二五年四月一七日・判例研究」金融・商事判例一四三四号（二〇一四年）二頁参照。
(29) 取得対価として株式が交付される株主と金銭のみが交付される株主とは扱いを異にすべきだと主張される、鳥山恭一

「東京地決平成二五年九月一七日・解説」法学セミナー七〇九号（二〇一四年）一二一頁参照。

(30) 相澤哲編『立案担当者による新・会社法の解説』（二〇〇六年）二〇〇頁。

(31) 江頭・前掲注（4）一五八頁。

(32) もちろん、非按分型人的分割での利用（会七五八条八号イ・七六〇条七号イ・七六三条一項一二号イ・七六五条一項八号イ）のような特殊な場合も想定されている。

(33) 山本爲三郎『会社法の考え方〈第9版〉』（二〇一五年）七四頁参照。

(34) 「中間試案補足説明」二二頁によると、平成二六年改正に係る法制審議会会社法制部会では、買取請求を反対株主に限定すべきではないとの指摘もあったが、次のような理由で反対株主に限定する案を了承したようである。つまり、反対株主に限定しなければ、買取請求の対象となる株式が増加して手続的コストの増大につながる、財源規制が適用されないので会社債権者を害するおそれがある、端数の金銭処理に際して適切な対価が交付されないおそれがあると考える株主は株式併合に反対すればよい、というものである。なぜ反対株主に株式買取請求権が認められるのか、ではなく、買取請求が多いと困るので、買取請求を抑制する方途として反対すれば買取請求を認めることにしたようである。少額ならばよく、多額になると問題だという発想であり、株主の利益保護、財源規制、そしてコストの問題が混線しているように思われる。なお、前掲注（14）（15）参照。

(35) 前掲注（23）。

(36) 基準日後株主に株式買取請求を認めない立場からも、基準日株主が基準日後に買い増した株式については買取の対象とされるべきであるとの解釈が有力である（川島いづみ「反対株主の株式買取請求権」江頭憲治郎編『株式会社法大系』〔二〇一三年〕二〇九頁）。

(37) 東京地決平成二七年三月四日（前掲注（23））は、申立人Aの振替口座の株式数は、基準日から取得価格決定申立までの間、増減を繰り返しているが、「申立人Aが保有する本件株式を、同社の関係会社が管理する他の振替口座に形式的に移転させ、その後それを持ち戻したことなどによるものであって、実質的には、申立人Aが、本件基準日から本件申立てまでの間、本件申立てに係る三万一七二三株を一貫して保有し続けていたものと認められ」る、と判示している。

(38)　なお、基準日株主にのみ取得価格決定申立を認める立場だと、基準日（あるいは株主総会日）から申立までの間、申立人は当該株式を継続保有する必要があると解することになりそうである（取得価格決定申立における継続保有要件。柳・前掲注（10）一〇九～一一〇頁参照）。継続保有については、株主名簿（会一二一条三号）、あるいは振替株式の場合には個別株主通知（山本爲三郎「個別株主通知の効力」『企業法の法理』〔二〇一二年〕七〇頁〔本書九九頁〕参照。なお、取得価格決定を申し立てるのには個別株主通知を要することになる〔最決平成二二年一二月七日民集六四巻八号二〇〇三頁〕）によって、確認できる。もっとも、いずれも推定である（山本・前掲本注六三～六四頁・七〇頁〔本書九〇頁・九九頁〕）。

五　おわりに

キャッシュ・アウトされる少数株主の利益保護の観点からは、基準日後株主にも取得価格決定申立を認めるべきである。株式を強制取得されるのは現に株式を有している株主だからである。多数派株主と締め出される少数派株主との間の利益相反を調整する方途と位置づけられよう。

取得価格決定申立、株式買取請求制度においては、反対株主構成が一律に用いられている。しかし、組織再編、全部取得条項付種類株式、そして、株式併合とでは少数株主の利益状況が異なる。キャッシュ・アウトに関しては、平成二六年にこれらの制度の平仄を合わせる改正がなされたが、改正法が意図しない相違が生じそうである。もっとも、キャッシュ・アウトの実質が同じであればそのような相違は克服されなければならない（本節の検討は、少なくとも株式併合の場合にも当てはまろう）。株式買取請求制度の法的性質という困難な問題を解決するための一里塚である。

本節では、取得価格決定申立、株式買取請求制度の再検討に重点を置いた。様々な問題点を指摘したが、より詳細な研究を要すると考える。今後の課題としたい。

■第三節■　議決権行使基準日後株主と全部取得条項付種類株式取得価格決定申立権〔判例研究〕

東京地決平成二五年一一月六日、平成二五年(ヒ)第二二六号、株式取得価格決定申立事件、金融・商事判例一四三一号五二頁

判示事項

会社法の下では、同法一七二条一項二号にいう「当該株主総会において議決権を行使することができない株主」を議決権制限株主など特定の種類の株主に限定する旨の規定は存在せず、また、株式買取請求権や価格決定申立権は議決権とは切り離された権利として規律されており、さらに、一定の株主総会に係る基準日の時点では、当該株主総会の議題が確定しているとは限らず、株式の全部取得等を議題とする予定であることが常に公表され

ているとも限らないことをも併せ考慮すると、基準日後に株式を取得したことのみをもって、当該株式に係る取得価格決定申立権が与えられないとまでいうことはできない。

参照条文

会社法一七二条一項

事　実

A社は、平成二五年二月一二日、Z社（本件利害関係参加人）に対して公開買付（買付期間は同年二月一二日から三月二六日まで）を実施する旨を公表した。それによると、①A社は、Z社の完全子会社化を目的とすること、②買付予定数の下限を一一一六万三八九九株（平成二四年九月三〇日現在の発行済株式総数二〇四六万四〇五二株から同日現在の自己株式数三七一万八二〇四株を控除した株式数の三分の二に該当する株式数）とすること、③本件公開買付によりZ社の発行済普通株式の全てを取得できなかった場合には、全部取得条項付種類株式を用いて、同社の発行済普通株式の全てを取得することを企図していること、④全部取得手続が実行された場合には、Z社の株主には取得の対価として同社の別個の種類の株式が交付されることになるものの、交付される別個の種類の株式の数が一株に満たない端数がある株主に対しては、端数の合計数に相当する株式を売却して得られる金銭を交付することになり、その額は本件公開買付価格に株主が所有していた普通株式の数を乗じた価格と同一となるよう算定される予定であるが、A社以外の本件公開買付に応募しなかった株主に対して交付しなければならない株式の数が一株に満たない端数となるよう決定することをZ社に対して要請する予定であること等を明らかにした。

A社の前記公表に先立ち、Z社は、平成二五年二月八日、A社の公表と同旨の内容について公表するとともに、Z社の取締役会において、本件公開買付に賛成する旨の決議をしたことを公表した。

本件公開買付は、Z社の株式一四四八万一三五二株（議決権数一四万四八一三個、総株主等の議決権〔一六万七四四四個〕に対する割合八六・四八％）の応募により成立した。

Z社は、全部取得条項付種類株式を用いた少数株主の締出しを目的として、平成二五年三月一五日、同年五月上旬開催予定の臨時株主総会および普通株式を有する株主を構成員とする種類株主総会における議決権行使に係る基準日（以下「本件基準日」という）を、平成二五年三月三一日と定める旨の公告を行った。

Z社は、平成二五年五月八日、臨時株主総会および普通株式を有する株主を構成員とする種類株主総会（以下、これらを併せて「本件株主総会」という）を開催し、Z社が、全部取得条項付種類株式である同社の株式の全部を取得（以下「本件全部取得」という）し、本件全部取得と引換えに、同社の株式を有する株主に対し、同社の株式一株につきA種種類株式二三八万八七〇九分の一株を交付する旨の決議が成立した。その取得日は、平成二五年六月一二日とされた。

申立人X1、X2、X3のZ社株式の取得状況は次の通りであった。

X1：平成二五年三月二九日に一〇〇株取得、同年四月九日に一〇〇株売却、同年五月七日に一〇〇株取得。

X2：平成二五年三月二九日に一〇〇株取得、同年四月一日に一〇〇株取得。

X3：平成二五年四月二日に一万九二〇〇株取得、同年四月四日に二二〇〇株取得、同年四月五日に一四〇〇株取得。

X1およびX2は、それぞれ、本件基準日当時保有していたZ社の株式一〇〇株につき、Z社に対し、本件株主総会に先立って、本件全部取得に反対する旨を通知し、本件株主総会においても、本件全部取得に反対する旨の議決権行使をした。

X_1、X_2、X_3は、平成二五年五月二八日、その有する全部取得条項付種類株式の取得価格の決定を求めて本件申立をした。

これに対して、Z社は、基準日後に取得した株式については株主は株式買取請求権を有しないと解すべきであるから、X_2が本件基準日前に取得した一〇〇株を除く本件株式（以下「本件基準日後株式」という）に係る本件申立は、申立適格を欠き却下されるべきである旨を主張した。

判　旨

「会社法上、同法一七二条一項二号にいう「当該株主総会において議決権を行使することができない株主」について、更にその種類を、議決権制限株主等、特定の種類の株主に限定する旨の規定は存在しない。

また、株式買取請求や買取価格決定の申立ては、会社の基礎に変更がある場合に株主に対して投下資本を回収して経済的救済を得る途を与えることを目的とする制度であり、必ずしも株主が議決権を有していることや議決権を行使したことを上記請求や申立ての前提としなければならない関係にあるわけではないことから、会社法の下では、当該株主総会において議決権を行使することができない株主も、株式買取請求及び買取価格決定の申立てをすることができるとされ（同法一一六条二項、一一七条二項）、全部取得条項付種類株式の取得価格決定の申立てについてもこれと同旨の定めが置かれているのであって（同法一七二条一項）、平成一七年法律第八七号による改正前の商法下とは異なり、株式買取請求権や価格決定申立権は議決権とは切り離された権利として規律されている。

このような会社法の諸規定や株式買取請求及び価格決定申立ての制度趣旨に加え、現行制度上、一定の株主総会に係る基準日の時点では、当該株主総会の議題が確定しているとは限らず、株式の全部取得等を議題とする予定であることが常に公表されているとも限らないことをも併せ考慮すると、基準日後に株式を取得したことのみをもって、当該株式に係る取得価格決定申立権が与えられないとまでいうことはできない。

したがって、仮に申立人 X_1 が会社法一七二条一項一号所定の株主に該当しないとしても、本件基準日後株式に係る申立人らが同項二号所定の株主に該当するということができるから、本件基準日後株式に係る申立てが不適法であるというZ社の主張を採用することはできない。」

研　究

一　問題点の整理

全部取得条項付種類株式を用いるキャッシュ・アウトは多数決（株主総会特別決議）で行われ、少数株主が有する（全部取得条項付種類）株式は強制的に会社に取得され換金される。多数派と締め出される少数派は利益相反関係になるので、取得対価の公正性が問われる。締め出される株主に交付される全部取得条項付種類株式の取得対価は、端数の金銭処理による（会二三四条一項一号）。端数処理の原則は競売であるが、競売は対価の公正性を保障する制度ではない。実務においては、競売に代えて売却による金銭処理が選択される（会二三四条二～五項）。本件のように二段階（公開買付と全部取得条項付種類株式によるスキーム）でキャッシュ・アウトする場合には、取得対価と公開買付価格が同額になるよう設定するのが通例である（公開買付の強圧性への対処）。

そこで、公開買付価格＝全部取得条項付種類株式取得価格が、株式を強制取得される株主にとって対価として不当である場合における、株主の利益保護を図る制度が求められる。公開買付には応募しなければよいので、全部取得条項付種類株式の強制取得に係る方策ということになる。全部取得条項付種類株式を設置する定款変更に関して反対株主の株式買取請求（会一一六条一項二号）、株主総会の全部取得決議に関して取得価格決定の申立（会一七二条一項）の各制度が設けられている。ところが、この株式買取請求権は、事実上、行使しえなかった（最決平成二四年三月二八日民集六六巻五号二三四四頁。ただし、平成二六年改正前会社法の解釈。後述五（一）参照）。したがって、実際に用いられる手段は全部取得に係る取得価格決定の申立である。そして、これは、会社による全部取得条項付種類株式の強制取得を前提にしている。締め出される少数株主にとっては、会社社団に残存するか会社社団から離脱するかの選択の余地はないのである。

対価の公正性は、第一義的には株主総会決議によるから、決議に賛成した株主との関係では対価の公正性は問題とされていない（この点につき後述三参照）。裁判所に対して取得価格（公正な価格）決定を申し立てることができるのは、まず、全部取得条項付種類株式の全部を取得する株主総会決議において取得に反対した株主（当該株主総会に先立って反対する旨を会社に通知することを要する）とされる（会一七二条一項一号）。さらに、右株主総会において決議に反対した株主だけでなく、会社法は、当該株主総会において議決権を行使できない株主にも取得価格決定申立権を与えている（会一七二条一項二号）。議決権を行使できないからといって、相互保有株主（会三〇八条一項括弧書）などを不当な対価に対する救済対象から除外する理由はないからである。

本件では、X_1らがこの議決権を行使できない株主（会一七二条一項二号）に当たるか否かが争点とされた（後述四参照）。X_2が平成二五年三月二九日に取得した一〇〇株以外は、X_1～X_3の有するZ社の株式は本件基準日後に取得されており、当該株式については基準日株主が議決権を行使するからである。

本決定は、①会社法一七二条一項二号は「当該株主総会において議決権を行使することができない株主」と規定するのみで、これ以上に制限する規定は存しない、②株式買取請求制度や価格決定申立制度は議決権の行使を前提とする制度ではない、③現行制度上、一定の株主総会に係る基準日の時点では、当該株主総会の議題が確定しているとは限らない、ことを理由に、X_1らの取得価格決定申立権を肯定している。

二　裁判例

X_1らは、Z社の株式を本件基準日後、本件株主総会前に取得している（基準日後取得株主）。同様の状況にあって取得価格決定が申し立てられた裁判例が、現在までに本決定以外に四件ある（いずれも本件と同じ東京地裁民事第八部〔商事部〕決定）。

東京地決平成二五年七月三一日資料版商事法務三五八号一四八頁（グッドマンジャパン事件決定）は、本決定①②と同旨の理由を挙げ、「基準日後取得株主は、会社法一七二条一項二号にいう「当該株主総会において議決権を行使することができない株主」として、価格決定の申立てをすることができると解するのが相当である。」とする。

東京地決平成二五年九月一七日金融・商事判例一四二七号五四頁（セレブリックス事件決定）は、本決定①③と同旨の理由を挙げ、「実質的にも、基準日後に株式を取得した株主は、株式の全部取得に係る株主総会の決議において議決権を有しないとしても、その後の株式の全部取得に係る取得価格決定の申立権までも有しないものと解すべき必然性はなく、全部取得によって株主は強制的に株式を取得されることや、一般的に基準日から株主総会決議の日まで相当の期間が設定される可能性があることに照らすと、基準日後に株式を取得したことをもって、当該株主に対しその投下資本の回収の機会を保障しないとする合理的な理由があるものと認めることはできないというべきである。このことは、株式会社が基準日後に取得した株主の総株式数やその後にされる反対株主による取得価格決定の申立て及びその取得価格を把握できない事情があるとしても、上記判断を左右しない。」と判示している。

東京地決平成二七年三月四日金融・商事判例一四六五号四二頁（ジュピターテレコム事件決定）および東京地決平成二七年三月二五日金融・商事判例一四六七号三四頁（東宝不動産事件決定）は、本決定①②③と同旨の理由を挙げ、基準日後取得株主も取得価格決定の申立適格を欠くとは解せない、と判示する（なお、ジュピターテレコム事件決定は、株主総会において全部取得決議がされた後は、「既に株式が一定の対価で強制的に取得されることが確定しており、価格決定の申立ての制度趣旨からして、そのような株式をあえて取得した者が保護に値するとはいえないから、このような者からの申立ては申立権の濫用と評価される場合もあるものと考えられる。」としている）。

以上のように、本決定を含む裁判例は、同様の理由に基づき、いずれも基準日後取得株主に取得価格決定申立権を認めている。そして、申立人は、グッドマンジャパン事件では基準日後に株式を取得し（本件のX_3に相当する。この点につき、後述三参照）、セレブリックス事件では基準日前から保有する株式に加えて基準日後に株式を買い増ししている（本件のX_2に相当する）。ジュピターテレコム事件では、本件のX_2に相当する株主と、全部取得決議をなした株主総会決議の当日に株式を取得した株主が申立人に含まれていた（後者の取得と株主総会決議の先後関係は明らかでなく、全部取得決議がなされたことを知って取得したと認める証拠もないから、後者の申立も適法だとされた）。本件では、さらに、基準日前に取得した株式を基準日後に売却した上で新たに株式を取得したX_1が含まれる。なお、東宝不動産事件では、申立人の中に基準日後取得株主が含まれていたが、X_1、X_2、X_3のどれに当たるかは不明である。

なお、本決定とセレブリックス事件決定は、公開買付価格（＝会社が公表した取得価格）の額を取得価格として決定し、グッドマンジャパン事件決定は、会社が公表した取得価格の額を取得価格として決定している（グッドマンジャパン事件は、申立人ではない少数株主が右価格でキャッシュ・アウトするように株主提案権を行使した事案である）。一方、ジュピターテレコム事件決定および東宝不動産事件決定は、公開買付価格（前者は一二万三〇〇〇円、後者は七三五円）よりも高い額を取得価格（前者は一三万〇二〇六円、後者は八三五円）としている。

三　基準日後取得株主による取得価格決定申立の濫用性

本決定は、当事者の主張がなく、具体的な濫用の検討はなされていない。ジュピターテレコム事件決定では、基準日前取得株主に関する濫用の検討がなされている（否定）。一方、他の三決定では、基準日後取得株主による取得価格決定申立を原則として認めるとともに、申立の濫用についても言及している。

基準日後に追加取得された株式が問題とされたセレブリックス事件決定は、「参加人が本件基準日の設定前に株式の全部取得に係る本件株主総会の議案を公表したことや、本件公開買付けによって本件全部取得に係る本件株主総会決議の成立が確実であったことを考慮しても、申立人の本件取得価格の申立てを不適法とまで認めることはできず、その他、申立人が株式取得価格決定の申立制度を濫用し不当な投機的目的のみをもって本件基準日後に参加人の株式を取得したことを認めるに足りる証拠はない。」と判示する。一般的に基準日から株主総会決議の日まで相当の期間が設定される可能性があることに照らすと、「基準日後に株式を取得したことをもって、当該株主に対しその投下資本の回収の機会を保障しないとする合理的な理由があるものと認めることはできない」（同事件では、基準日は平成二五年一月三一日、株主総会は同年三月七日）との判断が前提となる（なお、基準日後であっても株式を譲渡しうるのは当然であり、右決定の判断は、キャッシュ・アウト対価の公正性を担保する手続機会保障についての指摘と解される）。不当な投機目的のみでの制度利用は濫用として許されないが、セレブリックス事件では濫用に当たらないとの判断である（株式取引において投機目的を有することは通常であり、購入価格よりも裁判所の決定価格が高くなることを見込んでも不当ではないとの判断といってよかろう)。

基準日後に取得された株式が問題とされたグッドマンジャパン事件決定は、株式の取得が基準日後かつ非公開化手続の公表後であること、「申立人がこれまでに株式価格決定の申立てを複数回行っていること、申立人のブログにおいて「どのような理由でどのような決定が出るのかを確かめるために、試しに申し立ててみるか」等の記載があることが認められる」が、これらの事実から直ちに、価格決定申立権の濫用であるということはできない、と判示する。なお、同事件は、種類株式発行や全部取得条項付種類株式の取得決議(定時株主総会。平成二四年六月二六日)と種類株主総会決議(同年七月二五日)とが異なる日になされた事案である。同事件決定では、右定時株主総会の開催日後で右種類株主総会の開催日前に取得された株式も問題とされたが、右定時株主総会の基準日後で右定時株主総会開催までに取得された株式と同様に扱われている。

東宝不動産事件決定も、二段階キャッシュ・アウト公表後の株式取得は「全部取得が数か月以内に実施され、その取得する株式が現金化されることを知りながら、株価下落リスクを負担することなく殊更に本件株式の買い集めを行ったものであり、会社法一七二条一項の趣旨に鑑み、また、明らかな権利の濫用(民法一条三項)として、当該株式についての価格決定の申立ての適格を欠くというべきである」との利害関係参加人がなした主張に対して、権利の濫用に当たるとは認められないと判示している。

なお学説においては、基準日株主が基準日後に株式の売却と買い戻しを行い基準日後取得株主として取得価格決定の申立を行うが、株主総会で賛成の議決権を行使している場合が、濫用に当たると指摘されている(加藤貴仁「セレブリックス事件決定・判例評論」私法判例リマークス四九号〔二〇一四年〕九六頁)。もっとも、本件のX_1およびX_2、セレブリックス事件の申立人、ジュピターテレコム事件の基準日後に株式を買い増した申立人は、それぞれ基準日株主として反対の議決権を行使している。

四　本決定の理由づけと結論

本決定の理由①（会社法一七二条一項二号の文言）および②（株式買取請求制度や価格決定申立制度における議決権行使の前提要件性の否定）は、制度の趣旨をどのように解するかによる。全部取得条項付種類株式の全部取得決議に係る取得価格決定申立制度は、取得価格の公正性を保障する手続的機会である。多数決による強制換金が許容されるのも、このような手続的機会が制度内に組み込まれているからだといえよう。取得価格決定申立制度は、全部取得条項付種類株式を用いた不当なキャッシュ・アウトを抑制する機能を有している点も看過できない（和田宗久「本決定・判例研究」金融・商事判例一四五二号〔二〇一四年〕五頁は、この抑止機能には多くを期待できない旨を指摘されている。そうだとすれば、制度を一層充実させる工夫が必要であろう）。これらを重視すれば、基準日後取得株主に右申立を認める解釈になろう。

本決定の理由③（株主総会に係る基準日の時点では、当該株主総会の議題が確定しているとは限らない）は、全部取得条項付種類株式を全部取得する株主総会決議が効力を生じていないから、との趣旨と解すべきであろう。上場会社において二段階でキャッシュ・アウトする場合には、その旨が基準日前に公表される。本件、セレブリックス事件、ジュピターテレコム事件および東宝不動産事件でも、基準日前に二段階キャッシュ・アウトを行う旨が具体的に公表されている（グッドマンジャパン事件では、定時株主総会の基準日後に株主提案が行われた。なお、同事件決定からは分からないが、実質的に二段階のキャッシュ・アウト事案だったようである）。このような場合には、実質的には、基準日前にキャッシュ・アウトに関する議題が定まっており、かつそれは承認される可能性が高い。それにもかかわらず基準日後に株式を取得した株主の取得価格決定の申立が許容されたからである。ジュピターテレコム事件決定および東宝不動産事件決定は、「株主総会において全部取得条項付種類株式の全部を取得する旨の決議がされるまで、当該株式が取得されることも、当該株式を取得するのと引換えに交付される金銭等も確定しないことを考慮すると」、と明確に述べている。

基準日株主であろうとなかろうと、取得日に全部取得条項付種類株式を有する株主はその株式を会社によって強制取得され、端数は換金される。議決権を行使する株主を確定する必要性から基準日の制度が利用されているのであり、取得価格の公正性は株式を強制取得される株主との関係で意味を有する（ただし、株主総会における全部取得決議が効力を生じた後に株式を取得した株主については、別個の考慮を要しよう）。基準日以降も株式は譲渡しうる。セレブリックス事件決定では、基準日後取得株主による不当な投機目的のみでなす取得価格決定の申立は濫用になる旨が判示されている。もっとも、前述のように株式取引における投機目的自体は不当とはいえない。全部取得条項付種類株式を用いたキャッシュ・アウトの場合には、剰余金の配当と決定価格に基づく法定利息のいわば二重取りもない（後述五（一）（二）参照）。濫用事例があるとしても、それを一般化して基準日後取得株主による取得価格決定の申立を原則として否定しなければならない状況にはないように思われる（後述五（二）参照）。したがって、基準日後に株式を取得した者も、会社法一七二条一項の取得価格決定の申立をなしうるとする上掲各決定の結論は支持されるべきであろう。上掲各決定に対する評釈も、おおむね理由づけと結論に賛成している（グッドマンジャパン事件決定につき、鳥山恭一・法学セミナー七一一号（二〇一四年）一三五頁。セレブリックス事件決定につき、鳥山恭一・法学セミナー七〇九号（二〇一四年）一二一頁、中村信男・金融・商事判例一四三八号（二〇一四年）五頁、三宅新・平成二五年度重要判例解説（二〇一四年）一〇九頁、加藤・前掲九六頁、矢崎淳司・首都大学東京法学会雑誌五五巻二号（二〇一五年）四二二頁、前田修志・ジュリスト一四七八号（二〇一五年）一〇九頁）。

なお、取得価格決定申立権の根拠条文は会社法一七二条一項である。同条項一号と二号に関しては、X_3は二号の株主に当たるが、X_1およびX_2については解釈の余地がある。すなわち、X_2については、基準日に有していた一〇〇株は一号、基準日後に追加取得した一〇〇株は二号の株主になるのか、二〇〇株とも一号を根拠と考えてよいのか（東宝不動産事件決定は、同条項「一号にいう株主について取得価格決定の申立ての対象株式を基準日当時保有していたものに限定する旨の規定は存在せず、このように解すべき法令上の根拠も見当たらない」と判示する）。X_1については、二号の株主か、基準日株主として反対の意思は明示しているので一号の株主と把握できるのか（基準日後に売却し買い戻しているが、売却先〔例えば完全子会社〕との関係で、実質的に継続的に保有していたと解することができる場合は一号の株主となろう。このような場合でなくても一号を根拠と解せるのか——継続保有を要件とするのか）。いずれにしても、X_1・X_2が一号の通知・反対を行っていることが前提であり、本件の結論に影響はない。

五　平成二六年会社法改正による影響等

（一）　買取請求に係る株式の買取の効力発生時

平成二六年改正前会社法では、既存の株式に全部取得条項を付す定款変更に反対する株主が株式の買取を請求する場合には、当該株式の買取の効力は代金支払時に生じることとされていた（改正前一一七条五項）。全部取得条項付種類株式は、その全部を取得する旨を決定する株主総会決議で定められた取得日に会社に取得される（会一七三条一項）。前掲平成二四年最決は、買取請求がなされたからといって当該「株式を全部取得条項付種類株式とする旨の定款変更の効果や同株式の取得の効果が妨げられると解する理由はないから」、取得日が到来すれば株主は同株式を失うと解されるので、当該株主は買取価格決定を申し立てる適格を欠くに至る、との判断を示した。例えば本件事案の場合には、定款変更が平成二五年五月八日、取得日が同年六月一二日である（五月八日から三〇日経過後に買取価格決定を申し立てることができるようになる〔会一一七条二項〕）。平成二四年最決の論理によると、本件のようなキャッシュ・アウト事例では、右買取価格決定申立制度の利用は現実的ではなかった。

これに対して、改正会社法一一七条六項は、株式買取請求に係る株式の買取の効力は（全部取得条項を付す）定款の効力発生日に生じることとした。したがって、株式買取請求に基づく買取価格決定申立に支障はなくなった。一方、全部取得条項を付す定款変更決議の効力発生を前提として全部取得条項付種類株式の全部取得決議がなされるから、全部取得決議時には買取の効力が生じており、株式買取請求権を行使した株主による取得価格決定申立制度の利用は排除されよう。

(二)　**仮払制度の新設**

裁判所が決定した取得価格の支払においては、取得日後、年六分の法定利息も支払わなければならない（改正前一七二条二項、改正一七二条四項）。そこで、改正一七二条五項は、取得価格の決定があるまでは、当該会社は公正価格と認める額を支払うことができる旨を定めた（仮払制度）。会社にとっては仮払の限度で法定利息の支払を免れるとともに、年六分の利息獲得を目的とした取得価格決定申立を抑制できる（「会社法制の見直しに関する中間試案の補足説明」第2部第4の2参照）。

(三)　**キャッシュ・アウトに関する株式併合制度の整備**

株式併合制度が整備されたことによって、今後は、キャッシュ・アウトには全部取得条項付種類株式ではなく株式併合を用いる方法が主流になると思われる（小島義博「期間短縮・わかりやすさで選ぶキャッシュ・アウトの手法」ビジネス法務一五巻八号（二〇一五年）一五五～一五七頁参照）。キャッシュ・アウトの実質において同じであるから、株式併合に係る株式買取請求につき、基準日後取得株主は改正一八二条の四第二項の株主に含まれると解することになろう（一号株主、二号株主につき、前述四参照）。

(四)　**引用裁判例のその後**

東宝不動産事件抗告審決定（東京高決平成二八年三月二八日金融・商事判例一四九一号三二頁）は、基準日後取得株主

の取得価格決定申立適格につき現決定を引用している。ジュピターテレコム事件の抗告審決定（東京高決平成二七年一〇月一四日金融・商事判例一四九七号一七頁）および許可抗告審決定（最決平成二八年七月一日民集七〇巻六号一四四五頁）では、ともに取得価格のみが争点とされている。

第三章　定款による株式譲渡制限制度の法的構造

■第一節■　定款による株式譲渡制限制度の法的構造

一　はじめに

株式の譲渡は自由に行うことができる（商二〇四条一項本文）。これは株式会社にとって本質的要請であるが、[1] 現行法はその制限を一定の場合に認めており、定款による株式の譲渡制限制度（商二〇四条一項但書）[2] もその一つである。もっとも譲渡制限といっても、通説は、株式譲渡当事者間においては、取締役会の承認がなくても譲渡は効力を有するとする。さらに近時の通説は、株式譲受人からなす譲渡承認・先買権者指定請求（商二〇四条の二）を認める。したがって通説によると、取締役会の承認は株式譲渡の効力要件にならない。また、株式譲受人からなす承認請求は、譲渡に対するものではなく、譲受けの承認、あるいは、会社に対する株主資格の設定の承認――名義書換に対する承認を求めるものだと指摘されている。[3] そうだとすると、なぜ株式譲受人は承認・先買権者指定請求をなしうるのか、そして取締役会の承認はいかなる意味を持つのか、ひいては、定款による株式の譲渡制限制度はどのような法的構造を有するのか。これらについての検討が必要だと考える。ところが、従来、このような検討は必ずしも充分にはなされていなかったように思われる。そこで、定款による株式譲渡制限制度、特に取締役会の承認の法的構造について若干の考察を試みるのが本節である。(4)

なお、無記名株式には定款による株式譲渡制限制度の適用はないと解するが、この点については最後の六で触れたい。

（1）　倉沢康一郎「株式の譲渡制限」（一九八七年）『会社判例の基礎』六五頁参照。

（2）　条文上当然のことではあるが、取締役会で株式の譲渡制限を行う旨の決議をなしても、それのみでは譲渡制限の効力は発生しないとする裁判例がある（東京地判昭和五〇年一月二八日判例時報七七四号一一一頁）。

（3）　竹内昭夫「株式担保法の立法論的考察」（一九六七年）『会社法の理論Ｉ』二六八頁・二七〇頁、同「譲渡制限株式の上場――受渡方法の簡素化のための方策――」（一九六七年）『会社法の理論Ｉ』二二六頁、同『判例商法Ｉ』六事件（一九七五年）三七頁、同『会社法講義（上）』（一九八六年）二二〇頁、同「最高裁判所民事判例研究」法学協会雑誌一〇三巻一〇号（一九八六年）二〇九六頁。

（4）　本節の考察の対象には、株式譲渡制限契約は含まれない。この点については、石井照久『会社法・上巻・第二版』（一九七二年）一七二～一七三頁、大隅健一郎＝今井宏『新版会社法論・上巻』（一九八〇年）三五三～三五四頁、元木伸『中小会社の運営と会社法』（一九八〇年）一五四～一五六頁・一五八～一六〇頁、田中誠二『再全訂会社法詳論・上巻』（一九八二年）三六八～三六九頁、木内宜彦『会社法』（一九八三年）二五一～二五二頁、蓮井良憲「株式譲渡の自由」鴻常夫＝河本一郎＝北沢正啓＝戸田修三編『演習商法（会社）上巻』（一九八六年）二四五頁、上柳克郎『新版注釈会社法（3）』（一九八六年）七一～七二頁、前田雅弘「契約による株式の譲渡制限」法学論叢一二一巻一号（一九八七年）一八頁以下、参照。

二　取締役会の承認のない譲渡制限株式譲渡の効力

商法二〇四条一項但書は、定款をもって株式譲渡につき取締役会の承認を要する旨を定めることができる、と規定する。では、この定款による株式譲渡制限の下で、取締役会の承認を受けずになされた株式譲渡は、どのような効力を有するだろうか。まず、譲渡当事者間における効力から考えてみよう。

(一)　譲渡当事者間における効力

本来、株式の譲渡には、譲渡の意思表示と株券の交付が必要であり、かつそれで足りる（商二〇五条一項）。けれども定款による譲渡制限が行われている会社においては、取締役会の承認も株式譲渡の効力要件になる、したがって、取締役会の承認がなければ、その譲渡は当事者間においても効力を生じない、とする所説がある（効力要件説）[5]。もっとも商法上、取締役会の承認を株式譲渡の効力要件とする旨を明確に定めた規定はないから、このように解すべき根拠が問題となる。考えられるのは、会社にとって好ましくない者が株主となり会社運営を混乱させるのを防止するという、定款による株式譲渡制限制度の趣旨を重視し[6]、これを徹底させるべきだという実質的根拠[7]。および、商法二〇四条の二〜二〇四条の四の譲渡承認請求等の手続規定は、取締役会の承認のない譲渡制限株式の譲渡は全く効力がないことを前提にしている、と解するのが素直だという条文解釈上の形式的根拠[8]であろう。

これに対して通説[9]・判例[10]は、譲渡の意思表示と株券の交付がある以上、少なくとも株式譲渡の当事者間においては——会社に対する関係以外においては、株式譲渡の効力が生じるとする。確かに、制度趣旨を重視する効力要件説の実質的根拠は重要である。けれども、譲渡制限制度の趣旨は、会社にとって好ましくない者が株主として会社運営に参加しそれを混乱させることを防ぐ点にあるのだと考えると、会社に対する関係において、株式譲受人を株主として取り扱わないことにすれば、それで足りる。したがって、この点さえ押さえれば、譲渡当事者間——対会社以外の関係では、取締役会の承認のない株式譲渡を有効だとしても、それ程の不都合はないように思われる[11]。そうだとすると、株主の投下資本回収手段たる株式譲渡は、なるべく制約なく認められるのが望ましいから[12]、定款による譲渡制限の効力の及ぶ範囲は対会社関係に限られる——それ以外の関係においては株式譲渡の自由性が支配する[13]——と解すべきであろう。また、一見効力要件説を導くように思われる商法二〇四条の二〜二〇四条の四の規定も、株式譲受人が譲渡人から譲渡承認・先買権者指定請求のための委任状の交付を受けることを、排除する趣旨を含むとは解せない[14]。そしてこの方法によると、実質的には譲渡当事者間の効力が認められるのと同じ結果をもたらす。したがってこれらの規定も、通説・判例の立場の決定的な障害になるものではない。以上のように、効力要件説の根拠は必ずしも絶対的なものではないといえる。むしろ、株式譲渡の自由性をなるべく尊重しようとする、通説・判例の立場に妥当性があると考える[15][16][17]。

(二)　会社に対する効力

本節二（一）の効力要件説はもちろん、二（一）の通説・判例の立場においても、取締役会の承認を受けていない譲渡制限株式の譲渡は、会社に対して効力を生じないとするのが（無効説）[18]一般的なようである[19]。確かに株券発行前の株式譲渡（商二〇四条二項）のように、会社に対する譲渡の効力と、譲渡当事者間——会社以外に関する譲渡の効力とを区別すべき場合もあり、右のような考え方も一応理解できないわけではない。しかしながら、定款による株式譲渡制限の場合も、株券発行前の株式譲渡と同じように、両者の効力を区別して取り扱えるのであろうか。疑問を感じる。特に、株式譲受人からの譲渡承認・先買権者指定請求を認める立場を採った場合はなおさらである。そこで、取締役会の承認のない譲渡制限株式譲渡の会社に対する効力について詳しく考察する前に、株式譲受人からの譲渡承認・先買権者指定請求の可否を、次の三（一）において検討することにしよう。

（5）　窪田宏『改訂会社法（上巻）』（一九八七年）一四四頁、大賀祥充『現代株式会社法・全訂第二版』（一九八七年）一八二頁、小橋一郎『会社法』（一九八七年）一〇四頁、菱田政宏『会社法・新版上巻』（一九八八年）一四九頁。
（6）　最判昭和四八年六月一五日民集二七巻六号七〇〇頁。
（7）　窪田・前掲一四四頁、小橋・前掲一〇四頁。
（8）　菱田『会社法・新版上巻』一四八頁。なお、田中・前掲三五〇頁参照。
（9）　並木俊守「株式の譲渡制限に違反した譲渡契約の効力」企業会計一八巻九号（一九六六年）二〇六頁、同『現代株式会社法』（一九八六年）一七五頁、浦野雄幸「改正商法と株式担保の諸問題〔Ⅰ〕」旬刊商事法務研究四〇一号（一九六七年）六頁、味村治『改正株式会社法』（一九六七年）二二頁、石井照久「記名株券の法的性質」（一九六七年）『商法論集』八〇頁、大塚市助『注釈会社法（3）』（一九六七年）七六頁、龍田節「譲渡制限株式の譲渡」法学論叢九四巻三・四号（一九七四年）一〇七～一〇八頁、星川長七「商事判例の動向」法律のひろば二七巻一号（一九七四年）六八頁、今井宏「昭和四八年度重要判例解説」ジュリスト五六五号（一九七四年）八〇～八一頁、同「定款による株式の譲渡制限」Law School 二二号（一九八〇年）一六頁、同「株式の譲渡制限」『会社法演習Ⅰ』（一九八三年）一四七頁、同「譲渡制限違反の株式譲渡の効力」『商法の争点（第二版）』（一九八三年）七三頁、塩田親文「判例批評」民商法雑誌七〇巻四号（一九七四年）六九一～

六九七頁、竹内・前掲『判例商法Ⅰ』三七頁、同『会社法講義（上）』二一九頁、石井照久＝鴻常夫『会社法・第一巻』（一九七七年）二二九頁、大隅＝今井『新版会社法論・上巻』三五九頁、同『最新会社法概説』（一九八四年）七二頁、河本一郎「最新判例批評」判例評論二五五号（一九八〇年）四三頁、同『現代会社法〔新訂第三版〕』（一九八六年）一四四頁、蓮井良憲「昭和五四年度民事主要判例解説」判例タイムズ四一一号（一九八〇年）一九五頁、同・前掲『演習商法（会社）上巻』二四一頁、元木『中小会社の運営と会社法』二〇七頁、境一郎「定款による株式の譲渡制限」吉永栄助先生古稀記念『進展する企業法・経済法』（一九八二年）六一頁、北沢正啓『会社法〔新版〕』（一九八三年）二〇〇頁、木内『会社法』二五五頁、神崎克郎『新版商法Ⅱ（会社法）』（一九八四年）一六二頁、岸田雅雄「株式投資の回収」『現代企業法講座3』（一九八五年）一五七頁、上柳『新版注釈会社法（3）』七一頁、鈴木竹雄＝竹内昭夫『会社法〔新版〕』（一九八七年）一五一頁、倉沢・前掲『会社判例の基礎』六八頁、長谷川雄一『基本商法講義（会社法）』（一九八七年）一〇三頁、山口幸五郎『会社法概論』（一九八八年）一三三頁、阪埜光男『株式会社法概説』（一九八八年）九三頁。

（10）最判昭和四八年六月一五日民集二七巻六号七〇〇頁、最判昭和六三年三月一五日金融・商事判例七九四号三頁。

（11）会社との関係では株式譲渡人が株主であるが、株式譲渡当事者間では譲受人が株主だとすると、特に議決権の行使につき、譲受人による譲渡人に対する指図が問題となる。会社にとって好ましくない者が株主として会社経営に参加することを防ぐという、株式譲渡制限の趣旨が実質的に没却されてしまうといえそうだからである。この点に関して、経済的利益の引渡については格別、株式の本質をどのように解しても、譲渡人は議決権の行使についてまで指示を受け、それに拘束されることになるとは考えられない、との指摘がある（塩田・前掲六九五頁。なお、境一郎「名義書換前の株式譲受人の地位」大隅先生還暦記念『商事法の研究』〔一九六八年〕七二頁、同・前掲『進展する企業法・経済法』六一頁参照）。重要な指摘であるが、この指図は株式から直接生じる権利・義務の問題ではなく、株式譲渡の債権契約上の権利・義務の問題であろう（なお、山村忠平「金融商事判例研究」週刊金融・商事判例三九五号〔一九七四年〕五頁注（2）参照）。したがって指図の問題は依然として残るが、譲渡人が譲受人の指図に従わない場合には、譲受人には、自己の意思にそった議決権行使等がなされるようにする、有効な法的手段がないとの指摘がある（江頭憲治郎「譲渡制限に違反した株式譲渡の効力」『会社判例百選〔第四版〕』〔一九八三年〕四五頁）。また、譲渡人が譲受人の指示に従うかどうかは、実際には両者の事実上の力関係によるだろうから、譲渡債権契約上の指図の法的効力はさほど重要ではないともいえる（上柳『新版注釈会社法（3）』七〇頁）。
（12）株式の譲渡担保の場合の担保的価値に関して、塩田・前掲六九四～六九五頁、浜田道代「株式の譲渡制限」『商法の判例・第三版』（一九七七年）三二頁参照。
（13）効力要件説を採ると、例えば、譲受人の占有する株券が譲受人の債権者に差し押えられた場合には、譲渡人は第三者異議の訴（民事執行法三八条）を提起できることになるが、この結論は妥当ではなかろう（龍田・前掲一〇七～一〇八頁。なお、上柳『新版注釈会社法（3）』七一頁、鈴木＝竹内・前掲一五一頁参照）。
（14）塩田・前掲六九三頁参照。
（15）商法二〇四条の五は、競売または公売による株式取得について当事者間の取得の効力を認めている（この点、最判昭和六三年三月一五日金融・商事判例七九四号三頁は、「譲渡が競売手続によってされた場合の効力については、商法は特別の規定をおいていない」とする。この最判は、二〇四条の五をどのように解するのだろうか。疑問である）。この規定から、譲渡制限株式の譲渡一般についても、当事者間の譲渡の効力を認めることができると解せるか（今井・前掲・ジュリスト五六五号八一頁、同・前掲・Law School 二二号一六頁、同・前掲『会社法演習Ⅰ』一四八～一四九頁、同・前掲『商法の争点（第二版）』七三頁、塩田・前掲六九三～六九四頁、大隅＝今井『新版会社法論・上巻』三五九頁、岸田・前掲一五七頁）、否か――同条はあくまで競売または公売の場合の特別規定か（菱田『会社法・新版上巻』一四八～一四九頁。なお、大賀・前掲一八二～一八三頁参照）は、この点のみの解釈としては水掛論になりそうである（龍田・前掲一〇六頁、上柳『新版注釈会社法（3）』七〇～七一頁。なお、田中・前掲三五一頁参照）（なお、後掲注（39）（40）参照）。
（16）なお、基本的には通説・判例の立場を採りながら、会社は定款により当事者間の株式譲渡の効力まで制限することもできる、とする所説がある（高鳥正夫「最新判例批評」判例評論一八〇号（一九七四年）三三頁、同『会社法（改訂版）』〔一九八三年〕一一二～一一三頁）。この所説によると、同じく株式譲渡制限制度を採用していながら、定款規定の趣旨により、取締役会の承認が株式譲渡の効力要件となる会社とそうでない会社とがあることになる。これでは株式譲渡の方法が不安定であり好ましくない（なお、倉沢・前掲『会社判例の基礎』六二頁参照）。また、株主の投下資本回収方法としての株式譲渡の自由をなるべく尊重しようとする立場からは、いかに定款の規定といえども、当事者間の譲渡の効力までも制限することはできないというべきであろう（塩田・前掲六九一頁、田尾桃二「最高裁判所判例解説」法曹時報二七巻二号〔一九七五年〕四三〇頁）。

(17)　なお、基本的には効力要件説に立ちながら、取役会の承認のない株式譲渡の当事者間の効力を譲渡当事者の意思解釈の問題として捉え、当事者のそれを有効とする意思が明らかならば、それを認めることになるとする所説がある――株式の譲渡担保の場合には、当事者の意思の合理的解釈により当事者間では有効だとする（山村・前掲四頁、篠田四郎「金融商事判例研究」金融・商事判例六〇二号〔一九八〇年〕五五頁、田中・前掲三四九～三五一頁、堀口亘『会社法』〔一九八四年〕七九頁、加美和照『新訂会社法・第二版』〔一九八五年〕一二四頁注（1））。けれども債権契約のレベルではなく、準物権行為たる株式譲渡のレベルでは、画一的な取扱が求められるのではなかろうか。基本的に効力要件説に立つのであれば、それを当事者の意思で覆すのは困難だと思われる（龍田・前掲一一三頁注（13））。

(18)　味村・前掲二二頁、石井・前掲『商法論集』八〇～八一頁、同『会社法・上巻・第二版』一七九～一八〇頁、龍田・前掲一〇二頁、塩田・前掲一一八頁、竹内昭夫「演習・商法3」法学教室〈第二期〉6（一九七四年）一八三頁、石井＝鴻・前掲二二九頁、浜田・前掲二九頁、大隅＝今井『新版会社法論・上巻』三五九頁、同『最新会社法概説』七二頁、今井・前掲・Law School 二二号一五頁、同・前掲『会社法演習Ⅰ』一四七頁、元木『中小会社の運営と会社法』二〇七頁、北沢・前掲二〇〇頁、神崎・前掲一六二頁、堀口・前掲七九頁、岸田・前掲一五七頁、並木『現代株式会社法』一七五頁、蓮井・前掲『演習商法（会社）上巻』二四〇頁、窪田・前掲一四四頁、鈴木＝竹内・前掲一五一頁、長谷川・前掲一〇三頁、大賀・前掲一八二頁、山口・前掲一三三頁、阪埜・前掲九二～九三頁、菱田『会社法・新版上巻』一四八頁。最判昭和四八年六月一五日民集二七巻六号七〇〇頁、最判昭和六三年三月一五日金融・商事判例七九四号三頁。

(19)　なお、京城覆判大正四年（月日不明）法律新聞一〇一五号（大正四年五月三〇日）二九頁（「定款に株式譲渡に関する制限の規定を設けたる場合に於て之に反する譲渡行為は当然無効なるに非ずして只会社に対し対抗するを得ざるに過ぎざることは商法第五十九条、第百十二条百五条の旨趣より当然推論し得る」）（五九条は合名会社の社員の持分譲渡に関する規定で〔「社員カ他ノ社員ノ承諾ヲ得スシテ其持分ノ全部又ハ一部ヲ他人ニ譲渡シタルトキハ其譲渡ハ之ヲ以テ会社ニ対抗スルコトヲ得ス」〕、合資会社の有限責任社員の持分譲渡〔一一二条〕についても準用されていた〔一〇五条〕）、および、大判昭和五年一二月二四日法律新聞三二一六号一六頁（「我商法第百四十九条ハ定款ヲ以テ株式ノ自由譲渡性ヲ剝奪制限シ得ルコトヲ認メタルモノト解スヘキカ故ニ定款ニ於テ株式ノ譲渡ヲ制限シ会社ノ承諾アルニ非サレハ譲渡スコトヲ得サル旨定メタルトキハ会社ノ承諾ナキ限リ譲渡ヲ会社ニ対抗スルヲ得サルハ当然ニシテ譲受人ニ於テ仮令其ノ制限ノ事実ヲ知ラストスルモ之カ拘束ヲ受クヘキモノト云ハサルヘカラス」）参照。

三　株式譲受人からの譲渡承認・先買権者指定請求

（一）　請求の可否

前述のように、取締役会の承認のない譲渡制限株式の譲渡も、譲渡当事者間——会社以外との関係においては有効と解すべきである。通説もそのように解している（二（一））。しかし、当初通説は、会社に対する譲渡承認・先買権者指定請求は、株主名薄上の株主たる株式譲渡人しか行えないとしていた（否定説）[20]。商法二〇四条の二～二〇四条の四の譲渡承認請求等の手続規定は、その請求権者として「株式ヲ譲渡サントスル株主」、つまり株式譲渡人を予定している[21]。そしてここでいう株主は、会社にその地位を対抗できる株主をいう[22]と考えていたからである。

しかしながら、取締役会の承認のない譲渡制限株式の譲渡も、譲渡当事者間——会社以外との関係においては有効だとすると、譲受人からなす譲渡承認・先買権者指定請求が認められてもよさそうである。実際、近時の通説はこれを認める（肯定説）[23]。肯定説は次のような理由を挙げる。二〇四条の二～二〇四条の四の手続は、株式譲渡人が事前に譲渡の承認・先買権者指定を求めるという通常の場合につき定めたもので、譲受人からの右請求を排斥するものではない。[24]また、譲渡承認・先買権者指定手続は譲渡制限の代償だから、その請求権者を株主名薄上の株主に限る必要はない。[25]そして前述のように、そもそも譲渡当事者間——対会社関係以外ではまさしく譲受人が株主であり、それ故に、譲受人は譲渡承認・先買権者指定請求権を有すると考えられる。しかも、右請求権者を株主名薄上の株主たる株式譲渡人に限っても、譲受人が右請求のための委任状の交付を受けておけば、[26]実質的には、譲受人自身が右請求権を有するのと同じである。[27]さらに、譲受人は譲渡人に代位して（民四二三条）譲渡承認・先買権者指定請求をなしうるとするならば、[28]なおさら譲受人にこの請求権を認めてかまわない。[29]善意取得の問題もある。譲渡制限株式の善意取得も認められると解するのが通説であるが、[30]これを認めても、譲渡承認等の請求ができなければ、その意味は著しく減じられる。一般の場合と異なり、善意取得者が右請求のための委任を受けることは通常考えられないからである。[31]そこで善意取得を実効性あらしめるためにも、株式譲受人たる善意取得者の譲渡承認・先買権者指定請求を認める必要があるというのである。[32]譲渡担保に関しても問題がある。譲渡制限株式の譲渡担保設定につき、取締役会の承認を要するとの立場を採っても、[33]不要との立場を採っても、[34]取締役会の承認がないからといって、当事者間の譲渡担保の効力が否定されることはないと考えられる[35][36]（二（一）参照）。そこで担保権が実行された場合には、少なくとも当事者間では担保権設定者は株主ではなくなる。にもかかわらず譲渡承認・先買権者指定請求は、前株主たる担保権設定者が行わなければならないとすると、担保権実行の実効性の点で問題がある。[37]また株式質入れの場合（商二〇四条の五）と対比して、特に譲渡担保の場合を別扱いする理由もないと思われる。[38][39]肯定説の挙げる理由は以上のようである。

二〇四条の二〜二〇四条の四の規定をどう読むかは、立場の相違から水掛論になりそうであるが、[40]肯定説の挙げる実質的理由は重要であろう。否定説を採っても、実質的に株式譲受人が譲渡承認・先買権者指定請求をなす方法が存するし、善意取得者保護や譲渡担保権実行の場合の問題もある。それに、そもそも譲受人からの請求を認めても、取締役会は承認を否定して先買権者を指定することができるのだから、会社にとって好ましくない者が株主として会社運営に介入することを防ぐという、株式譲渡制限制度の趣旨に反することはない(41)。したがって、取締役会の承認のない譲渡制限株式の譲渡も、少なくとも譲渡当事者間——会社以外との関係で有効だと考える以上、株主たる株式譲受人が譲渡承認・先買権者指定請求権を有すると解すべきであろう(42)。

(二)　譲渡の効力と譲受人の譲渡承認・先買権者指定請求権

次に、株式譲受人は株主として、商法二〇四条の二の譲渡承認・先買権者指定請求権を有するとの三（一）での結論と、二（二）で触れた、取締役会の承認のない譲渡制限株式の譲渡の会社に対する効力との関係について検討しよう。二（二）では、後者について通説・判例は、会社に対する効力はないと解していることを見た（無効説）。仮にこの所説を採るとすると、株式譲受人からなす譲渡承認・先買権者指定請求はどのように説明されるのだろうか。

二（二）無効説では、承認のない株式譲渡は会社に対して効力を生じないのであるから、株式譲受人は会社との関係では株主ではないことになる。つまりこれは、株主名薄の名義書換前の株主と異なり——単に株主たる地位を対抗できないというのではなく、取締役会の承認なくしては、会社からも株式譲受人を株主と認めることができないことを意味する(43)(44)(45)。会社との関係では譲受人は完全に無権利者なのである(46)。

一方、株式譲受人に譲渡承認・先買権者指定請求権を認めるのは、取締役会の承認のない譲渡制限株式の譲渡も、少なくとも譲渡当事者間——会社以外との関係では有効だから、譲受人が実質的権利者である。そして実質的権利者に右請求権を認めなければ、善意取得の問題など不都合が生じる場合があるからであった。このように見てくると、譲渡承認・先買権者指定請求権は、株主権の一内容、あるいは、少なくとも株主権に密接する権利だと考えられる（この点は後に五で検討する）。

それでは、会社との関係で株主として認められない者が、自己の名において、譲渡承認・先買権者指定請求権を行使できるのはどう理由づけられるのだろうか。譲渡承認・先買権者指定請求手続は株式の譲渡制限の代償なのだから、その請求権者を株主名簿上の株主に限る必要はない、という三（一）の肯定説が挙げる一つの理由が正しいとしても、二（二）無効説を採る以上、取締役会の承認のない譲渡制限株式の譲受人は、会社にとっては、株主名簿名義書換未了株主たる地位すらなく、無権利者として扱われるのである。また譲受人は株券を占有することにより株主と推定されるが（商二〇五条二項）、二（二）無効説の下では、取締役会の承認がない限り、この推定力も会社との関係では意味を持たない。おおよそ会社との関係で株主権を認められない者が、会社に対して自己の名において、譲渡承認・先買権者指定請求権を行使できるとするのは背理ではなかろうか[47]。このように考えてくると、株式譲受人からの右請求を認めながら二（二）無効説を採ることはできない、というべきであろう。したがって取締役会の承認のない譲渡制限株式の譲渡も株式譲渡の意思表示と株券の交付がある限り、譲渡当事者間だけでなく対会社関係においても効力を有すると解してよい[48]――譲渡制限のない株式の譲渡と同様に、取締役会の承認は対会社関係においても譲渡の効力要件ではない。ただし、定款に株式譲渡制限規定がある場合には、株式譲受人が株主名簿の名義書換を行うためには、取締役会から承認を受ける必要がある。この限りにおいて株式譲渡制限の定款規定の効力が及ぶわけである[49]。そこでこの点をもう少し詳しく検討するために、株主名簿制度と名義書換について、次に考察してみよう。

(20)　石井照久ほか「商法の一部改正」ジュリスト三四八号（一九六六年）四二頁（鈴木・大隅発言）、味村・前掲三二頁、大塚・前掲七四頁、塩田・前掲六九三頁。最近のものとして、元木『中小会社の運営と会社法』一八七頁・二三八頁、小橋・前掲一〇一頁。

(21) 石井ほか・前掲四二頁（大隅発言）、高鳥・前掲・判例評論八〇号三四頁、田尾・前掲四三〇頁、境・前掲『進展する企業法・経済法』六五頁、田中・前掲三五〇頁・三五三頁、木内宜彦「株主による投下資本回収の保障」受験新報三三巻一三号（一九八三年）一七頁、菱田『会社法・新版上巻』一四八頁。

(22) 塩田・前掲六九三頁、元木『中小会社の運営と会社法』二二三頁、境・前掲『進展する企業法・経済法』六五頁。

(23) 竹内・前掲「株式担保法の立法論的考察」『会社法の理論Ⅰ』二六九～二七〇頁、同・前掲「譲渡制限株式の上場」『会社法の理論Ⅰ』二二六頁、同・前掲「演習・商法3」法学教室〈第二期〉6一八三頁、同・前掲『判例商法Ⅰ』三六～三七頁、同『会社法講議（上）』二二〇～二二一頁、同・前掲・法学協会雑誌一〇三巻一〇号二〇九六頁、松田二郎『会社法概論』（一九六八年）一七三頁、龍田・前掲一一四～一一六頁、今井・前掲・ジュリスト五六五号八二頁、同・前掲・Law School二二号一七頁、同・前掲『会社法演習Ⅰ』一四六頁、同・前掲『商法の争点（第二版）』七三頁、同『新版注釈会社法（3）』（一九八六年）八七頁、長浜洋一「譲渡制限株式の譲渡の効力」（一九七七年）『株主権の法理』一三四頁、岩原紳作「最高裁判所民事判例研究」法学協会雑誌九六巻二号（一九七九年）二二三頁、大隅＝今井『新版会社法論・上巻』三六〇～三六一頁、同『最新会社法概説』七四頁、森淳二朗「商事法判例研究」旬刊商事法務九六二号（一九八三年）六七頁、北沢・前掲二〇一～二〇二頁、江頭・前掲『会社判例百選（第四版）』四五頁、前田重行「譲渡制限株式の譲渡承認請求権者」『会社判例百選（第四版）』（一九八三年）二二一頁、神崎・前掲一六二頁、岸田・前掲一五七頁、並木『現代株式会社法』一七三頁、河本『現代会社法（新訂第三版）』一四三頁、前田庸『新版注釈会社法（3）』（一九八六年）一九一頁、永井和之・戸田修三＝蓮井良憲＝元木伸編『注解会社法（上巻）』（一九八六年）二四三頁、鈴木＝竹内・前掲一四九頁、阪埜・前掲九三頁。大阪地判昭和五四年五月三〇日金融・商事判例五八二号四八頁。

(24) 今井・前掲・ジュリスト五六五号八二頁、同・前掲『会社法演習Ⅰ』一四六頁、同・前掲『商法の争点（第二版）』七三頁、同『新版注釈会社法（3）』八八頁、長浜・前掲『株主権の法理』一三四頁、同「昭和五四年度重要判例解説」ジュリスト七一八号（一九八〇年）一一五頁。大阪地判昭和五四年五月三〇日金融・商事判例五八二号四八頁。

(25) 長浜・前掲『株主権の法理』一三四～一三五頁、今井・前掲・Law School 二二号一七頁、同・前掲『会社法演習Ⅰ』一四六頁、同『新版注釈会社法（3）』八八頁。

(26) 否定説の論者もこの方法を認めている（大塚・前掲七四頁、塩田・前掲六九三頁、元木『中小会社の運営と会社法』二二三頁・二三八～二三九頁）。

(27) 龍田・前掲一一五頁。

しかも委任状交付の方法による場合には、委任状の偽造やその真否の確認など面倒な問題が増加することになる（竹内・前掲「譲渡制限株式の上場」『会社法の理論Ⅰ』二二四頁、長浜・前掲『株主権の法理』一三五頁、江頭・前掲『会社判例百選（第四版）』四五頁、今井『新版注釈会社法（3）』八七～八八頁）。

(28) 味村・前掲二二頁、竹内『会社法講義（上）』二二〇頁。

(29) 竹内・前掲「株式担保法の立法論的考察」『会社法の理論Ⅰ』二六九頁、同・前掲「演習・商法3」法学教室〈第二期〉6一八三頁、同『会社法講義（上）』二二〇頁。

(30) 松田・前掲一七四頁、龍田・前掲一一六頁、大隅＝今井『新版会社法論・上巻』四〇六頁、蓮井・前掲・判例タイムズ四一一号一九五頁、北沢・前掲二二二頁、今井『商法の争点（第二版）』七三頁、同『新版注釈会社法（3）』八九頁、岸田・前掲一五七頁、竹内『会社法講義（上）』二二〇頁、鈴木＝竹内・前掲一五二頁。

反対、小橋・前掲一〇四～一〇五頁（ただし、株主名簿上の株主が取締役会の承認を得て株式を譲渡したが、譲渡人が無権利者であった場合には、善意取得を認める。なお、今井『新版注釈会社法（3）』八九～九〇頁参照）、菱田『会社法・新版上巻』一四九頁。なお、味村・前掲二三頁、大塚・前掲七七頁、元木『中小会社の運営と会社法』二三四頁、境・前掲『進展する企業法・経済法』六七頁参照。

(31) 株主名簿上の株主の協力を得ることは困難であろう（今井『新版注釈会社法（3）』九〇頁、鈴木＝竹内・前掲一五二頁）。

(32) 岸田・前掲一五七頁、竹内『会社法講義（上）』二二〇頁、鈴木＝竹内・前掲一五二頁。

(33) 石井ほか・前掲四五頁（大隅・鈴木・矢沢発言）、浦野・前掲四頁、味村・前掲一九頁、満田重昭「株式の質入れと株式

の譲渡担保」法学教室〈第二期〉3（一九七三年）一一三頁、星川・前掲六八頁、高鳥・前掲・判例評論一八〇号三三～三四頁、同『会社法（改訂版）』一一四頁注（1）、塩田・前掲六九九頁。最判昭和四八年六月一五日民集二七巻六号七〇〇頁。

(34) 竹内・前掲「株式担保法の立法論的考察」『会社法の理論Ⅰ』二六八～二六九頁、同「演習・商法2」法学教室〈第二期〉6（一九七四年）一八二頁、同・前掲『判例商法Ⅰ』三二～三四頁、同『会社法講義（上）』二二二～二二三頁・二六七頁、龍田・前掲一〇九頁、山村・前掲四頁、今井・前掲・ジュリスト五六五号八一～八二頁、同・前掲・Law School 二二号一八頁、同『会社法演習Ⅰ』一四三頁、同『新版注釈会社法（3）』一二八頁、長浜・前掲『株主権の法理』一三二頁、大隅＝今井『新版会社法論・上巻』三六五頁、元木『中小会社の運営と会社法』一七二頁、神崎・前掲一六四頁・一八二頁、加美・前掲一二四頁注（2）、上柳『新版注釈会社法（3）』六九～七〇頁、前田庸・前掲一九一頁、永井・前掲二四八頁、鈴木＝竹内・前掲一五二～一五三頁・一六九頁、阪埜・前掲九五頁・一〇五頁。

(35) 並木・前掲・企業会計一八巻九号二〇六頁、星川・前掲六八頁、塩田・前掲六九九頁、今井・前掲・Law School 二二号一八頁、北沢・前掲二〇一頁、江頭・前掲『会社判例百選（第四版）』四五頁。最判昭和四八年六月一五日民集二七巻六号七〇〇頁。

(36) ただし、小橋・前掲一〇五頁、菱田『会社法・新版上巻』一四九頁は、二（一）効力要件説を採り、かつ、株式の譲渡担保設定についても取締役会の承認が必要だとする。したがってこの所説によると、取締役会の承認のない株式の譲渡担保設定は当事者間でも効力を有しないことになる。

(37) 浜田・前掲三二頁、今井・前掲『会社法演習Ⅰ』一四五～一四六頁、木内・前掲・受験新報三三巻一三号一六頁、鈴木＝竹内・前掲一五三頁。

(38) 竹内・前掲「株式担保法の立法論的考察」『会社法の理論Ⅰ』二六八頁、同・前掲「演習・商法3」法学教室〈第二期〉6一八三頁。

(39) なお、木内・前掲・受験新報三三巻一三号一六～一七頁は、株式の譲渡担保には商法二〇四条の五を類推適用するのが合理的だとし、譲渡担保と一般の任意譲渡の場合とを区別する（同旨、山村・前掲五頁注（3））。

（40）浜田・前掲三〇頁参照。
なお、商法二〇四条の五は競売または公売による株式取得の場合につき、取得者からの取得承認・先買権者指定請求を認めている。この規定を肯定説の根拠の一つとなしうるか——任意の株式譲渡の場合にも同条の趣旨を広げることができるか、あるいは同条はあくまでも、競売または公売による株式取得の場合に限られる例外規定と解すべきかも（境・前掲『進展する企業法・経済法』六四頁、小橋・前掲一〇一頁）、この点のみからでは水掛論になりそうである（なお、前掲注（15）（39）参照）。

（41）竹内・前掲「株式担保法の立法論的考察」『会社法の理論Ⅰ』二六九～二七〇頁。大阪地判昭和五四年五月三〇日金融・商事判例五八二号四八頁。

（42）なお、昭和六一年の「商法・有限会社法改正試案」三2aは、「譲渡制限の定めのある株式につき、競売・公売による取得（商法二〇四条ノ五）以外の場合でも、譲受人は、取得の承認を請求することができる」旨を提案している。賛成意見が多い（大谷禎男『「商法・有限会社法改正試案」に関する各界意見の分析』法務省民事局参事官室編『商法・有限会社法改正試案・各界意見の分析』（一九八七年）五〇頁参照）。

（43）最判昭和六三年三月一五日金融・商事判例七九四号三頁は、「商法二〇四条一項但し書に基づき定款に株式の譲渡につき取締役会の承認を要する旨の譲渡制限の定めがおかれている場合に、取締役会の承認をえないでされた株式の譲渡は、譲渡の当事者間においては有効であるが、会社に対する関係では効力を生じないと解すべきであるから（最高裁昭和四七年(オ)第九一号同四八年六月一五日第二小法廷判決・民集二七巻六号七〇〇頁）、会社は、右譲渡人を株主として取り扱う義務があるものというべきであり、その反面として、譲渡人は、会社に対してはなお株主の地位を有するものというべきである。」とする。

（44）最判昭和六三年三月一五日金融・商事判例七九四号三頁の第一審判決である、京都地判昭和六一年一月三一日金融・商事判例七四二号三頁は、「定款をもって株式の譲渡につき取締役会の承認を要する旨定められている場合に取締役会の承認をえずになされた株式の譲渡は、会社に対する関係では効力を生じないが、譲渡当事者間においては有効である。このことは、競売により株式を取得した者が会社に対し右取得の承認請求をすることなく放置している場合についても妥当する。そして

『会社に対する関係では効力を生じない』ということの意味は、譲渡の相手方を指定する権利が会社に留保されているから、会社には競落人を株主として無条件に取り扱う義務はない、ということにほかならない。また『譲渡当事者間においては有効である』ということの意味は、従前の株主において、競落人に対してはもとより会社に対しても、当該競落が株式の譲渡制限に反するの故をもって無効であるとし権利主張をすることを許さない、ということに外ならない。」とする。しかしながらこれでは、取締役会の承認なくしてなされた譲渡制限株式の譲渡も、譲渡当事者間においてはもとより、会社に対する関係においても効力を有することになるのではないのだろうか。だから譲渡人は、会社に対して権利主張できないとされているのである。この判決は通説・判例を踏襲しているようでありながら、実は、取締役会の承認のない譲渡制限株式の譲渡は、会社に対抗できないにすぎないと考えているのではないのか（最判昭和六三年三月一五日の上告理由〔金融・商事判例七九四号五頁〕参照）。会社には譲受人を株主として無条件に取り扱う義務はない、ということと、会社に対する関係では株式譲渡は効力を生じない、ということとは内容が異なろう。前者と等値なのは、むしろ、譲受人は株式譲渡を会社には対抗できないということだと思われる。

(45) 会社に対して効力を生じないというのは、取締役会の承認があるまでは効力を生じないということであり、後に取締役会の承認があれば、その時から対会社関係においても譲渡は有効になる、とする所説がある（大塚・前掲七六頁、石井『会社法・上巻・第二版』一八〇頁、塩田・前掲六八八〜六八九頁、石井＝鴻・前掲二二九頁）。しかしこれは、株式譲渡人からの請求に対して取締役会の承認があった場合にいえることであり、譲渡の効力がないにもかかわらず、会社が譲受人からの承認等請求を認めることはできないであろう。

(46) 河本一郎「譲渡制限付記名株式と上場制度」〔下〕旬刊商事法務研究四二三号（一九六七年）九頁、菱田『会社法・新版上巻』一四八頁。

(47) 山口・前掲一三三頁は、取締役会の承認を得ないでなされた譲渡制限株式の譲渡は、会社に対して効力を生じないから、譲受人が株式の名義書換を請求できないのは当然だとする。

(48) 同旨、松田・前掲一七四頁。

(49) 「当会社の株式を譲り受けた者も、会社に対して、その譲り受けの承認または会社がそれを承認しない場合には譲受人を指定すべきことを、請求することができる」旨の定款規定も有効だとの主張がある（竹内・前掲「譲渡制限株式の上場」『会社法の理論Ⅰ』二二六頁、龍田・前掲一一五頁、大隅＝今井『新版会社法論・上巻』三六一頁。同旨、鈴木＝竹内・前掲一四八頁注（一）。反対、大塚・前掲七四頁、元木『中小会社の運営と会社法』二三九〜二四〇頁）。取締役会の承認のない譲渡制限株式の譲渡は会社に対しては効力がないとの所説（無効説）を採りながら、この主張も認められるとすると、右定款規定は、取締役会の承認を、対会社関係における譲渡制限株式の譲渡の効力要件から外す意味を持つことになる――その結果、取締役会の承認がなくても会社に対する関係でも有効な譲渡をなしうる。そうだとすると、無効説の下で右定款規定が置かれた場合には（それが有効だとして）、取締役会の承認、ひいては株式譲渡制限制度はどのような法的構造を有するのかがやはり問題となろう。

四　株主名簿制度と名義書換請求

株式の譲渡は、当事者の意思表示と株券の交付によりまたそれのみで完成する（商二〇五条一項）。したがって株券の交付がある以上、譲渡当事者間はもちろん、他の関係――特に会社に対しても、株式譲渡の効力を主張できる――譲受人が自己の株主権を主張できるのが本来の姿である。無記名株式の場合に、株券の会社への供託により会社に対して権利行使できる（商二二八条）のは、このことを示すものといえよう。[50] ところが商法二〇六条一項は、「記名株式ノ移転ハ取得者ノ氏名及住所ヲ株主名薄ニ記載スルニ非ザレバ之ヲ以テ会社ニ対抗スルコトヲ得ズ」と規定する。つまり記名株式に関しては、株式譲受人が本来有しているはずの会社に対する対抗力が、株主名薄の名義書換[51]までは制限されてしまうことになる。そこで記名株主は、株券を会社に呈示し自己の株主権を証明しても、権利の行使はできない（ただし、会社から株主の権利行使を認めることができるか否かは別問題として残る）。これが株主名簿制度の効果である。一方、株主名簿の名義を書き換えるには、会社に対して自己が株式を有することを主張、証明しなければならない（証明に関しては株券占有の推定力〔商二〇五条二項〕により、証明責任が転換される）。それでは、名義書換請求権と株主名簿の対抗力制限効の問題は、どのように考えればよいのだろうか。

前述のように、株式の譲渡は株券の交付により完成する。つまり株券の交付による株式譲渡は、本質的にそれのみでは会社に対する関係で効力を有しない、あるいは会社に対して対抗力を有しない、というものではない。株券の交付により株式を譲り受けた者は、自己の株主権を会社に対しても主張できるのが原則である。株主名簿制度は、株式譲受人が本来有するこの株主権対抗力を、記名株式に限り、会社に対する関係で特別に制限するものである。換言すれば、記名株式譲受人が本来的に有しない会社に対する株主権対抗力を、付与するのが株主名簿の名義書換なのではなく、[52] その逆が正しい。名義書換によって記名株主は、本来有していた会社に対する対抗力を回復することになるのである。[53]

では、なぜ株主名簿の制度が存在するのか――それにより名義書換前の株式譲受人は、なぜ会社に対する対抗力を制限されるのだろうか。記名株式は株主名簿に名義が記載されることによって、権利行使が容易になる。すなわち株主の権利行使は、手形などと異なり継続的・反覆的に行われるが、そのつど株券の呈示が必要だとすると、その手数や費用は無視できないし、喪失の危険も伴う。株主名簿制度によれば、名義を書き換えた株主は、以後株券の呈示なくして権利を行使できる。また、株式の自由譲渡性により株主は頻繁に変動することが予想されるが、株主名簿制度の下では、会社は株主として取り扱うべき者を、株主名簿を通して集団的・画一的に把握することができる。株主総会の定足数の確保との関係で、議決権の代理行使（商二三九条三項）の勧誘をする場合などを考えても、会社にとっても株主名簿制度の利用価値は高いといえる。このように、株主・会社間の集団的法律関係を、株主にとってもまた会社にとっても都合よく処理できる点に、株主名簿制度の存在意義・目的がある[54]。けれどもまた、株主名簿は以上に述べた理由で存在すればよいのであり、それを越える効果をこの制度に与える必要はない。つまり株主名簿制度は、名義書換未了株主が本来有する会社に対する対抗力を制限するが（商二〇六条一項）、それは右に述べた理由を効果的に達成するためにである。したがって、この制度趣旨の範囲内において対抗力の制限が行われれば足りる。またそれ以上の対抗力制限は、株主が本来有している対抗力の不当な制限であり、許されないと考える。

さて、名義書換請求権は株主が株主名簿の名義書換を請求する権利であり、株主権の一内容にほかならない[55]。したがって、会社に対して自己の株主権を主張できない者は、名義書換請求権を行使できないことになる。しかも名義書換前の株主は、会社に対する対抗力を制限される（商二〇六条一項）。しかしながら、株主名簿制度の趣旨が前述のようであれば、名義書換請求権に関してまで対抗力を制限する理由はないし、またこの点についてまで制限すると、株主名簿制度自身が自己を否定することになってしまう。したがって名義書換請求権との関係においては、名義書換前の株式譲受人は会社に対する株主権対抗力を、株主名簿制度により制限されないと考えてよい。

なお名義書換請求権との関係以外にも、株主名簿名義書換未了株主がその株主権を会社に対抗できる場合――株主名簿の対抗力制限効が及ばない場合がある。例えば、汚損による株券の再発行を名義書換前の株主が請求する場合を考えよう。汚損した株券を会社に提出させ、再発行株券の名義を株主名簿上の名義とすれば、名義書換前の株主に汚損による株券の再発行請求を認めても、前述の株主名簿制度の趣旨に反することはない。したがってこの場合には、株主名簿の対抗力制限効が及ばない――名義書換前の株主もこの限度においては株主権を会社に対抗でき、会社は名義書換未了を理由には再発行請求を拒めない、と解すべきである[56][57]。その他にも株主名簿の対抗力制限効が及ばない場合があるが、それらを統一的に捉え説明することはできるだろうか。基本的には、当該権利行使が株主名簿制度の趣旨に反さないと考えられれば、対抗力制限効の範囲外だとしてよいと思われるが、この点の検討は後日に委ねたい。[58]

(50)　松岡誠之助『新版注釈会社法（3）』（一九八六年）一五三頁参照。

(51)　名義書換の効力が発生するのは、会社がその請求を受理した時点か（奥村長生「株式の名義書換の効果に関する一試論」〔一九六三年〕松田判事在職四十年記念『会社と訴訟・上』一三二頁、大隅＝今井『新版会社法論・上巻』三九五頁、西島梅治「会社の過失による名義書換の未了と株式譲渡人の地位」『会社判例百選（第四版）』〔一九八三年〕四七頁、神崎・前掲一七七〜一七八頁、加美・前掲一三〇〜一三一頁注（2）、古瀬村邦夫「株主の権利行使」『現代企業法講座3』〔一九八五年〕一〇八頁、河本『現代会社法〔新訂第三版〕』一六八頁、竹内『会社法講義（上）』二五七頁、永井・前掲二五二頁、菱田『会社法・新版上巻』一七一頁）、実際に株主名簿上の名義を書き換えた時点か（高鳥正夫「株式の名義書換における会社の調査」〔一九七二年〕『会社法の諸問題〔増補版〕』二二一〜二二二頁、小橋・前掲一二〇頁。同旨、長谷川・前掲九〇頁・九二頁）、争いがある。前説が通説であるが、小規模会社などでは請求受理の時点が不明確な場合があろうし（なお、龍田・前掲一〇〇頁注（15）参照）（なお、奥村・前掲一三二頁は、名義書換請求権を一種の形成権的性格の権利ないし権能と捉え、名義書換請求の意思表示が会社に到達し会社がこれを受理すると同時に、名義書換の効力が発生するという）、また、会社の受理後直ちに株主が権利行使をなす場合の処理など、この所説にも検討を要する問題がある。さらに、過失による名義書換の解怠も不当拒絶の場合に含まれ、会社は名義書換請求者を株主として取り扱わなければならないのであれば（最判昭和四一年七月二八日民集二〇巻六号一二五一頁）、後説を採っても不都合はないのではなかろうか。

(52)　記名株式の譲受人は、名義書換を請求すれば株主になりうる地位を有する。記名株券が表章する権利も、株主権そのものではなく名義書換請求権である、とする所説がある（境・前掲『商事法の研究』七九頁。同旨、長谷川・前掲八三〜八五頁——記名株券は、財産的価値を伴う社団加入権なる一個の形成権を表章し、その形成権は株券を呈示してなす名義書換請求により行使される、とする)。けれどもこの所説によれば、会社が名義書換未了株主を株主として認め、その権利行使を許すこともできなくなるが(境・前掲『商事法の研究』八二頁。なお、長谷川・前掲九一～九二頁)、この結論は妥当でない――商法二〇六条一項の文言解釈からも対抗問題と解すべきである(高鳥『会社法(改訂版)』一二三頁など多数説・判例〔最判昭和三〇年一〇月二〇日民集九巻一一号一六五七頁〕)。しかも本文で後述するように、名義書換請求権以外にも名義書換未了株主は、株主権から派生する権利で会社に対して行使できるものを有する。したがって、右所説には賛成できない。

また、株式譲渡により譲受人は、単に譲渡人との関係で財産的権利を取得するにすぎない。名義書換により入社行為が完成し譲受人は経営的権利をも取得することになる、とする所説もある(菅原菊志「株主名簿名義書換の効力―名義書換前の譲渡人と譲受人の地位―」小町谷先生古稀記念『商法学論集』〔一九六四年〕四三～四四頁)。けれども、株主権を財産的権利と経営的権利に分離することができるかは疑問である。しかも、譲受人は財産的権利を有するといっても、それはあくまでも譲渡人との関係においてであり、財産的権利に関しても、会社が譲受人を株主として認めることはできないとされる(菅原・前掲四九頁)。前述のようにこの結論は妥当でない。したがって、この所説にも賛成できない。

さらに、基本権たる株式とその支分権たる各種の個別的・具体的な権利とを区別し、基本権たる株式は、対第三者関係のみならず対会社関係においても――名義書換と関係なく――これを主張し、行使することができる。そして名義書換請求権は、基本権たる株式自体ないしその中心的権能である、とする所説もある(奥村・前掲一一九頁・一三一頁)。しかしながら、名義書換請求権(奥村・前掲一三一頁)や残余財産分配請求権(奥村・前掲一三七～一三八頁)は、その行使段階においては具体的な支分権ではないのだろうか。この点疑問が残る。またこの所説も、名義書換に権利創設的効力を認めることになるが(奥村・前掲一二〇頁)、前述のように妥当でない。したがって、この所説にも賛成できない。

(53)　なお、株主名簿の名義を書き換えた株主は、その後は権利行使のつど株券を会社に呈示する必要(なお、商法五一七条参照)がなくなる。これとの関連で、株主名簿の名義書換の効果として、対抗力だけでなく、資格授与的効力と免責的効力をも挙げるのが一般的である。後の二つの効力については、それが認められる根拠についても問題があるが(江頭憲治郎「株式の名義書換」『会社法演習Ⅰ』〔一九八三年〕九八～九九頁。なお、服部榮三「記名株券における有価証券法理の変容」北大法学論集三一巻三・四合併号・下巻〔一九八一年〕一三九〇～一三九一頁、古瀬村・前掲一一三～一一五頁参照)、さらに、このような効力を認めるべきか否か、なお検討が必要だと思われる（奥村・前掲九六〜一〇九頁、木内宜彦「株主名簿の名義書換」受験新報三四巻八号（一九八四年）三〇〜三二頁、同「株主名簿の名義書換」倉沢康一郎ほか『分析と展開・商法Ⅰ〔会社法〕』（一九八七年）七一〜七四頁。なお、江頭・前掲『会社法演習Ⅰ』一〇六頁参照）。

（54）　鈴木竹雄「記名株券の特異性」（その一）（一九五二年）『商法研究Ⅱ』三〇三〜三〇七頁、竹内昭夫「株式の名義書換」（一九七三年）『会社法の理論Ⅰ』一八八〜一八九頁、同『会社法講義（上）』二四七〜二四八頁、塩田・前掲六九六頁、大隅＝今井『新版会社法論・上巻』三八八頁、木内・前掲・受験新報三四巻八号二八頁、松岡・前掲一五三〜一五四頁、西島梅治『新版注釈会社（4）』（一九八六年）三〜六頁、永井・前掲二五二頁、菱田『会社法・新版上巻』一六七〜一六八頁。

（55）　竹内・前掲「株式の名義書換」『会社法の理論Ⅰ』一九〇頁、木内・前掲・受験新報三四巻八号三二頁、山口・前掲一三五頁。

（56）　星野孝「株主名簿上の株主と株式の所有者―株主名簿制度についての一試論―」旬刊商事法務研究一一四号（一九五八年）二〜三頁参照。

（57）　なお、株式譲渡制限の定款の定めの効力発生により旧株券が無効となった場合において（商三五〇条一項二項。なお、山本爲三郎「判例研究」法学研究六〇巻一一号（一九八七年）一二四頁〔本書二九一頁〕参照）、その効力発生前に株式を譲り受けたが株主名簿の名義書換前の者が、無効旧株券を呈示してなす新株券の交付請求につき、大隅＝今井『新版会社法論・上巻』三五七頁、上柳克郎「判例批評」民商法雑誌九四巻一号（一九八六年）九三〜九四頁、竹内・前掲・法学協会雑誌一〇三巻一〇号二〇九七頁参照。

（58）　商法三五〇条三項（商二九三条の三の五）の異議催告公告請求権につき、最判昭和五二年一月八日民集三一巻六号八四七頁。除権判決を得た者がなす株券の再発行請求（商二三〇条二項）につき、奥村・前掲一三六頁、河本一郎『新版注釈会社法（4）』（一九八六年）一七三〜一七四頁。株主としての権利が株券と引換に、あるいはそれを提出して行使される場合、すなわち、株式の消却（商二一二条二項・二九三条の三の四第一項・三七七条一項・四一六条三項）・転換（商二二二条の五第一項）・分割（商二九三条の四第二項・二九三条の三の四第一項）、償還株式の償還、残余財産の分配、設立無効の場合の清算、新株発行無効の場合の払戻について――以上は反覆的に発生する権利ではなく、これにより株式自体の消滅やその内容の変動がある――、奥村・前掲一三六～一三九頁、竹内『会社法講義（上）』二五一～二五二頁、鈴木＝竹内・前掲一六二～一六三頁注（五）。

五　取締役会の承認の法的構造

株式の譲渡は当事者の譲渡の意思表示と株券の交付により完成する（商二〇五条一項）。これはすべての関係に対してであり、会社に対する関係においても譲渡の効力は発生する。したがって株式譲受人は対会社関係においても株主となる。ただし記名株式に関しては、株主名簿の名義書換前は、株式譲受人は自己の株主権の会社に対する対抗力を制限される（商二〇六条一項）。しかしながら名義書換請求権との関係においては、前述四で見たように株主名簿の対抗力制限効は働かないから、株式譲受人が株主名簿の名義書換を請求すれば、会社はそれを原則として拒絶できない。定款に株式譲渡制限の定めがある場合でも、株式は当事者の意思表示と株券の交付により有効に譲渡できる。会社に対する関係でも譲渡は効力を有する（三（二））。したがって、株式譲受人は対会社関係においても株主となる。ただし記名株式に関しては、株主名簿の名義書換前は、株式譲受人は自己の株主権の会社に対する対抗力を制限される。ここまでは、定款に株式譲渡制限の定めがある場合とない場合とで変わりはない。差異が生じるのは、譲渡制限の定めがある場合には、株式譲受人が株主名簿の名義書換を請求するには、取締役会の承認を得なければならないという点である。

株式譲渡制限の定款の定めがない場合には、株式譲受人は、株主名簿の名義書換請求権との関係では、会社に対し株主権を対抗しうる（四）。つまり会社は、株主の名義書換請求を原則として拒否できない。これと対比して考えれば、株式譲渡制限の定款の定めがある場合には、株式譲受人は、名義書換請求権との関係において会社に対して株主権を主張できるが、それにもかかわらず会社は名義書換を拒否することができる。(59) これが――会社の名義書換拒否権（権限帰属機関は取締役会である（商二〇四条一項但書））が、株式譲渡制限の定款規定の効力だということになろう。(60)(61) そこで、株式譲受人がなす承認請求に対する取締役会の承認は、右拒否権の放棄と解される。つまりこの場合の承認請求は、会社に対する右拒否権の放棄請求である。そして株式譲受人は、株主名簿名義書換未了株主ではあるが、名義書換請求権との関係においては株主権の対会社対抗力を有すると解される以上、承認請求――拒否権放棄請求との関係においても、それは名義書換請求の前提をなすものであるから、株主権の対会社対抗力を有すると考えられる。したがって株式譲受人が承認請求をなす点につき、株主名簿の対抗力制限効は障害とはならない。

取締役会の承認を得た譲受人は、株式譲渡制限の定款規定がない場合の株主名簿名義書換未了株主と同じ地位を有する。したがって承認を得た譲受人は、名義書換を請求することもできるし、それをなさずにさらに株式を譲渡することもできる（もちろん、承認を得ないまま株式を譲渡することもできる）。また、取締役会は承認・不承認の選択権を有するが、不承認――名義書換拒否権を行使する場合には、譲受人の請求があれば、先買権者を指定しなければならず（商二〇四条の二第二項）、期間内にその通知をなさなければ承認――会社の名義書換拒否権放棄を擬制される（商二〇四条の二第三項）。なお、株式譲受人が承認請求手続（商二〇四条の二第一項）を踏まずに直接株主名簿の名義書換を請求した場合には、会社はそれを拒否せずに名義を書き換えることもできるし（拒否権の不行使）、名義書換を拒否することもできる。後者の場合には、会社に先買権者指定の義務はなく、そのためには株式譲受人の先買権者指定請求手続が必要だと解する。(62)

株式譲渡人の譲渡承認・先買権者指定請求は、少し異なる意味を持つ。まず、株式譲渡後に譲渡人は右請求をなしうるか。前述のように、取締役会の承認を受けずになされた譲渡制限株式の譲渡も、完全に効力を有するから、もはや株主権は譲渡人には属さない。したがって譲渡承認・先買権者指定請求権は、譲受人が有するというべく、譲渡人が右請求をなすことはできないと解すべきであろう。[63][64] 次に、譲渡前の譲渡人の譲渡承認請求はどう理解されるか。これは、譲渡を条件としてなす、株式譲受人に関する会社の名義書換拒否権を放棄することの請求だと解する。そして取締役会の不承認は、会社が拒否権を維持することを意味する（ただし、この場合には先買権者指定・みなし承認の問題が生じる（商二〇四条の二））。問題は、株式譲渡人のなす譲渡承認請求——拒否権放棄請求は、自己の名義書換請求権に関してではなく、譲受人が有することになる名義書換請求権に関するものだという点であろう。この場合の承認請求権は、厳密には、譲渡人の有する株主権から派生するものとはいえないからである。けれどもこれは、定款による株式譲渡制限の代償として——名義書換を拒否されるかもしれない株式を譲渡することは、そうでない場合と比べて事実上困難度が増加するであろうし、それはまた株式の自由譲渡性から問題がある——、法が株式を譲り渡そうとする者に与えるものであり、[65] 譲渡人の有する株主権と無関係ではない。もちろん他人の権利を行使するのでもない。そして株式の自由譲渡性という観点から見ると、むしろ株式譲受人の側からの意味づけが重要なのであり、右の点は特に問題とする必要はないと考える。

さて、以上のような理解は、「譲渡制限」や「譲渡承認」という用語と合わないとの批判が考えられる。けれども、株式譲受人からの承認請求を認める所説を採る限り、このような理解に到達せざるをえないと思われる。会社との関係において取締役会の承認を株式譲渡の効力要件と解するならば、株式譲受人からの承認・先買権者指定請求は否定されなければならないのである。[66] 商法二〇四条一項但書は株式の譲渡制限の規定であり、名義書換の制限を認めるものではないとの所説もあるが、字句に囚われすぎた解釈というべきであろう。またこの理解は、会社にとって好ましくない者が株主として会社運営に参加しそれを混乱させるのを防ぐという、株式譲渡制限の制度趣旨にも合致し、それに反するところはないし、株式の自由譲渡性の尊重にもかなっている。右のような理解をもって妥当とすべきであろう。

(59) 同旨、松田・前掲一六一頁・一七三〜一七四頁。なお、商法二〇四条の五に関する、菱田『会社法・新版上巻』一五〇頁参照。

(60) 譲渡を有効としながら、名義書換だけを拒否できるとするのは困難だとの主張がある（大隅健一郎「定款による株式譲渡の制限」（二）民商法雑誌一二巻二号〔一九四〇年〕一八八頁、龍田・前掲九五〜九六頁・一〇二頁）。株主の名義書換請求権の不当な剝奪になるというのである（大隅・前掲一八八頁、龍田・前掲九五〜九六頁。ただし、大隅論文は昭和一五年のもので、当時は、譲渡不承認による先買権者指定・みなし承認制度がなかったことに注意を要する）。しかしながら、取締役会の承認のない株式譲渡は対会社関係では効力を有しないと考えても、効力はあるが会社は名義書換拒否権を有すると考えても、取締役会の承認がなければ株式譲受人は名義書換を実現することはできない。なぜ株式譲渡の制限は認められて、名義書換の制限は認められないのだろうか。むしろ株式譲渡制限制度の趣旨から見ると、名義書換拒否権の構成の方が制度の本質を衝くものと考える（龍田・前掲九八頁・一〇二頁、森・前掲六七頁参照）。なお、後掲注(66)参照。

(61) 定款変更により株式譲渡制限の定めがなされた場合でも、その効力発生（商三五〇条二項参照）以前に行われた株式譲渡の効力は、右定款規定により何らの影響も受けない。では、右定款規定の効力発生以前に株式を譲り受けた者は、定款規定の効力発生後に、取締役会の承認なくして株主名簿の名義書換を請求できるだろうか。判例はこれを肯定する（最判昭和六〇年三月七日民集三九巻二号一〇七頁）。譲渡制限の効力を、まさしく「譲渡の効力」にかからしめる考え方に立つ限り、判例のように解するほかなかろう。これに対して、右定款規定の効力発生後に名義書換を請求するためには、取締役会の承認を得なければならないとする所説がある（竹内・前掲・法学協会雑誌一〇二巻一〇号二〇九六頁）。後説によると、譲渡制限の効力は名義書換段階で捉えられることになろう。この所説は、株式譲渡制限につき、名義書換拒否権の構成によらなければ説明がつかないのではなかろうか。

(62)　今井『新版注釈会社法（3）』八一頁参照。

(63)　河本・前掲・判例評論二五五号四三〜四四頁、同『現代会社法〔新訂第三版〕』一四三〜一四五頁。同旨、今井・前掲・Law School 二二号一八頁、同『新版注釈会社法（3）』八八頁。反対、森・前掲六七頁。
　なお、大隅＝今井『新版会社法論・上巻』三六一頁注（11）は、先買権者指定請求については株式譲受人のみがなしうるとする。確かに、株式譲渡後に譲渡人の先買権者指定請求を認めるのは、不都合であり否定すべきであろう。問題はその理論的根拠である。本文で論じたように考えるのが正当であり、株式譲渡後は、譲渡承認請求も譲受人のみがなしうると解すべきである。

(64)　株式譲渡人の名で譲渡承認・先買権者指定請求をなす権限を、譲受人は譲渡人に与えることもできる、との主張もある（河本・前掲・判例評論二五五号四三〜四四頁、同『現代会社法〔新訂第三版〕』一四三頁、今井『新版注釈会社法（3）』八八頁）。

(65)　なお、森・前掲六七頁は、商法二〇四条の二は譲渡承認・先買権者指定請求を譲渡人にしか認めていないように見えるが、そうではない。名義書換請求権を有する者が右請求権を有するのがむしろ当然であり、本来名義書換請求権を持たない譲渡人にも、特に右請求権を付与するのが同条の趣旨であるという。

(66)　大塚・前掲六九頁、高鳥・前掲・判例評論一八〇号三二頁、平尾賢三郎「金融商事判例研究」金融・商事判例六九六号（一九八四年）四八頁。
　なお、名義書換について取締役会の承認を要する旨の定款の定めは無効と解すべきだ、との主張がある（法務省民事局長通達昭和四二年二月三日民事甲二二七号民事月報二二巻三号一二七頁、大塚・前掲六九頁、蓮井・前掲『演習商法（会社）上巻』二四三頁）。けれども、その理由は明らかでない（前掲注（60）参照）。

六　無記名株式・端株と譲渡制限

昭和六一年の「商法・有限会社法改正試案」三10は、無記名株式の制度を廃止することを提案している。発行されること自体ほとんどなかった無記名株式を廃止し、株式を記名株式に統一することにより、法規制の簡素化を図ろうというのである。(67) 妥当な方針であり賛成意見が多い。(68) したがって現時点で、無記名株式と譲渡制限制度の適用について論じる意義は少ないとも思える。けれども、端株の譲渡には端株券の交付が必要であるが（商二三〇条の三第五項・二〇五条一項）、端株券に表章される権利は無記名株式と同性質のものである(69)（商二三〇条の三参照）。したがって、定款の株式譲渡制限規定の効力が端株に及ぶか否かを考える上で、右問題を論じる意味がある。そこで、無記名株式と譲渡制限につきまず検討しよう。

商法二〇四条一項但書は、株式の譲渡制限につき記名株式と無記名株式の区別をしていない。そこで無記名株式も、譲渡制限制度の適用を受けると一応考えることができる。けれども、定款による株式譲渡制限の制度趣旨は、会社にとって好ましくない者が株主として会社運営に参与するのを防ぐ点にある。そうだとすると、株主名簿により会社が株主を把握できる記名株式にこそ、この制度はふさわしい。他方、無名性が徹底され、株主名簿制度と結びつかない――株主名簿に株主の氏名・住所が記載されない（商二二三条二項）無記名株式は、譲渡制限には親しまないといえる。(70) したがって、現時点における解釈論としても、定款による株式譲渡制限制度は記名株式に限られ、無記名株式にはその適用がないと解したい。(71)

端株についても、端株券の表章する権利は無記名株式と同性質のものであるから、譲渡制限制度の適用はないと考えてよい[72]。その上、端株は無記名株式と異なっていわば必然的に発生するが[73]（商二三〇条の二参照）、端株に関しては共益権の行使は問題にならないから（商二三〇条の六参照）、株式譲渡制限の制度趣旨から考えて端株に右制限を及ぼす必要はない[74]。またこのように考えて不都合はない[75]。したがって譲渡制限下においても、端株主が会社に端株券を供託してなす権利行使を（商二三〇条の七第三項・二二八条）、取締役会の承認がないことを理由に会社は拒否できない[76]。ただし、あわせて一株となる端株券を譲り受けた者がそれを会社に提出すると（商二三〇条の八第一項二項）、直ちに株主名簿に名義が記載されることになるから[77]、その時に譲渡制限制度の適用があると考える[78]（したがって会社は、その名義記載を拒否する場合には先買権者の指定をなさなければならない[79]）。名義記載の段階で記名株式となるからである。以上のような理解は、株式譲渡制限の制度は株式譲渡を制限するものではなく、会社に名義書換拒否権を与える制度だとする立場からすれば、いわば当然の帰結といえよう。そして、この立場を採らずに端株に関する右結論を理論づけるのは、困難だと思われる[80]。

（67）　大谷禎男・稲葉威雄＝大谷禎男『商法・有限会社法改正試案の解説』（一九八六年）六五～六六頁。

（68）　大谷・前掲『商法・有限会社法改正試案・各界意見の分析』五七頁。

（69）　竹内昭夫「単位未満株式・端株の譲渡と株式の譲渡制限」『演習商法』（一九八四年）六九～七〇頁、倉沢康一郎『新版注釈会社法（4）』（一九八六年）一九一頁、鈴木＝竹内・前掲一八二頁注（一）。

（70）　竹内昭夫「記名株券の特色」（一九七五年）『会社法の理論Ⅰ』一八五～一八六頁、同・前掲『演習商法』七〇頁、境・前掲『進展する企業法・経済法』六三頁、稲葉威雄ほか『株式・改正会社法セミナー1』（一九八三年）二四二頁（森本発言）、長谷川・前掲九四頁。

（71）　大塚・前掲六二頁、松田・前掲一七〇頁、竹内・前掲「記名株券の特色」『会社法の理論Ⅰ』一八五～一八六頁、同・前掲『演習商法』七〇頁、境・前掲『進展する企業法・経済法』六三頁、稲葉ほか・前掲二四八頁（竹内発言）、稲葉威雄『大小会社区分立法に関する諸問題』（一九八四年）九三頁、大谷・前掲『商法・有限会社法改正試案の解説』六五頁、倉沢康一郎「優先株式・無記名株式」金融・商事判例七五五号（一九八六年）一一八頁、長谷川・前掲九四頁。なお、西原寛一「最新判例批評」民商法雑誌一巻五号（一九三五年）六一頁参照。

反対、上柳『新版注釈会社法（3）』六一頁。

(72) 稲葉ほか・前掲二四八頁（竹内発言）、竹内・前掲『演習商法』七〇～七一頁、大隅＝今井『最新会社法概説』九三頁、荒谷裕子・戸田修三＝蓮井良憲＝元木伸編『注解会社法〔上巻〕』（一九八六年）三二四頁・三三〇頁、山口・前掲一四七頁。なお、木内宜彦「端株と端株主」金融・商事判例六五一号（一九八二年）五四頁参照。

反対、菱田政宏「投資単位と投資者の権利」『現代企業法講座3』（一九八五年）七二頁、同『会社法・新版上巻』二二二頁、小橋・前掲一三八頁。

(73) なお、昭和六一年の「商法・有限会社法改正試案」三12aは、「株式の譲渡制限の定めをした株式会社は、定款で、端株制度の適用を排除する旨を定めることができる。」ということを提案している。定款による排除を認めるよりは、むしろ、株式譲渡制限の定めをなした株式会社には、端株制度を適用しない旨法定すべきであろう（慶應義塾大学商法研究会「『商法・有限会社法改正試案』に対する意見」法学研究六〇巻八号（一九八七年）九八頁）。

(74) 稲葉威雄『改正会社法』（一九八二年）六二頁、河本一郎「端株制度」（その三）法学セミナー三四三号（一九八三年）七八頁、大隅＝今井『最新会社法概説』九三頁、荒谷・前掲三二五頁・三三〇頁。

(75) 反対、菱田・前掲『現代企業法講座3』七九頁注（26）。端株券所持人には、例えば利益配当などの権利が認められうるのであり、定款による株式譲渡制限の一般的効果と比べて疑問があるという。

(76) 河本・前掲・法学セミナー三四三号七七～七八頁、稲葉ほか・前掲二四一頁・二四七頁（森本発言）・二四八頁（竹内発言）・二四九～二五〇頁（河本発言）・二五一頁（龍田発言）、荒谷・前掲三三〇頁。

(77) 稲葉『改正会社法』七一～七二頁、河本一郎「端株制度」（その四）法学セミナー三四四号（一九八三年）五〇～五一頁、菱田・前掲七三～七四頁、戸塚登『新版注釈会社法（4）』（一九八六年）二〇八～二一〇頁、大賀・前掲二一一頁。

(78) 稲葉『改正会社法』六二頁、元木伸『改正商法逐条解説〔改訂増補版〕』（一九八三年）七三頁、河本・前掲・法学セミナー三四三号七八頁、稲葉ほか・前掲二四九頁・二五七頁（竹内発言）・二五一頁（龍田発言）、竹内・前掲『演習商法』七一頁、大隅＝今井『最新会社法概説』九三頁、荒谷・前掲三二四頁、山口・前掲一四七頁。

（79）　元木『改正商法逐条解説〔改訂増補版〕』七三頁、竹内・前掲『演習商法』七一頁。

（80）　竹内・前掲『演習商法』七三頁参照。

七　法改正に関する付記

六で検討した、無記名株式制度は平成二年の商法改正で、端株制度は平成一七年の商法改正でそれぞれ廃止された。これらについては、第四章第一節～第三節参照。

平成二年の商法改正は、譲渡制限株式の取得承認につき、競売または公売による取得者という限定を廃し、取得者一般から取得承認請求ができる旨を明らかにした[81]（改正二〇四条の五）。通説の解釈が明文化されたのである。

平成一七年会社法は、譲渡制限株式制度をその譲渡による当該株式の取得について会社の承認を要する制度として整理している[82]（会二条一七号・一〇七条一項一号・一〇八条一項四号・一三六条・一三七条一項）。そして、会社の取得承認がなければ譲渡制限株式の取得者は株主名簿の名義書換を請求できない旨が定められている（会一三四条一号二号）。すなわち、会社の承認なく行われた譲渡制限株式の譲渡は会社との関係でも有効であるが、取得承認を名義書換のレベルで把握した上で取得承認を受けることを名義書換の前提とする整理をなしているのである。私見が全面的に採用されたと評価してよかろう[83]。

(81) 前掲注(42)、本章第二節一参照。
(82) 会社法制定までの、譲渡制限株式制度の立法上の変遷については、山本爲三郎『会社法コンメンタール3』(二〇一三年)三七七〜三七八頁参照。
(83) 山本『会社法コンメンタール3』三八三〜三八四頁参照。

■第二節■

取締役会の承認のない譲渡制限株式の譲渡の効力と譲渡人・譲受人の地位

一　いわゆる相対説とその問題点

最高裁昭和四八年六月一五日判決・民集二七巻六号七〇〇頁は、「商法二〇四条一項但書は、株式の譲渡につき、定款をもつて取締役会の承認を要する旨定めることを妨げないと規定し、株式の譲渡性の制限を許しているが、その立法趣旨は、もつぱら会社にとつて好ましくない者が株主となることを防止することにあると解される。そして、右のような譲渡制限の趣旨と、一方株式の譲渡が本来自由であるべきこととに鑑みると、定款に前述のような定めがある場合に取締役会の承認をえずになされた株式の譲渡は、会社に対する関係では効力を生じないが、譲渡当事者間においては有効であると解するのが相当である。」と判示する。取締役会の承認のない譲渡制限株式の譲渡の効力に関して、いわゆる相対説を採ることを表明したわけである。学説においては、対会社関係に限らず譲渡当事者間においても、取締役会の承認を譲渡の効力要件と解するいわゆる絶対説も唱えられているが、通説は判例同様相対説を支持している。[1][2]

一方、定款による株式譲渡制限の下で、取締役会の承認を請求しないまま株式譲渡がなされた場合、株式譲受人側からその取得承認を求めうるかについては、最高裁の判決はなかった。[3]しかし学説では、いわゆる相対説に立脚し、株式譲受人からなす取得承認・先買権者指定請求を認めるのが通説といえた。[4]そのような状況の中、平成二年の商法改正で、それまで「競売又ハ公売ニ因リ株式ヲ取得シタル者」に右請求を容認していた二〇四条の五が、「株式ヲ取得シタル者」に右請求を認める規定に改められた。通説を採用し、[5]競売・公売だけでなく一般の株式譲渡の譲受人も取得承認・先買権者指定請求権を有することを、立法的に確認したわけである。

それでは、いわゆる相対説は改正商法二〇四条の五を支える理論的根拠となりうるだろうか。この見解によると、取締役会の承認を得ないでなされた譲渡制限株式の譲渡は、会社に対しては効力を生じない。つまり、株主名簿名義書換前の株主のように株主たる地位を対抗できないというのではなく、譲受人は会社との関係では株主ではない。この点、最高裁昭和六三年三月一五日判決・判例タイムズ六六五号一四四頁（以下、昭和六三年最判と呼ぶ）も、「商法二〇四条一項但し書に基づき定款に株式の譲渡につき取締役会の承認を要する旨の譲渡制限の定めがおかれている場合に、取締役会の承認をえないでされた株式の譲渡は、譲渡の当事者間においては有効であるが、会社に対する関係では効力を生じないと解すべきであるから（最高裁昭和四七年(オ)第九一号同四八年六月一五日第二小法廷判決・民集二七巻六号七〇〇頁）、会社は、右譲渡人を株主として取り扱う義務があるものというべきであり、その反面として、譲渡人は、会社に対してはなお株主の地位を有するものというべきである。」と判示し、いわゆる相対説の意味を確認した。しかしそうだとすると、譲受人は会社との関係で株主と認められないのであり、それにもかかわらず自己の名において、会社に対して株主権を前提とする請求をなしうることの説明がつかないというほかなかろう。(6)

（1）以上の点につき、山本爲三郎「定款による株式譲渡制限制度の法的構造」中村眞澄教授・金澤理教授還暦記念論文集第一巻『現代企業法の諸相』（一九九〇年）一三七～一三八頁（本書二〇九～二一〇頁）参照。

（2）このほかに、基本的には相対説の立場を採りながら、会社は定款により当事者間の株式譲渡の効力まで制限することもできる、とする所説（高鳥正夫『新版会社法』（一九九一年）一一五頁注（3）。なお、山本・前掲注（1）一四一頁注（16）〔本書二一三～二一四頁注（16）〕参照）、基本的には絶対説に立ちながら、取締役会の承認のない株式譲渡の当事者間の効力を譲渡当事者の意思解釈の問題として捉え、当事者のそれを有効とする意思が明らかならば、それを認めることになるとする所説（田中誠二『再全訂会社法詳論・上巻』（一九八二年）三四九～三五一頁。なお、山本・前掲注（1）一四一頁注（17）〔本書二一四頁注（17）〕参照）、取締役会の承認のない譲渡制限株式の譲渡に関しては、会社は悪意の株式取得者に対して名義書換を適法に拒みうるとする所説（松田二郎『会社法概論』（一九六八年）一七三～一七四頁）がある。

（3）ただし、大阪地判昭和五四年五月三〇日判例タイムズ三九一号一二四頁、大阪地判昭和六三年三月三〇日判例タイムズ六七四号一九三頁は、この請求を肯定的に解する。

（4）山本・前掲注（1）一四二～一四四頁（本書二一五～二一七頁）参照。

（5）大谷禎男『改正会社法』（一九九一年）一〇一～一〇二頁。

（6）山本・前掲注（1）一四四～一四五頁（本書二一七～二一八頁）参照。

二　私見の提示

一で指摘したように、商法二〇四条の五が認める株式譲受人の取得承認・先買権者指定請求を、いわゆる相対説で基礎づけるのには無理がある。もちろん、いわゆる絶対説によることも可能とは思われない。(7) この点は次のように考えるべきであろう。(8)

定款に株式譲渡制限の定めがある場合でも、株式の譲渡は当事者の譲渡の意思表示と株券の交付により完成する（商二〇五条一項）。(9) これはどの関係においてもそうであり、取締役会の承認がないからといって、会社が当該譲渡の効力自体を否定することはできない。会社にとって好ましくない者が株主となり会社運営を混乱させるのを防止するという、定款による株式譲渡制限制度の趣旨(10)も、譲渡の効力を否定しなければ達成できないわけではない。その上、譲渡の効力を否定する見解は、商法二〇四条の五の理論的根拠となりえない。右のような趣旨からすれば、定款による株式譲渡制限制度は会社に名義書換の制限を認めるもの、と捉えれば充分である。しかもこのように考えることで、商法二〇四条の五に納得のいく説明を与えることもできる。つまりこの制度の下で、株式譲受人が株主名簿の名義書換を請求するには、通常の場合と異なり取締役会の承認を得なければならないが、取締役会の承認は株式譲渡の効力要件ではなく――承認の有無に譲渡の効力は左右されないから、譲受人は株主として会社に承認請求をなしうる。(11) 会社側からみれば、この定款規定は会社に名義書換拒否権を与えるもの、と解するのである。

この私見に対して四点にわたる批判が加えられている。(12) 簡単に反論しておきたいと思う。批判の第一点は、私見を相対説の一種と位置づけた上で、対会社関係でも株主権は譲受人に移転するというのであれば、もはや相対説とはいえない。第二点は、私見によると定款による株式譲渡制限制度は「名義書換」を制限するものとなるが、商法二〇四条一項本文と但書との関係からみて、それは「譲渡」の制限と解するのが素直だ。第三点は、私見によると、譲受人は取締役会の承認を得なくても、先買権者指定請求権を行使して、あるいは他の者に株式を譲渡することにより投下資本を回収しうる。しかしそこまでして譲受人を二重に保護する必要はない。第四点は、譲受人による取得承認・先買権者指定請求が認められる場合に、譲渡人にも右請求は認められるのか。無権利者たる譲渡人にも認められるのであれば、いかなる根拠に基づくのか疑問がある。以上のようである。まず第一点であるが、なぜ私見が相対説と位置づけられるのだろうか。この種の批判は白を黒という類のもので論外である。第二点については、商法二〇四条一項の「素直な」解釈で満足するか、定款による株式譲渡制限制度および制度としての株式譲渡を総合的に捉えてその基本構造を明らかにしようとするのか、(13)観点の相違を認識する必要がある。第三点は、平成二年改正商法二〇四条の五の下では立法に対する批判である。最後に第四点もなぜこれが私見に対する批判になるのか疑問である。株式譲渡後は譲受人が株主であり、譲渡人に譲渡承認・先買権者指定請求を認める根拠はない。(14)

（7）　山本爲三郎「会社の行う株式の譲渡制限について」法学研究六六巻一号（一九九三年）一四五頁注（4）〔本書二六一頁注（4）〕参照。

（8）　山本・前掲注（1）一五六～一六〇頁〔本書二三〇～二三四頁〕。

（9）　株主権自体が移転し、その一部――例えば、名義書換請求権――のみが移転するに過ぎないわけではない（山本・前掲注（1）一五四頁注（52）〔本書二二七～二二八頁注（52）〕参照）。

（10）前掲、最判昭和四八年六月一五日民集二七巻六号七〇〇頁参照。
（11）譲受人は株主名簿名義書換未了株主ではあるが、承認請求は名義書換請求の前提をなすものであるから、その限度において株主であることを会社に対抗できると考えられる（山本・前掲注（1）一五七頁〔本書二三〇～二三一頁〕）。なお、同一五一～一五三頁〔本書二二四～二二七頁〕参照）。
（12）小野寺千世「譲渡制限違反の株式譲渡と譲渡人の法的地位」筑波法政一五号（一九九二年）二六四～二六七頁。
（13）山本・前掲注（1）一五八～一五九頁（本書二三二～二三三頁）参照。
（14）山本・前掲注（1）一五八頁（本書二三二頁）。

三　京都地裁昭和六一年一月三一日判決の評価

さて、前述のように昭和六三年最判はいわゆる相対説を採り、取締役会の承認を得ていない譲渡制限株式の譲渡は会社との関係では効力を生じないから、会社に対しては依然として譲渡人が株主であり、会社は譲渡人を株主として取り扱う義務があるとした。しかしながら、その第一審、京都地裁昭和六一年一月三一日判決・判例タイムズ五九五号八五頁（以下、第一審判決と呼ぶ）は次のように判示し、六三年最判と逆の結論を導いている。[15]

「定款をもって株式の譲渡につき取締役会の承認を要する旨定められている場合に取締役会の承認をえずになされた株式の譲渡は、会社に対する関係では効力を生じないが、譲渡当事者間においては有効である。このことは、競売により株式を取得した者が会社に対し右取得の承認請求をすることなく放置している場合についても妥当する。そして『会社に対する関係では効力を生じない』ということの意味は、譲渡の相手方を指定する権利が会社に留保されているから、会社には競落人を株主として無条件に取り扱う義務はない、ということにほかならない。また『譲渡当事者間においては有効である』ということの意味は、従前の株主において、競落人に対してはもとより会社に対しても、当該競落が株式の譲渡制限に反するの故をもつて無効であるとし権利主張をすることを許さない、ということに外ならない。けだし、(一) 株式の譲渡制限の制度は、会社の利益保護のためのものであり、競落後における従前の株主の利益保護のためのものではないし、(二) 競落後会社に対し株式譲渡の承認を請求しうる者は、従前の株主ではなくて、競落人であり、しかも競落人の右請求に対し会社が承認を与えない場合においても、そのことをもつて従前の株主が競落前の株主の地位に復帰することは法的に認められていないうえ、(三) 従前の株主は、競落により株式の代金を取得し他方株券を競落人に交付してしまうのであるから、株主の権利を行使すべき実質的理由を失い、株主としての法的保護に値しない状態になる、からである。

ところで、右の判示によるならば、競落人が会社に対し株式取得の承認請求をすることなく放置しているときに、会社が従前の株主を競落を理由に株主として取り扱わないとすると、競落にかかる株式について権利を行使し利益を享受する株主が一時不存在であるかの如き状態を呈するに至るけれども、このような状態は、株式の譲渡制限はないが競落人が会社に対し名義書換を請求することなく放置している場合にも生じうることであつて、やむをえないものと考えられるから、競落人の承認請求懈怠の間は従前の株主が会社に対し競落の存在によつて何ら影響を受けることなく権利を主張することができるという考えには左袒することができない。」[16]

第一審判決は、会社との関係で株主と扱われる者は誰かという問題を、この場合に誰を株主として扱うのがよいかという観点から判断しようとしていると思われる。昭和六三年最判とは発想の方向が逆になっており、右結論を裏づけるために、いわゆる相対説の内容の「読み換え」が行われることになる。結論を導く実質的な判断の部分の当否はここでは別にして、問題は相対説の内容の「読み換え」である。

第一審判決の論理によると、譲渡人は会社に対しても権利主張できず、また、会社は譲受人を株主として無条件に取り扱う義務はない、というのが相対説の内容となる。しかしながら、いわゆる相対説が譲渡の効力を当事者間では有効だが対会社関係では無効とするものならば、第一審判決の採る立場は相対説ではないといわざるをえないであろう。[17]この場合に譲渡人が会社に対して権利主張できないとすれば、それは譲渡人がもはや株主ではない、つまり、会社に対する関係においても譲渡の効力が生じていることを意味するにほかならないからである[18]——第一審判決は、「会社の方から株主名簿に依然として記載されている従前の株主を株主として取り扱うことは差し支えない。」とも判示しているが、[19]これは株主名簿への名義記載の効力の問題である。

このように考えてくると、第一審判決は実質的には私見の立場を採り、さらに、株主名簿上の株主ではあるがすでに当該株式を譲渡している者の地位について、その者から会社に株主であることを主張することはできないが、会社が彼を株主と取り扱うことは差し支えない、とする所説を採用するものと分析することができる。

(15)　控訴審判決（大阪高判昭和六一年五月三〇日金融・商事判例七九四号五頁）も第一審判決とほぼ同趣旨の理由により一審の結論を支持した。もっともその論旨は、競落による株式の取得という事件の特性を強調するもののようである。

(16)　なお、本件事案は譲渡制限株式の競落に関するものであるが、「右の場合における譲渡の効力について、任意譲渡の場合と別異に解すべき実質的理由もない」（前掲昭和六三年最判）と思われる（奥島孝康「最新判例演習室・商法」法学セミナー四〇五号〔一九八八年〕一二二頁、戸川成弘「取締役会の承認のない譲渡制限株式の譲渡と譲渡人の法的地位—最高裁昭和六三年三月一五日判決を素材として—」青竹正一＝浜田道代＝山本忠弘＝黒沼悦郎編『現代企業と法—企業組織・取引・有価証券—』〔一九九一年〕八頁）。

(17)　川島いづみ「最新商事判例紹介」税経通信四三巻一三号（一九八八年）二二七頁。

(18)　山本・前掲注（1）一四九頁注（44）（本書二二二～二二三頁注（44））。

(19)　判例タイムズ五九五号八七頁。

四　昭和六三年最判批判説の評価

第一審判決（およびそれを基本的に支持する控訴審判決）に対して、上告審、昭和六三年最判はいわゆる相対説の立場を維持した。そして右最判が判示するように、会社には株式譲渡人を株主として扱う義務があるとする結論は、相対説の当然の帰結のように思われる。(20)(21) しかしこの結びつきは必然的ではない、と考える所説が存在する。(22) 相対説を採りながら、昭和六三年最判と逆の結論（会社には譲渡人を株主として扱う義務はない）を導くことが可能だというのである。(23) ここでも相対説の内容の「読み換え」が行われることになる。(24)(25)

右所説によると、譲渡の効力が生じないという効果は、定款による株式譲渡制限制度の趣旨からみて、会社と譲受人との関係にのみ及ぼせば足り、それは譲受人が名義書換を請求できないという意味だとされる。(26) 対会社関係では譲渡は効力を生じないとする相対説を維持しながら、それは譲受人対会社関係でのみ無効なのだと、限定的に解するわけであるが、はたしてこのような無効概念が成り立つのであろうか。従来一般に、譲渡にこのような効力しか認めない場合に当てはめられてきた法律構成は、譲渡自体は有効と考え、譲受人は会社に対して自己の地位を対抗できない、あるいは、会社は譲受人の名義書換請求を拒否しうる、(27) というものではなかろうか。やはり相対説を採る以上、昭和六三年最判のように考えるほかないように思われる。

また、この問題は株主名簿への名義記載の効力の問題とパラレルに捉え、実質的に判断するのが妥当だとし、取締役会の承認のない譲渡制限株式の譲渡の効力とは切り離して考える所説がある。[28] しかし、譲渡人の地位を考える場合、譲渡の効力はその理論的前提となるのであり、[29] 単なる妥当性の問題ではない。右所説は疑問である。[30]

このようにみてくると、いわゆる相対説の立場からは、会社は譲渡人を株主として扱う義務はないとの結論を導くことはできない。会社との関係では当該株式の所有者は譲渡人以外に考えられず、会社は譲渡人を株主として扱う義務があるとした昭和六三年最判は、その限りで正当だと評価できよう。けれども、前述のように相対説では商法二〇四条の五の基礎理論足りえない。次に私見からの説明を試みてみよう。

(20)　小田原満知子「時の判例」ジュリスト九一二号（一九八八年）六八頁、奥島・前掲注(16)一二二頁、大隅健一郎＝今井宏『会社法論・上巻〔第三版〕』（一九九一年）四二七頁注(15)、米山毅一郎「判例研究」大阪市立大学・法学雑誌三七巻四号（一九九一年）五九七頁・五九八頁。この点、川島・前掲注(17)二二七頁は、「『会社に対する関係では効力を生じない』ということは、会社との関係では当該譲渡が効力を生じず、したがって、従前の株主が、依然、株主として扱われることを意味すると解するのが一般であり、少なくとも、従来理解されていた相対的効力とはそのようなものであった。」とされ、また、上柳克郎「判例紹介」民商法雑誌九九巻四号（一九八九年）五五四頁は、昭和六三年最判の結論を、「いわゆる相対説から論理的に無理なく導き出せる帰結」だとされる（同旨、山田純子「商事法判例研究」商事法務一一九五号〔一九八九年〕七〇頁）。

(21)　なお、小野寺千世「定款による株式譲渡制限に関する立法論的考察」筑波法政一四号（一九九一年）四七三頁は、「相対説に立つならば、当事者間では株主権は譲受人に移転しており、株主名簿上の株主には既に株主権は存しないのであるから、対会社関係ではなお株主名簿上の株主が株主権を行使することができるという根拠が何であるかという点について問題が残る。」とされる。けれども一体どういう問題が残るというのだろうか。相対説を採る以上、会社との関係ではなお株主名簿上の株主が株主権を有していることになるのであり、会社は譲受人を株主として取り扱ってよいと考える方が問題である。

(22)　戸川・前掲注(16)九頁。
(23)　なお、中村建「金融商事判例研究」金融・商事判例八〇四号(一九八八年)四五〜四六頁は、いわゆる相対説と昭和六三年最判の結論との間に論理的必然性はないが、右最判の結論は正当だとされる(なお、加藤修「昭和六三年度重要判例解説」ジュリスト九三五号〔一九八九年〕九二頁、平出慶道「競売による譲渡制限株式の取得―会社に対して株主としての地位を有する者」会社判例百選〔第五版〕〔一九九二年〕三七頁参照)。
(24)　なお、昭和六三年最判の結論は妥当だが、その論拠において不足するところがあるとし、次のように主張する見解がある。譲渡制限株式の譲渡に関しては、取締役会の承認があるまでは実質的権利の最終的帰属者が未定で、譲受人の法的地位はいわば浮動的状態(一種の条件付権利取得の状態)にある。そこで、実質的権利の帰属が確定するまでは、譲渡人が対会社関係においては当然に株主としての地位を保有し続けるものといわなければならない(酒巻俊雄「株式の譲渡制限の機能と限界」服部榮三先生古稀記念『商法学における論争と省察』〔一九九〇年〕四五二頁)。この見解は、取締役会の承認のない譲渡制限株式の譲渡は会社に対する関係では無効だが譲渡当事者間では有効とみる、いわゆる相対説を言葉を換えて説明しただけなのか、その内容の「読み換え」を意図するものなのか、はっきりしない(小野寺・前掲注(12)二六六頁参照)。前者であれば、会社との関係では譲受人は無権利なのであり、昭和六三年最判の論拠に不足はない。
(25)　なお、「読み換え」には触れずに、相対説を採るからには譲渡人に株主権の行使を認めるべきではない、とする見解がある(小野寺・前掲注(21)四七九頁注(49))。取締役会の承認を得なければならなかったのにもかかわらず、かえって自己の義務違反を理由に株主権の行使を主張するのは信義則に反するからだという。相対説に立つと譲渡人の権利主張を認めなければならないが、その権利行使は信義則に反して無効だとするのであれば、一つの考え方として成り立ちうる。しかし、「相対説に立つ限り従前の株主の株主としての地位を否定すべきであ」る、というように相対説と譲渡人の地位否定とを結びつけて考えるのであれば、相対説の内容の「読み換え」を行う必要が出てこざるをえない。「読み換え」をしないというのであれば、理論の問題と具体的妥当性の問題とを混同しているというほかない。
(26)　戸川・前掲注(16)九〜一〇頁。同旨、中村・前掲注(23)四五頁。
(27)　譲渡を有効としながら名義書換だけを拒否しうるとするのは困難だから、対会社関係において譲渡の効力を否定する必要がある、との主張がある（龍田節「譲渡制限株式の譲渡」法学論叢九四巻三・四号〔一九七四年〕九五〜九六頁・一〇二頁、中村・前掲注（23）四四頁、山田・前掲注（20）六九頁、戸川・前掲注（16）九頁）。けれども譲渡の制限は認められて、名義書換の制限が認められないのはなぜだろうか。納得のいく理由づけはなされていない。むしろ定款による株式譲渡制限制度の趣旨からみると、会社は名義書換を拒否しうるとする構成の方が制度の本質を衝くものであろう（山本・前掲注（1）一五九頁注（60）〔本書二三三頁注（60）〕）。

（28）小野寺・前掲注（12）二六二頁・二七三頁（昭和六三年最判の結論に反対）。ほぼ同旨、山田・前掲注（20）七〇〜七一頁（昭和六三年最判の結論に賛成）。

（29）もっとも、会社との関係では常に株主名簿上の株主のみが株主として扱われる――会社には彼を株主として扱う義務がある、とする立場（本節五B説）を採れば、譲渡の効力を考える必要はなくなる。注（28）の所説は、右の立場を採るか否かにかかわらず、取締役会の承認のない譲渡制限株式譲渡の譲渡人の会社との関係を、株主名簿の名義記載の効力のレベルでのみ捉えようとする点で問題を抱えている。なお、後掲注（38）参照。

（30）なお、小野寺・前掲注（21）四七九〜四八〇頁ではいわゆる絶対説が主張されており、絶対説によれば昭和六三年最判の結論は当然の帰結だとされる（同四七三〜四七四頁）。一方、小野寺・前掲注（12）二七三頁では、譲渡の効力には触れずに、会社は譲渡人を株主として取り扱う義務はないと解するのが妥当だとされる。前説を撤回されたようでもあるが、この点についての論及はない（なお、前掲注（25）参照）。

五　株主名簿の効力と譲渡制限――株式譲渡人の地位

前述のように、取締役会の承認のない譲渡制限株式の譲渡も、譲渡当事者間だけでなく、会社に対する関係でも有効だと解すべきである。譲渡人は会社との関係でも株主権を失うことになる。一方、名義書換がなされるまでの間、譲渡人は依然として株主名簿上の株主であり続ける。そこで、株式譲渡後も依然として株主名簿上の株主である者の地位が問題となる。これについては、会社は株主名簿上の株主の無権利を証明してその権利行使を拒むことができるとする所説[31]（以下、A説と呼ぶ）、基本的には右のように解しながら、株式譲受人——名義書換未了株主の権利行使を否定する場合には株主名簿上の株主の権利行使を認めなければならないとする所説[32]（以下、A′説と呼ぶ）と、たとえ無権利を証明しても株主名簿上の株主の権利行使を拒むことはできないとする所説[33]（以下、B説と呼ぶ）との間で、周知の論争がある。[34]これらの見解自体の一般的な優劣はここでは別にして、定款による株式譲渡制限制度の利用が、その場合にどれかの所説を採るべき理由となるか否かにつき検討してみよう。

まず私見と右所説の間には、そのどれとも必然的なつながりはないことを指摘しておきたい。私見は、譲渡制限制度を名義書換の制限制度と捉えるに過ぎないのである。[35]このように、譲渡制限株式の譲渡の効力と株主名簿の名義記載の効力とは、問題のレベルが異なる。[36]

昭和六三年最判はいわゆる相対説に立ち、会社には株式譲渡人を株主として扱う義務があるとした（株式譲渡の効力のみが問題とされ、名義記載の効力は問題とならない——A、A′、B、どの立場を採っても結論は変わらない）。相対説を採りえないのはこれまでに述べてきたとおりだが、右最判の結論は、私見とB説との組合せによっても導き出せる。この点、昭和六三年最判の結論に賛成する学説は、譲渡人を株主として取り扱わないことを認めると権利行使者が不在となる不当性や、譲渡人を株主として扱うか否かの裁量権の濫用の危険性を理由に挙げる場合が多い[37]（これらは、譲渡制限の定めがない場合にも——一般的に、B説支持の理由とされるものである）。実質的には株主名簿の名義記載の効力についての判断といえ、右効力が問題となるのは私見の立場しかない[38]——相対説（いわゆる絶対説も同様）では右効力を検討する必要はない。

一方、前述第一審判決は、譲渡制限制度は会社の利益保護のためのものである等の理由により、株式譲渡人は会社に対して株主権の主張はできないとした(三)。そして、昭和六三年最判のように会社には譲渡人を株主として取り扱う義務があるとすると、譲受人が譲渡人を通して事実上議決権を行使することが可能になり、それは、会社にとって好ましくない者が株主となり会社運営を混乱させるのを防止するという、定款による株式譲渡制限制度の立法趣旨に反する結果になるから、第一審判決と同様に、譲渡人は会社に対して株主としての地位を主張できず、会社は譲渡人を株主として取り扱う義務はない。さらに譲渡制限制度は会社の利益保護のためのものだから、会社が譲渡人を株主として取り扱うことは差し支えない、と解する所説もある。[39] これら第一審判決などの立場は、前述(三)のように、実質的には私見に立った上で、A説を採るものと評価できる。ただし、譲渡制限株式の譲渡の効力と株主名簿の名義記載の効力とを区別しきれず、共に譲渡の効力の問題として扱っており、理論的には不充分なものといわざるをえない。しかも定款による株式譲渡制限の制度は、名義書換制限の制度——つまり株式譲受人の入社資格設定にあたり会社に選択権を与えるものであり、譲渡人——株主名簿上の株主の権利行使の制限を認めるものではない。したがって、名義株主たる譲渡人の地位に関して譲渡制限制度の趣旨を持ち出すのには疑問がある。[40] このように考えてくると、A説を前提にするから、事実上譲渡制限制度の趣旨が貫徹される場合が出て来るわけで、その逆ではない。

以上を要するに、譲渡人の会社に対する地位を考察するにあたっては、譲渡制限株式の譲渡の効力だけでなく、株主名簿の名義記載の効力をも検討しなければならない。そして、後者の効力に譲渡制限制度が影響を与えるものではない。[41]

(31)　竹中正明・高鳥正夫編『商法Ⅱ（会社法）』（一九八一年）一三九頁、木内宜彦『会社法』（一九八三年）二六三～二六四頁、竹内昭夫『会社法講義（上）』（一九八六年）二五三～二五四頁、高鳥『新版会社法』一二五頁、河本一郎『現代会社法〔新訂第五版〕』（一九九一年）一六八頁、出口正義「株主名簿の記載の効力―名義書換未了の株主の地位―」石田満先生還暦記念論文集『商法・保険法の現代的課題』（一九九二年）二八九頁。

（32）　石井照久『会社法・上巻・第二版』（一九七二年）二〇四～二〇六頁（株主名簿上の株主と名義書換未了株主の両者の「権利の行使を否定せんとする主張のごときは、たがいに矛盾する主張として問題とすべきことではないと考える。この場合に、事実問題として会社が、いずれの株主にも通知を発しないというようなことがあるとしても、そのようなことは一般場合に株主名簿上の株主に対し故意に通知をしない場合と同じく違法な特殊現象」だとされる）、龍田節『会社法〔第二版〕』（一九九一年）二一四頁。

（33）　清水新『会社法』（一九六七年）一一二頁、大野直治・慶應義塾大学商法研究会編『下級審商事判例評釈（昭和四〇年―四四年）』二二事件（一九六八年）一七八頁、松田『会社法概論』一六七頁、山口幸五郎『会社法概論』（一九八八年）一三六頁、菱田政宏『会社法・新版上巻』（一九八八年）一七四～一七五頁、大隅＝今井『会社法論・上巻〔第三版〕』四八三頁。

（34）　松岡誠之助『新版注釈会社法（3）』（一九八六年）一六八～一七二頁、出口・前掲注（31）二六六頁以下参照。

（35）　なお、川島・前掲注（17）二二七頁は、私見の立場を採ると、その結果当然に、会社には株式譲渡人を株主として扱う義務はなくなる、と解しておられるようである。けれども、譲渡制限株式の譲渡の効力とは別に、株主名簿の名義記載の効力について検討する必要があり、私見が必然的にA説を導くわけではない。

（36）　米山・前掲注（20）五九七頁参照。

（37）　中村・前掲注（23）四五～四六頁、前嶋京子「商事判例の動向」法律のひろば四二巻三号（一九八九年）四七～四九頁、山田・前掲注（20）七一頁（なお、A′説を採っても同じ結論になるとされる）、吉川義春「昭和63年度主要民事判例解説」判例タイムズ七〇六号（一九八九年）二〇九頁、酒巻・前掲注（24）四四九～四五〇頁、米山・前掲注（20）六〇〇頁、平出・前掲注（23）三七頁。なお、上柳・前掲注（20）五五四頁参照。

（38）　なお、平出、前掲注（23）三七頁は、「株式の譲渡制限は、名義書換の制限にとどまらず、会社に対する関係で株式移転の効力を否定するものであるとしても、取締役会の承認を得ていないために名義書換をなしえない場合に、会社に対して権利を行使しうべき株主をいかに確定すべきかの問題は、譲渡制限の有無にかかわらず、名義書換未了の株式について権利を行使しうべき株主をいかに確定すべきかの問題と連動することになろう。」とされる。しかし、譲渡の効力を否定しつつどのような連動がなされうるのかの説明はない。あるいはB説を念頭に置かれてのことであろうか（前掲注（29）参照）。この点、私見を前提にすれば、譲渡人と会社との関係は株主名簿の名義記載の効力の判断によることになる。

（39）　戸川・前掲注（16）一四〜一五頁。なお、前掲注（25）参照。

（40）　小野寺・前掲注（12）二六九頁は、第一審判決のように考えると、会社に株主選択の裁量権を与える危険性があるとの批判に対して、「そもそも株式譲渡制限制度は会社にとって好ましくない者が株主となることを防ぐという会社利益の保護を目的として、会社に対して誰を株主として認め受け入れるかを選択する裁量権を与える制度である。このことに鑑みれば、むしろ会社に対して誰を株主として取り扱うかについて裁量権を与えることこそが譲渡制限の趣旨に合うのであって、譲渡制限のない会社以上に譲渡制限会社に裁量権を与えることは何ら問題はないことになる。」とされる（なお、志田惣一「株式の譲渡制限」奥島孝康＝中島史雄編『商法演習Ⅰ〔会社法〕』〔一九九二年〕八一頁参照）。しかし、譲渡制限の定款の定めの本質的な効果は、会社に名義書換拒否権を認める点にあり、それ以上の広範な株主選択権を与えるものではない。株主名簿上の株主の権利行使を否定するというのであれば、その理由は、株主名簿の名義記載の効力に求められるべきであろう。

（41）　なお、前掲注（29）・（38）参照。

六　株式譲受人の地位――会社との関係

私見によれば、譲渡制限の定款規定の直接の効果は、会社への名義書換拒否権の付与である。したがって、株式譲受人は取締役会の承認があるまでは、名義書換を実現することができない。この点で、譲渡制限が採用されていない場合の名義書換未了株主と異なるわけである。しかし相違はこれ以外にはない。

会社は（自己の危険で）譲渡制限株式の譲受人の権利行使を認めることができるか。取締役会の承認後は、譲渡制限のない会社の名義書換未了株主の場合と同じである――本節五のA説（A′説）とB説に対応して、肯定説(42)と否定説(43)が存在する。承認前においては会社は名義書換拒否権を有するが、承認後との相違はそれだけだから、右の問題についても同様に考えてよい。そして肯定説を採るか否定説かも、一般の場合の議論がそのまま当てはまり、譲渡制限制度の利用自体は、どちらが妥当かを判断する理由とはならない。ところがこの点につき、取得承認請求がなされていないのに会社が一方的に譲受人を株主として扱えるというのは疑問だとの主張(44)――譲渡制限制度と右否定説とを結びつける見解がある。いわゆる相対説の立場では、会社との関係で譲受人は株主ではなく、肯定説の成り立つ余地はない(45)。しかし相対説は採りえない。そして、取得承認請求は名義書換拒否権の放棄請求であり(46)、その請求がないからといって、名義書換を伴わない権利主張を会社が認めることを許す肯定説を否定する理由とはならないと思われる。

(42)　石井『会社法・上巻・第二版』二〇四～二〇六頁、石井照久＝鴻常夫『会社法・第一巻』（一九七七年）二五八頁、竹中『商法Ⅱ（会社法）』一三九頁、江頭憲治郎「株式の名義書換」『会社法演習Ⅰ』（一九八三年）一〇五～一〇六頁、木内『会社法』二六三～二六四頁、竹内『会社法講義（上）』二五二～二五五頁、鈴木竹雄＝竹内昭夫『会社法〔新版〕』（一九八七年）一五九頁、龍田『会社法〔第二版〕』二一四頁、高鳥『新版会社法』一二五頁、河本『現代会社法〔新訂第五版〕』一六七～一六九頁、北沢正啓『会社法〔第三版〕』（一九九一年）二三三～二三四頁、小橋一郎『会社法・改訂版』（一九九一年）一二六頁、前田庸『会社法入門〔第2版〕』（一九九一年）一八五頁、岸田雅雄『ゼミナール会社法入門』（一九九一年）

一〇六頁、神崎克郎『商法Ⅱ（会社法）〔第三版〕』（一九九一年）一八九頁、相原隆「株式の名義書換」奥島孝康＝中島史雄編『商法演習Ⅰ〔会社法〕』（一九九二年）六二頁、丸山秀平『株式会社法概論』（一九九二年）一六六頁、出口・前掲注（31）二八九〜二九〇頁、最判昭和三〇年一〇月二〇日民集九巻一一号一六五七頁。

（43）清水『会社法』一一二頁、大野・前掲注（33）一七八頁、松田『会社法概論』一六七頁、西原寛一『会社法・第二版』（一九六九年）一三三頁、田中『再全訂会社法詳論・上巻』三八二頁、松岡・前掲注（34）一七二頁、山口『会社法概論』一三六頁、菱田『会社法・新版上巻』一七四〜一七七頁、長浜洋一『株式会社法』（一九九〇年）一四一頁、大隅＝今井『会社法論・上巻〔第三版〕』四八二〜四八三頁、同『最新会社法概説〔新版〕』（一九九一年）八五頁、大賀祥充『現代株式会社法〔新版〕』（一九九一年）二〇三頁、加美和照『新訂会社法・第三版』（一九九一年）一四〇頁、堀口亘『新会社法概論』（一九九二年）一五〇頁。

（44）中村・前掲注（23）四五頁、前嶋・前掲注（37）四六頁、山田・前掲注（20）七一頁（取締役会の承認がなければ、会社は常に譲受人を株主として取り扱えないと断定される）。

（45）前嶋・前掲注（37）四八頁、米山・前掲注（20）五九七頁・六〇〇頁参照。

（46）山本・前掲注（1）一五七頁（本書二三一頁）。

七　法改正に関する付記

本章第一節七参照。

■第三節■ 会社の行う株式の譲渡制限について

一　はじめに

商法二〇四条一項但書以下のいわゆる定款による株式譲渡制限制度下においては、取締役会の承認がなければ、株式譲受人からなされる株主名簿の名義書換請求を会社は拒否することができる。あらかじめ株式譲渡人が当該株式譲渡につき承認を請求しておれば、それが認められるにしろ不承認にしろ、株式譲受人の立場――名義書換ができるかできないかははっきりするが、承認請求を欠いたまま譲渡が実行された場合は問題である。この点、平成二年改正前商法二〇四条の五は、「競売又ハ公売ニ因リ株式ヲ取得シタル者」からなす株式取得承認・先買権者指定請求を容認していたが、一般の株式譲渡の譲受人がこの請求をなしうるかについては見解が分かれていた。しかし今回（平成二年）の改正二〇四条の五は、当時の通説[1]を採用し[2]、一般の株式譲受人からの譲渡承認・

先買権者指定請求をも認めることとした。立法的解決が図られたのである。

それではなぜ株式譲受人は右請求をなしうるのか。つまり改正二〇四条の五を支える理論的根拠はどのように考えられるべきか。従来の通説・判例[3]によると、取締役会の承認を得ないでなされた株式譲渡は、譲渡当事者間では有効であるが、会社に対しては効力を生じない。この見解によると、株式譲受人の譲渡承認・先買権者指定請求権を理論的に基礎づけるのは困難なように思われる——もっともこの見解を前提にして、通説は、改正前商法二〇四条の五の下で、株式譲受人からの右請求を肯定的に解していたのであるが、（株主名簿の名義書換前の株主と異なり、つまり、株主たる地位を対抗できないというのではなく）会社との関係で株主と認められない者が、会社に対して株主権を前提とする請求をなしうるという主張は、矛盾しているというほかないだろう[4]。

改正前の条文の下ではあるが、基本的に右のような問題意識から、私は「定款による株式譲渡制限制度の法的構造」で概略次のように主張した[5]。すなわち、定款による株式譲渡制限制度は会社に名義書換の制限を認める制度であり、株式譲渡の効力を制限するものではない——取締役会の承認を得ていない株式譲渡も、当事者間だけでなく会社に対しても有効で、ただ株式譲受人は株主名簿の名義を書き換えなければ、会社に対してその株式を対抗できず（名義書換前の株主）、一方、会社は名義書換を拒否する権限を有することになる。このような考え方は、会社にとって好ましくない者が株主となり会社運営を混乱させるのを防止するという、この制度の趣旨を生かしつつ[6]、株式の自由譲渡性——株主の立場を尊重しようとする主張であり、かつ、改正商法二〇四条の五に理論的基礎を与えるものである[7]。

右のような立場を基に、本節では、会社の行う株式の譲渡制限[8]の形態について若干の考察を試みたい。

（1）　山本爲三郎「定款による株式譲渡制限制度の法的構造」中村眞澄教授・金澤理教授還暦記念論文集第一巻『現代企業法

の諸相』（一九九〇年）一四二～一四四頁（本書二一五～二一七頁）参照。なお、株式譲受人からの譲渡承認・先買権者指定請求を肯定的に解する下級審裁判例に、大阪地判昭和五四年五月三〇日金融・商事判例五八二号四八頁、大阪地判昭和六三年三月三〇日判例タイムズ六七四号一九三頁がある。

（2）　大谷禎男『改正会社法』（一九九一年）一〇一～一〇二頁。

（3）　山本・前掲注（1）一三七～一三八頁（本書二〇九～二一〇頁）参照。

（4）　取締役会の承認を得ないでなされた株式譲渡の効力は、会社に対する関係においても株式譲渡当事者間においても無効だとする所説を前提にして、小橋一郎『会社法・改訂版』（一九九一年）一一一～一一二頁は、改正商法二〇四条の五の解釈に関し、株式取得者が会社に対し譲渡承認・先買権者指定請求をなしうるのは、株式取得者に、株式を取得することはできないが、その株式の金銭的価値を保持できる地位が認められているからだ、とされる。そして、譲渡制限株式の譲渡担保、善意取得、譲渡人の破産の場合につき、通説と同じ結論を導かれる。実質的には通説と変わりなく、「株式の金銭的価値を保持できる地位」という新しい概念を用いることで、通説の矛盾を解決しうるのか疑問である。無理があるように思われる。

（5）　山本・前掲注（1）一五六～一五九頁（本書二三〇～二三三頁）。

（6）　最判昭和四八年六月一五日民集二七巻六号七〇〇頁。

（7）　なお、最近、東京地裁平成元年六月二七日判決・金融・商事判例八三七号三五頁および東京高裁平成二年一一月二九日判決・判例時報一三七四号一一二頁は、定款に株式譲渡制限の定めのある一人会社の株主が、その保有全株式（東京地裁の事案）あるいは保有株の二分の一（東京高裁の事案）を譲渡し、名義書換を終了した（東京高裁の事案）あるいはそれと同じ状態にあった（東京地裁の事案）が、取締役会の承認がないことを理由に譲受人株主に通知を出さずになされた株主総会の決議を不存在とした。その中で次のような判断を示している。

「株式譲渡制限の制度は、株主の個性や持株数が問題となる閉鎖的会社について、譲渡株主以外の株主の利益を保護するために設けられた制度であるところ、本件のように、いわゆる一人株主がその保有する株式すべてを他に譲渡し、一人株主の交替が生ずるに過ぎないような場合には、他の株主の利益保護が問題となる余地はないから、取締役会の承認がない場合であっても、その譲渡は有効と解するのが相当である。」（右東京地判）

「定款に譲渡制限の定めがある場合において、特定の株式の譲渡につき株主全員の承諾があったときは、取締役会の承認がなくとも、その譲渡を会社に対する関係においても有効に行うことができるものと解すべきである。そして、このことは、一人の株主が全株式を保有する、いわゆる一人会社の場合においても同様であるということができる。」（右東京高判）

確かに、一般論として、株主名簿上の株主の無権利を証明して、会社は彼を株主として取り扱わないことができるとする主張がある。そして右両判決はこの主張を前提にするものと思われる。しかしながら、ここではこの主張は妥当しないと考えるべきではなかろうか。そうでないと、内部手続たる取締役会の承認につき当然悪意である会社が、譲受人に名義書換をしながら、後になって突然、取締役会の承認がないことを理由に当該株式譲渡の効力を否定し（通説・判例の立場）、譲受人を株主として取り扱わないこととしても、原則として（右両判決の事案のような例外的環境にない限り）、その措置は違法でないことになる。このような結論は妥当ではなかろう。ここでの問題の本質は、むしろ、定款による株式譲渡制限制度は名義書換を制限するものであり（会社に対する名義書換拒否権の付与）、株式譲渡の効力を制限するのではないところにあるのではなかろうか。つまり、取締役会の承認を欠く株式譲渡も完全な効力を有する。そして、名義書換がなされると、会社は名義書換拒否権を失いもはや取締役会の承認の有無を問題にできない。したがってここでは、右主張が妥当する余地はないのである。

（8）　本節で扱うのは定款ないしは契約による任意的な譲渡制限であり、権利株の譲渡、株券発行前の株式譲渡や自己株式の取得などのように、法律の規定により強制的に規制が実現される場合ではない。

二　定款による譲渡制限

(一)「法定制度」以外の定款による譲渡制限

商法二〇四条一項但書以下に定められているいわゆる定款による株式譲渡制限制度（以下、「法定制度」と呼ぶ）は、前述のように会社に名義書換拒否権を与えるものだが、その代償として、商法は、株主の投下資本回収を保障するための手続規定を充実させている（商二〇四条の二〜二〇四条の五）。また「法定制度」は、定款により会社が任意に採用しうる制度である。そこで、採用に反対の株主に株式買取請求権を認め（商三四九条。会社設立時においては株式引受取消権（商一八七条四項））、株式の流通を念頭においた公示が義務づけられている（登記（商一八八条二項三号）、株式申込証（商一七五条二項四号の二・二八〇条の六第五号）、株券（商二二五条八号）、端株券（商二三〇条の三第三項一号）など）。このように「法定制度」は、関係諸利益の調整の考慮の上に成り立っている。したがって、一般に、この制度は定款で株式の譲渡制限をなす唯一の方法だと考えられているが、[9] これは理由ある主張である。もっとも「法定制度」は、先に述べたように株式譲渡の効力を制限するものではなく、会社に名義書換拒否権を与えるに過ぎない。それ以上の制限となる株式譲渡の効力の制限は、「法定制度」を越えるもので許されない。[10]「法定制度」以外の方法ではなしえないと解されるのは、名義書換制限である。

定款による株主の資格制限はどうか。入社資格制限——株式譲受人の範囲限定と、退社資格制限——一定の場合における株式譲渡の強制がある。

入社資格制限は、一定の場合に、株式譲渡の効力を否定するか、「法定制度」以外の方法で名義書換を制限することに帰着し、「法定制度」の脱法行為として無効といえる。(11)この点、「日刊新聞紙の発行を目的とする株式会社及び有限会社の株式及び持分の譲渡の制限等に関する法律」(以下、日刊新聞法と略す)一条前段は「一定の題号を用い時事に関する事項を掲載する日刊新聞紙の発行を目的とする株式会社にあつては、定款をもつて、株式の譲受人を、その株式会社の事業に関係のある者に限ることができる。」とし、例外的な入社資格制限を許容している。これは、昭和二五年の商法改正で株式の自由譲渡性が絶体視されたことに対し、(12)新聞社の要請で制定されたものである。(13)昭和四一年に「法定制度」が導入され、同制度で対応が可能となった後にも(「当社事業に関係ない者に株式を譲り渡す場合には取締役会の承認を要する」旨の定款規定を置けばよい)、(14)このような投下資本回収の保障のない特例を存置させておくことには疑問がある。(15)

退社資格制限、つまり譲渡制限ではなく、定款による株式譲渡の強制はどうだろうか。一定の場合(例えば、従業員資格喪失、株式取得後一〇年経過)に株式譲渡を強制するわけである。定款に定めたからといって、株式譲渡を擬制することはできないから、譲渡強制とは譲渡の義務づけということになろう。(16)このような義務づけを個々の契約(売らない自由の放棄)を通してではなく、定款(売らない自由の剥奪)で一律に行おうとする点に譲渡強制規定の問題点がある。はたしてこのような義務づけが可能なのか。(17)株式とこの義務の関係(固有権の侵害にならないのか)、定款改正に反対の株主の利益保障のほかに、(18)公示方法(登記事項等ではない)も考慮する必要がある。(19)また、売却価格の問題もある。価格を定款で定めておくことも考えられるが、商法二〇四条の四のような公正さを担保する制度はない。株式譲渡の相手方も問題である。適当な相手方を探し出すのは、閉鎖会社においては株主に非常な困難を強いることにもなろう。定款で買取権者・買受義務者を特定することも考えられるが、彼らが義務を履行しない場合の問題は残る。定款による株式譲渡の強制は無効と解せざるをえないであろう。(20)

なお、日刊新聞法一条後段は、既述の前段に続けて、「この場合には、株主が株式会社の事業に関係のない者であることとなつたときは、その株式を株式会社の事業に関係のある者に譲渡しなければならない旨をあわせて定めることができる。」と規定する。この特例には、公示面に手当てがなされている以外（株式申込証記載事項・株券記載事項・端株券記載事項（同法二条一項）、登記事項（同法四条））、右に指摘した問題点がすべてあてはまる。ところがこの点、金沢地裁昭和六二年九月九日決定・金融・商事判例七九〇号一五頁は、

「思うに日刊新聞法は、日刊新聞を発行する株式会社等の社会的公器たる立場に鑑み、その独立性を保護し、経営の安定を図ることを目的としたものであって、同法一条の一文と二文は表裏一体をなし、共に同一の機能を営むべく期待される趣旨と解される。そして、同条一文の規定により、株式を会社の事業に関係のない者に譲渡した場合にはその譲渡は会社との関係において無効であると解されるところ、同条二文によれば、当該無関係株主は可能な限り直ちに株式を事業に関係のある者に譲渡する義務を会社に対して負うというのであるから、右に述べた同条一文の効果との均衡をも考慮すると、株主総会において無関係株主の株式を出席・欠席株式数及び議決権行使株式数から除外して決議がされたとしても、このことをもって当該決議の瑕疵とすることはできないものと解するのが相当である（かように解しないときは、無関係株主が任意にその義務を履行しない場合には、その義務を強制的に履行させる法的手段がないことから、無関係株主は日刊新聞法の定めにもかかわらず依然として当該会社の株主総会の議決権を行使し、その独立と経営の安定性を脅かすことが可能となり、右の立法趣旨は没却されることとなる。）。」

と判示している。しかし、既述のように日刊新聞法一条は、前段、後段ともに制度的に多くの問題点を抱えており、同条に右のような積極的な役割を認める解釈には疑問がある。(21) 同条の立法趣旨は結局は「法定制度」と同じであって、(22) 立法論としては日刊新聞法を廃止すべきであろう。

以上検討してきたように、「法定制度」以外に、定款により株式譲渡や名義書換を制限したり強制したりすることはできないと考える。

(二)「法定制度」の変更

「法定制度」を採用するにあたって、その要件や効果を定款で変更できるかどうかにつき考察してみよう。

(1) 制度適用期間・効果

「法定制度」採用後は、その廃止の定款変更決議まで同制度は効力を有する。しかし、あらかじめ制度適用期間を定めておくことも可能である。(23) 後の定款変更により、さらに期間を延長することも、定められた期間を短縮することもできる。特に問題はないであろう。

「法定制度」採用の結果、本章第一節で主張したように会社は名義書換拒否権を有することになる。したがって、「株式の譲り受けにより名義書換を請求するには取締役会の承認を要する」旨の定めは当然有効である。(24) 取締役会の承認が株式譲渡の効力要件になるのではない。「法定制度」を採用していない場合と同様に、譲渡は会社に対しても有効である。定款で取締役会の承認を譲渡の効力要件（対会社、さらに譲渡当事者間）とすることは、定款規定の趣旨に株式譲渡の効力が左右され妥当でない上に、「法定制度」が尊重する株式の自由譲渡性に反するから、許されないと解すべきである。(25)

(2) 「法定制度」の要件の変更

「法定制度」は名義書換の制限制度として例外的なものであるから、その適用要件を緩和し原則に近づけるような変更は可能であるが、その逆は許されない。したがって、取締役会の不承認通知、先買権者指定期間の二週間（商二〇四条の二第二項三項）や先買権者の売渡請求期間の一〇日間（商二〇四条の三第一項）を短縮する定めは有効であるが、延長することはできない。また、例えば、「当社従業員以外の者が譲り受けた株式の名義書換を請求するには取締役会の承認を要する」とか「株主名簿記載の株主以外の者に株式を譲り渡す場合には取締役会の承認を要する」というように、特定の範囲の者が譲受人となる場合にのみ「法定制度」を適用する定めも有効である(26)——名義書換拒否権の範囲の制限。

譲受人の制限に対して譲渡人の制限には問題がある。例えば、「当社従業員が当社株式を譲渡する場合には取締役会の承認を要する」旨の規定は、「法定制度」の適用範囲を限定するものではあるが、従業員株主という特定の株主にのみその株式譲渡につき取締役会の承認を要求することになる面に着目して、通説は株主平等原則違反でこれを無効だとする(27)。ところが、承認をなすか否かは取締役会の完全な裁量事項であるから(28)、一般的な「法定制度」のもとでは、譲渡人が従業員株主でなければ無条件で承認し、従業員株主であれば承認・不承認を審議するというふうに、特定株主であることを取締役会が基準として判断しても、株主平等原則は問題にならない。これとの均衡上、定款による譲渡人の制限にのみ株主平等原則を持ち出すのは疑問だとする批判がある(29)。確かに、右通説を前提に譲渡人による譲渡制限をなそうとすると、特定人以外の株主をも「法定制度」の対象としなければならず、不合理のようにも思える。けれども、そもそも「法定制度」は名義書換の制限制度であり、譲渡人の資格に関するものではない。譲渡人の資格によって譲受人の名義書換請求権が制限を受ける理由はなく、まさにこの点から、定款による譲渡人制限規定は無効なのである(30)。むしろ右批判の考え方とは逆に、取締役会がその裁量権の範囲内として、譲渡人の資格を承認の判断基準として用いることができる点の方に、問題がありそうである(31)。

定款であらかじめ先買権者を特定しておくことに問題はなかろう。この場合、先買権者以外への名義書換請求をすべて拒否すれば、特定の買取権者・買受義務者以外への株式譲渡を禁じる定めと（仮に、それが有効だとすれば）、同様の効果を達成できる。しかしながら、前者が認められるからといって後者も有効になるわけではない。前述のように、「法定制度」以外の方法でなす株式譲渡の制限は無効である。

（9）味村治『改正株式会社法』（一九六七年）一二一〜一二三頁、石井照久＝鴻常夫『会社法・第一巻』（一九七七年）二二四頁、上柳克郎『新版注釈会社法（3）』（一九八六年）六六頁、鈴木竹雄＝竹内昭夫『会社法〔新版〕』（一九八七年）一四七頁、出口正義「定款による株式譲渡の制限」法学教室一〇七号（一九八九年）六二頁、大隅健一郎＝今井宏『会社法論・上巻〔第三版〕』（一九九一年）四一八頁、同『最新会社法概説〔新版〕』（一九九一年）七六頁、龍田節『会社法〔第二版〕』（一九九一年）二〇六頁、鈴木竹雄『新版会社法・全訂第三版』（一九九一年）一〇九〜一一〇頁、加美和照『新訂会社法・第三版』（一九九一年）一二三頁、小橋『会社法・改訂版』一〇四頁、神崎克郎『商法Ⅱ（会社法）〔第三版〕』（一九九一年）一六八〜一六九頁。

（10）なお、事実上株式の譲渡禁止の効力をもたらす（商二〇五条一項参照）、株券の不発行（商二二六条一項参照）を、定款に規定することができないのはいうまでもない（なお、三（二）参照）。「法定制度」も会社に名義書換拒否権を与えるにとどまるから、これを採用している会社にあっても、株券不発行の定款規定は、当然許されない（大塚龍児「最新判例批評」判例評論三四三号（一九八七年）五三頁。なお、後掲注（39）参照）。株券不所持制度が利用される場合も同様である（後掲注（36）参照）。

（11）味村『改正株式会社法』一三一頁、大塚市助『注釈会社法（3）』（一九六七年）六八〜六九頁、石井照久『会社法・上巻・第二版』（一九七二年）一七五頁、石井＝鴻『会社法・第一巻』二二四頁、今井宏「定款による株式の譲渡制限」Law School 二二号（一九八〇年）一四頁、木内宜彦『会社法』（一九八三年）二五三頁、上柳『新版注釈会社法（3）』六六頁、竹内昭夫『会社法講義（上）』（一九八六年）二二二頁、鈴木＝竹内『会社法〔新版〕』一四七頁、森田章「株式の譲渡」倉沢康一郎ほか『分析と展開・商法Ⅰ〔会社法〕』（一九八七年）八一頁、山口幸五郎『会社法概論』（一九八八年）一三三頁、田村諄之輔「判例解説」ジュリスト九〇六号（一九八八年）四八頁、石田榮一「金融商事判例研究」金融・商事判例八〇七号（一九八九年）四八頁、出口・前掲注（9）六二頁、長浜洋一『株式会社法』（一九九〇年）一三〇頁、大隅＝今井『会社法論・上巻〔第三版〕』四一八頁、同『最新会社法概説〔新版〕』七六頁、龍田『会社法〔第二版〕』二〇七頁、河本一郎『現代会社法〔新訂第五版〕』（一九九一年）一四一頁、鈴木『新版会社法・全訂第三版』一一四頁注（8）、北沢正啓『会社法〔第三版〕』（一九九一年）二〇一～二〇二頁、小橋『会社法・改訂版』一〇四頁。

（12）昭和二五年改正（同四一年改正前）商法二〇四条一項は、「株式ノ譲渡ハ定款ノ定ニ依ルモ之ヲ禁止シ又ハ制限スルコトヲ得ズ」と規定していた。

（13）高鳥正夫「株式の自由譲渡性」法学研究二五巻一〇号（一九五二年）三六頁（「日刊新聞社に限つて特例法が制定されたということは、日刊新聞社については他の株式會社の場合と區別する本質的な理由が存在するからであるというのではなく、むしろ、有力な日刊新聞社が中心となつて、いち早く全國新聞社商法對策委員會を結成し、その委員會が機宜に適した啓蒙運動を行つたことの結果であるとみるのが妥當のように思われる。」と指摘される）、東季彦「株式譲渡制限の禁止規定について」旬刊商事法務研究四一号（一九五六年）一〇頁、味村『改正株式会社法』六～七頁。

（14）大塚（市）『注釈会社法（3）』八四頁、竹内『会社法講義（上）』二二五頁参照。

（15）味村治「改正商法逐条解説」旬刊商事法務研究三八五号（一九六六年）四三頁、同『改正株式会社法』二三〇頁参照。

（16）なお、当初、日刊新聞法一条は、

「一定の題号を用い時事に関する事項を掲載する日刊新聞紙の発行を目的とする株式会社にあつては、商法（明治三十二年法律第四十八号）第二百四條の規定にかかわらず、株式の譲受人を、その株式会社の事業に関係のある者であつて取締役会が承認をしたものに限ることができる。

2　前項の規定による株式の譲渡の制限は、定款をもつて定めなければならない。」

と規定していたが、昭和四一年の商法改正にともない、現行のような規定に整備された（味村・前掲注（15）四三頁、同『改正株式会社法』二二九～二三〇頁・二三二頁）。

(17) 竹内『会社法講義（上）』二二四〜二二五頁、田村・前掲注（11）五〇頁参照。なお、高鳥・前掲注（13）三六頁参照。

(18) 通常の定款変更決議（商三四三条。同三四八条対照）で足ることになろう（日刊新聞法に関する、味村・前掲注（15）四三頁、同『改正株式会社法』二二〇頁参照）。

(19) 定款改正に反対の株主に株式買取請求権は認められない（商三四九条対照）（日刊新聞法に関する、味村『改正株式会社法』二二〇頁参照）。

(20) 味村『改正株式会社法』一三頁、大塚（市）『注釈会社法（3）』八四頁。

(21) 田村・前掲注（11）五〇頁、石田・前掲注（11）五〇〜五一頁。

なお、田村・前掲注（11）五〇頁は、「法定制度」が採用されている場合には、株主に投下資本回収の保障があることになるが、それとともに日刊新聞法一条後段の制度をも採用した場合、定款またはその委任に基づく株式取扱規定などによって、無関係株主が株式を譲渡するまでの地位につき定めることが可能となり、議決権を奪う処置も許される、とされる。けれども、「法定制度」の株主の投下資本回収の保障と、無関係株主からの議決権剝奪処置の許容との関係は判然としない。確かに「法定制度」が採用されておれば、株主は投下資本の回収を保障されることになるが、それは「法定制度」が適用される範囲内においてである。日刊新聞法一条の制度下では（なお、「当社事業関係者以外へ株式を譲り渡す場合には取締役会の承認を要する」旨の定めは、「法定制度」によるもので〔本節二（二）（2）参照〕、日刊新聞法一条の制度を併用する規定とはいえない）、「法定制度」が同時に採用されていても（例えば、「当社の株式を譲り渡すには取締役会の承認を要する。日刊新聞法一条前段に基づき、株式譲受人を当社事業関係者に限る」との定款規定がある場合）、会社事業に関係ない者への株式譲渡承認、その不承認時の先買権者指定請求は認められず（株式譲受人資格が会社事業関係者に限定される――日刊新聞法一条前段）、投下資本回収の保障はない（日刊新聞法の制度にはなく〔味村・前掲注（15）四三頁、同『改正株式会社法』二三一頁〕、「法定制度」の適用もない）。そして、会社事業関係者の中から容易に買い手を探し出せるとは限らない。そもそも日刊新聞法一条の制度は問題が多く、株主を犠牲にするような強い効果を認めるべきではないと思われる。右所説には賛成し難い。

(22) 東・前掲注（13）一〇頁、味村『改正株式会社法』六〜七頁参照。

(23) 石井＝鴻『会社法・第一巻』二二五頁、上柳『新版注釈会社法(3)』六六頁、鈴木＝竹内『会社法〔新版〕』一四七頁、森田章・前掲注(11)八一頁、出口・前掲注(9)六四頁。
(24) 山本・前掲注(1)一六〇頁注(66)(本書二三四頁注(66))参照。
(25) 山本・前掲注(1)一四一頁注(16)(本書二一三～二一四頁注(16))参照。
(26) 味村・前掲注(15)四～五頁、同『改正株式会社法』一四頁、大塚(市)『注釈会社法(3)』七〇頁、石井『会社法・上巻・第二版』一七六頁、石井＝鴻『会社法・第一巻』二二五頁、今井・前掲注(11)一四頁、田中誠二『再全訂会社法詳論・上巻』(一九八二年)三四四頁、木内『会社法』二五三頁、上柳『新版注釈会社法(3)』六五頁・六六頁、竹内『会社法講義(上)』二一二頁、鈴木＝竹内『会社法〔新版〕』一四七頁、森田章・前掲注(11)八一頁、山口『会社法概論』一三三頁、阪埜光男『株式会社法概説』(一九八八年)九〇頁、菱田政宏『会社法・新版上巻』(一九八八年)一四六頁、藤部富美男「株式譲渡の承認を取締役会の全員一致と定めることの可否」商事法務一一七四号(一九八九年)四二頁、出口・前掲注(9)六三頁、長浜『株式会社法』一三〇頁、大隅＝今井『会社法論・上巻〔第三版〕』四一八頁、同『最新会社法概説〔新版〕』七六頁、龍田『会社法〔第二版〕』二〇七頁、高鳥正夫『新版会社法』(一九九一年)一一三頁、前田庸『会社法入門〔第2版〕』(一九九一年)一五四頁、河本『現代会社法〔新訂第五版〕』一四一頁、鈴木『新版会社法・全訂第三版』一一四頁注(8)、北沢『会社法〔第三版〕』二〇二頁、小橋『会社法・改訂版』一〇四頁、神崎『商法Ⅱ(会社法)〔第三版〕』一六九頁。
(27) 味村・前掲注(15)五頁、大塚(市)『注釈会社法(3)』七〇頁、石井『会社法・上巻・第二版』一七六頁、石井＝鴻『会社法・第一巻』二二五～二二六頁、今井・前掲注(11)一四頁、田中『再全訂会社法詳論・上巻』三四四頁、木内『会社法』二五三頁、竹内『会社法講義(上)』二一二頁、鈴木＝竹内『会社法〔新版〕』一四七頁、森田章・前掲注(11)八一頁、阪埜『株式会社法概説』九〇頁、菱田『会社法・新版上巻』一四六頁、藤部・前掲注(26)四二頁、出口・前掲注(9)六三頁・六四頁、大隅＝今井『会社法論・上巻〔第三版〕』四一八頁、河本『現代会社法〔新訂第五版〕』一四一頁、北沢『会社法〔第三版〕』二〇二頁、神崎『商法Ⅱ(会社法)〔第三版〕』一六九頁。
(28) 石井『会社法・上巻・第二版』一七五頁、石井＝鴻『会社法・第一巻』二二四頁、田中『再全訂会社法詳論・上巻』

三四八頁、上柳『新版注釈会社法（3）』六七頁、森田章・前掲注（11）八一頁、前田『会社法入門〔第2版〕』一五四頁。

（29）上柳『新版注釈会社法（3）』六七頁、森田章・前掲注（11）八一頁、前田『会社法入門〔第2版〕』一五四頁。なお、味村・前掲注（15）五頁、鈴木＝竹内『会社法〔新版〕』一四八頁注（三）は、このような批判も考えうるとされる。

（30）味村・前掲注（15）五頁、同『改正株式会社法』一四頁、大塚（市）『注釈会社法（3）』七〇頁、石井『会社法・上巻・第二版』一七六〜一七七頁、石井＝鴻『会社法・第一巻』二二六頁、菱田『会社法・新版上巻』一四六頁、出口・前掲注（9）六三頁・六四頁、大隅＝今井『会社法論・上巻〔第三版〕』四一九頁注（3）、高鳥『新版会社法』一一三頁、北沢『会社法〔第三版〕』二〇二頁。

（31）出口・前掲注（9）六四頁は、取締役会が株式譲渡人の資格のみを基準に決定した場合には株主平等原則に反する、とされる。なお、鈴木＝竹内『会社法〔新版〕』一四八頁注（三）参照。

三　契約による譲渡制限

二で検討したように、名義書換の制限や株式譲渡の制限・強制を定款で行うことは原則として許されず、ただ、「法定制度」の枠内でのみ例外的に名義書換の制限が認められるに過ぎない。それでは、会社が個々の株主と契約することにより、名義書換や株式譲渡の制限を実現することは可能だろうか。最近の代表的な学説によると、会社・株主間の契約による株式譲渡制限は、原則として商法二〇四条一項の脱法手段として無効だが、契約内容が株主の投下資本回収を不当に妨げない場合には有効と解される。そして、無効の例として、株式譲渡の禁止や株式譲渡に取締役会の同意を要求するような内容の契約、効力を認めるべき例として、株主が株式の譲渡を望む場合に、会社や他の株主に先買権者を指定する権利を与える契約、が挙げられている。[32]これは基本的には支持しうる考え方であろう。[33]もっとも契約による制限といっても、実質的に譲渡制限の効果を達成するものをも含めると、その態様は多岐にわたる。ここでは、そのうちのいくつかを採り挙げ検討し、株式譲渡自由原則（株主の投下資本回収の機会の保障）の妥当領域を探ってみたい。

（一）名義書換禁止契約、株式不購入契約

「法定制度」を採用していない会社においても、特定人との間で会社に名義書換拒否権を与える旨の契約を締結できれば、「法定制度」の目的を実質的に達成できる場合もある。現在保有中（名義書換前）の株式に関する右内容の契約は、（名義書換前の）株主の処分権の範囲内での利益放棄といえる。また、その株式に関して彼もしくは他の株主の投下資本回収の機会を妨げる性質のものでもない。したがって、自由意思に基づいてなされる限り右契約の有効性を肯定してよいであろう。

これに対して、将来取得する株式を対象とした名義書換禁止契約は問題である。将来にわたっていかに株式を取得しても全く名義書換ができないというような契約は、一種の入社資格制限であり、「法定制度」の脱法行為と評価されよう。ところがこの点につき、福岡簡裁昭和五八年一二月二一日判決・判例タイムズ五二〇号二六二頁は次のように判示している。

「会社と現在の株主または将来株主になることが予測される者との間で、個別に、名義書換をしない契約をなし得るかについて考えると、なるほど株式の名義書換を認めないときは、右の約定をした特定の譲受人との関係では、譲渡人に対し譲渡の自由を制限したことに帰着する。

しかし、それは『譲渡人による制限』を付したものではなく、しかも、特定の譲受人以外については譲渡が開放されており、株主の投下資本の回収も十分保障されているので、いまだ商法の理念とする株式自由譲渡の原則を侵害するものと解することはできない。

そうすると、会社と特定の株主（将来その会社の株式を取得すると予測される者を含む）との間の自由意思による名義書換をしない旨の個別的契約も有効に成立し得ると解するのが相当である。」


会社との間で将来取得する株式の名義書換禁止契約を結ぶ者は、新たに株式を取得することを欲しないであろうから、その分、（他の）株主は投下資本の回収の機会を失うことになる。そのような状況を会社が創り出して構わないのかが、ここで問われているのである。したがって、単に権利処分の自由のレベルのみでは捉えられない問題だといえる。(34) 右判決もこの点を意識しているのだが、譲渡機会の開放度を採り挙げて論じるという過ちを犯している。すなわち、会社と名義書換禁止契約を締結している者がたとえ一人だけであっても、現実の具体的な場面では、株主の投下資本回収の機会を奪ってしまう可能性があり、それが問題なのである（そもそも株式取得の可能性があるから、会社はその特定人と名義書換禁止契約を結ぶといえる）。会社との契約締結者が一人ならよいが、一〇人なら株式譲渡自由原則の侵害となる恐れがある、というような問題ではないと考える。

株式の不購入を会社との間で約する合意も、名義書換の禁止をその内容に含んでいるか否かを問わず、右同様の理由で無効である。

(二)　株券不発行の合意

株式を譲り渡すには株券の交付が必要である（商二〇五条一項）。そして、会社は株券発行義務を負う（商二二六条一項)。しかし、会社がこの義務から合法的に免れることができれば、「法定制度」によらずに株主の変動を抑える――事実上株式譲渡を制限することができる。商法は株券不所持制度を用意しているが（二二六条の二）、これは長期固定株主の静的安全保護のため――株券の紛失・盗難等によって生じうる株式喪失の危険から株主を保護するための制度であり(35)、株主さえ望めばいつでも株券の発行・返還を請求しうる（商二二六条の二第四項）(36)。そこで株主との間で、株主からの一方的な株券発行請求に縛られることのない、つまり株券不所持制度を利用するのではない(37)、株券を発行しない旨の合意をなそうとする会社もでてくる(38)。このような合意はどのように評価されるべきだろうか。

もしも右のような合意が有効だとすると、株主は会社の同意を得られない限り株券の発行を受けられず、株式譲渡をなせない状態が固定化されることにもなってしまう。しかし、原則として退社・株式払戻が許されない株式会社では、株主の投下資本回収のために、いわばその本質的要請として株式譲渡の自由が認められなければならない。「法定制度」も会社に名義書換拒否権を与えるのみであり、仮に同制度を採用しているとしても、それをもって株券不発行が正当化されるわけではない(39)。会社が株券発行義務を完全に免れるような合意を、有効と考えるべきではなかろう(40)。

もっとも一方で、株券不所持制度の存在は、株券の所持を望まない株主の意思が株券の不発行を合法化する場合があることを示している。したがって、少なくとも不所持制度の範囲内で――つまり、株主はいつでも株券の発行を請求しうるが、それまでの間は、株券不発行の合意に効力を認められないかどうか、を考える必要がでてこよう(41)。

まず第一に、特に反対の意思が表示されていない限り、株券不発行の合意における株主の意思には、株券の所持を欲しない旨と評価しうる側面があり、定款に別段の定めがなければ（商二二六条の二第一項前段参照）、それは株券不所持制度における不所持の申出にあたる、と解してよいように思われる。すなわち右合意は、株券不所持の申出（商二二六条の二第一項前段）とそれに対する会社の株券不発行措置選択（商二二六条の二第二項）の表明にほかならない、といえよう。[42][43][44]

しかしこの点に関しては、次のような疑問が提起されている。[45] 株券不所持制度においては、株主名簿に株券不発行の旨の記載が求められ（商二二六条の二第二項）、不記載に対しては罰則が設けられている（商四九八条一項一六号）。また、株主からの請求がない限り株券発行が禁止される（商二二六条の二第三項前段四項前段）など、通常、株券不発行合意の当事者が予想しない法律効果が含まれている。したがって、株券不発行の合意を株券不所持制度の利用と解すべきではない、というのである。けれども、それが商法二二六条の二第一項前段の株券不所持の申出か否かは、申出時に判断されるのであり、株主名簿に株券不発行の旨の記載がなされて初めてその性質を帯びるのではない。そして、長期間右記載がなされないからといって、不所持申出でなくなるわけでもない。さらに、株券不所持の申出は株券の所持を欲しない旨の申出であり、会社の採るべき措置はその内容とならない[46]し、この申出があれば、会社はその意思にかかわらず株券不発行か株券寄託の措置を採る義務を負担する。これは罰則の有無とは関係なかろう。また、株券発行禁止は株主名簿への株券不発行記載の効果だが（商二二六条の二第三項前段）、右記載がなされること自体、株券不所持制度利用意思の現れである。要するに、定款に別段の定めがなく、当事者間で特に反対の意思が表示されていない限り、株券不発行の合意において株主から会社に対して示される意思は、株券不所持制度の下では、同制度を発動させる株券不所持の申出と解される、とみるのが素直だと思われるのである。

それでは、会社・株主間で株券不所持制度を利用しない旨の明示的な特約がある場合はどうだろうか。株券不所持制度は株主の利益のために設けられた制度であり、それを利用するか否かは株主の自由な判断による。したがって、会社との間の株券不所持制度不利用の特約も有効性を認められてよい。そこで、この特約とともになされる株券不発行合意を株券不所持制度の利用と解することはできない。株券不所持制度が会社の株券発行義務に対する唯一の例外だとすると、右のような特約付の不発行合意は効力を認められないことになる。しかし、株券不発行により株式譲渡ができない不利益を受ける株主が、株券の所持を望まないのであれば、その限度において――株主の（自由に行える）株券発行請求までは、不発行合意を有効視してもよいように思われる。[47] 株式譲渡自由原則に実質的に反しないからである。

これに対して、株券不所持制度の利用と解される場合以外は、株券不発行合意に効力を認めるべきではない、とする所説がある。[48] 株券発行請求までは不発行合意が有効だとすると、株式譲渡のためには、常に会社に対して株券発行の請求をなさなければならない。会社がそれを拒めば事態の紛糾を招く。ところが無効説だと、会社が株券発行義務を不法に履行しない場合の株式譲渡――いわゆる株券発行前の株式譲渡と解され、株主は意思表示のみにより株式を譲渡しうるのであり、[49] 株主保護の点で有効説よりも優れている。さらに、株券不発行合意は、株主から株式譲渡の手段を奪うという事実上の譲渡制限の機能に期待してなされる。この点からも、一般的には、不発行合意は無効と解すべきだ、とするのである。[50] しかしながら、会社に株券発行義務がある以上、株式譲渡のために株主は株券発行請求をなすであろうし、会社がそれを拒むことも考えられる。意思表示のみによる株式譲渡が有効だとしても、会社がその効力を争えば事態は一層紛糾する。また、有効説を採っても、株券発行請求に対して会社が遅滞なく株券を発行しなければ、[51] いわゆる株券発行前の株式譲渡として意思表示のみによる譲渡が認められよう。[52] さらに、株主が株券の所持を望まない場合にのみ合意に効力を認める立場を前提にすると、株主が自由な意思で株券不発行合意をなす限り、会社がその合意に寄せる期待を考慮する必要はないと思われる。[53] 特別な不都合があれば格別、そうでない以上、当事者の意思（単に会社が株券発行を怠っているのではなく、会社・株主間

に株券不発行の合意がある）をなるべく評価すべきであって、右所説には問題があると考える。(54)

最後に、株券不所持制度を排除する旨の定款規定が存する場合であるが、これは株主の一方的な株券不所持の申出を採り挙げなければならない制度を排除するもので、会社・株主間の合意による株券不発行までを否定するものではない。したがって、この定款規定の下での株券不発行合意は、株券不所持制度を利用しない旨の特約がある場合と同様に考えられる。株主が株券不所持を望む限り、合意の効力を認めて構わない。

(三)　株券保管契約

会社の都合のみによる株券不発行は許されないとしても、株券を会社が占有していれば、その間、株式の譲渡を事実上制限できることもあろう。株主にとっても譲渡を望まない間は、株券の保管を会社に委せられると便利で安心であろう。そこで、発行された株券を会社が保管するとの合意が成り立つ場合もある。会社に株券を預けるという意思が明示されておれば、三（二）で述べた株券不所持制度の利用とは解せない。右合意は、会社が株主のために株券の保管をなすことを約する寄託契約の合意だと解される（民六五七条参照）。会社側の契約の目的が株式譲渡を制限することにあり、株主に対するサービスのためではない場合でも、それは契約に至る動機であり右合意を寄託契約と解する妨げにはならない。そうすると株主は、返還時期を定めていてもそれに拘束されず、いつでも株券の返還を請求できることになる（民六六二条）。それでは、株式譲渡を制限しようとする会社の目的を達成するために、この株主の株券返還請求権を制限することは許されるだろうか。

株主間の合意に関してではあるが、東京地裁昭和五六年二月二四日判決・判例時報一〇一八号一一九頁は次のような判断を下している。

（原告らのＡ一族が、被告株式会社（およびＡ一族が将来設立する会社）の株券でＡ一族の引き受けるものは、すべて被告株式会社の金庫に保管するとの申し合せを仮にしたとしても）「そのような申し合わせは株主の株券の占有を禁止し、その結果（株式の譲渡には株券の交付が必要であるから）株主の株式の処分を不可能にさせるものであり、株式の譲渡性について定めた商法二〇四条、株券の不発行・寄託制度について定めた同法二二六条の二等の法意に照らして、前記申し合わせが株券の現所有者である原告らを拘束する効力を有しないことは明らかである。」

会社・株主間の株券保管契約が寄託契約だとすると、株主はいつでも株券の返還を請求できるから、右のような批判はあたらない。しかし、この返還請求権を制限する特約については、東京地裁の主張が——これは株主間の合意に関するものであるが[55]、会社・株主間においては一層強く——妥当しそうである。けれども一方で、寄託物の保管が受寄者にとっても特別に利益のある特殊な場合には、返還請求権の制限も許されると解されている[56]。会社・株主間の株券保管契約の場合には、会社側の事情のほかに[57]、右東京地判が問題とする株主の投下資本回収の機会の保障がなされていれば、制限も許容されうると考えてよいであろう。投下資本回収の保障は株券の返還によりもっとも良くなされるが、それだけに限られるのかどうかさらに検討する必要がある。株券不発行の状態と異なり、すでに株式譲渡の手段たる株券は発行されており、場合によっては、それにより投下資本の回収が図られることもあるように思われるからである。例えば、一定の条件が成就したときに、あらかじめ会社の指定した第三者に当該株式を譲渡する合意を、株券保管契約とともになしておくとする。合意された譲渡価格等が公正なものであれば、投下資本の回収が保障されているとして、株券保管契約による株券返還請求権の制限を認めてよい場合もでてきそうである。もっとも、具体的にどのような条件が揃えばよいのか、一律の基準を提示するのは困難である。株主と会社以外の者との間でなされる契約も視野に入れて、次回の検討課題としたい。

(32) 大隅＝今井『会社法論・上巻〔第三版〕』四三四頁。
(33) ただし、会社・株主間の株式譲渡制限契約と会社以外の者と株主との間の契約とを、区別せずに投下資本回収の機会保障という基準一本で考えるべきか、区別して考えるべきか、両者を区別せずに投下資本回収の機会保障という基準一本で考えるべきか（上柳克郎「株式の譲渡制限―定款による制限と契約による制限」大阪学院大学・法学研究一五巻一・二号〔一九八九年〕一一～二〇頁参照）、本節では態度を留保したい（この他、契約による株式譲渡制限には契約自由の原則が妥当し、その規制は民法九〇条による、とする所説もある〔河本一郎＝神崎克郎＝河合伸一＝岡本昌夫＝前田雅弘＝森本滋「従業員持株制度をめぐる諸問題」（三・完）民商法雑誌九八巻三号（一九八八年）三三三頁（森本発言）・三三五～三三六頁（神崎・森本発言）〕）。これらの所説につき、藤原俊雄「契約による従業員持株の譲渡制限」静岡大学・法経研究四一巻一号〔一九九二年〕一頁以下参照）。
(34) 加藤修「判例研究」法学研究六三巻七号（一九九〇年）一〇〇頁は、「確かに、株式譲渡をめぐる制度や名義書換制度は、商法という団体法上の規制である。しかし、この場合の団体法的な規制は、全体の枠組を定めているものであり、その全体の枠組の中で認められた個々の株主権については、株主による個別的債権契約でもって自由なる処分や制約を許してよいのではないかと考えられる。」とされ、一般的に名義書換禁止契約の有効性を肯定される。しかし、他の株主へ及ぼす影響という観点から、枠組と処分の自由の関係を捉える必要もあるはずである。
(35) 味村『改正株式会社法』一一四～一一五頁、鴻常夫『新版注釈会社法（4）』（一九八六年）六九頁。
(36) 株券の発行・返還請求権を制限することは、定款によってもなしえない（味村・前掲注（15）二三頁、同『改正株式会社法』一二七頁、田中『再全訂会社法詳論・上巻』三一〇頁、鴻『新版注釈会社法（4）』一〇一頁・一〇六頁、大隅＝今井『会社法論・上巻〔第三版〕』三九七頁。なお、前掲注（10）参照）。
(37) 小島康裕「昭和六三年度重要判例解説」ジュリスト九三五号（一九八九年）九三頁は、株券不発行制度は株主の利益を優位に運用されるものであり、会社の閉鎖性を維持しようとする経営者の意図に照らせば、あまり役に立たない制度である、とされる。
(38) 最判昭和六三年三月四日金融法務事情一一九五号四一頁、最判昭和六三年七月七日金融法務事情一一九七号二一頁の事案参照。

(39)　東京地裁昭和六一年一二月二日判決・判例時報一二二八号一三二頁は、次のように指摘する。

「確かに、閉鎖会社にあっては、株式の自由譲渡の原則の例外として、株式の譲渡にあたり取締役会の承認を必要とする制度が存在するが、これは、あくまでも株式の譲受人の選定を会社の意思に係らしめようとするものであって、決して、株券の不発行を是認したものではない。

どのような株式会社であっても、会社の株主は、その保有する株式を譲渡して、その投下資本を回収することができるはずであるが、株券が発行されておらず、かつ株式の譲渡制限がなされている会社の株主が、その保有する株式を譲渡しようとして取締役会に対し株式の譲渡承認をもとめたにもかかわらず、取締役会の承認が得られなかった場合には、取締役会は、株式譲渡そのものを否定することはできず、当該株式の先買権者を指定しなければならない。そして、その先買権者からの株式売り渡し請求が株主に対してなされた場合には、株主は、当該株式の株券を供託所に供託する必要があるのであり（商法二〇四条ノ二、同法二〇四条ノ三）、株券の不発行を奇貨として、事実上株主の株式譲渡を拒否することは許されない。」（商事判例七七九号三〇頁。

同旨、大塚（龍）・前掲注（10）五三頁、小島・前掲注（37）九四頁、東京高判昭和六二年六月二九日金融・商事判例七七九号三〇頁。

(40)　丸山秀平「株券を発行しない会社と株主」受験新報四四七号（一九八八年）二六頁、同『株式会社法概論』（一九九二年）一三四頁、加美和照「最新判例批評」判例評論三五九号（一九八九年）五八頁、酒巻俊雄「株券不発行の合意の効力――二つの最高裁判決を中心に――」金融法務事情一二二八号（一九八九年）八頁・九頁、前嶋京子「商事判例の動向」法律のひろば四二巻九号（一九八九年）七六頁・七九頁、名古屋高判昭和六三年一月二八日金融・商事判例七九二号一四頁。

(41)　東京地裁昭和六一年一二月二日判決・判例時報一二二八号一三二頁は、次のように判示する。

「株券不発行が許容されるのは、右例外〔商法二二六条の二の株券不発行制度――筆者注〕の場合に限られ、それ以外には商法上このような例外を認める条文はない。

したがって、株主が株券の所持を望んでいない場合には、株券不発行の合意は有効であり、その合意をなした本人はもとよりその包括承継人にも右株券不発行の合意の効力は及ぶものと言うべきである。

……（中略）……

しかしながら、株券不発行の合意は、株主があくまでも株券の所持を望んでいない場合にのみ有効であるに過ぎず、株主が株券不所持の意思を翻し、株券の発行を求めたときは、本則に戻り、会社は、直ちに株券を発行すべきである。」

(42) 大塚（龍）・前掲注（10）五三頁、加美・前掲注（40）五八頁、北沢『会社法〔第三版〕』一九〇頁、名古屋高判昭和六三年一月二八日金融・商事判例七九二号一四頁。同旨、神崎『商法Ⅱ（会社法）〔第三版〕』一六〇頁。

なお、寳金敏明「昭和62年度主要民事判例解説」判例タイムズ六七七号（一九八八年）二一三頁は、「一般論としては、閉鎖的小規模会社にしばしばみられる株券不発行の状態は、株券不所持制度利用の黙示の合意に基づくと解釈すべきであろう。」とされる。

(43) 酒巻「演習・商法1」法学教室九〇号（一九八八年）一一三頁、同・前掲注（40）一〇頁、同「株式の譲渡制限の機能と限界」服部榮三先生古稀記念『商法学における論争と省察』（一九九〇年）四五七頁・四六〇頁は、株主があくまでも株券の所持を欲せず任意に株券不発行の合意をなす場合は、株券不所持の申出と解する余地もあるが、一般的には、その合意は、株主から株式譲渡の手段を奪うという事実上の譲渡制限の機能に期待してなされるであろうから、右合意は無効と解すべきだとされる。しかし、株主の自由な意思での不発行合意は、本文で述べたように株券不所持の申出と解されるのであり、会社側の意図・動機により影響されるものではなかろう――申出があれば株券不所持制度の利用が開始されるのであり、会社がその申出に便乗して異なる効果の達成を狙ったとしても、それにより不所持制度の利用が排斥されるものではないと思われる（なお、後掲注（44）・（53）参照）。

(44) なお、石渡哲「最新判例批評」判例評論二八〇号（一九八二年）四九頁は、株券保管契約に関してであるが（本節三（三）参照）、株券不所持制度は株主の利益のために設けられた制度であり、株式の散逸の防止という、個々の株主の利益を越えた目的のためになされる株主間の株券保管の申合せとは、趣旨が全く異なる。したがって、後者の有効性の否定の根拠として株券不所持制度の存在を挙げるのは、不適切だとされる。このような考え方によると、株券不発行の合意も株式の散逸防止のためになされる限り、株券不所持制度の利用とは解せないことになりそうである。しかし、不所持の申出をなす株主がいかなる目的を有しようが、動機の内容により不所持の申出がそうであったりそうでなくなったりするとは解しえない（なお、前掲注（43）・後掲注（53）参照）。

（45）　前嶋・前掲注（40）七九頁。
（46）　株主のなしうるのは、株券の所持を欲しない旨の申出のみであり、株券不発行または株券寄託の一方を指定、要求することはできない（味村・前掲注（15）二二頁、同『改正株式会社法』一一七頁、石井『会社法・上巻・第二版』一五五頁・一六〇頁、石井＝鴻『会社法・第一巻』二〇二頁・二〇七頁、田中『再全訂会社法詳論・上巻』三〇四頁、鴻『新版注釈会社法（4）』七四頁、竹内『会社法講義（上）』一八二頁、大塚（龍）・前掲注（10）五三頁、阪埜『株式会社法概説』六八頁、加美・前掲注（40）五八頁、大隅＝今井『会社法論・上巻〔第三版〕』三九二頁・三九三頁・三九六頁、小橋『会社法・改訂版』九八頁、森田邦夫「株券不発行と株主の権利」崎田直次編『株主の権利』（一九九一年）一二五頁、堀口亘『新会社法概論』（一九九二年）一一八頁）。また、定款が株券寄託措置を排除し、株券不発行のみを許容している場合にも（このような別段の定め〔商二二六条の二第一項前段〕も有効である〔味村『改正株式会社法』一一九頁、石井『会社法・上巻・第二版』一五四～一五五頁、石井＝鴻『会社法・第一巻』二〇一頁、米津昭子「株券不所持制度」『会社法演習Ⅰ』（一九八三年）一一一頁、鴻『新版注釈会社法（4）』七八頁、竹内『会社法講義（上）』一八二頁、大塚（龍）・前掲注（10）五三頁、大隅＝今井『会社法論・上巻〔第三版〕』三九一頁〕）、会社の採るべき措置が固定化されるだけであり、それが株主の株券不所持の申出の内容となるわけではない（もっとも、株券が寄託された場合には、会社・株主間に寄託類似の関係が成立し、会社・銀行〔信託会社〕間には再寄託類似の関係が生じるとする所説〔味村『改正株式会社法』一二〇～一二二頁、田中『再全訂会社法詳論・上巻』三〇九頁、河本『現代会社法〔新訂第五版〕』一一九～一二〇頁、小橋『会社法・改訂版』九八～九九頁、堀口『新会社法概論』一一八頁。この所説に対する批判として、米津・本注一一四～一一五頁参照〕を採ると、株券不所持の申出に寄託契約〔あるいは寄託類似の契約〕の申込が含まれていると解されるのであろうか〔鴻『新版注釈会社法（4）』八八～八九頁参照〕）。
（47）　大塚（龍）・前掲注（10）五四頁。なお、前嶋・前掲注（40）七九頁参照。
（48）　酒巻・前掲注（43）法学教室九〇号一一三頁、同・前掲注（40）九～一〇頁、同・前掲注（43）『商法学における論争と省察』四五九～四六〇頁、丸山『株式会社法概論』一三四頁。
（49）　上柳『新版注釈会社法（3）』七二～七七頁参照。

（50）酒巻・前掲注（43）法学教室九〇号一一三頁、同・前掲注（40）九～一〇頁、同・前掲注（43）『商法学における論争と省察』四五九～四六〇頁。

（51）前嶋・前掲注（40）七八頁参照。

（52）株券不所持制度の場合における、米津・前掲注（46）一一一頁・一一三～一一四頁、鴻『新版注釈会社法（4）』一〇二頁、前田『会社法入門〔第2版〕』一六八頁、森田（邦）・前掲注（46）一三〇頁参照。

（53）東京高裁昭和六二年六月二九日判決・金融・商事判例七七九号三〇頁は、

「株式会社が株券を発行しないときは、株主は株券の発行を請求することができ、会社が企業の平和の維持、会社乗取等の弊害の防止等の見地から株式の自由譲渡を禁止し、又は制限する手段として、株主との間に株券を発行しない旨の合意をしたとしても、かかる合意は商法が株主に対して強行的に保障する株式譲渡自由の原則に牴触する合意としておよそ効力を有しないものと解される。」

と判示する。原審東京地裁昭和六一年一二月二日判決・判例時報一二一八号一三二頁が、前掲注（41）のような判断を下していることからすると、右東京高判は株券不発行合意の効力を全面的に否定するもののようである。けれども、株主が株券の所持を望まない場合にのみ合意に効力を認め、いつでも株主は株券の発行を請求しうるとする立場を採れば、株式譲渡自由原則に抵触しないし、譲渡制限の手段との会社の目的・動機も問題にならない（なお、前掲注（43）・（44）参照）。

（54）株券不発行により、株券の盗難や紛失の危険から免れることを望む株主の利益をも、考慮すべきだとの指摘もある（加美・前掲注（40）五八頁、前嶋・前掲注（40）七九頁）。

（55）石渡・前掲注（44）四九～五〇頁は、株主間の株券保管の申し合せも、単なる保管の依頼の申し合せの範囲では効力を肯定すべきであるが、保管株券返還請求権の排斥までは、株式の譲渡性を完全に排除し、株主の投下資本回収の途を鎖ざすことになるので、その有効性を認める余地はない、とされる（同旨、加美・前掲注（40）五九頁）。しかし、以下の本文で述べる通り、保管契約が株主間でなされたか会社・株主間でなされたかを問わず、保管株券返還請求権を制限する合意の有効性を認める余地がないと言い切れるか、疑問である。

（56）我妻榮『債權各論・中卷二』（一九六二年）七二四頁、打田畯一＝中馬義直『新版注釈民法（16）』（一九九〇年）三五二

〜二五三頁。

(57)　従業員持株制度や企業結合、取引先である株主との関係の強化・維持など、株券の保管が会社にとって意味のある場合。

四　法改正に関する付記

平成一七年会社法は、譲渡制限株式の取得を承認しない場合において、譲渡人あるいは譲受人は当該会社あるいは指定買取人が当該譲渡制限株式を買い取ることを請求できることとした（会一三八条一号ハ二号ハ）。そして、指定買取人をあらかじめ定款に定めておくことができる旨が明定された（会一四〇条五項但書）。

株券の発行につき、第四章第一節七（二）参照。

日刊新聞法および株式譲渡強制合意につき、本章第六節参照。

■第四節■　商法三五〇条一項の株券提出期間経過後になされた未提出株券の交付による株式譲渡の効力〔判例研究〕

東京地判昭和五六年九月八日、昭和五五年(ワ)第一〇七一五号、株式名義書換請求事件、金融・商事判例六四九号三七頁、判例タイムズ四六三号一四〇頁

判示事項

一　商法三五〇条一項の株券提出期間満了により、未提出株券はその善意の譲受人との関係においても無効となる

二　右未提出株券の交付による株式譲渡の効力

参照条文

商法二〇四条・二〇五条・二二五条八号・三四八条一項・三五〇条

事　実

Y株式会社は、昭和四九年一一月三〇日の定時株主総会において、「当会社の株式を譲渡するには取締役会の承認を要する」旨の定款規定を設ける決議をなした。そして引き続き商法三五〇条一項の公告・通知をなし、同条項の株券提出期間は昭和五〇年二月二八日に満了した（株式譲渡制限の旨の登記は同年三月一日になされた）。ところがY社の株主Aは、右期間内に株券を提出せず、しかも昭和五五年三月一一日、Xに対して右未提出株券を交付し株式譲渡の合意をなした。そこで、XはY社に対し株主名簿の名義書換を求めた。これが本件である。

Y社はXの請求を拒絶する。その理由は、三五〇条一項の株券提出期間の満了により未提出株券は無効となったから、A・X間の株式譲渡は無効である。しかもこの株式譲渡は、Y社取締役会の承認を得ていないからY社に対して効力を生じない、という二段構えのものであった。これに対しXは、本件株券が未提出株券であること、および右株式譲渡制限の定款規定の存在を知らなかったと主張し、このような善意の譲受人に対しては、株式の自由譲渡性や取引の安全を保護するために、未提出株券の無効および定款の株式譲渡制限規定の効力をもってY社は対抗できない、と解すべきだと主張した。

判旨

「定款に株式譲渡を制限する旨の規定が設けられた場合には、その旨を株券に記載して取締役が署名しなければならないので（商法二二五条八号）、定款変更により右の規定が設けられた場合には、会社は、既発行の株券を回収してその流通を止める一方、新たにその旨の記載ある株券を発行しなければならない。商法三五〇条一項の株券提出制度は、この既発行の株券を回収してその流通を止めるために設けられたものである。したがって、未提出株券は、株券としては当然に無効なものとなり、その交付が行われても、株式譲渡の効力は全く生じないものと解するのが相当である。なぜなら、株式の譲渡方法を規定した商法二〇五条一項にいう『株券』とは、有効な株券を前提にしているものと解されるからである。

ところで、Xは、未提出株券が無効な株券であることを絶対的に主張できるとするならば、未提出株券であることにつき善意でこれを譲り受けた者は、株式を取得できなくなり、株式の自由譲渡性や取引の安全を著しく害するので、右無効は善意の譲受人に対しては主張できないものと解すべきである旨主張する。しかし、定款変更により株式譲渡を制限する旨の規定を設けるに際し、既発行株券の回収を集団的、画一的に行わなければならないことはいうまでもないので、未提出株券の効力の問題は絶対的に決定するのが相当であり、仮に、Xの主張を認めるとするならば、商法三五〇条一項の株券提出制度の趣旨ひいては定款変更による株式の譲渡制限の制度の趣旨が否定されることに到ることは明らかである。したがって、Xの右未提出券の効力についての主張は、到底採用することができない。

以上のとおり、本件株券は、前記抗弁事実から明らかなように未提出株券として昭和五〇年三月一日以降は無効な株券となっているので、その後の本件株券の交付による本件株式の譲渡は、当事者間においても何らの効力を生じていないことになる。そうすると、Y社の抗弁は、Y社の株式譲渡を制限する旨の定款七条の規定の効力の有無について判断するまでもなく理由があることになり、Xは、Y社に対して本件株式について名義書換を請求することは許されない。」

研　究

一　本判決の意義

株式会社において、定款を変更し、株式の譲渡について取締役会の承認を要することとした場合には、その旨を株券・端株券に記載しなければならない（商二二五条八号・二三〇条の三第三項一号）。そのため、商法は株券・端株券の会社への提出手続を定め（商三五〇条）（なお、三五〇条には昭和五六年改正により、端株券に関する追加修正および準用条文の変更修正が行われた。本件は改正以前の規定が適用される事例であるが、規定内容に実質的な変化はない。以下においては株券についてのみ検討する）、この提出期間満了の時に譲渡制限の効力が発生するとしている（商三五〇条二項）。それでは、このような手続が行われたのにもかかわらず未提出株券が生じ、しかも株券提出期間経過後に、当該未提出株券に対応する株式が譲渡されたならば、その法律関係はどうなるか。本判決はこの問題を正面から採り挙げた、おそらく唯一の裁判例である。

さて、Xの請求を退ける本判決の理論は、商法三五〇条一項の株券提出期間満了により未提出株券は無効となる。無効な株券の交付による株式譲渡は、商法二〇五条一項に反し当事者間でも全く効力を生じない。したがってXは無権利者であり、名義書換を請求する権利を有さない、とするものである。しかしながら結論はともかく、この判決理論には問題があると考える。以下、検討してみよう。

二　株券提出期間経過後の株式譲渡の効力——譲渡当事者間

商法三五〇条一項の株券提出期間の満了により、旧株券は無効となる（同条項により、会社は未提出株券は無効になる旨を公告しなければならない）。つまり株式を表章するものではなくなる。したがって、それによる善意取得はできない、と解する点に異論はない（神崎克郎『注釈会社法（8）のⅠ』（一九六九年）五六～五七頁、田村淳之輔「昭和五七年度民事主要判例解説」判例タイムズ五〇五号（一九八三年）一七五頁。最判昭和六〇年三月七日民集三九巻二号一〇七頁）。では、未提出により失効した株券の交付による株式譲渡の効力はどうか。本判決は、当然に商法二〇五条一項が適用されると解し、無効株券の交付による譲渡は当事者間においても効力を生じないとする。しかしこれは株券が失効した場合だから、二〇五条一項が当然に適用される場合とは解せない。むしろ、新株券発行前の状態だということを考えると、商法二〇四条二項を適用すべき場合だと思われる（なお、除権判決後、新株券発行までの場合につき、河本一郎『新版注釈会社法（4）』（一九八六年）一六六頁参照）。

二〇四条二項によると、株券発行前の株式譲渡は会社に対して効力を生じない。けれども譲渡当事者間においては、有効な株式譲渡ができると一般に解されている（高鳥正夫『会社法（改訂版）』（一九八三年）一一五頁）。そこでXは、株式を有しながらも、Y社に対してはそれを主張できない地位にあると考えられる。ところがXは、それが未提出株券であることを知らないで譲り受けた者には、Y社は当該株券の無効を主張できないと解すべきだという。そしてその理由として、株式の自由譲渡性と取引安全の保護を挙げる。このXの主張が採用すべきものであるとすると、善意の譲受人との関係では二〇四条二項は制限的に解される——新株券発行前の未提出株券の交付による株式譲渡の効力を、無効株券によるものであることを理由には、会社は善意の譲受人との関係では否定できないことになる。しかしながら二〇四条二項の適用により、当事者間では有効に株式譲渡をなしうるのであり、その限度ではあるが、株式の自由譲渡性や取引の安全保護は一応図られている。その一方で、旧株券回収、新株券発行の事務手続を円滑、迅速に行うために、旧株券を失効させることも欠かせない。しかも、当該株券が未提出株券であることを知らない譲受人は、定款の株式譲渡制限の定めも知らないことが事実上多いと思われる。そして、本件ではすでに株式譲渡制限の旨の登記がなされているが、さらに株券にその旨の記載がないと、会社は善意の第三者にはそれを対抗できないとするのが通説である（北沢正啓『会社法〔新版〕』〔一九八二年〕一九七頁、木内宜彦『会社法』〔一九八三年〕二五二頁、大隅健一郎＝今井宏『最新会社法概説』〔一九八四年〕七三頁、上柳克郎『新版注釈会社法（3）』〔一九八六年〕五九頁、鈴木竹雄＝竹内昭夫『会社法〔新版〕』〔一九八七年〕一四九頁）。この通説を前提にXの主張を認めると、会社は善意の譲受人に対して未提出株券の無効を主張できないが、それに加えて会社は、株式の譲渡制限をも主張できない場合が多く出てくることが予想される。この意味で、本判決がXの主張を認めると、「定款変更による株式の譲渡制限の制度の趣旨が否定されることに到る」と論じている点に賛成できる。以上の理由で、Xの右主張は否定すべきだと考える。

三　株券提出期間経過後の株式譲渡の効力――対会社関係

Xの主張は善意者保護の観点からのものであるが、さらに一歩進めて、株券提出期間経過後の株式譲渡の効力を、対会社関係においても――譲受人の善意・悪意を問わず――肯定する所説がある（岩原紳作「最高裁判所民事判例研究」法学協会雑誌九六巻二号〔一九七九年〕二三三頁、上田宏「共有株式の権利行使者の指定と民法八二六条」『会社判例百選〔第四版〕』〔一九八三年〕四一頁。株式併合の場合につき、河本一郎「商法三七八条についての一考察」旬刊商事法務研究七八号〔一九五七年〕三一～三二頁、八木弘＝神崎克郎『注釈会社法（8）のI』〔一九六九年〕九一～九二頁）。そして対会社関係の効力まで認めても、株式譲渡制限の目的は達成できるとする（岩原・前掲二三三頁）。確かに、未提出株券は失効しているから、当該株券に株式譲渡制限の旨の記載がなくても、登記がなされている限り、会社は善意の譲受人に対しても譲渡制限を対抗できるといえそうである（商一二条）。しかしその前提として、この所説では二〇四条二項との調整が必要であるが（河本・前掲・旬刊商事法務研究七八号三一頁、八木＝神崎・前掲九二頁、岩原・前掲一三六頁注（5））、この点に成功しているとはいいがたいと思われる。すなわちこの所説は、譲受人は会社に対して新株券の交付を請求しうると解し、これにより同条項との調整を図るようである（河本・前掲・旬刊商事法務研究七八号三一～三二頁、八木＝神崎・前掲九二頁）。けれども、新株券交付を請求できるのは株主であり（新株券交付請求権を株式本体と独立に譲渡することはできないと考える〔河本・前掲・旬刊商事法務研究七八号三三頁。なお、鴻常夫『新版注釈会社法（4）』（一九八六年）九八頁参照〕）、しかも譲受人は二〇四条二項により、株式譲渡の効力を会社に主張できない。したがって、譲受人が新株券交付請求権を行使できるとする構成自体に、無理があると思われるからである（もっとも河本・前掲・旬刊商事法務研究七八号三一頁は、株券発行前の株式譲渡は会社に対しても有効であるが、譲受人は株券交付請求権以外は主張できないとする。しかし、株券交付請求権のみを特別扱いする理由はあるのだろうか。疑問である）。このように、右所説にも賛成することはできない。

四　おわりに

本件A・X間の株式譲渡は、二〇四条二項の株券発行前の株式譲渡である。本判決は二〇五条一項を適用するが、新株券発行の不当遅滞の場合を考えると妥当な解釈とはいえないだろう。また前述のように、本件Xの善意者保護の主張や、対会社関係においても効力のある株式譲渡をなしうるとする所説も採りえない。したがって、Xの名義書換請求権を否定した本判決の結論は是認しうるが、その理由は二〇四条二項にもとめるべきであったと考える。

五　法改正に関する付記

平成一七年会社法では、株券発行会社は例外的位置づけにされた。株券の発行につき、第四章第一節七（一）参照。

平成一七年改正前商法三五〇条による譲渡制限株式を設ける定款変更に際する株券提出についての規整は、平成一七年会社法では株式併合などとともに二一九条にまとめられた。会社法では、譲渡制限株式を設ける定款変更の効力発生日に株券が無効になることとされている（二一九条三項）。

■第五節■　譲渡制限株式に関する譲渡承認および相手方指定請求撤回の時期

〔判例研究〕

最高裁平成一五年二月二七日第一小法廷決定、平成一四年(許)第一〇号、株式売買価格決定申請棄却決定に対する抗告審の取消決定に対する許可抗告事件、民集五七巻二号二〇二頁、判例時報一八一五号一五七頁、判例タイムズ一一一七号二一二頁

事実の概要

（株式の譲渡につき取締役会の承認を要する旨が定款に定められている）株式会社A（発行済株式総数六〇〇株）の一八〇株（本件株式）の株主である株式会社Y（相手方、被申請人）は、A社に対して、平成一二年四月二一日ころに到着した書面（書留内容証明郵便）により、本件株式を株式会社B（代表取締役CはY社の代表取締役の一人でもある）に譲渡し

たいのでこれを承認すべきこと、これを承認しないときは他に譲渡の相手方（先買権者）を指定すべきことを請求した。A社取締役会は、B社への本件株式の譲渡を承認しないで先買権者としてX（A社の代表取締役。抗告人、申請人）を指定し、その旨を同年五月一日到達の書面（書留内容証明郵便）によってY社に通知した。Y社は、A社およびXに対して、同月六日到達の各書面（書留内容証明郵便）により、本件譲渡承認請求を撤回する旨を通知した。他方、Xは、同月八日に商法（平成一三年法律第一二八号による改正前）二〇四条の三第二項（改正後は三項。書類の電子化による改正であり実質的な内容に変化はない）所定の金銭（六二八八万四七九六円）を供託した上で、Y社に対して、同月九日到達の書面（書留内容証明郵便）により、本件株式をXに売り渡すべき旨を請求した。

Xは、本件株式の売買価格につき協議が調わないとして、商法二〇四条の四第一項に基づき、原々審に対して、本件株式の売買価格の決定を請求した。これに対してY社は、Xが本件株式の売渡を請求する前に本件譲渡承認請求を撤回したから、Y社とXとの間に本件株式の売買は成立していないと主張した。

原々審（福岡地決平成一二年八月二二日民集五七巻二号一二三頁参照）は、株式譲渡承認・先買権者指定請求の撤回は先買権者から売渡請求があるまではできると解されるとして、Xの請求を棄却した。Xが即時抗告。原審（福岡高決平成一四年一月二九日判時一七九五号一五八頁）は、民法五二一条一項・五二四条の類推適用により、譲渡承認請求株主は、取締役会から先買権者指定通知を受けた後は、その請求を撤回することができないと解するのが相当である、として地裁決定を取り消した（福岡地裁へ差戻）。Y社が許可抗告。

決定要旨

破棄自判（原々決定に対する抗告棄却）

（1）「会社に対して譲渡の相手方を指定すべきことを請求した株主がその後に請求を撤回したとしても、会社にとって好ましくない者が新たに株主となるわけではないから、定款に譲渡制限の定めを置いた会社の利益が害されることはない」こと、（2）「取締役会が譲渡の相手方として指定した者が株主に対して株式を売り渡すべき旨を請求することによって、株主とその者との間に株式の売買が成立するということができる（同法二〇四条ノ三）。したがって、この売渡請求がされた後は、株主がその請求を撤回することが許されないことは明らかであるが、売渡請求前については、……株主による請求の撤回が否定されるべき旨を定めた条項はない」こと、（3）「株主の会社に対する譲渡相手方指定の請求が実質的にみて売買契約の申込みに当たるということも、取締役会から指定された者が売買契約の申込みを受けた者と実質的に同じであるとみることもできないから、株主による請求の撤回の可否につき、民法五二一条一項、五二四条の規定を類推適用することは相当でない」こと、（4）「以上によれば、定款に株式の譲渡につき取締役会の承認を要する旨の定めのある会社の株式について、会社に対して株式の譲渡を承認すべきこと及びこれを承認しないときは他に譲渡の相手方を指定すべきことを請求した株主は、取締役会から指定された者が株主に対して当該株式を売り渡すべき旨を請求するまで、その請求を撤回することができると解するのが相当である。」

島田仁郎裁判官の反対意見がある。

解説

一　本決定の意義

商法二〇四条一項但書に基づく定款による株式譲渡制限制度には、株主の投下資本回収の保障との調整のための先買手続が用意されている。本決定と関係する範囲で手続の流れを概観すると、まず、株式を譲渡しようとする株主は、譲渡の相手方など譲渡内容を記載した書面をもって（平成一三年法律第一二八号による改正後は、電磁的方法も認められる。以下同じ）、会社に譲渡承認を請求するとともに、不承認の場合に備えて先買権者の指定をも請求することができる（商二〇四条の二第一〜三項〔条文は同改正後のもの。以下同じ〕）。右両請求に対して会社は、請求の日から二週間以内に不承認および先買権者指定の旨を、当該株主に通知しなければならず、期間内に通知がなければ取締役会の承認が擬制される（商二〇四条の二第四〜七項）。先買権者は、会社がなす請求株主への先買権者指定通知から一〇日以内に、請求株主に対して当該株式の売渡請求をなすことができる（商二〇四条の三第一項二項）。

本決定多数意見は、①先買権者の売渡請求により、その先買権者と株主との間に株式の売買が成立するから、売渡請求後は株主による先買権者指定請求の撤回が許されないことは明らかである、とする。一方で、②先買権者が株主に対してなす売渡請求までは、株主は先買権者指定請求を撤回することができると解するのが相当である、という。①②ともに最高裁として初めての判断である。

二　売渡請求後の撤回否定

一①は、通説と同旨の主張である（反対、戸塚登「譲渡制限付株式の先買権の本質」商事法務一一三二号〔一九八七年〕二頁以下）。従来の下級審裁判例としては、売渡請求によって先買権者と株主との間に株式の売買が成立するから、爾後、先買権者はもはや一方的に売渡請求を撤回することはできないとする、仙台高決昭和六三年二月八日判例時報一二七二号一三六頁、大阪地判昭和六三年四月二七日金融・商事判例八二七号一八頁、大阪高判平成元年四月二七日判例時報一三三二号一三〇頁があった。

三　売渡請求前における指定請求撤回否定説

一②について、本決定の島田仁郎裁判官は、（i）指定請求をなす株主の意に沿わない者が先買権者に指定されるかもしれないし、先買権者との価格協議が調わないために裁判所により価格が決定されることになるかもしれないが、そのようなリスクを負いたくなければ、株主は先買権者指定請求をなさずに譲渡承認請求のみをなすこともできること、（ii）先買権者が売渡請求をなすための準備期間として一〇日間が与えられていること、（iii）撤回が自由にできるとすると、そのつど指定される先買権者は極めて不安定な作業を強いられ、会社も撤回のつど二週間以内に煩瑣な手続を繰り返さなければならないこと、（iv）以上のような、株主・会社・先買権者の三者の利害得失を比較衡量すると、指定請求を一〇日という考慮期間（承諾期間）が付与された株式売却の申込に、売渡請求をこれに対する承諾に当たるものとみて、民法五二一条一項・五二四条の規定を類推適用して、Y社による本件譲渡承認請求の撤回を許さないとするのが衡平の観点から相当である、との反対意見を述べている。

従来の裁判例として、譲渡承認・先買権者指定請求をなした株式譲受人がその請求を会社からの指定通知後に撤回（当該撤回を後に撤回した旨の主張がなされている）した事例（株式譲受人に対する売渡請求はなされなかった）である大阪地判昭和六三年三月三〇日判例タイムズ六七四号一九三頁は、商法二〇四条の二や二〇四条の三「など会社や被指定者については応答の期間が厳格に法定されていること、通常承諾期間を定めてなした契約の申込みは取消

（撤回）することができないこと（民法五二一条一項）、会社は、……定款で譲渡制限株式を定めることで会社にとつて好ましくない者が株主となることを防止することを図ることができるが、具体的には譲渡承認等請求がなされた際にその機会を得、被指定者を指定することでこれを実現することができることなどを総合勘案すると、株式の譲渡承認等請求は会社がその請求を受けた後にはその撤回が許されないと解するのが相当である。」とし、譲渡承認等請求後は（先買権者指定通知前でも）撤回できないと構成し、株式譲受人の会社に対する請求（株主確認・名義書換）を認めている。

四　会社側の事情は撤回否定説を基礎づけるか

島田反対意見は、株主・会社・先買権者の三者の利害得失を比較衡量して衡平の観点から判断した旨を主張する。そして、会社側の事情として、「株主は、何らのリスクも負うことなく、会社が自己の意に沿う者を先買権者として指定するまで何回でも請求と撤回を繰り返すことができ……会社は、その指定する者を次々と拒否され、繰り返し指定を請求される都度、二週間以内に先買権者を指定して通知しなければ、最初に株主が承認を求めた好ましくない者を株主にせざるを得ない（商法二〇四条ノ二第四項）」と指摘する。

このような指摘は撤回否定説を基礎づけるだろうか。二週間という期間が短いという主張であれば、それは立法論であろう。閉鎖会社では先買権者になる候補者は限られていようから（本件では当該閉鎖会社A社の代表取締役Xが指定された）、応答期間は長ければ長いほど良いというわけでもない。現行の譲渡制限制度の下では、「最初に株主が承認を求めた好ましくない者を株主にせざるを得ない（商法二〇四条ノ二第四項）というリスク」（承認擬制）は一般的には常に存するので、右リスクの強調が撤回否定説の決定的な根拠になるとも思えない。指定請求の撤回を仮に認めたとして、手ごわい株主が同一人を譲受人とする承認請求と不承認に備えての先買権者指定請求を繰り返す場合も考えられなくはなく、そのような場合には、会社側が根負けすることもありうるだろうし、「煩さな手続を繰り返し行わなければならない」ことにもなる（ただし、会社はその都度、次々と異なる先買権者を指定しなければならないわけではない）。これらの点も、譲渡制限制度を採用したのであるから、会社は甘受しなければならず、受忍の限度内であろう。

五　売渡請求前における指定請求撤回の可否

譲渡制限制度内においては、会社の手間よりも、先買権者の立場の考察の方が重要である（株主が指定請求をなしたからこそ先買権者が指定される）。譲渡制限制度内において、株主は先買権者の指定を請求するか否かを選択でき、請求した場合には、株主に対する指定通知からの一〇日間が法定の考慮・準備期間として先買権者に与えられる。先買権者は右期間内に売渡を請求することにより株式の譲渡契約を成立させることができる。このように考えてくると、先買手続制度の解釈としては、この一〇日間は株主からの指定請求の一方的な撤回はできないと解すべきである（なお、指定通知後一〇日を経ない間に会社が不承認・指定を撤回することはできない〔前掲昭和六三年四月二七日大阪地判・平成元年四月二七日大阪高判参照〕）。これは譲渡制限制度の枠内の解釈であり、株主は指定通知受領後には指定請求を撤回できないが、指定通知前には本決定多数意見（1）のように考えて指定請求撤回を許してよいだろう（株主と先買権者との利害関係が問題であり、先買権者指定前でも撤回はできないとする前掲昭和六三年三月三〇日大阪地判の立場は採りえない）。

島田反対意見も原審決定も結論は同じであるが、その理由づけとして申込の拘束力に関する民法の規定を類推適用する。

六　売渡請求前における指定請求撤回否定の基準時

本件を契機にして、学説には、本決定多数意見に反対して、指定後の撤回を否定する所説が多くなった。もっとも、撤回が否定されることになるのはいつの時点からかについて、若干の相違がある。

まず、上述のように、申込の拘束力の問題と把握して、先買権者指定請求（株主の株式売却の申込に相当する）が会社を介して先買権者に到達したときを基準とすべきだとの主張（西原慎治「本決定研究」神戸学院法学三三巻二号〔二〇〇三年〕二一九頁。結果同旨、木俣由美「本決定批評」私法判例リマークス二八号〔二〇〇四年〕九三頁）がある。つまり、先買権者に会社の指定通知が到達する前には、株主は指定請求を撤回できるが、到達後には撤回できないことになる。契約の通常の申込の場合には、申込者が相手方に対して申込の意思表示を発するのであるが、指定請求の場合には、先買権者指定という会社の任意の決定が介在する。したがって、株主にとっては撤回可能な時期か否かが明確でない。一方、会社側はとりあえず指定さえなしておけば、株主の撤回を防ぐことができる。先買権者への指定通知到達時が基準だと、衡平な扱いがなされるとはいい難い。

前述したように、先買手続の構造からは、先買権者指定通知を株主が受けた時を基準に、その前は指定請求を撤回できるが、その後には撤回できない、と解すべきである（結果同旨、来住野究「原決定研究」法学研究七六巻八号〔二〇〇三年〕一二一～一二三頁）。申込の拘束力に関する民法の規定を根拠とするのであれば、株主が指定通知を受けた時を基準とするのは、株主が特定の者に契約の申込の意思表示を発したのに相当する段階であるからだと解することになろう（浜田道代「本決定批評」判例評論五三八号〔二〇〇三年〕三六頁）。

七　関係する立法の動向

B社はY社の完全子会社であり、Y社を中心とする企業グループ体制の再編の一環として行われた営業譲渡の中にA社株が含まれていたようである。平成一二年改正により認められた吸収分割でも同様の効果が得られるが、包括承継なので譲渡制限の対象とならない（鳥山恭一「本決定解説」法学セミナー五八五号（二〇〇三年）一一五頁参照）。これに関して、平成一五年一〇月の「会社法制の現代化に関する要綱試案」第四部第三の1（2）②は、相続、合併などの譲渡以外の事由による株式の移転についても、定款に定めれば、譲渡承認の対象とすることができる旨を提案している。

〔参考文献〕

本文中に掲げたもののほか、本決定の批評として、榊素寛・法学教室二七四号（二〇〇三年）一四二頁、長谷川浩二・ジュリスト一二四九号（二〇〇三年）一四三頁、山田知司「平成14年度主要民事判例解説」判例タイムズ一一二五号（二〇〇三年）一三四頁、野田輝久・金融・商事判例一一七八号（二〇〇三年）六一頁、佐藤豊和・税経通信五八巻一五号（二〇〇三年）二一八頁。

八　法改正に関する付記

先買権者指定請求の撤回の可否は、上述のように解釈問題であった。これに対して平成一七年会社法は、取得承認・買取手続を整理し直した上で、譲渡制限株式の取得承認等請求者による譲渡制限株式買取請求の撤回に関する規定（会一四三条）を新設した。すなわち、会社が取得不承認を通知する場合（取得承認等請求の日から二週間以内）には、当該会社が対象譲渡制限株式を買い取らなければならない（会社は取得不承認通知から四〇日以内に買取を通知すれば足る）。ただし、取得不承認通知から一〇日以内は、当該会社から指定を受けた指定買取人が買取を通知する可能性がある――この期間内は、取得承認等請求者にとっては、対象譲渡制限株式の売却価格につき協議する相手方が、指定買取人か会社か分からない（以上につき、会一三九～一四二条・一四五条）。このような当事者の利益状況を前提に、買取通知を受けるまでは、取得承認等請求者はその譲渡制限株式買取請求を撤回することができるが、買取通知後は、当該通知者（会社あるいは指定買取人）の承諾を得なければ取得承認等請求者はその譲渡制限株式買取請求を撤回することができないとされたのである（山本爲三郎『会社法コンメンタール3』〔二〇一三年〕四一二〜四一五頁参照）。平成一七年改正前と当事者の利益状況が異なる点に注意しなければならない。

平成一七年会社法は、相続その他の一般承継によって譲渡制限株式を取得した者に対して、当該株式を会社に売り渡すことを請求できる旨を定款に定めることを認めた（会一七四条）。

なお、平成二七年の民法改正法案によると、民法五二一条は五二三条に繰り下がり、一項に「ただし、申込者が撤回をする権利を留保したときは、この限りでない。」が付加されている。また、民法五二四条は五二五条に繰り下がり、同様の但書が付加されるとともに、二項および三項を追加している（ともに対話者間に対してなした申込の撤回についての特則）。

■第六節■

日刊新聞紙の発行を目的とする株式会社の従業員持株制度における合意の有効性〔判例研究〕

最高裁平成二一年二月一七日第三小法廷判決、平成二〇年(受)第一二〇七号、株主権確認等、株主名簿名義書換等、株式保有確認等請求事件、集民二三〇号一一七頁、判例時報二〇三八号一四四頁、判例タイムズ一二九四号七六頁、金融法務事情一八六八号四五頁、金融・商事判例一三一一号三〇頁・一三一七号四九頁

論点

公開会社ではない株式会社の従業員持株制度における株式買戻合意の効力

事件の概要

公開会社（会二条五号）ではない株式会社であるY社では、Y社株式の保有資格を原則として現役の従業員または役員（以下、「従業員等」）に限定する社員株主制度が採用されていた。そして、持株会であるY共栄会が、従業員等にY社株式を一株一〇〇円（額面額）で譲渡し、株主が上記保有資格を失ったときまたは保有株式を売却する必要が生じたときは、同額でこれを買い戻すという内容のルール（以下、「本件株式譲渡ルール」）が成立していた。X_1は、本件株式譲渡ルールに従う旨を合意（以下、「本件合意」）して、Y共栄会からY社株式を額面額で買い受け、その後、そのうち四〇〇株（以下、「本件株式」）をX_2に一株一〇〇〇円で売り渡し、本件株式の譲渡承認請求手続をなした。一方、Y共栄会は、この承認請求をもってX_1の本件株式売却意思が明らかになったとして、本件合意に基づき本件株式を譲り受けた旨をX_1に通知し、Y社の譲渡承認を受けた。

本件は、X_1・X_2とY社・Y共栄会との間で、本件株式の帰属が争われた事案である。一審判決でY社ら勝訴。X_1らの控訴棄却。X_1らはさらに上告受理申立。

判　旨

上告棄却

「Y社は、日刊新聞の発行を目的とする株式会社であって、定款で株式の譲渡制限を規定するとともに、日刊新聞法一条に基づき、Y株式の譲受人を同社の事業に関係ある者に限ると規定し、Y株式の保有資格を原則として現役の従業員等に限定する社員株主制度を採用しているものである。Y共栄会における本件株式譲渡ルールは、

Y社が上記社員株主制度を維持することを前提に、これにより譲渡制限を受けるY株式をY共栄会を通じて円滑に現役の従業員等に承継させるため、株主が個人的理由によりY株式を売却する必要が生じたときなどにはY共栄会が額面額でこれを買い戻すこととしたものであって、その内容に合理性がないとはいえない。また、Y社は非公開会社であるから、もともとY株式には市場性がなく、本件株式譲渡ルールは、株主である従業員等がY共栄会にY株式を譲渡する際の価格のみならず、従業員等がY共栄会からY株式を取得する際の価格も額面額とするものであったから、本件株式譲渡ルールに従いY株式を取得しようとする者としては、将来の譲渡価格が取得価格を下回ることによる損失を被るおそれもない反面、およそ将来の譲渡益を期待し得る状況にもなかったということができる。そして、X_1は、上記のような本件株式譲渡ルールの内容を認識した上、自由意思によりY共栄会から額面額で本件株式を買い受け、本件株式譲渡ルールに従う旨の本件合意をしたものであって、Y社の従業員等がY株式を取得することを事実上強制されていたというような事情はうかがわれない。さらに、Y社が、多額の利益を計上しながら特段の事情もないのに一切配当を行うことなくこれをすべて会社内部に留保していたというような事情も見当たらない。

以上によれば、本件株式譲渡ルールに従う旨の本件合意は、会社法一〇七条及び一二七条の規定に反するものではなく、公序良俗にも反しないから有効というべきである。」

解説

会社と一体性を有する持株会が従業員持株制度（本件では社員株主制度）を運営するにあたって、従業員等に譲渡した当該会社の株式を、退職など一定の場合に、持株会が買い戻す旨の合意を制度内容とする事例が見受けられる。このような買戻合意自体は、自己株式取得規制の脱法と評価されない限り、適法になしうる。しかし、譲渡価格も買戻価格もあらかじめ定めた確定額とされている場合には、キャピタルゲイン（将来の譲渡益）の排除合意となるので、会社・持株会によるそのような合意の効力が問題とされる。株主は、有限責任の限度で会社倒産の経済的責任を負担するので、株式譲渡による投下資本回収が保障されなければならない。投下資本（これは出資した額をいうのではなく会社に対する持分の経済的価値である）回収の会社による不当な制約と解されるのであれば、当該合意は無効であり、その条文根拠は、会社法の基本的枠組みの問題と捉えると会社法一〇七条や一二七条、契約自由の限界の問題と捉えると民法九〇条になる。

本判決は、本件事案においては上記条文には反しないという。考慮されているのは、①Y社は公開会社（会二条五号）ではない株式会社でありその株式に市場性がないこと、②株式の譲受人は同社事業関係者に限る旨の定款の定めをY社が日刊新聞法一条に基づき置いていること、③本件株式譲渡ルールの下では将来の株式譲渡価格が取得価格を下回ることによる損失を被るおそれがないこと、④X_1はその内容に合理性がないとはいえない本件株式譲渡ルールに自由意思により従う旨を合意したのであり強制されたのではないこと、⑤Y社が多額の利益を計上しながら一切配当を行わずこれをすべて会社内部に留保していた事情はないこと、である。

昭和二六年制定の日刊新聞法は、昭和四一年の譲渡制限株式の制度法定によって実質的にその意義を失っている。③はY社倒産を想定しておらず、出資の意味を基本的に理解していないと批判を受けよう。したがって、①④⑤が重要であるが、以下の点につきなお検討を要しよう。④に関しては、本件株式譲渡ルールの合理性は従業員持株制度維持の観点からしか検討されておらず、結果として同持株制度が譲渡制限株式制度に優先される理由は説明されていない。①に関しては、公開会社ではない株式会社に限定されるのか。⑤に関しては、一切配当を行わず利益を内部留保している場合（キャピタルゲインの取得を実質的に一切認めない場合）を除いただけでよいのか。

〔参考文献〕

前田雅弘『会社法判例百選』（二〇〇六年）四六頁、鳥山恭一・金融・商事判例一三一二号（二〇〇九年）一頁。

第四章　株券法理

■第一節■　株券法理

一　はじめに

株主には基本的に退社が許されない。そこで株式会社への投資を促進し、資本の糾合を果たすためには、投下資本回収手段としての株式譲渡が容易にできるような制度整備を行う必要がある。そのため商法は、株式を細分化した均等な割合的単位と構成し、さらに流通性を高めるため株式を株券という証券に化体させている。

平成二年の商法改正により廃止（改正前商二二三条二項・二三九条二項・二二七条・二二八条の削除など）[1]された無記名株式は、右のような要請に応えようとしたもので権利内容も記名株式と相違なかったが、[2]ほとんど利用されなかった。[3]これに対して一般的に使用された記名株式は、[4]実際の株式取引数の著しい増大を受けて、その譲渡に関する法規整がいくども大改正を受けており、昭和四一年の商法改正以降、流通面では無記名株式と同様に扱われるようになった（同年改正後商二〇五条一項）。記名株式と呼ばれながら、流通面では無記名株式化したわけであるが、このような商法の改正は、記名株式を表章する記名株券の法的性質に大きな影響を与えている。

他方、権利行使については、無記名株式の場合は株券の会社への供託により行われた（平成二年改正前商二二八条「無記名式ノ株券ヲ有スル者ハ株券ヲ会社ニ供託スルニ非ザレバ株主ノ権利ヲ行使スルコトヲ得ズ」）[5][6]。株券の所持と権利行使との関係が直接的であったのである。これに対して、記名株式においては株主名が株主名簿に記載され、この名簿上の名義人が会社に対して権利行使することとされている（商二〇六条一項）[7]。株式を表章する株券が発行され、その有価証券性が肯定されていることからすると、記名株式の権利行使方法は特異といえる[8]。

以上のような記名株式の特色は、記名株券の性質に反映され、商法制定以来、数多くの議論を呼び起こしてきた。そこで本節では、記名株券の法的性質――記名株式における権利と証券の関係について、主として立法の軌跡をたどりながら、若干の考察を行ってみたい。

なお、記名株式の譲渡方法に関する商法改正に応じて、便宜上、昭和一三年（一九三八年）改正にいたるまでを第一期、同年改正から二五年（一九五〇年）改正にいたるまでを第二期、同年改正から四一年（一九六六年）改正にいたるまでを第三期、四一年改正以後を第四期と呼ぶことにする。

（1）なお、平成二年商法改正附則一二条参照。
（2）上柳克郎ほか編『新版注釈会社法（4）』（一九八六年、有斐閣）一一一頁〔正亀慶介〕。
（3）正亀・前掲注（2）一一一頁。
（4）なお、平成二年商法改正後は、株式とは記名株式を指すことになった。
（5）昭和一三年改正商法二二八条である。前身は明治四四年改正商法一五五条の二「無記名式ノ株券ヲ有スル者カ株主ノ権利ヲ行ハントスルトキハ其権利ノ行使ニ必要ナル員数ノ株券ヲ会社ニ供託スルコトヲ要ス」。

（6）なお本節では、商法の条文や判決文等の漢字表記に関しては基本的に新字体を用いた。このような扱いが便利であり一般化していること、新字体を用いることで法的意味が変化するような特殊な場合があるとしても、別個の対応ができることを理由とする。もっとも、原典表記そのままであるに越したことはなく、この点は今後の課題としたい。

（7）株主名簿の名義書換請求など会社に対する権利行使で株主名簿を基準にしない場合もある（山本爲三郎「定款による株式譲渡制限制度の法的構造」中村眞澄教授＝金澤理教授還暦記念論文集第一巻『現代企業法の諸相』〔一九九〇年、成文堂〕一五二～一五三頁〔本書二二六～二二七頁〕参照）。

（8）商法制定当初から一貫して記名株券の有価証券性は肯定されてきた――青木徹二『會社法論』（一九〇四年、金港堂書籍）二七三頁、西本辰之助『會社法』（一九二四年、巖松堂書店）三一〇～三一一頁、松本烝治『日本會社法論』（一九二九年、巖松堂書店）二三八頁、烏賀陽然良『會社法』（一九三五年、弘文堂書房）一七四頁、田中耕太郎『改正會社法概論』（一九三九年、岩波書店）五〇一頁、津田利治『会社法の大意・上』（一九六三年、四版、慶應通信）一七五頁。

二　記名株式と株券の発行

現行商法は明治三二年立法当初から、株券についての規定を有する。そして第一期および第二期においては、会社設立登記あるいは増資登記がなされるまでは、株券は発行できず、これに反して発行された株券は効力がないものとされた〔明治三二年商一四七条・二一七条二項〔明治四四年改正商二一七条三項〕・二一九条、昭和一三年商二二六条・三七〇条三項〕。株券は非設権証券であり[9]、株券の発行を待たなくても株式は有効に成立し効力が発生する。つまり、株券の発行が株式を成立させるのではない。したがって株式成立前に株券と称されるものが発行されても、それは株式を表章する証券ではない。このようなものに一定の効力を認めると、権利株譲渡の制限（明治三二年商一四九条但書、昭和一三年商一九〇条）に抵触するおそれがあるし、取引上誤解を招くからである。[10] 第三期以降も基本構造は同じである。ただ、新株発行により株主になる時期が登記を基準とするのではなく、株金の払込期日（昭和二五年改正商二八〇条の九第一項）――その後、払込期日の翌日（昭和三七年改正商二八〇条の九第一項）――とされたことにより、株券発行の時期的制限も修正された（昭和二五年改正商二二六条二項三項）。[11]

右にみたように、非設権証券である株券は株式成立後にしか発行できない。さらに進んで会社の株券発行義務であるが、これは昭和二五年改正法（同年改正二二六条一項）まで法定されていなかった。明治三二年法（一四九条本文「株式ハ定款ニ別段ノ定ナキトキハ会社ノ承諾ナクシテ之ヲ他人ニ譲渡スコトヲ得」）も昭和一三年法（二〇四条一項「株式ハ之ヲ他人ニ譲渡スコトヲ得但シ定款ヲ以テ其ノ譲渡ノ制限ヲ定ムルコトヲ妨ゲズ」）も、株式の譲渡性を認めつつその定款による制限を許容していたが、これにより株式譲渡自体をも禁止できると解されていた。[12] このような制度のもとでは、株券発行の一般的義務を法定するのは妥当ではなかったのであろう（株主の株券発行請求に対応する個別の株券発行義務は当然認められる）。[13] これに対して、昭和二五年改正二〇四条一項は、「株式ノ譲渡ハ定款ノ定ニ依ルモ之ヲ禁止シ又ハ制限スルコトヲ得ズ」と規定し、株式譲渡の自由を最大限に保障した。これに伴い、二二六条は旧一項二項が繰り下げられ、会社の株券発行義務を初めて法定する第一項が新設されたのである。[14]

第四期においては、昭和四一年、再び商法二〇四条一項が改正され、「株式ハ之ヲ他人ニ譲渡スコトヲ得但シ定款ヲ以テ取締役会ノ承認ヲ要スル旨ヲ定ムルコトヲ妨ゲズ」とされた。けれども、右のような定款規定が置かれたとしても、株式の譲渡性が奪われるわけではない（不承認の場合の先買権者指定請求に関する商法二〇四条の二～二〇四条の五参照）。[15] したがって、この場合にも二二六条一項は適用される。

昭和四一年の商法改正で新設された株券不所持制度のもと、株主の不所持の申出に対して会社が株券不発行措置を選択した場合には（改正商二二六条の二）、当然二二六条一項の適用はない。この点に関連して、会社と株主の間で株券不発行の合意がなされた場合が問題となる。このような合意を無効と考えても、一定の効力を認めるとしても、合意した株主はいつでも株券発行を請求しうると解する点では、学説・判例は一致しているといえる。[16]

なお株券の発行は、すでに成立している株式と株券証券とを結びつける行為である。したがって、この結合時期——株券の効力発生時期は重要な意味を有する。株券という証券の作成からその効力発生までの間は、当該証券による株式の善意取得はありえないのである。従来、この問題は手形理論とパラレルに説明されることが多かった。[17]しかしながら、手形理論は手形上の債務発生・移転の要件論である。これに対して株券の効力発生時期論は、非設権証券たる株券とすでに成立している株式の結合時期を問題にしている。しかも、株式は社団法的権利である。したがって、例えば、対応する株式が存在しない株券を善意で取得した者の権利（株式）取得を、交付欠缺手形の場合のように、外観法理等により認めることはできない。[18]株券の効力発生時期を論じるにあたっては、こうした株式——株券の特異性を十分に考慮しなければならないであろう。

(9)　青木・前掲注（8）二七三頁、田中・前掲注（8）五〇一頁、河本一郎『総合判例研究叢書・商法（7）』（一九六一年、有斐閣）三頁。
(10)　西本・前掲注（8）三一一頁。
(11)　津田・前掲注（8）一七七頁。
(12)　青木・前掲注（8）二七九頁、松田二郎『株式會社の基礎理論（株式關係を中心として）』（一九四二年、岩波書店）三五六～三六三頁。もっとも、松本・前掲注（8）二一八頁は、通常の定款変更で行え、原始定款や総株主の同意による定款変更の場合に限られないとされるのに対して、田中・前掲注（8）四七七～四七八頁は、譲渡自体の禁止は原始定款による場合に限りなしうる、とされる。

（13）この点、西本・前掲注（8）三〇六～三〇七頁は、商法は会社に必ず株券を発行させる趣旨であり、定款で株券を発行しない旨定めても無効だとされるが（同旨、松本・前掲注（8）二三九頁〔株主全員の同意があっても定められないとされる〕、田中・前掲注（8）五〇二頁）、すべての株券の発行を会社に強制する方法はなく、各株主が株券交付請求しうるのみであるとされる。また、鳥賀陽・前掲注（8）一七〇頁は、株主が株券発行請求権を有するにすぎず、会社には株券の発行を進んでなすべき義務はないとされる。

（14）田中耕太郎『改訂會社法概論・下巻』（一九五五年、岩波書店）三三八頁は、会社の株券発行義務は株式の絶対的譲渡性の当然の要請だとされ、津田・前掲注（8）一七八頁は、株式譲渡の自由を保障する趣旨だとされる（同旨、河本・前掲注（9）二八頁）。

（15）なお、定款による株式譲渡制限制度の法的構造について、山本・前掲注（7）一三五頁以下（本書二〇七頁以下）、同「定款による株式譲渡制限制度の法的構造」私法五六号（一九九四年）二二七頁以下参照。

（16）山本爲三郎「会社の行う株式の譲渡制限について」法学研究六六巻一号（一九九三年）一五七～一六〇頁（本書二七四～二七八頁）参照。

（17）伊藤紀彦「株券の効力発生の時期」ジュリスト増刊・商法の争点Ⅰ（一九九三年、有斐閣）六六～六七頁参照。

（18）河本一郎「有価証券としての株券の特質」商事法務研究六一号（一九五七年）二頁参照。

三　記名株式の譲渡と株券の交付

(一)　第一期

記名株式の譲渡に関する法規整は、現実に示された記名株式の流通力の前に、譲渡方法を整備し、容易にするという経過をたどってきた[19]。まず明治三二年商法一五〇条は、「記名株式ノ譲渡ハ譲受人ノ氏名、住所ヲ株主名簿ニ記載シ且其氏名ヲ株券ニ記載スルニ非サレハ之ヲ以テ会社其他ノ第三者ニ対抗スルコトヲ得ス」とし、株券および株主名簿の名義書換が、会社その他の第三者への記名株式譲渡の対抗要件となることを明定した[20]。しかしながら、譲渡方法自体に関する商法の定めはなく、譲渡は意思表示のみで完成するのか[21]、あるいは株券の交付が譲渡の効力要件[22]となるかについて、見解の一致をみなかった[23]。

このような状況下で、譲渡のつど名義書換手続を行うのは煩雑に堪えないとする実務の要求から、名義書換は株式譲渡人と譲受人が共同して請求する旨の定款規定を前提に[24]、(名義書換請求手続の受任者欄白地委任状である)白紙委任状を付した記名株券を交付することによる記名株式譲渡が、商慣習法と認められるに至った[25]。

この時期においては記名株券も有価証券と解されながら、記名株式の譲渡方法は法定されておらず、その譲渡において株券の交付がいかなる意味を有するのか、所説の対立があったのである。その一方現実には、記名株式は白紙委任状付記名株券の交付により譲渡されることが多く、白紙委任状付記名株券は実質的には指図証券あるいは無記名証券的に扱われていたといえる。しかしながら、善意取得に関する規定の適用は困難であった。白紙委任状付記名株券も無記名証券そのものではないから、民法一九二条以下の規定は適用されない[26][27]。さらに、金銭その他の物または有価証券の給付を目的とする有価証券でもなく、右有価証券の善意取得に関する明治三二年商法二八二条（「第四百四十一条、第四百五十七条、第四百六十一条及ヒ第四百六十四条ノ規定ハ金銭其他ノ物ノ給付ヲ目的トスル指図債権ニ之ヲ準用ス」、四四一条「何人ト雖モ悪意又ハ重大ナル過失ナクシテ手形ヲ取得シタル者ニ対シ其手形ノ返還ヲ請求スルコトヲ得ス」）あるいは明治四四年改正商法二八二条（「第四百四十一条、第四百四十九条ノ二、第四百五十七条、第四百六十一条及ヒ第四百六十四条ノ規定ハ金銭其他ノ物又ハ有価証券ノ給付ヲ目的トスル有価証券ニ之ヲ準用ス」）の適用もない[28]ことになるからである。[29]また、白紙委任状付記名株券といえども指図証券あるいは無記名証券そのものではないから、民法施行法五七条の適用はなく、[30]除権判決の対象になると考えるのも困難であった。[31][32]第一期の記名株券の有価証券性については、当時の法規整を前提とするとかなり問題があったといえよう。

(二)　第二期

昭和一三年改正商法は、二〇五条一項に「記名株式ノ譲渡ハ株券ノ裏書ニ依リテ之ヲ為スコトヲ得但シ定款ニ別段ノ定アルトキハ此ノ限ニ在ラズ」、二〇六条一項に「株券ノ裏書ニ依ル記名株式ノ移転ハ取得者ノ氏名及住所ヲ株主名簿ニ記載スルニ非ザレバ之ヲ以テ会社ニ対抗スルコトヲ得ズ」、同条二項に「前項ノ場合ヲ除クノ外記名株式ノ移転ハ取得者ノ氏名及住所ヲ株主名簿ニ記載シ且其ノ氏名ヲ株券ニ記載スルニ非ザレバ之ヲ以テ会社其ノ他ノ第三者ニ対抗スルコトヲ得ズ」と規定した。

このように同年改正で、初めて記名株券の指図証券性が認められたが、この性質は定款で奪えるものであった。そして、裏書によって記名株式が譲渡されても（改正二〇五条二項「手形法第十二条、第十三条及第十四条第二項ノ規定ハ株券ノ裏書ニ之ヲ準用ス」）、会社に対しては株主名簿の名義書換が対抗要件となり、その他の移転については、株主名簿および株券の名義書換が会社・第三者に対する対抗要件とされた。[33]

例外的取扱は許されるものの、裏書による譲渡が認められた。それにもかかわらず、記名株式譲渡の実務においては、依然として白紙委任状付株券の交付による方法が多く行われた。[34] 改正法は従来の方法を否定する趣旨を含まない、と考えられたのが理由の一つである。[35] さらに一三年改正二二九条により、初めて株式の善意取得の規定が設けられたが（同条一項「小切手法第二十一条ノ規定ハ株券ニ之ヲ準用ス」）、同条二項はその適用を制限し、「株主名簿ニ記載アル株主ノ為シタル裏書ガ真正ナラザル場合ニ於テ会社ニ就キ調査ヲ為サバ其ノ真偽ヲ判別スルコトヲ得ベカリシモノナルトキハ前項ノ規定ヲ適用セズ」と規定した。[36] これにより、記名株式の裏書による譲受人には、事故届けの有無を調べたり、名義株主の会社への届出印と裏書印との印鑑照合をなす必要が生じるので、[37] 白紙委任状付株式譲渡の場合と比べて、裏書による方法が記名株式の流通性を高めるとは必ずしもいえないことになり、これも白紙委任状付株式譲渡がなくならなかった理由と考えられる。[38] また、一度に多数の株券を譲渡する場合に一枚ごとに裏書する手間を考えると、[39] 個々的に取引される手形などと異なり、大量に取引される可能性を有する証券である株券の特性に合っていたことも、理由として挙げられよう。[40]

この時期においては、記名株券の指図証券性が認められ、善意取得の規定も設けられた。株券を除権判決の対象とし、除権判決を得なければ株券の再発行を請求できない旨の規定も新設されている（昭和一三年改正商二三〇条[41]――現行法）。しかし、まず、裏書の資格授与的効力への配慮が不十分であり、[42] 善意取得も株券外の事情により制約されている。また、白紙委任状付記名株券による記名株式譲渡の方法が手つかずのまま残されたので、この点に関する第一期の問題が解消されずにいたことになる。[43]

(三)　第三期

昭和二五年改正二〇五条一項は、「記名株式ノ譲渡ハ株券ノ裏書ニ依リ又ハ株券及之ニ株主トシテ表示セラレタル者ノ署名アル譲渡ヲ証スル書面ノ交付ニ依リテ之ヲ為ス」とする。裏書譲渡とともに、従来実務において行われていた白紙委任状による方法を一歩進めて、(44)「譲渡を証する書面」つまり譲渡証書による譲渡として法定したのである。(46)(47)そして同条項は、定款による別段の定めを認めた改正前但書を削除したので、(45)定款をもってしても裏書あるいは譲渡証書による譲渡を排除できないと解された（両方とも禁止することもいずれか一方に限定することもできない）。(48)(49)さらに、右の二方法以外の方法で株式を譲渡できるかについては争いがある。通説は否定的であるが、(50)意思表示と株券の交付により譲渡しうるとする所説もある。(51)

また、改正二〇五条二項は、「手形法第十二条、第十三条、第十四条第二項及第十六条第一項ノ規定ハ株券ノ裏書ニ之ヲ準用ス」と、新設された同条三項は、「記名式ノ株券ノ占有者ガ第一項ノ譲渡ヲ証スル書面ニ依リ其ノ権利ヲ証明スルトキハ之ヲ適法ノ所持人ト看做ス譲渡ヲ証スル書面ニ譲受人ノ氏名ノ記載ナキ場合ト雖モ亦同ジ」と規定し、記名株券の裏書の連続および譲渡証書の付された記名株券に、(52)いわゆる資格授与的効力を認めた。同時に、二二九条は「小切手法第二十一条ノ規定ハ株券ガ無記名式ノモノナルトキ又ハ記名式ノモノニシテ其ノ所持人ガ第二百五条第二項若ハ第三項ノ規定ニ依リ権利ヲ証明スルトキニ之ヲ準用ス」と改正され、同条二項は削除された。(53)このような仕方で規定が整備されると、従来のように裏書印と届出印を照合する必要もなくなり、また株式譲渡の著しい量的拡大を背景にして、(54)記名のない捺印だけの裏書が増加するという現象が生じた。(55)このような状況を前提に、裏書には法定の方式として署名（昭和二五年改正商二〇五条二項、手一三条一項）あるいは記名捺印（商法中署名スヘキ場合ニ関スル法律）が要求されるにもかかわらず、(56)捺印のみの裏書も肯定的に解する所説が有力になる。(57)それにつれ、実質的には裏書は無意味であり、株券の交付だけで株式を譲渡しうるものとすべきだとの、裏書廃止論が次第に主張されるようになっていった。(58)

第二期にみられたような資格授与的効力や善意取得に関する問題は、この時期には立法により解消された。けれども、株式の流通力はその大量的取引性と相俟って、二五年法が用意した制度では収まりきらない程大きかった。裏書に加えて譲渡証書による譲渡という（他の指図証券にはみられない）特殊な方法を法定したのも、株式取引の集団性・大量性を意識してのことと思われるが、[59] 実務は捺印だけの裏書というより特異な方法へと流れていく。裏書廃止論は主張されるべくして主張されたのである。

(四) 第四期

昭和四一年改正により、商法二〇五条一項は「株式ヲ譲渡スニハ株券ヲ交付スルコトヲ要ス」とされ、同条二項は「株券ノ占有者ハ之ヲ適法ノ所持人ト推定ス」と規定された。株式の譲渡は、譲渡の意思表示と株券の交付によりなされることになったわけである。[60] これにより記名株券は、株主名簿により把握される記名株式を表章しながらも、無記名証券へとその性質を変更したと解される。[61] それとともに同条一項で、従来規定のなかった無記名株式の譲渡方法も法定されたことになる。[62] 譲渡方法の点で、記名株式と無記名株式の差異がなくなったのである。

このように、取引界で示された記名株式の大量的・集団的流通力は、記名株式の譲渡方法に関する商法の規定を流通力を強化する方向に何度も改正させた。そしてついに、記名株券を無記名証券化し、それに伴い善意取得の規定も整備された（昭和四一年改正二二九条――現行法）。こうして、権利流通面における無記名株式の長所は記名株式に吸収されてしまい、無記名株式制度を維持する必要性は乏しいものとなった――権利行使の面でも、その つど株券を供託しなければならない無記名株式よりも、株主名簿制度を利用する記名株式の方が便利である。[63] そこで、前述のように、平成二年の商法改正により無記名株式の制度は廃止され、[64] 原則として株券を所持しているだけでは権利行使できない記名株式が残されたのである。[65]

(19) 記名株式の譲渡方法の変遷の概要については、上柳克郎ほか編『新版注釈会社法（3）』（一九八六年、有斐閣）一三三～一三八頁〔松岡誠之助〕、福原紀彦「株式流通の円滑化―株式譲渡方法の変遷と株券・株主名簿制度」戸田修三先生古稀記念図書刊行委員会編『戦後株式会社法改正の動向』（一九九三年、青林書院）七六～八〇頁・八二～八四頁参照。

(20) 大判明治三八年一一月二日民録一一輯一五三九頁は、「商法第百五十条ノ規定中ニ存スル対抗スルコトヲ得スノ語ハ民法第四百六十七条及ヒ第四百六十九条ニ存スル同一ノ用語ト均シク株式ノ譲渡人若クハ譲受人ハ商法第百五十条ニ規定シタル手続ヲ了スルニ非サレハ会社及ヒ其他ノ第三者ニ対シテ譲渡行為ノ効力ヲ利用スルコトヲ得サル趣旨ヲ声明シタルニ外ナラスシテ会社及ヒ其他ノ第三者ノ為メニハ其行為成立セストノ趣旨ニ非サル」（原文傍点）とする。この点、青木・前掲注（8）二八二頁は、名義書換前の譲渡は、当事者間では効力はあるが会社その他の第三者に対しては効力がない、と理解されている。

(21) 西本・前掲注（8）三一六頁（なお、三一八～三一九頁では、株券発行前の株式譲渡は株主名簿の名義書換のみで会社その他の第三者に対抗できる、とされる）、松本・前掲注（8）二一九頁、烏賀陽・前掲注（8）一七七頁（当事者間では意思表示のみで株式移転の効力を生じ、株券の交付はその証明方法に過ぎないとされるようである）。大判大正八年一〇月一六日民録二五輯二五巻一八七八頁。

(22) 竹田省「判批」法学論叢四巻五号（一九二〇年）六六二～六六七頁は、株券は有価証券だから株式譲渡にはその意思表示と株券の交付が必要なのは当然であり、意思表示のみだと債権的効力しか生じないとされる。また、第二期の松田・前掲注（12）三三八～三三九頁も、株券の有価証券性に立脚する限り株券の引渡は株式譲渡の効力要件だとされる。

(23) なお、無記名株式は債権ではないが、無記名債権類似のものとして動産とみなしてよく（民八六条三項）、意思表示のみで譲渡できる。ただし、株券の交付が会社その他の第三者への対抗要件となる（民一七八条）、と解された（青木・前掲注（8）二八二頁、西本・前掲注（8）三一六頁、松本・前掲注（8）二一九頁）。もっとも後には、無記名株券も有価証券であるから、株券の交付は単なる対抗要件ではなく、権利移転の要件となると解するのが通説となった（松波港三郎「無記名株式」田中耕太郎編『株式會社法講座・第二巻』〔一九五六年、有斐閣〕五九五頁参照）。

(24) 通常このような定めが置かれたようである（松本・前掲注（8）二二〇頁）。

(25) 大判大正八年一〇月一六日民録二五輯二五巻一八七八頁（「譲渡証及ヒ名義書換ノ為メノ白紙委任状ヲ記名株券ニ添付シ其株式ヲ譲渡スルトキハ爾後何人ニ転輾スルモ其譲渡ハ有効ニシテ現在ノ株券所持人ハ該白紙委任状ヲ利用シテ名義書換ヲ請求スルヲ得ルモノナルコトハ慣習上是認セラルル所」〔原文傍点〕）（なお、判例は旧商法下から認めていた——大判明治三〇年三月三日民録三輯三巻二六頁）。松本・前掲注（8）二二四〜二二五頁（白紙委任状の交付は名義書換請求に関する代理権授与契約の申込であり、最後に委任状に氏名を記入した者が承諾者として代理権を取得する、と解されている）、田中・前掲注（8）四八八〜四九〇頁（白紙委任状は譲受人が株式の正当な取得者であることの証明手段にすぎないとされる——この点につき、なお、後掲注（67）参照）。

(26) 大判大正五年五月一五日民録二二輯一六巻九五三頁（白紙委任状付記名株券に民法一九四条の適用を否定する）。

(27) ただし無記名株券については、松本・前掲注（8）二三九頁〔註一〕は民法一九二条以下の適用を肯定される。

(28) 松本・前掲注（8）二三八頁、烏賀陽・前掲注（8）一七四頁注（22）、河本・前掲注（9）六〜九頁、大判大正五年三月六日民録二二輯五巻一七八頁、大判大正五年五月一五日民録二二輯一六巻九五三頁。

反対、田中・前掲注（8）四九三頁は、白紙委任状付記名株券に昭和一三年改正商法五一九条（改正前二八二条）を類推適用すべきだとされる（第一期につき同旨、松田・前掲注（12）四二四〜四二五頁）。

(29) もっとも、判例は不完全ながら商慣習法による善意取得を認める。すなわち、大判大正一三年一二月二三日民集三巻一二号五四三頁は、「記名株式ノ所有者カ任意ニ其ノ株式ノ名義書換ニ必要ナル処分承諾書又ハ白紙委任状ヲ作成シ之ヲ株券ニ添付シテ他人ニ交付シタルトキハ其ノ交付シタル理由ノ如何ニ拘ラス爾後善意無過失ニテ右等ノ株券並付属書類ヲ取得シタル者ハ其ノ株式ニ付権利ヲ取得スル旨ノ商慣習法アルコトハ本院判例ノ夙ニ認ムル所ナリ」とするが、このような「商慣習法ハ無能力者カ叙上ノ書類ヲ作成シ株券ト共ニ他人ニ交付シタル場合ヲ除外シタル範囲内ニ於テ成立スルモノト解スルヲ相当トス」と制限的に解釈する。また、大判大正一二年四月一六日民集二巻六号二五一頁によると、「但シ第三者ノ取得以前ニ於テ正当ノ所持人カ盗難、遺失其ノ他ノ事由ニ依リ自己ノ意思ニ基カスシテ株式及添付書類ノ占有ヲ失ヒタル場合ニ於テハ其ノ第三者ハ株式ニ付権利ヲ取得スルコトナシ是当院カ処分承諾書、白紙委任状ヲ添付セル記名株式ノ流通ニ関スル商慣習法トシテ是認スル所ナリ（明治三十九年(れ)第二百十六号同年五月七日言渡判決参照）」。そして、右に引用された大判明治三九年五月七日刑録一二輯一一巻五四二頁は、「但シ第三者カ記名株券委任状承諾証ノ交付ニ依リ其株券上ニ権利ヲ取得スルニハ其委任状承諾証カ記名株券所有者ノ真意ニ従ヒ作成セラレタルモノ即チ其成立ニ於テ正当ナルコトヲ必要トスル」、そうでない場合には「仮令第三者ニ於テ善意無過失ニテ其引渡ヲ受ケ之ヲ占有スルモ之レカ為メ其第三者ニ於テ株券上ニ権利ヲ取得スルコトヲ得ス何トナレハ此場合ニ於テハ株券ノ所有者ハ其所為ニ依リ第三者ヲシテ株券委任状承諾証ノ所持人ニ其株券ヲ処分スルノ権限アルコトヲ信セシメタルモノト謂フコト能ハサルヲ以テ之レヨリ生スル結果ニ付キ第三者ニ対シテ其責ニ任スヘキ理由ナキヲ以テナリ」（原文傍点）という。同様に、偽造の白紙委任状が添付された場合にも善意取得を認めない（大判大正五年五月一五日民録二二輯一六巻九五三頁、大判昭和一九年二月二九日民集二三巻三号九〇頁、最二判昭和三一年四月二七日民集一〇巻四号四五〇頁）。

(30)　なお、無記名株券は無記名証券として除権判決の対象となる（民法施行法五七条）、と解された（松本・前掲注（8）二四〇頁、田中・前掲注（8）五〇四頁）。

(31)　反対、松田・前掲注（12）四二七頁は、第一期においても記名株券は白紙委任状の有無にかかわらず指図証券と考えられ、その結果、民法施行法五七条の適用があると主張される。

(32)　このように記名株券を除権判決の対象とする法律の明文がなかったため、第一期には、多数の定款に株券喪失の場合に新株券の発行請求をなせる旨――その手続として請求者は保証人を立てるほか、請求者の費用で公告をなし一定期間内に異議がでないときに限り、旧株券を無効とし株券の再発行をなす旨の定めが置かれていた（松本・前掲注（8）二四〇頁）。けれども、白紙委任状の方法で株式を譲渡しておきながら、上記定款の定めにより、株券を喪失したとしてその再発行を受ける者が存在した。この場合、旧株券を無効にし新株券を効力あるものと考えてよいか、疑義があった（旧株券は無効にならないとするものとして、松本・前掲注（8）二四〇頁、大判大正一五年一二月二一日民集五巻一二号八八一頁〔「会社カ斯ル手続ニ依リテ株券ヲ無効ナラシムルニハ真ニ株主カ株券ヲ紛失シタル場合ニ限ルヘキハ疑ヲ容レサル所」〕。これに対して、西本・前掲注（8）三二四頁は、新株券の交付を受けた者が旧株券所持者より先に名義書換をなした場合には、新株券所持者が確実に株主となるとされ、田中・前掲注（8）五〇五頁は、旧株券取得者には不完全ながら異議申立の機会が存するのであり、新株券を効力あるものとしてその取得者を保護する方が正当だとされた）。

(33) 田中・前掲注(8)四八四〜四八五頁は、会社への対抗要件とは、裏書譲渡の場合もその他の株式移転の場合も、株主資格設定の意味であり、第三者への対抗とは、物権移転の場合の第三者対抗要件に関する民法一七七条・一七八条と同一の趣旨であるとされる。したがって、会社との関係では株主名簿の名義書換のみが問題とされるべきであり、第三者との関係では株券への名義記載のみを問題とすべきだとされる(同旨、松田・前掲注(12)四〇四〜四〇八頁)。

(34) 石井照久編『法律学演習講座・商法・上巻』(一九五四年、青林書院)三一三頁。

(35) 田中・前掲注(8)四九一頁、石井編・前掲注(34)三一三頁。

(36) 同条項については立法当初から批判が強い(田中・前掲注(8)四九四〜四九五頁、松田・前掲注(12)四三二〜四三三頁)。

(37) 裏書には株式譲渡人の署名が必要であるが(昭和一三年改正商二〇五条二項、手一三条一項)、署名は記名捺印で代用しうる(商法中署名スヘキ場合ニ関スル法律)。しかも印鑑社会である日本では、署名した場合にも捺印することが多いと思われる。

(38) 当然のことながら、一三年改正二〇五条二項は、手形法一六条一項を準用していない(昭和二五年改正商二〇五条二項対照)。この点については、善意取得の規定があるので(商二二九条)、裏書の資格授与的効力の定めをおく必要はない、と考えられたようだとの指摘がある(石井編・前掲注(34)三一四頁)。しかし、田中・前掲注(8)四八七頁は、善意取得の問題と混同してはならず、二〇五条二項中に手形法一六条一項を準用すべきであった、とされる。

(39) なお、田中・前掲注(8)四九五頁は、改正二二九条が白紙委任状付記名株券への適用を予定していないのは不用意の観がある、と批判される。これに対して、松田・前掲注(12)四三七〜四三八頁は、白紙委任状を裏書と認め、白紙委任状付記名株券に対し二二九条を適用すべきだとされる。

(40) 田中・前掲注(8)四九一頁参照。

(41) これにより、前掲注(32)のような定款規定は効力を失う(田中・前掲注(8)五〇五頁)。

(42) 第二期においては、定款で裏書が禁止されていない限り、(法律上当然の)指図証券である記名株券に白紙委任状を添付する方法によることになる(松田・前掲注(12)四三五〜四三六頁)。指図証券性との関係は興味深い。

(43) この点に関しては、田中・前掲注(8)四九一頁は、白紙委任状付記名株式譲渡の慣習は裏書譲渡の方法に漸次駆逐される、と予想されていた。

(44) 白紙委任状による記名株式譲渡の商慣習法は、判例により制限的に解されていた(前掲注(29)参照)。その不便・不都合を除去する方法として譲渡証書による方法が法定されたのである(石井編・前掲注(34)三一四〜三一五頁)。

(45) 譲渡証書の方式については、株券に株主として表示されている者(譲渡人)の署名以外は特に要件は法定されていない(譲受人の氏名の記載も任意である〔改正二〇五条三項参照〕――譲受人欄白地が通常であった〔津田・前掲注(8)二〇一頁〕)。もっとも、譲渡対象の株式を特定しこれを譲渡する旨の記載が必要なのは当然であろう(石井編・前掲注(34)三一五〜三一六頁)。白地式裏書のある記名株券の所持人は譲渡証書を作成しうるかについては、これを否定すると以後譲渡証書による譲渡ができなくなるから、肯定すべきだとの見解がある(石井編・前掲注(34)三一六頁)。また、譲受人の氏名を記載した譲渡証書により株式を取得した者も、第二の譲渡証書を作成して株券および第一の証書とともに株式を譲渡しうる、とする見解が有力である(石井編・前掲注(34)三一七頁、河本・前掲注(18)三頁、石井照久「記名株券の法的性質」『菊井先生献呈論集・裁判と法・上』〔一九六七年、有斐閣〕四六〜四七頁注(六)〔『商法論集』(一九七四年、勁草書房)所収、六五頁以下〕)。譲受人の氏名が記載されていない場合には、譲受人はその譲渡証書をそのまま利用して株式を譲渡しうる(石井編・前掲注(34)三一七頁)。

(46) 石井編・前掲注(34)三一三頁は、白紙委任状による方法の公認、田中・前掲注(14)三三八頁は、白紙委任状付株式流通の慣習の成文化、と評される。

(47) なお、最二判昭和三一年四月二七日民集一〇巻四号四五〇頁は、昭和二五年改正法適用下における白紙委任状による記名株式の譲渡は、改正二〇五条一項の譲渡証書による譲渡に該当する、との解釈を示している。

(48) 石井編・前掲注(34)二九四〜二九五頁・三一二頁・三一三頁。

(49) 株主はこの二つの譲渡方法につき自由な選択権を有すると解された(石井編・前掲注(34)三一二頁・三一七頁)。したがって、株式を裏書により譲り受けた者が次に譲渡証書により譲渡することもできるし、譲渡証書による譲受人の裏書譲渡も可能となる。なお、前掲注(45)参照。

（50）石井編・前掲注（34）三一二頁・三一三～三一四頁（株式譲渡の不明確性を除去するために、改正法は二つの譲渡方法を確立したのであり、これ以外の方法による譲渡は当事者間で債権的効力を有するに過ぎないとされる）、田中・前掲注（14）三三八頁、津田・前掲注（8）一九八頁。

（51）鈴木竹雄「記名株券の特異性―とくに発行と流通について」大阪株式事務懇談会編『株式會社の法理論と實際』（一九五七年）八六頁（『商法研究Ⅱ』（一九七一年、有斐閣）所収、「記名株券の特異性（その二）―とくに発行と流通について―」と改題、三一五頁以下）――もっとも、資格授与的効力や善意取得は認められないとされる。

（52）裏書ある株券の交付の場合と同様に、譲渡を証明する譲渡証書を添付した株券の交付により株式移転の効果が発生するのであるから、譲渡証書付記名株券は指図証券あるいは無記名証券（譲受人欄白地の譲渡証書の場合。もっとも、譲受人はこの後裏書譲渡しうるから無記名証券そのものではない）と同視してかまわない。したがって、これに有価証券の一般原則を適用しうる、との解釈がなされた（石井編・前掲注（34）三一五頁・三一七頁）。

（53）したがって、裏書の捺印も会社届出印でなくても、あり合わせの三文判によるものでよく、それで裏書が連続していれば資格授与的効力は生じ、善意取得も名義書換請求もなしうる。このように、捺印自体の実質的意味が乏しいものになった（田代有嗣『詳解改正会社法』（一九六七年、財政経済弘報社）一一一頁。さらに、譲渡人の記名と捺印が関連性を欠く場合について、高鳥正夫「捺印のみによる株券の裏書」法学研究二九巻七号（一九五六年）三一～六頁（『会社法の諸問題（増補版）』（一九八一年、慶應通信）所収、一五一頁以下）参照）。なお、昭和二五年改正法の下では、譲渡証書が偽造されたものであっても善意取得者は保護される（最二判昭和三一年四月二七日民集一〇巻四号四五〇頁）――改正前の偽造白紙委任状付記名株券の場合対照（前掲注（29）参照）。

（54）資格授与的効力に関していえば、裏書は白地式のもの一つで十分であり、多数の裏書が連続していても、もともと株券の裏書には手形の場合と異なり担保的効力がないから、なんら特別な効力は生じない。そこで、株式譲渡のため当事者が株券を交付している以上、株式取引の実務においては、裏書は形を整えるものくらいの意識しかなかったようである（三戸岡道夫「株券の裏書と会社の審査義務」商事法務研究六一号（一九五七年）一八頁参照）。

（55）三戸岡・前掲注（54）一七～一九頁。三東三司「捺印だけの株券の実態」ジュリスト一八九号（一九五九年）六三頁は、市場性のある株式の場合には、捺印のみの裏書による流通が相当数に達しているが、それでいて紛争は生じていない、と指摘されている。また、田代・前掲注（53）一〇八頁によると、株券流通量が膨大になると、顧客に代わって裏書をなす証券会社の事務的負担が加重になり、いきおい捺印のみの裏書が行われるようになり、また、記名を欠いたままで名義書換を請求しても多くの会社はこれを認めるのが通例だったので、捺印のみの裏書が広く慣行的に行われたのだとされる（以上につき、高鳥・前掲注（53）一～二頁参照）。蛇足ではあるが、味村治ほか「立法担当官が語る戦後の会社法改正事情〔上〕」商事法務一二二九号（一九九〇年）三一頁（味村発言）によると、当時、証券会社の担当課長の机には大量の三文判が用意されていたらしい。

（56）したがって、捺印のみの裏書の効力――株式移転的効力、資格授与的効力、名義書換をなした会社への免責的効力、善意取得――については、法形式的には制限的に解されることになる（高鳥・前掲注（53）一頁以下、最三判昭和三八年一〇月一日民集一七巻九号一〇九一頁参照）。

（57）鈴木竹雄「株券の譲渡をめぐる諸問題」商事法務研究二〇一号（一九六一年）五～八頁（『商法研究Ⅱ』〔一九七一年、有斐閣〕所収、三三三頁以下）は、捺印だけの裏書であっても株券を交付したときに譲渡の効力が生じ、それによる善意取得も認めうる。さらに、捺印だけの裏書のある株券の所持人も、権利者たる外観を備えた者として債権の準占有者であり、これに対して名義書換をなした会社は免責される（民四七八条）、との解釈を示される。

（58）三戸岡・前掲注（54）一七～一八頁・二〇頁、鈴木・前掲注（57）一〇頁。

（59）河本・前掲注（18）三頁参照。

（60）松岡・前掲注（19）一四三頁。

（61）記名株式を裏書や譲渡証書により譲渡すべき旨の定めを定款においても、無効である（田代・前掲注（53）一一二頁）。

（62）大隅健一郎「商法改正法案における記名株券の性格」商事法務研究三三五号（一九六四年）三五頁（『商事法研究（上）』〔一九九二年、有斐閣〕所収、「株券の裏書が廃止された改正商法のもとにおける記名株券の性質」と改題、二八〇頁以下）、田代・前掲注（53）一一二頁、石井・前掲注（45）四〇頁・四五～四六頁、竹内昭夫「記名株券の特色」法学教室（第二期）八号（一九七五年）六五頁（『会社法の理論Ⅰ』〔一九八四年、有斐閣〕所収、一七七頁以下）、松岡・前掲注（19）一四一頁。

もっとも、西原寛一『会社法・第二版』（一九七五年、岩波書店）一三一頁は、一種の選択無記名証券のようになったとされる。この点、大隅・前掲本注三四～三五頁は、昭和四一年改正法の下では株券上の権利者たる資格はもっぱら株券の占有により定まり、株券上に株主名を記載してもそれは単に株主名簿の名義書換をなした証明に過ぎない。したがって、記名株券は選択無記名証券ではなく無記名証券だとされる（同旨、西原寛一ほか「商法の一部を改正する法律案要綱について」インベストメント一七巻四号〔一九六四年〕三六頁〔河本発言〕、竹内・前掲本注六六頁〔株券上の株主名の記載は株主名簿との連結点としての意味を持つに過ぎないとされる〕）。

(63) 山本・前掲注（7）一五二頁（本書二二五頁）参照。

(64) 大谷禎男『改正会社法』（一九九一年、商事法務研究会）一四八～一四九頁参照。

(65) なお、株券を拾得して所定の手続をとった場合に、当該株券により表章される株式を取得しうるか、という問題がある（民二四〇条参照）。無記名証券を動産とみてこれを肯定するか（民八六条三項類推）、有価証券といってもあくまで証券上に表章される権利が主体であり、証券を失ったからといって本体である権利（株式）自体は影響を受けないと考えるか。有価証券における権利と証券の関係を考えさせる一つの興味深い問題である（上柳克郎ほか編『新版注釈会社法（4）』〔一九八六年、有斐閣〕四九頁〔高鳥正夫〕、稲葉威雄ほか『条解・会社法の研究（4）・株式（3）』〔一九九三年、商事法務研究会〕八四～八六頁参照）。

四　記名株式の権利行使と株券

第一期[66]においては、株主名簿および株券の名義書換が、記名株式譲渡の会社および第三者への対抗要件であった（明治三二年商一五〇条）。第二期になると、裏書による記名株式の取得者は、株主名簿上の名義人となることで会社に対して権利を行使できた（昭和一三年改正商二〇六条一項）。裏書の場合以外の記名株式移転に関しては、株主名簿および株券の名義書換が会社および第三者への対抗要件とされた（昭和一三年改正商二〇六条二項）。この第一期・二期では、前述のように、株主名簿の名義書換は記名株式譲渡人と譲受人の連署で請求すべき旨の定めが定款に置かれることが多かったが、右のような定款規定自体の効力、ひいては名義書換請求権者の解釈につき学説(67)・判例(68)に対立がみられた。

これに対して第三期以降は、株式の譲渡には必ず株券の交付が必要である旨が明白となった（昭和二五年改正商二〇五条一項、同四一年改正商二〇五条一項）。そこで、対第三者対抗要件を削除し（昭和二五年改正商法二〇六条二項は名義書換代理人に関する規定へと内容が全面的に変更された）、会社との関係も株主名簿の名義のみを基準とすることに統一された（昭和二五年改正商二〇六条一項「記名株式ノ移転ハ取得者ノ氏名及住所ヲ株主名簿ニ記載スルニ非ザレバ之ヲ以テ会社ニ対抗スルコトヲ得ズ」）。これにより記名株式の譲受人は、株券や株主名簿の名義書換を受けなくても自己の権利を主張しうることになる。しかし会社との関係では、株主名簿の名義書換を経なければ、誰に対しして扱われない。株主名簿の名義書換は、誰に株主権が移転したかの基準（譲渡の対抗要件）としての意味を失い、株主と権利の所在とは別個に、会社との関係で株主として扱われるのは誰かの基準（会社に対する株主資格）としての性格のみを有することになったのである(69)。

このように株主名簿の名義書換は、会社に対する株主資格の設定の意味を有する(70)。そうだとすると、株主名簿の名義記載には、いわゆる資格授与的効力（株主推定力）および免責力（無権利者であっても名義株主である者に権利行使させた会社は免責される）が認められる、と通説は考えた(71)。もっとも、このような効力が認められる根拠については、社団法理を持ち出す見解と有価証券法理により説明しようとする見解が対立している。さらに近時においては、右のような効力が株主名簿の名義記載から生じると考えること自体に対して、批判的な検討がなされている(72)。

なお名義書換に関しては、その請求をなしうるのは誰かという問題があった。この点に関し昭和二五年改正法は、記名株券の裏書連続および譲渡証書の付された記名株券に、いわゆる資格授与的効力を認めた[73]（二〇五条二項・三項、手一六条一項）。さらに昭和四一年改正法は、株券の占有自体に資格授与的効力を認めた（二〇五条二項）[74]。そこで、資格授与的効力（株主推定力）を有する株式譲受人が[75]、単独で名義書換請求をなしうると解されるようになった[76]。これは譲受人が株主として名義書換請求権を有することを意味し、定款によっても名義書換につき譲渡人と譲受人の連署を要求することはできないと解されている[77]。

（66）株主名簿の名義書換に関する立法の変遷の概要については、松岡・前掲注（19）一五五～一五八頁、福原・前掲注（19）八〇頁・八四～八五頁参照。

（67）竹田省「判批」法学論叢三巻六号（一九二〇年）七九九頁は、株式取得者が単独で名義書換請求しうるが、このような定款規定の効力も認められる。西本・前掲注（8）三一七～三一八頁・三二一～三二二頁は、株式譲受人（権利者として当然）も譲渡人（株金払込義務や納税の関係から譲渡の事実を対抗する必要がある）も各自独立して名義書換請求権を有するとされ、名義書換に連署を求める定款規定は、譲渡の証明方法を特定し会社をして事実認定を容易ならしめるものと解される。松本・前掲注（8）二二一頁〔註六〕は、このような定款規定がなくても、通常の譲渡の場合の名義書換は譲渡人・譲受人が共同して請求すべきだとされる。これらに対して、田中・前掲注（8）四八六頁・四八九～四九〇頁は、このような定款規定の効力に疑問を呈し、名義書換請求権は株主の有する権利だから、譲受人が単独で請求しうる、とされる（なお、前掲注（25）参照）。松田・前掲注（12）三七一～三七九頁も、名義書換請求権は常に譲受人のみが有し右のような定款規定は無効だとされる。

（68）大判昭和八年七月一五日民集一二巻二〇号二〇五〇頁は、「株式譲渡ノ場合ニ於テ会社ニ対シテ株券ノ名義書換ヲ求ムルニハ必ス譲渡人ト譲受人トノ両者ヨリ之カ請求ヲ為スヘキモノト限ル特別ノ法規ナキヲ以テ定款ニ其ノ定アル場合ハ格別然ラサレハ其ノ譲受ヲ第三者ニ対抗スルニ付直接ノ利害関係ヲ有スル譲受人ニ於テモ亦単独ニ譲受ノ事実ヲ証明シテ之カ請求ヲ為シ得ルモノト解スルヲ妥当トス」との解釈を示す。

(69) 石井編・前掲注(34)二九九頁・三〇二頁、田中・前掲注(14)三二九～三三〇頁。

(70) この意味に関して、山本・前掲注(7)一五一～一五三頁(本書二二四～二二七頁)参照。

(71) 松岡・前掲注(19)一六九頁参照。

(72) 株主名簿の名義記載の効力について、山本爲三郎「無権利者の請求による名義書換」法学研究六六巻一二号(一九九三年)一四三頁以下(本書五一頁以下)参照。

(73) 資格授与的効力の反面、無権利者からの名義書換請求に応じたとしても、無権利を容易に証明できるのに悪意または重大な過失によりそれをなさない場合を除いて、会社は免責される(山本・前掲注(72)一五〇～一五一頁・一五五頁注(12)〔本書五八～五九頁・六三～六四頁注(12)〕参照)。この場合、会社は署名の真偽その他実質的権利を調査する義務はないが(石井編・前掲注(34)三〇〇頁)、さらに会社が実質的権利を調査する権利を有するか否かについては見解が対立している(松岡・前掲注(19)一六二～一六三頁参照)。

(74) 第四期における名義書換に際しての会社の義務と権利については、高鳥正夫「株式の名義書換における会社の調査」法学研究四五巻二号(一九七二年)五一～六〇頁(『会社法の諸問題〔増補版〕』(一九八一年、慶應通信)所収、二一七頁以下)参照。なお、譲渡以外の株式移転の場合につき、昭和四一年改正商法二〇五条二項による資格授与的効力が認められるか否かとの関係では、高鳥・前掲本注六〇～六三頁、松岡・前掲注(19)一四九～一五〇頁・一六三～一六七頁参照。

(75) 株主名簿の名義書換請求には株券の呈示が必要だと解されている(山本・前掲注(72)一五六頁注(17)〔本書六四～六五頁注(17)〕)。

(76) 石井編・前掲注(34)三〇〇頁、田中・前掲注(14)三二九頁・三三一頁。

(77) 石井編・前掲注(34)三〇〇頁。商法の一部を改正する法律施行法二一条二項参照。

五　記名株券上の株主名の記載

明治三二年商法一四八条は、株券には取締役の署名とともに、株券番号、会社の商号、設立登記年月日、資本の総額、一株の金額および分割払込の場合の払い込まれた金額を記載することを求めていた。また、昭和一三年改正商法二二五条は、旧一四八条の事項に加えて、数種の株式が発行されるときはその株式の内容、株式譲渡制限あるいは株券の裏書禁止を定めたときはそれらの規定を、株券の記載事項として法定した。けれども、これらは記名・無記名両株券に共通の規定であり、記名株券に株主の氏名の記載を要求する明文はない。もっとも、記名株券に株主の氏名を記載するのは当然だと解されていた。(78) 第一期においては、記名株券への株主氏名の記載が株式譲渡の対抗要件としての意味を有していた（明治三二年商一五〇条）。また第二期においては、記名株式の譲渡方法として裏書が認められ（昭和一三年商二〇五条一項）、それ以外の移転の場合には株券への株主名の記載が対抗要件とされた（昭和一三年商二〇六条二項）。株主名の記載は右の面で必要であったといえよう。(79)

第三期においても、株主の氏名は相変わらず記載事項とされていないが、（裏書あるいは譲渡証書により譲渡される記名株式を表章する）記名株券に株主の氏名の記載が要求されるのは当然であり、この点で無記名株券との差異が生じると解された。(80) ただ、第三期以降においては、株券への名義記載は株式移転の対抗要件としての意味を失ったことに注意しなければならない。(81)

第四期になると、記名株式の譲渡も意思表示と株券の交付のみで行うことになった（昭和四一年改正商二〇五条一項）。前述のように、記名株券の有価証券としての性質は無記名証券に変更されたのである。こうなると、記名株券上に株主名を記載する意味が問題となる。従来の取扱からして株主名を記載した方が安心だ、という側面があるのは否定できないであろうが、これは法的には意味を持たない。株式流通面では株券の所持が基準となり、権利行使の局面では基本的に株主名簿が基準となる。結局第四期においては、記名株券に株主名を記載しなければならない法的要請はない、と考えるのが有力である。[82]

それにもかかわらず、記名株券とは、株主名簿に名義が記載される記名株式を表章する株券であるとの説明よりも、株主名が記載されている株券をいうと説明するのが一般的である。これは無記名株券との相違を意識してのものだと思われる。[83] しかし、無記名株券も記名株券もともにその法的性質は無記名証券であるし、両者を区別するのであれば、無記名株券には無記名式である旨、記名株券には記名式である旨を記載すれば足りる。[84] しかも、平成二年の商法改正で無記名株式の制度は廃止された。したがってこの観点からも、記名株券に株主名を記載すべき法的要請はでてこない。この点、平成二年改正商法二二五条柱書は、株券の記載事項として株主の氏名を追加した。無記名株式の制度を廃止したのに伴い——株式といえば記名株式を指すようになったため、株券の記載事項を定める二二五条に形式的に追加しただけのことである、との解説がなされている。[85] けれども、株券あるいは株式の性質から当然必要とされるのではなく、[86] むしろ、株主名の記載があった方が便利だとの政策的判断から追加された、と考えるべきではなかろうか[87]——もっとも、どちらに解しようと平成二年改正法の下では、株券上の名義書換を行う義務は会社にあることになろう。[88]

(78)　青木・前掲注（8）二七五頁、西本・前掲注（8）三〇八頁、烏賀陽・前掲注（8）一八〇頁。
(79)　この点、昭和一三年改正商法四九八条一一号で「正当ノ事由ナクシテ株券ノ名義書換ヲ為サザルトキ」には、取締役等に過料の罰則が科せられることになった。

(80)　石井編・前掲注(34)二九四頁、大隅・前掲注(62)三二頁・三三頁、石井・前掲注(45)三二〜三六頁。

(81)　この点、石井・前掲注(45)三二頁は、商法四九八条一一号は株式の名義書換に関する規定に改正されるべきであったのに、不注意に放置されたのだと指摘される。これに対して、大隅・前掲注(62)三三頁は、第三期ではまだ株式譲渡方法との関係で記名株券上に株主名の記載が必要とされ、これを前提として右条号の意味づけをされる。

(82)　大隅・前掲注(62)三三頁、石井・前掲注(45)三六〜四六頁、大森忠夫＝矢沢惇編『注釈会社法(3)』(一九六七年、有斐閣)三九二頁〔松波港三郎〕、竹内・前掲注(62)六六頁(株券上の株主名の記載は、株式流通面では全く意味を持たない。しかし、会社が株券には新名義人の氏名を記載したが株主名簿の書換を失念した場合には、株主名簿の適法な書換があったと解すべきように、株主名簿との関係では意味を有するとされる。もっとも、後者の指摘は株券の法的性質とは別次元の問題であろう)、福原・前掲注(19)九〇頁。第三期においても、裏書を廃止した上で記名株券の株主名表示をなくしてよく、その場合、仮に記載されてもそれは会社が任意に記載したに過ぎない、との主張がなされていた(鈴木・前掲注(57)三頁・一一頁)。

反対、西原ほか・前掲注(62)三八〜三九頁〔八木発言〕――「記名株券」という以上、証券上に権利行使者の名前が表示されるのが当然であり、その表示のある証券が発行される権利という意味で「記名株式」という言葉がある。商法が記名株式と無記名株式という言葉を区別して用いているのであるから、記名株券に株主名を記載するのは当然の解釈論だとされる。けれども、少なくとも昭和四一年改正法の下では、記名株式の「記名」は株主名簿との関係を表すものであり、記名株券はその表現にもかかわらず無記名証券としての法的性質を有する。権利の行使面でも移転面でも、株券上に株主名を記載しなければならない法的理由はないのではなかろうか。

(83)　西原ほか・前掲注(62)四一頁・四二頁〔西原発言〕参照。

(84)　西原ほか・前掲注(62)四〇〜四一頁〔南山発言〕、石井・前掲注(45)四一頁・四二頁。なお、大隅・前掲注(62)三四頁は、記名株券か無記名株券かを明らかにするにはその旨を不動文字で印刷すれば足りるが、記名株券に株主名簿上の株主名を記載させる方が適当であるとの感を免れない、とされる。

(85)　大谷・前掲注(64)一四七〜一四八頁。

(86)　稲葉威雄ほか『条解・会社法の研究（2）・株式（1）』（一九九〇年、商事法務研究会）によると、無記名株式が廃止されることから記名式であることをはっきりさせる一つの手段として、これまでの実務の慣行を踏まえて、平成二年改正で株券に株主名を記載させることにした。おそらく経過的な措置になるのではないかという意識があったし、株主名は記載事項としては株券の効力を左右するような格段の意味はない、との見解が示されている（一四七頁〔大谷発言〕）。また、商法四九八条一項一一号（昭和二五年改正前四九八条一一号）の罰則が株券の名義書換の間接的な根拠になるとの見解と（一四六頁〔森本発言〕）、平成二年の改正前においては右規定は整理ミスではなかったかとの見解（一四六頁〔稲葉発言〕）が述べられている。もっとも、平成二年改正後においても、株券上の株主名記載の法的意味が罰則の基礎にある違法性に影響を与えるのではなかろうか。さらに、服部榮三編『平成2年商法改正事項の理論と実務―関係税制通達の解説を含めて―』（一九九二年、商事法務研究会）九三頁〔服部発言〕によると、記名株券だから当然だとして株主名を記載事項としたが、機能面からみると株主名を入れなくても不都合はなく、改めて記載事項とする意味はなかった。記載事項とすることで、それを落とすと株券は無効となるのかというような、法律的な面倒を生ずるだけだとされる。
(87)　福原・前掲注（19）九〇頁参照。
(88)　西原ほか・前掲注（62）四三～四四頁、稲葉ほか・前掲注（86）一四七～一四八頁参照。

六　おわりに

記名株式の譲渡にはこれを表章する記名株券が用いられる。そして、記名株券は古くから有価証券と認められてきた。けれども、記名株式はその権利行使につき、株主名簿上の名義が基準とされる株式である。権利の移転と行使とで取扱が異なるわけである。このような特異性を示す記名株式と記名株券との関係を究明しようと、主として立法の軌跡をたどりながら、株券の発行、記名株式の譲渡と株券の交付、記名株式の権利行使と株券そして記名株券上の株主名の記載につき検討を加えてきた。過去の法制度を前提に問題点をまとめた部分が多いが、現在および将来の法解釈や立法――記名株式と株券との関係のみならず有価証券法理にも示唆を与えうるものと思われる。

七　法改正に関する付記

(一)　株券の発行(89)

既述のように、昭和二五年改正商法二二六条一項は株式会社の株券発行義務を定めた(「会社ハ成立後又ハ新株ノ払込期日後遅滞ナク株券ヲ発行スルコトヲ要ス」)。このような株券発行に係る会社の一般的義務を原則としつつ、平成一六年改正商法(法律八八号)は、まず二二六条一項に、「但シ株式ノ譲渡ニ付取締役会ノ承認ヲ要スル旨ノ定款ノ定アル場合ニ於テ株主ヨリ株券発行ノ請求ナキトキハ此ノ限ニ在ラズ」とする但書を加えた。譲渡制限株式のみを発行する会社においては、株式の譲渡に要する株券は株主の請求に応じて発行すれば足りるからである。さらに、株式会社に株券不発行会社となる選択肢を与えた(改正二二七条一項「会社ハ定款ヲ以テ株券ヲ発行セザル旨ヲ定ムルコトヲ得」)。ただし、株式上場会社は、株券の存在を前提とする株券保管振替制度を利用する関係上、同年改正商法下においても株券発行会社であった。

平成一七年会社法は株券不発行を原則とした上で、株券を発行する旨を定款に定めることを認めた（会二一四条）。株式上場会社は、株券保管振替制度から株式振替制度（株券不発行が前提）利用に移行させるからであり[90]、株式非上場会社は、有価証券である株券を利用してまでその株式の流通力を高める必要がないからである（必要な場合には株券発行会社を選択できる）。平成二一年一月五日から株式振替制度が実施され、株式上場会社は株券不発行会社に移行した（決済合理化法附則六条一項）。

なお、平成一七年会社法は、株券の記載事項に株主の氏名を含めていない（会二一六条）[91]。

以上のような立法の変遷を経て、証券としての株券の利用は著しく減少することになろう（将来は廃止される可能性が高い）。もっとも、株券の論理は新しい制度に応用され（株券の電子化）、今後も必要とされよう。

(二)　株式譲渡

平成一六年改正以降、株券不発行会社の株式、株券発行会社の株式、それ以外の上場株式とで株式の譲渡方法が異なることになった。株券不発行会社の場合には意思表示によって、株券発行会社の場合には株券交付によって（平成一八年削除前商二〇五条一項、会一二八条一項）、上場株式は株券保管振替制度から株式振替制度に移行した[92]。

なお、第一章第一節六、第一章第三節三参照。

(89)　第一章第三節一参照。

(90)　この移行までは株券発行会社である必要があった（なお、平成一七年改正前商法に基づいて設立された株式会社は、株券を発行しない旨の定款の定めがない場合には、株券を発行する旨の定めが定款にあるものとみなされる〔整備七六条四項〕）。

(91)　相澤哲編『立案担当者による新・会社法の解説』（二〇〇六年）六一頁〔相澤哲＝豊田祐子〕は、株券上の株主名の記載は株券の効力に影響がないからだとされる。

(92)　山本爲三郎『会社法の考え方〈第5版〉』（二〇〇五年）三一九～三二〇頁参照。

■第二節■　単位としての株式

一　はじめに

株式とは株式会社における社員の地位を構成する割合的単位部分である。(1) そしてこの割合的単位とは、商法立法当初は券面額が資本の構成単位（株式会社＝資本団体）と位置づけられた上で、発行済株式総数（資本団体＝株式会社＝社団）との関係で把握されていた。(2) 株式の権利内容の同一性は出資単位の均一性を基礎としていたのであり、理解しやすい制度であった。ところがその後、株式は資本の単位ではなくなり、権利内容面においても単位の大きさにより相対的な取扱を許す制度が創設された。こうした点について法制度の変遷を概観した上で、単位という視点で株式を捉えることの意味、そして現行株式単位規整の論理的構造を考えてみたい。

なお、権利内容に差のある種類株式は本節においては直接の検討対象としない。株式単位の権利内容面におけるあるいは相対的な大きさの問題とは次元が異なるからである。

（1）　高鳥正夫『新版会社法』（一九九一年）七七頁、山本爲三郎『会社法の考え方〈第4版〉』（二〇〇三年）七七頁（第9版〔二〇一五年〕六一頁）。

（2）　倉沢康一郎「資本の単位としての株式と社員権の単位としての株式」（一九七七年）『会社法の論理』（一九七九年）八三～八四頁参照。

二　単位としての株式に関する法規整の変遷

明治三二年のいわゆる新商法では、「株式会社ノ資本ハ之ヲ株式ニ分ツコトヲ要ス」（一四三条）[3]とされていた。そこで、まず、「資本ノ総額」が定款で定められ（一二〇条三号）、次に、資本が株式に分割された。その分割基準が券面額＝定款で定められた「一株ノ金額」（一二〇条四号）である。つまり、株式といえば額面株式を意味した。そして、各株式につきその券面額が資本を構成し（したがって、「株式発行ノ価額ハ券面額ヲ下ルコトヲ得ス」〔一二八条一項〕――資本充実。[4]なお、券面額を超える価額で株式を発行することもできる〔一九四条二項、後述四参照〕）、資本は（額面）株式の株金総額であった。さらに、「株式ノ金額ハ均一ナルコトヲ要ス」（一四五条一項。[5]なお、同条二項は「株式ノ金額ハ五十円ヲ下ルコトヲ得ス但一時ニ株金ノ全額ヲ払込ムヘキ場合ニ限リ之ヲ二十円マテニ下スコトヲ得」[6]としていた〔最低券面額規制〕）とされていたから、各株式につき同額（定款に定められた一定額）が資本を構成することとなり（出資単位の均一性。資本単位としての株式）、これはすなわち各株式の権利の内容が同一であることを意味していた（株式の権利内容の均一性。社員権単位としての株式）。昭和一三年の商法大改正によって条文は大きく繰り下がったが（例えば、一二〇条三号四号は改正一六六条一項三号四号、一二八条一項は改正一七一条一項、一四三条は改正一九九条、一四五条は改正二〇二条）、右のような株式単位の基本構造は維持された。

昭和二三年改正で株金の分割払込制度が廃止され全額払込制度が採用された（改正一七〇条一項・一七七条一項）。引き続いて行われた昭和二五年の株式会社に関する商法規定の大幅改正により、無額面株式制度が新設され（改正一九九条「会社ハ額面株式若ハ無額面株式又ハ其ノ双方ヲ発行スルコトヲ得」）、無額面株式の資本への組入額はその発行価額とされた（改正二八四条の二第一項「会社ノ資本ハ本法ニ別段ノ定アル場合ヲ除クノ外発行済額面株式ノ株金総額及発行済無額面株式ノ発行価額ノ総額トス」。なお、「無額面株式ニ付テハ其ノ発行価額ノ四分ノ一ヲ超エザル額ヲ資本ニ組入レザルコトヲ得設立ニ際シテ無額面株式ヲ発行スルトキハ其ノ最低発行価額[7]ヲ超ユル部分ニシテ其ノ発行価額ノ四分ノ一ヲ超エザル額ニ付亦同ジ」（改正二八四条の二第二項））[8]。すなわち、額面株式と全く同内容な社員権単位であるにもかかわらず、無額面株式においては、資本組入額が定款上一定しない。そこで、改正前商法一九九条に規定されていた「株式会社ノ資本ハ之ヲ株式ニ分ツコトヲ要ス」旨の内容は削除された。なお、同年改正においては、「額面株式ノ発行価額ハ券面額ヲ下ルコトヲ得ズ」（改正二〇二条三項）とされ、最低券面額も五〇〇〇円とされた（改正二〇二条二項。なお、同条項は昭和二三年改正で「株式ノ金額ハ二十円ヲ下ルコトヲ得ズ」とされていた[9]）。

昭和五六年の主として大規模会社に関する商法規定の大幅改正により、額面株式・無額面株式を問わず、資本への組入額は株式の発行価額とされた（改正二八四条の二第一項「会社ノ資本ハ本法ニ別段ノ定アル場合ヲ除クノ外発行済株式ノ発行価額ノ総額トス」。なお、改正同条二項（「株式ノ発行価額ノ二分ノ一ヲ超エザル額ハ資本ニ組入レザルコトヲ得但シ額面株式ニ付テハ券面額、会社ノ設立ニ際シテ発行スル無額面株式ニ付テハ五万円ヲ超ユル部分ニ限ル」）参照[10]）。定款に定められた均一な券面額（一六六条一項四号）が出資単位とされる制度が廃止されたのである。最低券面額規制も廃止されたが（二〇二条二項削除、同条三項繰上）、一方、会社設立に際して発行する額面株式の券面額および会社設立に際して発行される無額面株式の発行価額はともに五万円以上であることが要求された[11]（改正一六六条二項・一六八条の三）。そして、法定準備金の資本組入あるいは券面額超過部分の資本組入額によるいわゆる抱合せ増資、新株の無償交付および株式分割の場合に、一株あたりの純資産額が五万円を下回らないという条件が課せられた（改正二八〇条の九の二第一項後段・二九三条の三第二項後段・二九三条の三の二第二項・二九三条の四第二項）――この純資産規制は、平成二年商法改正により、抱合せ増資の場合を除き、株式分割規制として一括された（同年改正二一八条二項）。さらに、一株の一〇〇分の一の整数倍である端株の制度が新設され（改正二三〇条の二〜二三〇条の九）、昭和五六年改正商法の適用を受けて設立された会社、券面額が五万円以上の会社、一株あたりの純資産額が五万円以上の会社に適用されることになった（昭和五六年商法改正附則六条）。同時に、既存会社の中で株式を証券取引所に上場している会社および定款で単位株制度を採用した会社で、端株制度非適用会社については、一定数の株式を一単位（一単位となる数は、五万円を券面額で除した数あるいは定款で定める数（五万円を券面額で除した数または一単位あたりの純資産額が五万円となる数以上の数）である）とし、将来それを一株に併合することにより株式単位の大きさの引上を図る単位株制度が導入された（このように過渡的な制度なので改正附則上に規定されていた（昭和五六年商法改正附則一五〜二一条））。一株の一〇〇分の一の整数倍にあたる端数に過ぎない端株と異なり、一単位に満たない株式（単位未満株式）は株式に他ならない。それにもかかわらず、株主は単位株分についてはすべての株主権を行使できるが（一〇〇株一単位であれば一〇〇株分）、単位未満株式（一〇〇株一単位だと例えば二〇株）については利益配当請求権など一定の自益権しか行使できないこととされた（昭和五六年商法改正附則一八条一項）。共益権のように株式の内容をなす一定の権利を、単位未満株式については制限するものであり、株主平等原則に違反するのではないかとの疑いがもたれた[12]。

平成一三年六月改正では株式の（経済的）大きさに関する規制が見直された（一律の法規制から各社の自主的判断へ）[13]。額面株式制度および単位株制度が廃止され（改正前一九九条・二〇二条等[14]および改正前昭和五六年商法改正附則一五～二一条の削除）、会社設立に際して発行する（無額面）株式の発行価額規制（五万円以上〔改正前一六八条の三〕）および株式分割時の一株あたりの純資産額規制（五万円以上〔改正前二一八条二項〕）も撤廃された。これら一株あたりの経済的持分に関する規制撤廃・自由化に伴い、端株制度の採用および端株の一株に対する割合が任意化された（改正二二〇条の二第三項。その割合は定款の定めによる）。また、端株主に与えられる自益権相当の権利も、端株主が必ず与えられる法定の権利[15]（改正前二三〇条の四。残余財産分配請求権など端株の代替物と認められる権利）および会社が定款に定めることにより与えることができる権利（改正前二三〇条の五。利益配当請求権など新たな価値の付与）とされていたのが、両者とも法定された上で、後者[16]（利益配当請求権など）[17]は定款で与えない旨定めることができることとされた（改正二二〇条の三）。一方、単元株制度が新設され、一〇〇〇および発行済株式総数の二〇〇分の一に相当する数を超えない一定数の株式を一単元株とする定めを定款に置く会社では（改正二二一条一項）、一単元の数の株式ごとに一個の議決権が認められることになった（改正二四一条一項但書）――自益権など議決権を前提としない他の株主権については原則どおり一株式ごとを基準とする[18]。将来の株式併合までの過渡的・便宜的扱いとして単位未満株式の権利を制限する単位株制度（一〇〇株一単位であれば、一単位株で一〇〇議決権行使できるが、例えば二〇株という単位未満株式だと本来認められる二〇議決権が行使できない）と異なり、議決権（および議決権を前提とする株主権）とそれ以外の権利とで株式単位の大きさを異ならせる単元株制度（一〇〇株一単元でも五〇株一単元でも、一単元株で一議決権）は、出資者の会社に対する権利関係につき単位の設定方法を二元化するものである――議決権（および議決権を前提とする株主権）に関してのみ権利単位を大きく設定するもので、単元未満株式も株式であることに変わりはない[19]。

平成一五年四月一日から施行された平成一四年改正二二〇条の七は、定款に定めがあれば、端株主はその端株とあわせて一株となるべき端株を売り渡すべき旨を会社に請求することができる、とする端株の買増制度を規定している。この請求に対して、会社はその有する自己株式一株の一部を端株として譲り渡すこともできる（改正二二〇条の七第六項）[20]。定款に定めがあれば、単元未満株主についても、その単元未満株式数とあわせて一単元の株式数となる数の株式を売り渡すべき旨を会社に請求することができる、とする単元未満株式の買増制度も設けられた（改正二二一条の二）。

（3）明治二三年商法一五四条は「会社ノ資本ヲ株式ニ分チ其義務ニ対シテ会社財産ノミ責任ヲ負フモノヲ株式会社ト為ス」、同一七五条は「各株式ノ金額ハ会社資本ヲ一定平等ニ分チタルモノニシテ二十円ヲ下ルコトヲ得ス又其資本十万円以上ナルトキハ五十円ヲ下ルコトヲ得ス」と規定していた。明治三二年商法一四三条は、明治二三年一五四条および一七五条の一部を合併してその字句を修正したもので（なお、明治三二年商一四四条一項「株主ノ責任ハ其引受ケ又ハ譲受ケタル株式ノ金額ヲ限度トス」参照）、株式会社の特質を明示する規定だとされた（『商法修正案理由書』〔一八九八年、博文館蔵版〕一二七頁）。

（4）高鳥正夫「無額面株式の効用と限界」（一九五四年）『会社法の諸問題〔増補版〕』（一九八一年）一三九～一四〇頁参照。なお、後述注（28）参照。

（5）明治二三年商一七五条（前掲注（3））参照。

（6）第一回目の払込額としてあらかじめ定められた額は株金の四分の一以上でなければならないという条件の下で（なお、募集設立および新株発行の場合には、「額面以上ノ価額ヲ以テ株式ヲ発行シタルトキハ其額面ヲ超ユル金額ハ第一回ノ払込ト同時ニ之ヲ払込マシムルコトヲ要ス」〔一二九条二項・二一九条〕——昭和一三年改正により発起設立も同様に取り扱われることになった〔改正一七一条三項・一七七条三項・三七〇条一項〕）、株金の分割払込が許容されていた（一二三条二文・

一二八条二項・二一九条)。

(7)　改正一六六条一項(定款の記載事項)七号「会社ノ設立ニ際シテ無額面株式ヲ発行スルトキハ其ノ最低発行価額」(設立に際しての最低資本額を明確にする趣旨〔鈴木竹雄＝石井照久『改正株式會社法解説』(一九五〇年)三五〜三六頁〕)、大隅健一郎＝大森忠夫『逐条改正會社法解説』(一九五一年)五二〜五三頁)。なお、同号は昭和五六年改正により削除された。

(8)　額面株式と対比すると、無額面株式は資本に組み入れるべき確定的な基準額を持たない。そこで、無額面株式に関しては、発行価額と資本組入額の関係を自由に設定させることも制度としては可能であるが、会社の財政的基礎を確実にするために、このような規制方法が採用された(鈴木＝石井・前掲注(7)二五九〜二六〇頁、大隅＝大森・前掲注(7)四一〇頁)。

(9)　分割払込制度廃止に伴い、全額払込の場合の最低券面額のみが維持されたもの。

(10)　額面株式制度の廃止も主張されていたが、できるだけ無額面株式に接近させる方策が採用され(高鳥正夫「額面株式と無額面株式の区別」高鳥正夫編『改正会社法の諸問題』(一九八二年)二五頁)、額面株式・無額面株式ともに発行価額を資本に組み入れることとされた。資本に組み入れなくてもよいとされる額が、発行価額の(四分の一ではなく)二分の一を超えない額とされたのは、当時の政策的判断による(元木伸『改正商法逐条解説〔改訂増補版〕』(一九八三年)三一〜三二頁・一九四〜一九五頁)。

(11)　従前の出資単位の最低額(最低券面額、設立に際しての無額面株式の最低発行価額)が、昭和五六年当時の貨幣価値からみて極めて低いと判断されたので、株式の経済的大きさを引き上げるために導入された規制である(元木・前掲注(10)三二〜三五頁)。

(12)　山本爲三郎『会社法の考え方〈第2版〉』(二〇〇一年)八三頁。昭和五二年に「株式制度に関する改正試案」が発表された段階でも、すでに株主平等原則違反が指摘されていた(田中誠二「単位株制慎重論(上)――改正試案に対する要望――」商事法務七七四号(一九七七年)七頁)。

(13)　原田晃治＝泰田啓太＝郡谷大輔「自己株式の取得規制等の見直しに係る改正商法の解説〔中〕」商事法務一六〇八号(二〇〇一年)九〇頁参照。

（14）額面株式制度廃止に伴い、額面株式を券面額で発行する場合における抱合せ増資の制度も廃止された（二八〇条の九の二削除）。

（15）なお、端株券発行請求権も法定の権利とされていたが（二三〇条の三第一項。端株主の請求により会社は端株券を発行する）、その後（平成二年改正）、定款に端株券不発行の旨を定めることができるとされた（改正二三〇条の三第一項但書・二三〇条八の二第一項）。さらに、平成一三年六月改正で端株券の制度自体が廃止されている——端株の譲渡は認められず（前田雅弘「株式の単位規制の見直し」ジュリスト一二〇六号〔二〇〇一年〕一一三〜一一四頁、原田ほか・前掲注（13）九九頁。もっとも、端株の買取請求や買増制度に基づく売渡請求による会社・端株主間の端株譲渡は認められる）、端株主の投下資本回収は会社に対する端株買取請求権のみによることになった（改正二二〇条の六第一項。なお、本文後述のように、平成一四年改正により端株の買増制度が創設されている）。

（16）改正前二二〇条の五は、定款で与えることのできる権利につき、「端株原簿ニ記載アル端株主ニシテ株主タルモノニ限ルコトヲ」許容していたが、改正二二〇条の三第二項はこのような限定を認めていない（原田ほか・前掲注（13）九九頁参照）。

（17）「株式ノ転換ヲ請求スル権利」が追加された（改正二二〇条の三第一項三号）。

（18）単位未満株式に認められる権利（自益権）は限定列挙されていた（改正前昭和五六年商法改正附則一八条一項）のに対して、単元未満株式には議決権（および議決権を前提とする権利）が認められないとされているだけである。したがって、単元未満株主は、議決権を前提としない共益権（株主代表訴訟提起権〔商二六七条三項四項〕、取締役の違法行為に対する差止請求権〔商二七二条〕、新株発行差止請求権〔商二八〇条の一〇〕や新株発行無効訴権〔商二八〇条の一五〕など）は制約されない（江頭憲治郎『株式会社・有限会社法〔第2版〕』〔二〇〇二年〕二三三頁参照）。

（19）端株と異なり（前掲注（15）参照）、単元未満株式も株式であるから株券が発行され譲渡できるが、定款に単元未満株式に係る株券を発行しない旨の定めを置くことができることとされている（平成一三年六月改正二二一条五項本文。ただし、同条項但書参照）。

（20）経済的持分としての単位の引下である株式分割によっては社員権の内容は変更されないのに対して、一株の一部譲渡が許されるとするとそれは経済的持分の一部譲渡にあたるとともに社員権の内容の一部譲渡になろう。端株主はその端株とあわせて一株となるべき端株を取得すると株主となるが（平成一三年六月改正二二〇条の五第一項）、株式という社員権単位は端株という「社員権の小単位」により構成されているのではない。社員権単位と会社に対する経済的持分の関係につき、後述五参照。

三　資本の単位としての株式と社員権の単位としての株式

二でみたように、昭和二五年の商法改正までは、（額面）株式は資本の構成単位であった。発行価額が券面額を超える場合に、その超過額の性質をどのように取り扱うべきかは問題である（後述四参照）。けれども、資本に対する寄与を定款で定めた定額をもって割合的単位として把握し、その単位が会社に対する地位である社員権の単位となる仕組は理解しやすい。株式という割合的単位の内容をなす権利の平等が、出資（各株式についての株主の責任負担額）の同額性（資本概念を通した擬制）を理由とするからである。資本に組み入れられる額だからといって、券面額が均一でなければならない論理的必然性はない[22]（券面額均一は出資の性質による論理的帰結ではない）。しかし、社員権の単位としての株式の平等[23]（均一・均等性）を図るために券面額の均一性を要求するのは、制度として合理的である。昭和二五年の商法改正までは、券面額（資本組入額）の均一性と社員権の単位としての株式の均一性（権利内容の均等性）は、前者が後者を基礎づける関係にあったといえよう[24]（繰返しになるが、券面額の均一性それ自体に意義があるのではなく、株式平等を基礎づける点に意味がある）。

昭和二五年に無額面株式制度が導入された。権利内容も権利行使方法も譲渡方法も額面株式と無額面株式とで相違はない。定款で定められた券面額が資本組入額になるという点で両者は異なるのである。ここで二点確認しておこう。まず、株式において、資本の割合的単位であることが社員権の均一的単位であることを基礎づけた。ところが、無額面株式は券面額を持たず、原則として発行価額を資本に組み入れることになる。つまり、無額面株式は資本の割合的単位を構成できない。一方、額面株式と無額面株式の本質的相違はこの点にしか認められないから、無額面株式は額面株式と全く同様な社員権の均一的単位という形をとる。資本の割合的単位であるという理由づけができなくても、発行済株式総数との関係で割合的単位の形をとるのである。もう一点。以上のような関係を資本と株式の断絶と把握したとしても、この段階では依然として、額面株式における資本組入額は券面額であった[(25)]。額面株式に限っていえば、どれも資本に対する寄与が同額であり、各額面株式の内容が同一であることを理由づけたのである――このような仕組を前提に、額面株式と同内容の無額面株式の制度が成立する[(26)(27)]（なお、法定準備金をも含めた考察につき後述四参照）。

　昭和五六年の商法改正で、券面額は資本組入最低額に過ぎなくなった[(28)(29)]（改正二八四条の二第二項但書）。定款に定められた券面額が資本組入額である点に額面株式の本質的特徴があったのであり[(30)]、実質的には額面株式は無額面株式化されたといえる[(31)]。資本の割合的単位であるとする制度が廃止され、資本の単位という理由づけを失ったが、そうだからといって、発行済株式総数との関係で社員権を構成する割合的単位であるという性質を株式が失うわけではない（社員権単位としての株式平等）。一方で、社員権としての単位の画一性に関連して、端株制度と単位株制度が創設された。端株とは一株の一〇〇分の一の整数倍にあたる端数である（平成一三年改正前）。株式は均一な単位としての形をとるので、一株に満たない端数は株式たる性質を有しない（もっとも、端株主はあわせて一株分の端株を取得することによって株主になる（改正二三〇条の八））。しかしながら、端株主には自益権に相当する一定の権利が、法定の権利として（改正二三〇条の四。残余財産分配請求権など端株の代替物と認められる権利）与えられ、あるいは定款の定めにより（改正二三〇条の五。利益配当請求権など新たな価値の付与）与えることができることとされた（改正二六三条三項〔定款・端株原簿の閲覧・謄写請求権〕のように特別に法定されない限り、そのほかの株主権に相当する権利は与えられない〔改正二三〇条の六〕）。単位株制度は単位未満株式の権利行使を制限する制度である——利益配当請求権や残余財産分配請求権など法定された一定の自益権以外の権利行使が制限される。権利制限と構成されるのは、単位未満株式も社員権を構成する画一的な単位としての株式だからである。

昭和五六年改正法までにおいて、資本単位としての株式と社員権単位としての株式との関係については、以上のような立法上の変遷があった。資本との関係で株式をどのように設定するかは立法政策によるから、政策的改正を受け入れやすいのである。次に、この点につき確認しておこう。

(21)　合名会社・合資会社においては無限責任社員が責任を負う。これに対して、株主の責任は出資額に限定されるので、株主への返還を許さない資産額（会社債権者に対する責任財産額——株主が負うべき責任額）を設定する必要が生じる。これが資本であり、人的会社に対して株式会社の特質とされてきた。

(22)　諸外国の立法例につき、竹中正明「単位としての株式」法学研究五一巻一一号（一九七八年）一三〇～一三一頁参照。

(23)　山本・前掲注（1）一四～一六頁・八〇～八一頁（第9版一三～一四頁・六六～六七頁）参照。

(24)　もっとも、権利内容が異なる種類株式にも券面額均一は及ぶ。

(25)　概念的には、昭和二五年改正前には、まず資本額が定められそれが株式に分割された。これに対して、同年改正後は、発行済額面株式の株金（券面額）総額が資本の額となる。

(26)　なお、額面株式・無額面株式は同内容であり、数種の株式ではない。同時に発行する場合には、発行条件は均等に定めなければならない（商二八〇条の三）。この点につき、服部栄三「額面株式と無額面株式との両建に伴う諸問題」『株式の本質と会社の能力』（一九六四年）八七頁以下参照。

(27) 商法制定当初から存在する額面株式の制度を基準とした説明である。無額面株式の権利均等性は資本組入額から導くことができない。額面株式・無額面株式は原則・例外の関係にはない点に注目すると、株式と資本の断絶を強く意識することになろう。

(28) 額面株式の券面額未満発行禁止（昭和五六年改正二〇二条二項）を前提とする。もっとも、券面額が資本を構成した昭和五六年改正前においては、券面額未満発行は資本充実違反と解されるが、同年改正により券面額は資本構成単位ではなくなった。したがって、右改正後の券面額未満発行禁止は、資本充実の要請を根拠とするものではなくなったといえよう（杉田貴洋「商法二〇二条二項と資本充実の原則」法学政治学論究三四号（一九九七年）二四七頁以下参照）。

(29) さらに、資本額は常に株金総額以上でなければならないか、につき、吉本健一「額面株式の額面の意義と機能」阪大法学四四巻二・三号（一九九四年）六三三頁以下参照。

(30) 高鳥・前掲注（4）一三八頁、同・前掲注（10）二六〜二七頁、倉沢・前掲注（2）八四頁。

(31) それにもかかわらず額面株式制度は存続することとされたので、その廃止が主張された（山本・前掲注（12）七九〜八〇頁）。

四　資本・法定準備金

株主が出資した財産は、株主（出資者）の組織体（社団）である株式会社の営利活動の元手となる。一方、株主有限責任の下、会社財産は会社債権者に対する唯一の責任財産である。そこで、株主有限責任を認める基礎として、会社財産の株主への払戻しを制限する必要があるといえる。そのためにわが国商法で採用されているのが資本の制度である。

明治三二年商法は、資本を（額面）株式の株金（券面額＝株主が負うべき一株あたりの責任額）総額とした（株式会社の特徴である株主有限責任、株式および資本の相互関係が非常に明瞭な制度である）。その上で法定準備金につき一九四条が、まず一項で、「会社ハ其資本ノ四分ノ一ニ達スルマテハ利益ヲ配当スル毎ニ準備金トシテ其利益ノ二十分ノ一以上ヲ積立ツルコトヲ要ス」[32]とし、これを受けて二項で、「額面以上ノ価額ヲ以テ株式ヲ発行シタルトキハ其額面ヲ超ユル金額ハ前項ノ額ニ達スルマテ之ヲ準備金ニ組入ルルコトヲ要ス」、としていた。資本の四分の一の額までは法定準備金を積み立てなければならない。券面超過額は右限度額までは準備金に組み入れられるが、これを超える組入は要求されていなかった[33]。昭和一三年改正法でも基本構造は同様で、改正二八八条は一項で、「会社ハ其ノ資本ノ四分ノ一ニ達スル迄ハ毎決算期ノ利益ノ二十分ノ一以上ヲ準備金トシテ積立ツルコトヲ要ス」[34]（積立財源を毎決算期の利益と明示）とし、二項で「額面以上ノ価額ヲ以テ株式ヲ発行シタルトキハ其ノ額面ヲ超ユル金額ヨリ発行ノ為ニ必要ナル費用ヲ控除シタル金額ハ前項ノ額ニ達スル迄之ヲ準備金ニ組入ルルコトヲ要ス」と規定したに過ぎない。もっとも、法定準備金の使用制限が明定された（改正二八九条「前条ノ準備金ハ資本ノ缺損ノ塡補ニ充ツル場合ヲ除クノ外之ヲ使用スルコトヲ得ズ」[35]）。

このように、昭和二五年の商法改正までは、株主の出資額（株式の発行価額）[36]のうち券面額については資本に組み入れられ、券面超過額についてはその一部しか法定準備金とされていなかった。昭和二五年改正では、券面超過額[37]および無額面株式の発行価額中資本に組み入れない額は全額が資本準備金（なお、利益の一部の法定準備金としての積立は、同年改正により、資本準備金と区別されて利益準備金として取り扱われることになった（改正二八八条一項）[38]）に組み入れられることになった（改正二八八条の二第一項一号二号）——株主の出資額（株式の発行価額）の性質上[39]その全額が資本あるいは資本準備金に充てられることになったわけである。法定準備金（資本準備金および利益準備金）の使用制限（資本の欠損填補（利益準備金を使用しても不足する場合に資本準備金の使用が認められた（改正二八九条二項――新設））および資本への組入に限る）は引き続き堅持された（改正二八九条一項・二九三条の三第一項）。株主の出資全額が資本あるいは資本に準じる資本準備金とされ、会社債権者のための責任財産の基準つまり株主への利益配当規制の基準とされたのは、出資および利益の性質から自然な扱いといえよう（出資の払戻は原則として求めることができず、資本および法定準備金の額を超える純資産部分である利益が生じた場合に株主は配当を受けうる）――資本準備金が右のような性質を有するので、利益準備金についてのみ積立限度（資本の四分の一）が設定された。もっとも、昭和二五年改正では、無額面株式制度が新設されたのに、額面株式制度は廃止されず券面額が資本組入額のままであった。しかしこの点が、前述三のように、額面株式の権利内容均一の理由づけとなり、さらに、額面株式・無額面株式を問わずその発行価額の全額が資本あるいは資本準備金に充てられることで、額面株式と無額面株式の権利内容の同一性が担保されたのだといえよう。

昭和五六年改正により、資本の単位としての額面株式が実質的に無額面株式化した。一方、額面株式・無額面株式を問わず、一株あたりの純資産額＝経済的持分の下限（五万円）に関する規制が新たになされた。一株の一〇〇分の一の整数倍にあたる端数である端株にも、その分だけは会社に対して経済的持分を有するからという発想に基づいて一定の権利が認められた。その意味で、端株も経済的持分（ただし、端株は株式〔もはや資本単位ではない〕としての性質を有するわけでもなく、資本の単位として把握することもできない）という裏づけを有するが、株式単位の端数に過ぎず、株式単位を小さくしたものではない。

以上見てきたように、資本制度の採用自体に変化はないが、資本に組み入れる財源、法定準備金の財源および取扱については改正が重ねられてきた。本来、株主有限責任を基礎づける出資返還制限をどのように行うかは立法政策の問題であり、資本制度も選択しうる手段の一つに過ぎない。[40] 株主有限責任・会社債権者保護との関係で、株主への出資返還制限をどのように判断するかによって、資本制度も変容を受けうるのである。会社債権者保護のための会社財産保全基準としては額面総額で十分だと判断すると、その額が資本とされる。法定準備金も資本を補完するための制度と捉えると（そのために利益準備金制度が設けられている）、昭和二五年改正前の程度の積立でも十分と判断しうる（むしろ、商法典制定当初は、会社財産保全基準＝資本＝額面総額とする構造が前面に出ており、前述のように、額面超過額を〔限定的に〕法定準備金に組み入れさせるのも株式の投機的取引の弊害を防止しようとする現実的理由が重視され、また、資本準備金と利益準備金も区別されていなかった）。昭和二五年改正では、株主の出資全額が資本あるいは資本準備金に組み込まれることになった（法定準備金〔資本準備金と利益準備金が明確に区別されるようになった〕の使用は資本の欠損填補および資本への組入に制限されていた）。株主は出資した財産から生じた利益の配当を受けるのであり、出資財産額は有限責任額である[41]（商二〇〇条一項参照）[42]、と考えるのは一つの合理的判断であり強い説得力を有する（資本準備金の積立強制はその財源〔資本取引から生じた剰余金〕の性質上当然だとの考え方と親和性がある）。しかしながら、法規制の変遷を見ても理解できるように、本質的・論理的に必ずこのような制度にしなければならないわけではない。会計上、資本取引と損益取引を区別して取り扱うこと[43]と、法制度的に出資[44]返還制限をどのような基準で判断するかということとは別個の事柄である。[45]

この点、その後の立法の変遷が興味深い。平成一〇年には、経済情勢等に[46]鑑み、（公開会社〔上場株式発行会社、店頭売買株式発行会社〕を対象に、機動的・弾力的な株式消却を認めた）株式消却特例法を、さらに緩和する改正として資本準備金を財源にする株式消却が認められた（改正株式消却特例法三条の二[47]。資本準備金の使用制限の特例）。これは、資本準備金を資本に組み入れた上でなす（株式消却方法による）資本減少の手続を踏まず、取締役会決議による実質的な資本減少を認めるものであり大変危険なので、株式市場における需給バランス改善という当面の課題を克服するための緊急避難的措置として、平成一二年三月三一日までの時限立法とされた（平成一〇年株式消却特例法改正附則五条。ところが、平成一二年にさらに同一四年三月三一日までこの措置は延長された）。しかし、自己株式取得を原則容認する平成一三年六月商法改正（平成一三年一〇月一日施行）に伴い、株式消却特例法自体が廃止された。そして、平成一三年六月商法改正は、法定準備金制度を見直し、利益準備金の積立強制を資本準備金の額と合わせて資本の四分の一に達するまでとした（改正二八八条）――したがって、資本準備金がすでに資本の四分の一以上の額になっている場合には利益準備金の積立は不要である。さらに、法定準備金の使用制限は従前どおりであるが（二八九条一項）、資本準備金と利益準備金の合計額から資本の四分の一に相当する額を超える分については、株主総会決議により資本準備金あるいは利益準備金を減少できることとされた[48]（改正二八九条二項）。この減少額については、純資産の範囲内で株主への分配が可能となる[49][50]（資本準備金の減少額については出資返還、利益準備金の減少額については利益配当の性質を帯びる。なお、自己株式の買受財源に充てることができる〔改正二一〇条四項〕[51]）――資本減少の場合の債権者保護手続が準用されている（改正二八九条三項）。改正前においても、法定準備金を資本に組み入れ、資本を減少する方法が認められていたから、法定準備金相当額を株主に分配することが可能であった。迂遠な方法のようであるが、法定準備金を資本同様に扱っていたのである。平成一三年六月改正は、法定準備金を直接減少する手続を新設・整備した。そして、資本減少には株主総会の特別決議を要するのに、法定準備金減少は（利益処分案承認決議〔商二八三条一項〕と同じく）株主総会の通常決議で足りる。法定準備金の資本との一体性が弱められたのである[52]。以上のような措置が認められるのは、純資産額が資本の額を下回る事態を防ぐための技術的な制度として法定準備金を把握しているからである（そのための利益準備金の積立が、結果として、不要となる場合〔資本準備金が資本の四分の一以上の額である場合〕が出てくるのは象徴的である。平成一三年改正商法においては、資本準備金と利益準備金の取扱が同質化している）――会社債権者のための責任財産をどのような枠組で確保するかという立法政策が資本・法定準備金の制度に反映される。平成一三年六月商法改正は法定準備金のこのような性質を再確認させるといえよう。もっとも、株主の出資額は、その全額が資本あるいは資本準備金に組み入れられる点に変化はない（株主払込資本と利益の区別が明確になされている）。

（32）明治二三年商法二一九条二項「準備金カ資本ノ四分一ニ達スルマテハ毎年ノ利益ノ少ナクトモ二十分一ヲ準備金トシテ積置クコトヲ要ス」参照。

（33）明治三二年商法一九四条二項により券面額を超える価額での株式発行が認められたが、さらに同条項の趣旨は、会社が券面超過額を「得タルハ決シテ其營業上ノ利益ニアラサルヲ以テ之ヲ株主ニ配當スルノ必要ナク若シ此配當ヲ是認スルニ於テハ却テ株式ノ投機的取引ヲ奨勵シ其弊害ヲシテ一層甚タシカラシムヘシ故ニ此差額ヲ擧テ全ク準備金中ニ組入レシムルコト必要ナリ然レトモ此場合ト雖モ亦準備金ノ總額資本ノ四分ノ一ニ達スルヲ以テ足レリトス即チ準備金ノ總額カ資本ノ四分ノ一ニ達スルトキハ株式ノ額面以上ノ撥行ニ因リテ得タル差額ハ之ヲ準備金ニ組入ルルト將タ又之ヲ株主ニ配當スルトキハ之ヲ会社ニ一任スルコト正當ナリトス」る点にある（『商法修正案理由書』前掲注（3）一六八頁）。

（34）なお、二八八条一項中「毎決算期ノ利益ノ二十分ノ一」は、昭和三七年改正により、「毎決算期ニ金銭ニ依ル利益ノ配当額ノ十分ノ一」に改められた。積立率対象金額である「毎決算期ノ利益」の意味につき見解が分かれていたので、対象額を明確に設定し、それに伴い積立額が改正前と実質同額になるように積立率も変更したのである（上田明信「商法の一部を改正する法律案要綱について」旬刊商事法務研究二三七号（一九六二年）一一～一二頁）。さらに、平成二年改正で、利益準備金積立率対象額は「毎決算期ニ利益ノ処分トシテ支出スル金額」と改められた――利益準備金の充実を期した改正である（大谷禎男『改正会社法』（一九九一年）一八二頁）。

（35）田中耕太郎『改正商法及有限會社法概説』（一九三九年）一九八頁は、「従来は法定準備金の目的に就いて、法は別に何も規定して居なかつた。規定して居なくとも、勿論法定準備金が損失塡補の爲に存在するものであることは明瞭なのであるが、其の明瞭な事を今度書き現はし」た、とされる。なお、ここでいう「資本の欠損」とは、純資産額が資本と法定準備金の合計額に満たない状態を指す（山本・前掲注（1）二五二頁〔第9版二五〇頁〕）。
(36) 鈴木＝石井・前掲注（7）二六〇〜二六一頁参照。
(37) 改正前二八八条二項は削除され、資本準備金組入時に新株「発行ノ為ニ必要ナル費用」を控除することはできなくなった——もっとも、新株発行費用は繰延資産とされた（昭和二五年新設二八六条の二〔昭和三七年に二八六条の四に繰下げ後、平成一四年削除〕）。平成一五年改正商法施行規則三八条〔平成一四年改正商法二八一条五項〕）。
(38) 資本準備金の財源と利益準備金の財源とは、前者が「本来利益として配当すべからざる性質のもので」あるのに対して、後者は「本来配当しうべきもの」であり、「両者の性質は必らずしも同じでない」のに、改正前は一本の準備金とされていた。「そこで新法は会計学の原則を妥当と認め、利益準備金と資本準備金とを分」けたのである（鈴木＝石井・前掲注（7）二六三頁、大隅＝大森前掲注（7）四一八頁）。
(39) 鈴木＝石井・前掲注（7）二六三〜二六四頁、大隅＝大森・前掲注（7）四二三頁参照。
(40) 鈴木竹雄＝竹内昭夫『会社法〔第三版〕』（一九九四年）二二頁は、「資本は、株主有限責任制度から生ずる結果を考慮して立法政策的に定められたもの」とされ、杉田・前掲注（28）二五四頁は、資本制度は株主・会社債権者間の利益を調整する制度だと明確に指摘される。
(41) 当該会計年度における資産の増加額が配当可能とされるのではなく、資本および資本準備金を含む法定準備金の額を会社債権者に対する責任財産額とする。株主への配当可能利益額は、資本および法定準備金の額を超える純資産額から計算されることになる。なお、批判的な研究として、豊岳信明「一八〇七年フランス商法典から一八六七年フランス会社法に至る資本確定原則の変遷について」明治大学社会科学研究所紀要三九巻二号（二〇〇一年）二三一頁以下が興味深い。
(42) 明治三二年商法一四四条一項「株主ノ責任ハ其ノ引受ケ又ハ譲受ケタル株式ノ金額、額面以上ノ価額ヲ以テ株式ヲ発行シタル場合ニ於テハ引受価額ヲ限度トス」が、昭和一三年改正二〇〇条一項「株主ノ責任ハ其引受ケ又ハ譲受ケタル株式ノ金額ヲ限度トス」を経て、昭和二五年改正で現在の規定になった。
(43) なお、貸借対照表における資本の部の表示方法につき、平成一四年廃止前計算書類等規則三四条一項は、資本金、法定準備金（同規則三五条一項。資本準備金および利益準備金）および剰余金（同規則三五条二項。任意積立金、当期末未処分利益およびその他の剰余金）に区分しなければならないとしていた。これに対して、平成一四年商法施行規則六九条一項は、資本金、資本剰余金（同規則七〇条。資本準備金およびその他資本剰余金）および利益剰余金（同規則七一条一項。利益準備金、任意積立金および当期末未処分利益）に区分しなければならないとする（平成一五年改正により、それぞれ八八条・八九条・九〇条）。配当可能限度額の算定方法に則した計算書類等規則による区分方法を、企業会計における資本と利益との区別の考え方に対応するようになした変更である（江原健志＝太田洋「平成一三年商法改正に伴う政令・法務省令の制定〔下〕」商事法務一六二九号〔二〇〇二年〕二一～二二頁）。

(44) なお、商法は一貫して「利益ノ配当」規制規定を置くが（明治三二年一九五条一項、昭和一三年以降二九〇条一項）、その「利益」の内容には変遷があったことになる。

(45) 弥永真生「法定準備金と『その他の余剰金』——企業会計との乖離の拡大と縮小」企業会計五三巻一二号〔二〇〇一年〕三三頁参照。

(46) 株式消却特例法三条は、中間配当可能利益の二分の一の範囲内で（五項）、「公開会社は、定款をもって、経済情勢、当該会社の業務又は財産の状況その他の事情を勘案して特に必要があると認めるときは取締役会の決議によりその株式を買い受けて消却することができる旨を定めることができる。」（一項）と規定していた。これは、配当可能利益の範囲内（資本維持）で定時総会決議（利益処分）により株式消却を認める商法二一二条の二（平成六年改正により新設、平成一三年六月改正により削除）の特例であった。

(47) 株式消却特例法三条一項（前掲注（46）参照）の場合には、資本準備金を財源にした自己株式の買受・消却を定款で定めることができるとされた（改正三条の二第一項）。ただし、法定準備金（資本準備金および利益準備金）のうち資本の四分の一に相当する額は財源にできない（改正三条の二第三項五項）——利益準備金が資本の四分の一未満の場合には、財源にできる資本準備金は、資本準備金マイナス（資本の四分の一の額マイナス利益準備金）である。なお、中間配当可能利益がない場合には、自己株式買受・消却が禁じられた（改正三条の二第六項）。

(48) 改正は、時価発行増資と商法二八四条の二第二項の規制を利用した発行価額の資本準備金への組入（商二八八条一項一号）により、多額の法定準備金を有するに至った企業が法定準備金の柔軟な活用を求めるようになったことから実現した（原田晃治＝泰田啓太＝郡谷大輔「自己株式の取得規制等の見直しに係る改正商法の解説〔下〕」商事法務一六〇九号〔二〇〇一年〕四頁参照）。

(49)　山本爲三郎「新商法入門・第11回・株式会社の計算」税経セミナー四八巻一〇号（二〇〇三年）二五頁参照。

(50)　株主総会の法定準備金減少決議において株主への払戻を決議できる（平成一四年改正商二八九条二項一号）ほか、法定準備金減少差益は、貸借対照表上、資本剰余金の部のその他資本剰余金として計上され（平成一五年改正商法施行規則八九条）、株主への配当可能財源となる（商二九〇条一項参照）。

(51)　自己株式の買受を決議した定時総会（商二一〇条一項）において法定準備金減少決議をなした場合（商二一〇条三項参照）。

(52)　なお、平成一三年六月改正は、商法二八八条の二第一項（柱書「左ニ掲グル金額ハ之ヲ資本準備金トシテ積立ツルコトヲ要ス」）四号（「資本ノ減少ニ依リ減少シタル資本ノ額ガ株式ノ消却又ハ払戻ニ要シタル金額及欠損ノ塡補ニ充テタル金額ヲ超ユルトキハ其ノ超過額」）を削除した。いわゆる減資差益を改正法による資本準備金減少差益とともに、資本準備金としないで、配当可能な剰余金として扱うことにしたのである。もっとも右差益は、貸借対照表上は資本準備金とともに資本剰余金として計上される（前掲注（50）参照）。

五　株式の内容と単位

（一）　社員権単位としての株式と経済的持分

資本との関係での株式の単位は以上のような変遷を経た。これに対して、社員権を構成する単位の画一性（権利内容の均一性）は一貫して維持されてきた。この背景には、株式を細分化された均一的単位として構成したのであるからこれをさらに分割・細分化すべきではないとの政策的判断、および、株式の本質に関する株式社員権説の影響があったと思われる。問題となりそうなものも、端株は株式ではなく、単位未満株式の権利制限は画一的な株式単位を前提とした上での例外的・過渡的な権利制限だと説明することが一応可能であった。[53]ところが、平成一三年六月改正で単位株制度が廃止され、議決権（および議決権を前提とする株主権）に関してのみ権利単位を大きく設定する単元株制度が新設された。これは、株式の権利内容に関して、単位の画一性を見直す改正である。

すでに検討したように、昭和五六年の改正により、社員権単位としての株式はその均一性を基礎づけた資本単位という性質を失った。同時に、社員権単位としての株式の内容的画一性が、単位株制度や端株制度により問題とされた。資本単位という観点で株式の大きさを設定していたのを、社員権単位としての株式に適当な経済的大きさを求めることとされたのであり、その延長に単位株制度や端株制度は位置づけられる。つまり、これらの制度は株主が有することになる経済的持分に着目して新設されているのである。[54][55]券面額を資本の単位とする画一的な制度が廃止され、実質的な経済的持分に着目するのであるから、社員権を相対的に扱う発想が出てきてもおかしくはない。もっとも、社員権単位として各株式が有すべき適当な経済的大きさ規制としては、一株あたりの純資産規制がなされ五万円が基準とされた。つまり、一株あたりの経済的持分の最低額基準が設定され、画一的な下限設定という形で出資・持分を把握しようとしたのである――各株式につき、（定款で定められた）券面額の資本組入から純資産五万円以上（各株につき少なくとも五万円は出資されている）へ。しかし、計算上の数額である資本の構成単位は画一的に把握できるが、一株あたりの純資産規制は最低額規制に過ぎず、その上、純資産額は常に変動する。もちろん、一株あたりの純資産額は常に変動しながらも各株式につき同額である。けれども、これは社員権単位としての（権利内容均一の）株式を前提とするからであり、逆ではない。純資産による規制は、資本構成単位規整とは異なり社員権単位としての株式の内容が同一であることの理由にならず、また、一株あたりの純資産額を保証するものでもない。昭和五六年改正商法の一株あたりの純資産規制の性質は非常にあいまいであったといえよう。

(二)　社員権単位としての株式と単元株制度

平成一三年六月改正において、一株あたりの純資産規制が廃止された。改正前においては、一株あたりの純資産額を五万円以上に引き上げるための株式併合までの過渡的制度としての単位株制度が存した。これに対して改正後の単元株制度は、資本単位でもなく一株あたりの純資産額による大きさ規制に服することもない。そして単元株制度の採用は任意である。つまり、単元株制度の限度で、会社は、出資者の会社への権利関係につき、(発行済株式総数との関係で割合的単位の形をとる) 基本単位としての株式との関係で相対的な大きさを有する、議決権単位としての単元株を任意に設定できるわけである。単元株制度採用の場合を権利内容の面で図式的に見てみると、単元未満株式は基本単位としての株式でありその内容は「(単元株制度不採用の場合の) 株式」[56]マイナス議決権となり(ただし、完全無議決権株式と異なり、一単元の数の株式を有する株主は一議決権を有することになる)、一単元株とは一単元数として設定された数だけ集まった基本単位としての株式であり一議決権が認められる(なお、単元株といっても株式が株主のもとに一定数集まった場合を指すのであり、株式併合とは異なり、新たな大きさの不可分一体な単位が形成されるのではない)[57]、ということになろう。株式会社における社員権の内容を構成する単位が相対化されている(例えば、一〇〇株一単元の場合、一〇〇株で一議決権、しかし一株でも利益配当請求権は認められる)――単位株の場合には権利制限と構成されていた(例えば、一〇〇株一単位であれば、一単位株で一〇〇議決権行使できるが、二〇株という単位未満株式だと本来認められる二〇議決権が行使できない)。それとともに、単元株制度を採用していない場合と比較すると、社員権単位としての「株式」の内容自体が相対化されている——株主（株式会社に対する出資者）が会社に対して有する権利の最小単位の内容が、単元株制度採用の有無で異なってくる。

このように設計された制度の下においては、自由に設定しうる出資単位（単位といっても、発行価額等の発行条件が均等とされる株式発行ごと（商二八〇条の三）においてに過ぎない）＝（基本単位としての）株式（＝単元未満株式）と議決権単位＝単元株式とを、会社の任意の判断によって一致させることも分離することもできる。この点、従来から存在する少数株主権と比較すると、議決権は会社（会社最高意思決定機関である株主総会）の意思決定に直接参加する権利であるのに対して、少数株主権は監督是正権としての性質を有すると把握でき、総株主の議決権の一定割合あるいは一定数以上の議決権を有する株主のみが行使できる権利である。つまり、会社の実質的所有者の権利としては議決権の方がより本質的であり、[58]そうであるからこそ議決権が少数株主権行使計算の基礎とされている。単元株制度採用の場合における議決権も従来型の少数株主権ではなく、少数株主権の前提となる権利である。

議決権が右のような性質を有するとしても、議決権は会社（会社最高意思決定機関である株主総会）の意思決定に直接参加する権利であり、その行使により会社の意思が形成される。したがって、出資単位がそのまま議決権単位である制度を前提とすると、あまりに小さい出資単位は好ましくないという政策判断が成り立ちうる。一方、議決権行使よりは株式の値上がり益や利益配当に関心を向ける個人株主からの出資を期待するのであれば、むしろ出資単位はあまり大きく設定しないことになろう。[59]そこで、出資単位がそのまま議決権単位であり（一株一議決権）、そして出資単位が券面額による資本単位として評価される制度の下では、資金調達の便宜を考慮しながらも、不健全な零細投資を防止する必要があるとの政策判断が立法上採用され、[60]最低券面額（額面株式の最低発行価額）が規制されていた（昭和五六年改正前）。これに対して、券面額による資本単位の制度が廃止された昭和五六年改正法下では、一株あたりの純資産額規制が設けられた。これは株式管理費用等を意識し、[61]社員権単位としての株式の適当な経済的大きさを（券面額を基準にしないで）設定した規制であった。このような出資単位に関する法定の規制は平成一三年六月改正により廃止された。株式の大きさは各社が任意に設定すべき事項とされたのである。そして、同時に、出資単位としての株式と議決権単位としての単元株を分離する――出資単位としての株式と比例的に大きく議決権単位としての単元株の経済的大きさを設定する――ことも許容されたのである。(62)

株式の性質論からの問題はないだろうか。株式社員権説によると、株式の内容は自益権と共益権とからなる社員権である。そうだとすると、株式であれば議決権が当然認められることになる。しかし、株式の本質に関する従来の議論においては、自益権と共益権とを譲渡可能な株式という共通の枠組で捉えるか、共益権は自益権と性質が異なるので株式の内容に含めないと構成するかの論争が中核を占めていた。そして、議論の前提となる株式単位に関しては、出資単位がそのまま議決権単位である制度（一株一議決権）であった。そこで、単位株制度が株主平等原則違反ではないのかと批判されたのである。一方、株式社員権説の立場でも、株主の会社に対する地位について、出資単位と議決権単位とを異ならせる立法政策は、論理的に否定されるということにはならないだろう（なお、この点、完全無議決権株式については問題が残ろう）。むしろ、権利内容均一な画一的な単位として株式を設定する制度自体も、株式の性質論から論理の演繹により導かれるわけではなく、これまでに検討してきたように、一つの立法政策の産物である。したがって、実質的に株主が議決権を取得できないような単位のとり方が排除される限り（平成一三年六月改正二二一条一項但書）、出資単位と議決権単位を異ならせる制度も立法政策として採用しうると考える――そこで問題の焦点は、政策目的との関連において株式単位を相対化する具体的制度の合理性・妥当性の検討にあるといってよい。(63)

（三）　社員権単位としての株式と端株制度

一方、端株制度は別個に把握すべきように思われる。株式の本質をどのように理解しようと、株式を内容均一な割合的単位と構成する以上、一株に満たない端数に権利を与えるべき理論的根拠はない——株式でないものには、原則として、株主権を構成する権利を与えることはできないというべきであろう。(64)この点、端株は生成過程中の株式という性質を有するとの見解(65)もあるが、生成過程中の株式という進化論的説明は一種の比喩（それもかなり大雑把な比喩）であり、このような比喩から具体的な結論を導くのは危険である（状況の描写にはなりえても、論理的理由にはならない）。つまり、端株制度は立法政策の所産であり、その性質上必ず制度化されなければならないものではない。したがって、出資単位よりも自益権（類似）単位を小さく設定する合理的理由の有無が重要である——単元株制度においては、出資単位よりも議決権単位を大きく設定する合理的理由が見出される。(66)

昭和五六年改正により新設された端株制度は、一株あたりの純資産額が五万円以上になるような会社において、一株の一〇〇分の一の整数倍にあたる端数という画一的な単位として強制的に適用された。一株あたりの経済的持分が大きく設定されたので、小口の個人投資家が株式離れを引き起こさないように、一株に満たない端数にも一定の自益権に相当する権利を認めようとするものであった。(67)これに対して、平成一三年六月改正法によると、一株あたりの純資産額規制が廃止された上、端株制度の採用は任意とされ（ただし、端株制度と単元株制度とを同時に採用することはできない〔二二一条四項〕）、端株の一株に対する割合も自由に設定できることになった。出資単位の大きさ規制があるわけでも（平成一三年六月改正以前は出資単位の大きさ規制が端株制度を合理化していた）、議決権単位を大きく設定する方法（単元株制度）がないわけでもない。(68)現行法における端株制度には合理的理由は見出しがたいのではなかろうか。(69)

（53）竹内昭夫『改正会社法解説〔新版〕』（一九八三年）五七～五八頁は、単位株制度は、株式併合のプロセスであり「順次大きい単位に収斂して行くことを考えているのであるから、……、社員たる地位の単位は株式であるか単位株であるか、というような平面的かつ固定的な疑問の出し方」は適切ではない、とされている。

（54）倉沢康一郎「券面額引上・単位株・端株」高鳥正夫編『改正会社法の基本問題』（一九八二年）一一三頁参照。なお、吉本健一「株式の単位と法規制」法学雑誌四八巻四号（二〇〇二年）一〇五五頁は、「端株制度は、株式不可分の原則の例外として、一株未満の株式持分の存在を認めたものであるが、形式的には株式ではないので、株式としての完全な権利は認められない。」とされる。

（55）単位株制度における一単位となる数は、五万円を券面額で除した数あるいは定款で定める数（五万円を券面額で除した数または一単位あたりの純資産額が五万円となる数以上の数）とされていた（昭和五六年商法改正附則一六条）。券面額が一株あたりの資本組入額を示さなくなったのに、原則として券面額を一単位数の計算の基準とするのである。単位株制度適用会社が既存会社であることを考慮しても、一株あたりの純資産額でも市場価格でもない券面額が基準とされたこと自体、過渡的・一時的な制度としての性格を現しているといえよう。この点、吉本・前掲注（54）一〇五六頁は、「既存会社の額面株式の単位引上げにつき、これを株金額を基準とすることはいささか安易な発想であったと評しうる。」とされる。

（56）単元株制度不採用の場合には、議決権は各株式の内容となる（商二四一条一項本文）。

（57）この点、前田・前掲注（15）一一五頁は、「単元株制度は、株主管理コスト節減と株式の流動性確保との調整を図りたい会社のために、株式併合や株式分割と並ぶ株式単位調整のための新たな選択肢を付与する制度であると理解できる。」とされている。単元株制度の政策目的の把握はともかく、株式併合・株式分割との比較には注意を要しよう。株式併合・株式分割は経済的持分としての株式単位の引上・引下であるのに対して（前掲注（20）参照）、単元株制度は株式につき出資単位と議決権単位を分離する制度なのである。

（58）吉本・前掲注（54）一〇六一頁参照。

（59）高鳥・前掲注（4）一三七頁参照。なお、竹中正明「単位としての株式再論――取引単位としての視点から――」法学研究六六巻一二号（一九九三年）二一三頁以下参照。

(60)　株式の発行価額を「著しく低下させると、証券投資に十分な知識をもたない一般大衆が、複雑なしかも非合理的な要素によって左右される株式市場にのり出し、資力に不相応な投資を行うおそれの多いことはいうまでもない」(高島・前掲注(4)一三七頁)から、不健全な零細投資を防止する必要があると、一般的に説明される。

(61)　元木・前掲注(10)三三～三四頁参照。

(62)　単位株制度は、出資単位と議決権単位とが一致することを前提として、単位未満株式につき一定の自益権以外の権利行使を否定する。権利を認めながら権利行使を制限する制度であった。したがって、「株式を社員権の単位部分としてみた場合、社員権のうちある権利については一定数の株式を所有しないかぎり行使しえないものとすることは、過渡的な立法における例外則としてのみ理解しうるものというべきであろう。もしこれが原則であるとすれば、そのことは、資本の単位部分と社員権の単位部分とを分離することを意味し、投資株主と社員株主との二元的構造を株式会社に採り入れることになるが、その場合には、必然的に、会社法上社員権を完全には行使しえない投資株主の利益保護の制度が用意されなければならない。現行法上、配当優先株についてのみこれを無議決株とすることができ、しかも、その場合にも、優先配当を受けないときは議決権が復活するものとされていること(商法二四二条)が、その例証となる。」(倉沢・前掲注(2)九〇頁)との指摘がなされた。これに対して、出資単位を議決権単位とする制度を前提とせず、社員権の内容をなす議決権とそれ以外の権利を相対的に取り扱う単元株制度は、別個に把握すべきであろう。

(63)　吉本・前掲注(54)一〇六〇～一〇六二頁は、単元株制度は、株式管理コストの節約を図る手段であるが(立法政策目的)、制度採用は各社の自主的判断(定款自治)に委ねられており、また、単元未満株主には会社に対する単元未満株式の買取請求権が認められているので(平成一四年改正は定款による買増制度も新設した(商二二一条の二))、単元株制度による議決権制限はそれほど不当ではないと評価できる、とされる。ただし、平成一三年改正商法により、電磁的方法による株主総会招集通知(商二三二条二項)や電子投票制度(商二三九条の三)が認められたので、単元未満株式につき議決権を制限するような制度を採用する前に、会社はこれらを利用して株式管理コストの削減に努力するべきだ、とされる(吉本・前掲注(54)一〇六三～一〇六四頁)。

(64)　株式の発行・併合・分割により、一株に満たない端数が生じたときは、原則として、従前の株主に対する金銭交付で処

理する（平成一三年六月改正商二二〇条一項本文）。

(65) 元木・前掲注（10）六七頁。

(66) 端株には法定の権利しか認められず、定款で定めたとしても共益権に相当する権利を与えることはできない（商二二〇条の三）。これに対して、株式に関しては、単元未満株式には議決権は認められないが、単元株制度を採用しない場合には、一株ごとに議決権が含まれる（商二四一条一項本文）。権利帰属面において、端株と単元未満株式とはその法的性質が大きく異なる。単元未満株式も株式であるが、端株は一株に満たない端数に過ぎないからである。

(67) 高鳥正夫「端株主・単位未満株主の行使しうる権利」商法の争点I（一九九三年）一〇四～一〇五頁参照。

(68) 端株に認められる権利内容も単元未満株式の権利に近づけられている。その理由として、平成一三年六月改正前の端株主には「実務上は、……、結果として、単位未満株主と同等の権利（昭和五六年改正法附則一八条一項参照）が与えられる例が多かった。また、単位株制度の終結に伴い株式の併合を行う会社では単位未満株が端株となるため、端株主に単位未満株主と同等の権利を与えることにより制度の円滑な移行を実現することができること、単元株制度を採用した場合と比較して端株主の権利が不当に制限されることがないようにすること」が挙げられている（原田ほか・前掲注（13）九八頁）。端株と単元未満株式の権利内容をなるべく同等にすべきだというのであれば、単元株制度を前提とすると、なお一層、端株制度の存在意義が問われよう。「両制度を並存させる必要があるかどうかについては、今後、会社の利用実態をみながら、検討をする必要がある。」（原田ほか・前掲注（13）九七頁）、との指摘は当然である。なお、端株制度を前提に、単元株制度に批判的な見解として、小林量「株式の単位」民商法雑誌一二六巻六号（二〇〇二年）七七六頁注（30）参照。

(69) 吉本・前掲注（54）一〇六三頁は、「単元株制度と端株制度は株主管理コストを節約するために認められた類似の制度であり、その政策的合理性の根拠も同様に考えるべきである。そうすると、単元未満株式と端株とは同じように権利行使に必要な単位を満たさない株式持分でありながら、その権利内容に著しい差異があることは問題であろう。将来的には、単元株制度に一本化すべきであると考える。」と主張されている。

六　おわりに

株式を単位として構成するのは物的会社である株式会社の本質的特徴である。(70) したがって、その法規整は単純で分かりやすい方がよい。明治三二年商法は株式の券面額（定款に定められた一定額）と資本との関係——資本単位としての株式と社員権単位としての株式の関係が明確であった。昭和二五年改正により券面額を持たない（しかし権利内容は額面株式と全く同様な）無額面株式制度が導入されたが、一方で、額面株式も無額面株式もその発行価額の全額が資本あるいは（資本同様に扱われる）資本準備金に組み入れられることとされた。さらに、昭和五六年改正で券面額は確定的な資本組入額ではなくなったが、同時に、一株あたりの経済的大きさの下限が新たに規制されることになった。実質的に額面株式が廃止されたのである——社員権単位としての株式を資本単位という面から基礎づける制度が廃止されたわけである。そして、定款に定めた確定額を出資単位とする制度に代わって、一株あたり五万円の純資産規制が設けられた。しかし、この純資産による規制は、それまでの券面額による資本構成単位規整とは異なり、社員権単位としての株式に純資産という実質的な基準を用いた経済的な大きさを求めるものであった。そこで、一株あたりの経済的大きさを引き上げる純資産規制は、単位株制度と端株制度を生み出した。

平成一三年六月改正で、額面株式制度や一株あたりの純資産規制が廃止され、また、債権者保護手続は要するものの株主総会の通常決議で行える法定準備金減少手続が新設された。株式と資本との結びつきは、発行価額全額が資本あるいは資本準備金に組み入れられる点に絞られるが、その資本と資本準備金の一体性は弱められたのである。さらに、過渡的制度であった単位株制度が廃止され、単元株制度が新設された。一株あたりの経済的大きさを引き上げるための単位株制度と異なり、自由に設定しうる出資単位と議決権単位を、会社の任意の判断によって一致させることも分離することもできる制度である。そして、このように株式単位を相対化する制度も合理的な範囲内で立法政策として採用しうると考える。一方、平成一三年六月改正による端株制度には、積極的な合理性は見出せない。各社が任意に採用しうるからといって、合理性が基礎づけられるわけでもない。端株制度は廃止する方向の検討をなすべきであろう。

(70) 山本爲三郎「新会社法入門・第2回・4種類の会社②」税経セミナー四七巻一四号（二〇〇二年）三三頁参照。

七　法改正に関する付記

(一)　株式の単位に関して

平成一七年会社法でも単元株制度は維持されている（会一八八〜一九五条・三〇八条一項但書）。もっとも、同年改正で廃止された端株制度（ただし、会社法施行の際に現に存する端株についてはなお従前の例による（整備八六条一項））との統合の趣旨で、[71] 単元株式制度を採用する株式会社は、単元未満株式を有する株主が残余財産分配請求権など一定の権利以外の権利[72]の全部または一部を行使できない旨を定款に定めることができることとされた（会一八九条二項）。

なお、本章第三節、同第四節二（三）参照。

（二）資本金・準備金に関して

平成二年に導入された最低資本金制度（同年改正商一六八条の四「資本ノ額ハ千万円ヲ下ルコトヲ得ズ」）が平成一七年改正によって廃止され、資本金、法定準備金ともに、〇円まで減少できることとされた（会四四七条二項・四四八条二項）。これに伴い、純資産額が三〇〇万円を下回る場合には株主に対して剰余金を配当できないとする規制が設けられた（会四五八条）。資本金・法定準備金によらずに最低資本金の機能を果たさせる規制である。(73) 資本金・法定準備金制度の存在意義が問われよう。(74)

なお、本章第四節二参照。

(71) 相澤哲＝豊田祐子・相澤哲編著『立案担当者による新・会社法の解説』（二〇〇六年）四九頁。

(72) 会社法一八九条二項に規定されている権利以外の権利の中で、株主代表訴訟提起権のように制約対象となることが明示されている（会八四七条一項本文）もの以外で、定款の定めによっても制限できない権利があるか否かは議論の余地がある（新山雄三『新基本法コンメンタール会社法1〔第2版〕』（二〇一六年）三八八〜三八九頁）。

(73) 分配可能額の計算において剰余金の額から三〇〇万円を控除することとされている（会四六一条二項六号、計規一五八条六号）。純資産三〇〇万円規制は、株主に対する剰余金配当だけでなく、剰余金分配全体に及ぶように設計されたわけである。もっとも、法務省令でこのような規制が可能ならば、会社法四五八条は要しない。同条を受けた規制ならば、会社法が定める配当規制が法務省令によって分配規制に拡大されていることになる。立法のあり方としては問題であろう。

(74) 資本原則の意義につき、山本爲三郎『会社法の考え方〔第9版〕』（二〇一五年）三一〜三四頁参照。

■第三節■ 単位株制度

一　単位株制度の前提

昭和二五年の商法改正まではすべての株式が額面を有していた。額面とは定款で定められた一株の金額であり（その額は会社ごとに均一とされた）、株券の記載事項であった。同年改正商法からは額面株式と無額面株式（一株の金額が定款に定められていない株式。したがって、その株券に額面の記載はない）とが制度として併存した。両者は権利内容・権利行使方法・譲渡方法において全く同一であった。そして株式会社は額面株式と無額面株式の双方を発行できた。ただし、無額面株式はほとんど利用されず、株式といえば事実上額面株式を指していた。

株式の額面以下発行は禁止され、昭和五六年商法改正までは額面が一株についての資本金への組入額とされていた（同改正以後は、原則として株式発行価額が資本金に組み入れられる）。これが額面の主な法的機能であった。株式の発行価額を額面にする必要はなく、額面は株式の市場価格とも異なる。一株あたりの純資産額・残余財産分配額も額面とは関係なく算定された。

昭和二五年商法改正以前は五〇円を額面とする会社が多く、同改正以後は五〇〇円額面の会社が増えた。もっとも、前述のように額面と市場価格は異なる。五〇円額面の株式の市場価格が一〇〇〇円でもなんら問題なかった。一方、証券取引所では五〇円額面の株式は一〇〇〇株ごとに、五〇〇円額面の株式は一〇〇株ごとに譲渡されていた。つまり、額面の合計が五万円となる株式数が取引単位とされていたのである。繰返しになるが、五〇円額面一〇〇〇株の市場価格が五万円と確定されるわけではなく、取引単位の市場価格は例えばこの場合に前記の例だと一〇〇万円である。

以上のような前提のもと、昭和五六年の商法改正で、会社設立に際して発行する額面株式の額面および会社設立に際して発行される無額面株式の発行価額はともに五万円以上であることが要求された。従前の出資単位の最低額（最低額面額。無額面株式の場合には設立に際しての最低発行価額）が、昭和五六年当時の貨幣価値からみて極めて低いと判断されたので、株式の経済的大きさを引き上げるために導入された規制である。

他方、昭和五六年商法改正では、端株制度が創設された（昭和五六年改正商法の適用を受けて設立された会社、額面が五万円以上の会社、一株あたりの純資産額が五万円以上の会社に適用された）。株式併合や株式分割によって一株に満たない端数が生じることがある（例えば、二〇〇株を一株に併合する場合、二五五株は一株と〇・二七五の端数になる）。端数は切り捨てられ、会社が当該端数の経済的価値に見合う金銭を端数の計算上の帰属者に交付して清算される。この例外として、端数のうち一株の一〇〇分の一の整数倍（〇・〇一、〇・〇二、……、〇・一、〇・一一……）にあたる部分が端株とされた。端株主には残余財産分配請求権など株式の権利内容に相当する一定の権利（自益権に相当する一部の権利）が与えられ、併せて一株分の端株を取得した者はその一株式の株主になるものとされた。株式の経済単位引上に伴い、端数をすべて金銭処理するのではなく、一定の端数に株式となる可能性を与えたのである。

二　過渡的な単位株制度

前述した株式の経済単位の引上とそれに伴う端株制度は、原則として昭和五六年改正商法に基づく新設会社に適用される制度であった。さらに、既存会社においても、株式の経済単位の引上は必要だと考えられた。特に、株式が広く分散している株式上場会社においては、株主総会の招集のための費用などいわゆる株主管理コストが相当な額に達するので、株式単位の引上（併合による株式数の減少）は株主管理コストの節減効果が大きい。反面、一時に株式単位の引上を強制すると大きな混乱が起きることが予想された（一〇〇〇株を一株に併合するような大きな割合での株式併合（額面五〇円の場合）が多数行われ、その結果、従来有していた株式が端数になってしまう株主が大量に出現する）。そこで、同年商法改正で、既存会社を対象にする単位株制度が創設された（既存会社の中で株式を証券取引所に上場している会社および定款で単位株制度を採用した会社で、端株制度非適用会社について適用された）。

単位株制度とは、一定数の株式を一単位（一単位となる数は、五万円を額面で除した数あるいは定款で定める数（五万円を額面で除した数または一単位あたりの純資産額が五万円となる数以上の数）である）とし、株主は単位株分についてはすべての株主権を行使できるが（一〇〇株一単位であれば一〇〇株分）、単位未満株式（一〇〇株一単位だと、例えば二二〇株有している場合には二〇株）については利益配当請求権など一定の株主権（自益権の一部）しか行使できない、とする制度である。一株の一〇〇分の一の整数倍にあたる端数に過ぎない端株と異なり、一単位に満たない株式（単位未満株式）も株式に他ならない。単位株制度は、将来（法律によって一律に単位株式を併合することが予定されたが、各会社が任意に単位株式を併合することもできた）、一単位の数の株式を一株に併合することにより株式の経済単位の大きさの引上を図ることを目的とする過渡的な制度として設計されていた（商法の本則にではなく、昭和五六年商法改正附則に規定された）。

三　単位株制度の廃止と単元株制度の創設

平成一三年六月の商法改正では株式の（経済的）大きさに関する規制が見直された（一律の法規制から各社の自主的判断へ）。実務的には慣れ親しまれた額面株式制度も、額面には法的意味がほとんどなく混乱を招くだけになったので廃止された（同改正以降の株式はすべて無額面株式である）。単位株制度が廃止され、会社設立に際して発行する（無額面）株式の発行価額規制（五万円以上）も撤廃された。これら一株あたりの経済的持分に関する規制撤廃・自由化に伴い、端株制度の採用および端株の一株に対する割合が任意化された（その割合は定款の定めによる）。

同商法改正で、単元株制度が新設された。一〇〇〇および発行済株式総数の二〇〇分の一に相当する数を超えない一定数の株式を一単元株とする定めを定款に置く会社の株主には、一単元の数の株式ごとに一個の議決権が認められる（自益権など議決権を前提としない他の株主権については原則どおり一株ごとを基準とする）。単元株制度は、当該会社の株式の経済的大きさを小さく設定するとともに、株主管理コストの節減のために、議決権（および議決権を前提とする株主権）に関して株式単位の大きさを異ならせることを認める制度である（一〇〇株一単元でも五〇株一単元でも、一単元株で一議決権)。出資者の会社に対する権利関係につき単位の設定方法を二元化するものであり、単元未満株式も株式であることに変わりはない。このような単元株制度は、株式の経済単位の大きさ規制を前提とする単位株制度（したがって、将来の株式併合までの過渡的・便宜的扱いとして単位未満株式の権利を制限する制度）とは、基本的な制度趣旨が異なるのである。

平成一七年会社法は端株制度を廃止した。株式単位の大きさを自由に設定でき単元株制度が認められる会社法の下で、端株制度は役割を終えたのである。なお、本年（二〇〇九年、平成二一年）一月五日以降、株式上場会社は株券不発行会社とされた。口座振替による株式の譲渡方法が確立し、株券もその役割を終えたのである（上場会社ではない株式会社が株券を発行する意義はあまりない）。

四　制度改正に関する付記

金融商品取引所では株式の売買単位は単元株式数とされており（東京証券取引所・業務規程一五条）、上場株式に係る単元株式数は一〇〇株とするものとする（東京証券取引所・有価証券上場規程四二七条の二第一項本文。「ただし、上場内国株券の単元株式数が一〇〇〇株である場合……には、この限りでない。」（同条同項但書））、とされている。これは、平成一九年一一月二七日付で全国証券取引所が公表した「売買単位の集約に向けた行動計画」による。二〇〇九年四月からの、単元株式数を一〇〇株と一〇〇〇株の二種類に集約するための移行期間を経て（当初の目安であった二〇一二年四月までから二〇一四年四月一日に期限が延期された）、二〇一六年現在は一〇〇株に統一するための移行期間中である（有価証券上場規程四四五条の二では、「上場内国株券の発行者は、上場内国株券の単元株式数を一〇〇株とするように努めるものとする。」と規定している）。二〇一五年一二月一七日付で全国証券取引所が公表した「売買単位の一〇〇株への移行期限の決定について」によると、二〇一八年一〇月一日を期限として、該当会社に単元株式数を一〇〇〇株（公表当時は、上場会社のうち二七・四％）から一〇〇株への移行を完了するように要請している。

また、東京証券取引所・有価証券上場規程四四五条（平成二一年八月二四日追加）は、「上場内国株券の発行者は、上場内国株券の投資単位が五万円以上五〇万円未満となるよう、当該水準への移行及びその維持に努めるものとする。」と規定する（投資単位とは一単位あたりの価格（同規程四〇九条）、一単位とは売買単位（同規程二条一号の六））。金融商品取引所が定めるソフトローである有価証券上場規程では、上場株式の大きさを規制しているのである。

なお、本章第二節、同第四節三参照。

■第四節■　株式会社とは何か

一　はじめに

新会社法の下において、株式会社とは、形式的には、商業登記（会九〇七条）された商号中に株式会社（会六条二項・九一一条三項二号）あるいは有限会社（整備二条一項・三条一項。特例有限会社（整備三条二項括弧書））という文字が用いられている会社である。では、右のような企業はどのような法的性質を有するのだろうか。

明治三二年商法の下では、株式会社概念は明確であった。商法に基づいて設立された商行為を業とすることを目的とする社団＝会社（明治三二年商四二条――明治四四年改正以降は商法五二条一項）の中で、全社員が有限責任であるものである（明治三二年商一四四条一項）。会社の法的実体が明瞭に定められており、かつ、会社（合名会社・合資会社・株式会社・株式合資会社の四種類に限定（明治三二年商四三条））の中で全社員が有限責任である会社はほかになかった（明治三二年商六三条・一〇四条・二三五条参照）。ところがその後、社員が全員有限責任である有限会社制度が創設された（昭和一三年有限会社法——平成一八年廃止）。さらに、今回（平成一七年）の新会社法では、全社員が有限責任である合同会社制度が設けられ（会五七六条四項・五八〇条二項）、また、会社の実体を定める規定が設置されなかった。有限会社法制定以降、株式会社概念は相対化され、会社法制定により一段とその傾向は強まった。

そこで、株式会社を他の種類の会社から区別する制度的あるいは法性質的相違につき考えてみたいと思う。本節を「株式会社とは何か」と題する所以である。法制度としての株式会社概念の枠組の変遷について確認しつつ検討して行こう。

二　会社概念

（一）　会社の定義規定

まず、会社概念の検討から始めなければならない。新会社法は、「会社」という用語の意義を、「株式会社、合名会社、合資会社又は合同会社をいう」とする（会二条一号）。これは会社の種類を限定する規定であり、平成一七年改正前商法五三条「会社ハ合名会社、合資会社及株式会社ノ三種トス」にあたる規定である。

平成一七年改正前商法五二条は、「本法ニ於テ会社トハ商行為ヲ為スヲ業トスル目的ヲ以テ設立シタル社団ヲ謂フ」（一項）および「営利ヲ目的トスル社団ニシテ本編ノ規定ニ依リ設立シタルモノハ商行為ヲ為スヲ業トセザルモ之ヲ会社ト看做ス」（二項。明治四四年に商法四二条二項として追加）として会社を定義するのにその実体をもって規定していた。会社の実体は出資者が組織する営利を目的とする社団だというのである。一方、新会社法にこの規定に相当する条項は存在しない。改正前に会社の実体につき共通の性質とされていた社団性および目的としての営利性は、新会社法の下ではどのように解されることになるのだろうか。

(二)　会社の社団性

新会社法の条文下では、会社とは、会社法の規定に基づき株式会社、合名会社、合資会社、あるいは合同会社として設立されたものを指すことになろう。この会社の実体である「もの」につき、平成一七年改正前商法はこれを社団だと定めていたのである。このような規定が無くなったからといって、出資者の組織体としての会社の実体が変容するわけではないし、また、会社の実体を変容させる制度が新設されているわけでもない。[1][2] 近時のいわゆる敵対的企業買収に対する防衛策をめぐる議論でも、出資者である株主が株式会社における会社の実質的所有者であると再確認されている。[3] 従来どおり、新会社法の下でも、会社は出資者が組織する社団だと考えてよい[4]が、その場合に、伝統的な社団概念——複数人の目的的組織——を前提にすると、一人会社が論理解釈上認められなくなってしまう（新会社法が会社は社団であると定義しなかった趣旨はこの点にあろう[5]）。

平成一七年改正前商法五二条の「社団」をこのような伝統的社団概念で把握してよいか否かについては周知の議論があった。[6] 伝統的な社団概念で把握しようとする所説は、一人会社容認のために「潜在的社団性」論を主張していた。しかし、少なくとも平成二年の商法改正で認められたと解される設立当初からの一人会社については、「潜在的社団性」のあてはめが強引な感は否めない。平成一七年改正で認められたと解される一人合名会社や一人合同会社についてはなおさらである（持分会社は社員の交替や新規加入を基本的に予定しない企業組織である）。社団とは何かを確定した上で、五二条の社団は同内容だと理解する方法論には限界があったといえよう。この点、会社の実体を定める規定が設置されていない新会社法の下では、「五二条の社団」概念から解放されて、会社の実体をそのままに把握することができる。そこで、会社の実体が社団であると解する場合に、その「社団」は上述のような伝統的な社団概念を前提にするのが自然である。このような観点から、一人会社も含まれる概念としての会社の実体は、出資者からなる社団あるいは出資者が一人だけの場合には当該出資者の資格である、と解することになろう。

(三)　会社の営利性

平成一七年改正前商法と異なり、新会社法には会社の実体を定める規定は存しない。もっとも、新会社法は、「会社がその事業としてする行為及びその事業のためにする行為は、商行為とする」(五条)としている。[7] したがって、会社は営利を目的とする存在である。

ところで、新会社法は、株主は剰余金配当請求権および残余財産分配請求権を有するとしつつ(会一〇五条一項一号二号)、定款の定めによってもこの両請求権の全部を与えないとする旨の定めを置くことはできない、と留保している(会一〇五条二項)。

この点に関連して、従来の商法上問題とされた会社の営利性についての議論の行方が問題となる。つまり、会社の目的である営利性とは、営利行為をなして、かつ、獲得した利益を社員に分配することである、と解する所説(①説)と、会社の目的である営利性とは利益の獲得目的であり、社員に対する利益の分配までは営利性の内容にはならない(利益の分配は、営利性とは次元を異にする私益性の内容)、とする所説(②説)の対立である。[8] 新会社法は、定款によっても剰余金配当請求権および残余財産分配請求権の全部を与えないとする旨の定めを置くことはできない、という限度で①説を採用するようでもある。[9][10]

確かに、①説は、通常の営利性（利益獲得目的）と会社の営利性を異ならせて理解する。そこで、①説には、営利・私益法人（会社）と非営利・公益法人（公益法人）とを区別しさえすればよかった時代には、理論的精密さはともかく、二項対立的把握の分かりやすさがあった、といえるかもしれない。けれども、「営利目的」とは収支相償う意図があれば足ると解されるのが一般である。その意味においては、営利を目的とする社団は多様である。(11)それらの中で、剰余金配当請求権および残余財産分配請求権の全部を社員に与えない旨を社員間で合意している社団が、合理的・効率的な経営に適している会社制度を利用できないとする理由はあるのだろうか。①説は論理解釈の名の下、このような排除を行っている(12)（会社制度の利用可能性や実態における営利社団の多様性を考慮せず、観念論(13)に陥っているとも評しえよう(14)）。

右両請求権全部を株主に与えない旨の定款の定めの効力は、通常の意味とは異なる営利性（「会社の営利性」）の内容をまず確定した上で、演繹的に導く性質のものではなかろう。「会社の営利性」自体を検討しても、剰余金配当請求権や残余財産分配請求権が「会社の営利性」の内容をなすか否かを、導くことはできない。剰余金配当請求権と残余財産分配請求権につき、そのどちらかを与えないとする定款規定は効力を有するか、あるいは、その両請求権の全部を与えない定款規定は効力を有するか、の判断を前提として、その結論を正当化する理由づけに「会社の営利性」を用いることはできても、その逆は真ではない。これは立法政策レベルで解決すべき事柄である。そうだとすると、この問題は、新会社法の株式会社においては、条文上解決されているのである――もっとも、上述のように、会社法一〇五条二項には立法論として疑問がある。

平成一七年改正前商法においては、条文上、営利性は各種会社共通の法的性質であった。新会社法の下においては、①説によれば、「会社の営利性」という特殊な概念を、直接それを規定する条文に基づかずに解釈上導き出すことになる（改正前には五二条という営利性を規定する特定の条文の中での解釈であった）。会社の営利性を特別視せず、商行為をなす商人一般の営利性と同様に捉える②説は、従来にもまして自然な解釈と評価されよう。

なお、持分会社の社員の利益配当・（退社に基づかない）出資払戻・残余財産分配に関する事項についての定款の定めに関しては、その全部を与えない旨を定款に定めてはならないとの規定はない（会六二一条二項・六二四条二項・六六六条参照）。しかし、営利性は会社の本質的性質だから、①説に立てば、持分会社でも、少なくとも右記請求権を全部与えない旨の定款の定めを置くことができるか否かが問題となる。この点、持分会社の場合には、合同会社の社員にも（会社法六三五条の規制がある）、退社による持分の払戻が保障される（会六一一条一項本文）。したがって、この限度において①説のいう「会社の営利性」が担保されているといえるから、①説の下でも、利益配当・（退社に基づかない）出資払戻・残余財産分配のすべてを行わない旨の定款規定を設置することができる、とも解釈しうる。ただし、退社による持分払戻は「会社の営利性」の観点から保障されるのではなく、持分譲渡規制（会五八五条）の反面として認められる制度である。「会社の営利性」から演繹的に把握するのは危険である。

以上に検討してきたように、剰余金配当と残余財産分配の両請求権を全部与えないことはできないとの立法判断がなされた以外は、改正前商法と新会社法とで、会社実体概念は連続していると解すべく、その内容に変更があったとは考えられない。

（1）　会社が社団である以上、会社の合併は社団の結合になる。この点、新会社法は、吸収合併において、存続会社株式以外の財産を合併対価として認めている（七四九条一項二号）。この合併対価の柔軟化によって、存続会社株式のみを合併対価とする従来の合併概念は修正されることになろうが、会社の社団性が否定されるわけではない。
（2）　なお、新会社法は持分会社の構成員を「社員」と呼んでいるから、会社の実体が社団であることに変わりはない、と説明する所説がある（弥永真生『リーガルマインド会社法・第9版』〔二〇〇五年〕八頁）。けれども、これでは議論の立て方が逆であろう。社団であるか否かの検討後に、社員と呼ぶのが適当か否かが検討されることになる。

（3）　経済産業省＝法務省「企業価値・株主共同の利益の確保又は向上のための買収防衛策に関する指針」（二〇〇五年六月五日）商事法務一七三三号（二〇〇五年）二六頁以下参照。

（4）　なお、ここでの「社団」は、「典型的社団であって組合ではないもの」だけを指すのではない。性質からみた目的団体は、強度の社団性を有するものから強度の組合性を有するものまで様々である。一方、会社には法人格が与えられる（会三条）。したがって、会社の実体は法人格を付与しうる性質を有していなければならない。組合は組合員同士の契約的結びつきに過ぎず、組合の活動も各組合員を中心とした関係として把握されるのに対して、社団は社員から独立した（経済的・社会的）主体性を有すると把握される。社団には法人格付与の適格性があるのに対して、組合にはない。すなわち、会社の実体である出資者の組織体は社団的性質を帯びる側面を有さなければならない。以上のような意味において、会社の実体は社団だというのであり、会社の実体の多様性を否定するのではない。

（5）　一人株式会社だけでなく、一人合同会社や一人合名会社の設立・存続をも認める趣旨である（会六四一条四号。会社法制の現代化に関する要綱〔二〇〇五年二月九日。以下、現代化要綱と呼ぶ〕の第3部、第2の2（1）・第4の1参照）。対照、平成一七年改正前商法九四条四号。

（6）　山本爲三郎『会社法の考え方〈第4版〉』（二〇〇三年）一九～二五頁参照。

（7）　なお、五条は、従来の商事会社（平成一七年改正前商五二条一項）と民事会社（平成一七年改正前商五二条二項）とを区別することなく、会社の行為に商行為性を認めた規定である（民事会社の行為の準商行為性を定めていた商法五二三条は平成一七年改正によって削除された）。したがって、会社が行う行為は、商法の商行為に関する規定（平成一七年改正商第二編）の適用を受けることになる。また、会社は商行為を業とする者となるから、商法上の商人である（平成一七年改正商四条一項）。

（8）　①説・②説については、安井威興「会社の営利性について」修道法学一巻二号（一九七八年）一九一頁以下に詳細な検討がなされている。

（9）　相澤哲＝岩崎友彦「新会社法の解説（3）株式（総則・株主名簿・株式の譲渡等）」商事法務一七三九号（二〇〇五年）

三五頁は、会社法一〇五条二項を「株式会社の営利性を表す規定であるといえる。」とされる。その上で、「従来は、たとえば完全無配当株式が認められるかということについて、株主の基本的権利であるからこれを奪うことはできないのではないかという議論がされることもあった」が、一〇五条二項の限度で「そのような内容の株式も株式として認められることが明らかにされ」た、と解説されている。

(10) なお、②説に立って、解釈上、私益性を会社の本質的性質だと把握することも可能であろう。その場合には、会社法一〇五条二項は、会社の私益性を制約する規定だと解されよう。この立場を採ると、以下の本節本文での「会社の営利性」には「会社の私益性」も含まれることになる。

(11) 例えば、公共目的達成手段として日本において用いられる第三セクターは、通常、株式会社形態で設立される。

(12) ①説に対する批判を展開される、加藤修「民主主義社会における株式会社の営利性と公益性」法学研究七七巻一二号（二〇〇四年）三三一頁以下参照。

(13) 例えば、平成一六年改正（法律一四七号）前民法三五条の注釈において、「営利は終局的に個人に帰すべきものであるから、財団の形式を考えることは不可能であり必ず社団である。」（林良平『新版注釈民法（2）』〔一九九一年〕一九一頁）、とされることがある。

(14) 会社法一〇五条二項により、剰余金配当請求権および残余財産分配請求権の全部を株主に与えない定款の定めは効力を有しない。したがって、反対解釈として、例えば、完全無配当株式でありかつ残余財産分配も大幅な制限を受ける権利内容の株式は許容されよう。両請求権とも完全に与えない場合と実質的な差異はなくても、「会社の営利性」の顔を立てて、截然と区別するということか。

三　有限責任、資本、株式

明治三二年の商法制定以来、株主有限責任、資本制度そして単位としての株式が株式会社の本質的特徴とされてきた。

有限会社法が制定されるまで、全社員が有限責任の会社は株式会社だけであった。平成一七年改正で、有限会社は株式会社に組み込まれたが（整備二条一項）、新たに全社員が有限責任である持分会社として合同会社制度が創設された。[15] 株主有限責任制度の制度的根拠となるのが資本制度である。資本制度も、資本金と株式との関係、最低資本金、法定準備金の枠組などに関して変遷を経てきた。明治三二年商法では、株式の券面額（定款に定められた一定額）と資本との関係、つまり資本単位としての株式と社員権単位としての株式の関係が明確であった（二四三条「株式会社ノ資本ハ之ヲ株式ニ分ツコトヲ要ス」）。昭和五六年改正で券面額は確定的な資本組入額ではなくなり、実質的に額面株式が廃止された――社員権単位としての株式を資本単位という面から基礎づける制度が廃止されたわけである。[16] さらに、平成一三年改正で、一株の経済的大きさに関する規制が廃止され、額面株式の制度も廃止された。株式を単位として構成するのは株主の責任を有限責任とする株式会社の本質的特徴だといえた。したがって、これは株主平等原則＝株式平等原則として、[17] 種類株式など若干の法定された例外の場合にもその限りにおいて貫徹されてきた（内容を同じくする種類株式は、その数に応じて会社から平等に取り扱われなければならない）。しかし、新会社法は、公開会社（二条五号）ではない株式会社においては、株主ごとに異なる取扱を認める（一〇九条二項）。

このように、全株主の有限責任、資本制度、単位としての株式は、明治三二年商法においては株式会社の本質的特徴と認識されていた。しかし、その後の会社制度の変遷により、これら各制度の意義はいわば希薄化してきている。

(二)　株主有限責任

(1)　有限会社との相違

明治三二年商法の下では、全社員の有限責任がそれのみで株式会社を特徴づけた。昭和一三年の有限会社法制定により、株式会社と有限会社との質的区別が問題となった。この点、有限会社においては、社員権の譲渡につき社員総会の特別決議にかからしめられ（昭和一三年有一九条一項「社員ハ第四十八条ニ定ムル社員総会ノ決議アルトキニ限リ其ノ持分ノ全部又ハ一部ヲ他人ニ譲渡スコトヲ得但シ定款ヲ以テ譲渡ノ制限ヲ加重スルコトヲ妨ゲズ」）[18]、一方、株式会社は株式譲渡自由が原則であり（昭和一三年改正商二〇四条一項本文「株式ハ之ヲ他人ニ譲渡スコトヲ得」）、定款による譲渡制限が許容されていた（昭和一三年改正商二〇四条一項但書「定款ヲ以テ其ノ譲渡ノ制限ヲ定ムルコトヲ妨ゲズ」）。したがって、株式会社と有限会社との相違は、社員権譲渡に関する閉鎖性を原則とするか否かに係ることになった。もっとも、公開性を有する典型的な株式会社と閉鎖的な中小企業である有限会社との比較はともかく、定款で株式譲渡に有限会社と同様の制限を設けることができると解する以上[19]、社員権譲渡に関する閉鎖性は株式会社と有限会社との決定的な相違にはなりえない。

ところが、昭和二五年改正により、「株式ノ譲渡ハ定款ノ定ニ依ルモ之ヲ禁止シ又ハ制限スルコトヲ得ズ」（改正商二〇四条一項）とされ、社員権譲渡に関する制度的閉鎖性が株式会社と有限会社との区別の基準となった[20]。その後、昭和四一年の定款による株式譲渡制限制度創設により[21]（同年改正商二〇四条一項但書――従前の閉鎖性と異なり、株主の投下資本回収の保障を重視した譲渡制限制度である）[22]、再び、社員権譲渡に関する閉鎖性[23]は株式会社と有限会社との決定的な区別の基準にはならなくなった（株式会社においても有限会社においても、社員権譲渡に関する制限は投下資本回収に配慮した制度として組み立てられた）。

平成一七年改正による特例有限会社の制度（整備二条一項・三条一項二項・九条）は、社員権譲渡に関する閉鎖性によっては株式会社と有限会社との決定的な区別（会社の種類の区別）ができないから可能となった制度である。実は明治三二年商法のときから、株式会社には、昭和二五年の商法改正から四一年改正までの一時期を除いて、株式譲渡に関する公開性と閉鎖性とを選択できる柔軟性が付与されていたのである。しかも、昭和四一年以降は、株式会社においても有限会社においても投下資本回収を重視する社員権譲渡制限制度が設定された。すなわち、社員権譲渡に関する閉鎖性自体が株式会社と有限会社を区別する本質的基準となるのではない――全社員が有限責任の会社の中で、公開性を有する会社と閉鎖性を有する会社とで会社の種類が異なるのではない。株式会社と有限会社という種類の異なる会社において、前者ならば原則として公開的会社であり、後者ならば閉鎖的会社であるという属性が認められてきたのである。

（2）　合同会社との相違

平成一七年会社法は全社員が有限責任の持分会社である合同会社を創設した。新会社法は、会社を、株式会社（第二編）と持分会社（第三編）に二分している。したがって、形式的には、同じく全社員有限責任でも、株式会社は会社法第二編に基づき設立された会社であり、合同会社は会社法第三編に基づき設立された会社という相違がある。では、両会社は本質においても異なるだろうか。既に検討したように、株式会社と有限会社に関しては、社員権譲渡に関する閉鎖性は会社区別の本質的基準とはいえなかった。この点、合同会社では、社員権の譲渡は原則として他の社員全員の承諾を要するが（会五八五条一項）、定款で別段の定めができる（会五八五条四項）。譲渡制限株式（会二条一七号）を発行する株式会社でも、譲渡制限株式の譲渡に係る承認は、原則として株主総会決議で行い（取締役会設置会社では取締役会決議）、定款に別段の定めを置くことができる[24]（会一三九条一項）。つまり、社員権譲渡に関して承諾・承認を要するという閉鎖性の点では株式会社と合同会社を形式的に区別することはできない。

一方、定款による株式譲渡制限制度は株主の投下資本回収を制度内で保障するのに対して、持分会社の持分譲渡承諾制度内に投下資本回収を保障する制度はない。この相違は、合同会社の社員には退社が認められており（会六〇六条・六〇七条・六〇九条）、株式会社の場合には一般的な退社制度が存しないからである。持分会社社員の投下資本回収手段の保障という観点からは、持分譲渡に他の社員の承諾が必要とされる制約（基本的に社員権の譲渡はないという前提である[25]）と均衡をとる上で、特に任意退社の制度（会六〇六条）を設けたことは首肯しうる——投下資本の回収は基本的に出資の払戻によることになる。しかし他方で、有限責任制度の観点からは、全社員が有限責任なのに、社員が任意退社できる点には疑問があろう。そこで、会社法六三五条は退社に伴う持分払戻額が剰余金額を超える場合には債権者保護手続を要することとしている（合同会社に関する特則であり、他の持分会社にはこのような規制は存しない）——逆からみると、債権者保護手続を履行すれば、剰余金額を超える額を払い戻すこともできる制度である[26]。

このように、退社制度の有無が株式会社と合同会社との区別の基準だとすると、次の二点が問題になる。すなわち、まず、株主に退社が認められないのは有限責任制度の反映であった[27]。それでは、合同会社の退社制度は全社員有限責任の観点からはどのように位置づけられるのか。第二に、株主が実質的に退社する場合も存するが、合同会社のような一般的な退社制度とどのように異なるのか。

合同会社においては、社員への利益配当総額が配当日の利益額以内に制限されており（会六二八条）、定款変更による出資価額減少に基づく出資の払戻も剰余金額の範囲内に制限されている（会六三二条）。しかし前述のように、債権者保護手続を履行すれば、退社の場合には剰余金額を超える払戻も許される。退社による払戻が禁止されている株式会社と対比すると、会社債権者の側に危険が転嫁されることになる。有限責任の利益を享受するのは社員なのに、有限責任から生じる不利益に関する注意を強いられるのは会社債権者である点で、制度間の均衡が悪いといえそうである。[28] そこで、合同会社には計算書類（貸借対照表・損益計算書・社員資本等変動計算書・個別注記表）の作成・保存が義務づけられ（会六一七条、持分会社に関する法務省令案一一条一項二号）、会社債権者に計算書類の閲覧・謄写請求権が認められている（会六二五条）。[29] 全社員有限責任制度に対する信頼性、その安定性の観点からは、退社による出資払戻禁止が望ましいといえようが、[30] 会社債権者に対する最低限の保障措置が設けられており、この程度であっても有限責任制度を支える根拠として十分だとの立法判断であろう。[31][32]

株式会社には一般的な退社制度は存在しないが、実質的に株主が退社する場合がある。会社による自己株式の取得である。会社が自己株式を取得できる場合（会一五五条）のうち、株主の請求による取得（会一五五条四号七号一三号）、すなわち取得請求権付株式（会一六六条一項本文）や単元未満株式（会一九二条）の取得および反対株主の株式買取請求に応じた取得（会一一六条・四六九条・七八五条・七九七条・八〇六条）は実質的には任意退社にあたる（もちろん退社と異なり当該株主の株式は消滅せず、会社が承継取得することになるが、当該株主は自らの請求により会社から投下資本を回収する――実質的には出資の払戻を受ける）。もっとも、これらのうち、単元未満株式買取請求および組織再編における反対株主の株式買取請求を除いて、分配可能額の範囲内という財源規制がかけられている（会一六六条一項但書・四六四条）――このほか、会社法一五五条に定められている事項のうち財源規制がないのは、他の会社の事業全部を譲り受ける場合、吸収合併の場合および吸収分割の場合のみである。特別な目的を達成するために限定的に認められる場合を除き（もちろん、脱法行為に利用される場合は別である）、資本維持が害されないように規制が課せられているのであり、債権者保護手続を履行すれば剰余金額を超える払戻もできる制度とは一線を画している。

株主有限責任――退社禁止――株式譲渡自由（投下資本回収方法の保障）が貫徹されるのが典型的な株式会社である。全株式につき定款による株式譲渡制限制度を採用することもできるが、制度内で株主の投下資本回収が保障されており、また、株式会社では実質的にも一般的な退社制度は認められない。他方、合同会社においては、定款で持分譲渡自由を定めることもできるが、退社制度が存する。そして、退社制度があるので、原則とされる持分譲渡制限制度は社員の投下資本回収を保障しない。このように、株式会社と合同会社の区別においては、退社制度の存否が重要である。もっとも、全社員有限責任制度と退社制度の関係については、制度間の利益調整につきなお検討を要しよう。

(二) 資　本

全社員有限責任制度の制度的保障として、株式会社にも合同会社にも資本制度が設けられている。上述のように、株式会社においては、かつては資本と株式が制度的に連携していたが、この関係は切断された。株主の会社に対する持分を資本単位として把握する制度はなくなり、資本（資本金・準備金）は、株主への会社財産分配規制の基準としての意味、つまり株主有限責任との関係で構築されるべき制度としていわば純化している――合同会社も同様である。

この点、企業会計原則（第一の一般原則三、企業会計原則注解（注2））が強調するように、資本と利益の区別を前提にすると、株主・社員の出資財産は、会社の事業活動の元手としての資本として固定化され、配当原資である利益・剰余金と截然と区別して取り扱われるべきものとなる。実際、平成一四年新設の商法施行規則は、貸借対照表における資本の部の記載・記録科目の区分を、それまでの資本金・法定準備金・剰余金から、資本金・資本剰余金・利益剰余金に変更した──資本性のものと利益性のものとを区別。しかし、新会社法の下では、資本準備金と利益準備金とを区別せず[33]、資本の部の計数の変動は、基本的に株主（社員）間の平等を図り、会社債権者保護の手続を履践すれば任意に行うことができるようになった──剰余金の配当。全社員が有限責任の会社においても、資本だから株主・社員に分配してはならないのではなく、会社債権者保護などの手続を履践すれば資本を取り崩してその分の資産を剰余金として配当できる[34]。つまり、少なくとも資本と株式の関係が切断されて以降は、資本自体には何らかの神秘的な実体があるわけではなく、資本の額（資本金・準備金）は、出資者（株主・社員）との関係で、会社債権者に対する弁済資産を保全するための基準となる数値に過ぎないといえよう[35]（株主への分配が許されないのではない）。

このように考えてくると、剰余金があっても純資産が三〇〇万円以上でなければ株主配当できないという新会社法の規制（四五八条）は、今後の資本制度のあり方を考える上で重要な示唆を与えるように思われる。この規制は、株主有限責任制度を根拠づけるには負債総額に対応する額の資産が存すればよい（つまり純資産はなくてもよい──株主に分配してしまってもよい）、とは考えない立場からの規制だからである（資産の評価基準や評価時期の問題が大きい）。株主有限責任制度は、負債総額に相当する額の資産について株主への分配を規制することにより成り立つ。そして、株主への分配規制という意味での資産保全基準は貸借対照表上の数値として示される。一方、現実の資産の価値は常に変動する。したがって、ある時点の数値としての負債総額に資産価値変動に対処しうる数値を上乗せする必要が生じる。この上乗せ数値を資本と名づけると、問題は資本の内容だということになる[36]。

この点につき、株主の出資財産額が責任財産額として貸借対照表上に固定化されるところに（出資額の責任は負う――株主への分配規制）、有限責任制度の基礎を支える説得力があるとすると（従来の支配的な考え方）、株主の出資額を資本とする制度は今後も支持されよう。その場合にも、株主出資額全額を資本（資本金・準備金）と構成するのか（昭和二五年改正後の商法および新会社法の立場。前述の三〇〇万円基準もこれを前提とする規制である）、出資額の一部を資本に計上すれば足ると制度設計する（昭和二五年改正前商法の立場）[37]のか、は問題として残ろう。

一方、資本金・準備金の減少手続により、資本金・準備金として計上する額をいずれも〇円とすることができると解される[38]（会四四七条二項・四四八条二項参照）。また、出資がないことを示す〇円計上を継続することはできないが[39]、資本金を一円にまで減少してそれを継続することは可能である（新会社法による最低資本金制度の廃止）。〇円でも一円でも、資本の機能において実質的な差はない。そうすると、従来の資本制度自体に対しては疑問が提示されることになろう。資本金〇円計上は象徴的な意味合いを有する点で印象が強いからである。平成二年商法改正により最低資本金制度が導入される以前においても、資本制度に対して懐疑的な見解が存したが、新会社法の下では、資本制度廃止論の台頭は必至だといえようか。

いずれにしても、全株主・全社員の有限責任制度と資本制度が関連性を有するのであり、資本制度は株式会社の特徴を示すが、株式会社だけの特徴ではない。しかしながら、合同会社の場合には、債権者保護手続を履行すれば剰余金額を超えても退社に基づく払戻が認められる。社員の出資額を資本とする点では株式会社も合同会社も同様であるが、退社に基づく払戻制度の点で、合同会社の資本制度は株式会社の資本制度と重要な相違がある。しかも、純資産三〇〇万円配当規制は株式会社にのみ適用され、合同会社には同様の配当規制は設けられていない（会六二八条参照）。合同会社における資本制度の会社債権者保護機能は、株式会社と比較して弱いといえよう。

(三)　単位としての株式

株式会社における社員の地位は細分化され均等な割合的単位――株式として構成される。すなわち、各株式の権利内容は均等なのが原則であり、これを株式権利内容の観点から把握すると株式平等原則と呼ばれ、株式を所有する株主の観点から把握すると株主平等原則と呼ばれる（各株主はその有する株式の数に応じて会社から平等に取り扱われなければならない）。一方、種類株式（会一〇八条）や単元株制度[40]（会一八八条・三〇八条一項但書）により、株式の権利内容を異ならせたり議決権単位を大きく設定することが認められている。これらの特別の扱いが限定的に法定されているのは（株式ごとにその内容の任意設定を許す扱いではない）、株式会社の基本的特徴の一つである株式制度の明確性を担保しなければならないからである。

ところで、会社法一〇九条一項は「株式会社は、株主を、その有する株式の内容及び数に応じて、平等に取り扱わなければならない」とし、株主平等原則を述べる（会社法制定以前の商法には株主平等原則そのものを正面から定める規定がなかった――当然の原則だからである[41]）。これは、同条二項（非公開会社〔会二条五号参照〕では、株主の剰余金配当請求権・残余財産分配請求権・株主総会議決権「に関する事項について、株主ごとに異なる取扱いを行う旨を定款で定めることができる」）の前提として設置された規定のようである――原則と例外の趣旨である[42]。もっとも、この点に関しては慎重な検討を要すると思われる。

株主の会社に対する権利を単位として構成する株主平等（株式平等）は、株式会社における最も基本的な原則である（株式権利内容の均一性）。会社法はその例外を設けるが、権利内容の例外として認められる種類株式においても、その種類ごとの取扱について株主平等（株式平等）原則の適用を受ける（種類ごとの単位化）、とするのが従来の一般的な理解である。会社法が定める株主の権利を生み出す地位を型＝株式として組み立て（株主権の単位化）、その内容を均等に構成する（原則）。これと内容を異ならせる場合（種類株式）は別個に取り扱うが、右と同じ型＝株式として捉える（例外）、という思考の流れ（従来の一般的な把握）はそれなりに理解しやすいといえよう。

以上のような理解に対して、会社法一〇九条の一項と二項の関係から、新会社法における株主平等は異なる構成を採ると把握することも可能であろう。すなわち、一〇九条一項は、株式について、発行済株式総数との関係で社員権を構成する割合的単位という形を借りながら、その単位の内容が均一であることから出発しない——種類株式は株主平等原則の内容に取り込められている。同条二項が株主平等原則の例外として位置づけているのは、「株主」ごとに異なる取扱を行う場合である。

右のような新しい理解を前提にすると、新会社法における株式単位はどのように把握すべきなのかに関して、次の二点を再度検討する必要に気づかされよう。まず、普通株式も配当優先株式も完全無議決権株式も、原則例外の区別なく同じ型＝株式で捉えられるが内容が異なるから別個に取り扱う、という構成は、それではそもそも「株式とは何か」という疑問を強く認識させる。もちろん、従来の一般的な理解によっても、種類株式として内容を異ならせることができるのはどこまでか、が問題となるが、これは直接的には例外を認める場合の限界の問題である（普通株式が「株式」であることは当然の前提）。一方、原則例外の区別をしない構成では、例えば完全無議決権株式も「株式」であることが前提とされるから、なぜそれが別異の取扱を受ける普通株式や配当優先株式と原則例外の区別なく共通して「株式」なのかが、直接的な関心事となる（「株式」の内容の問題）。それとともに、次に、「株式」は何の単位部分なのかについても、再考する必要があるように思われる。

株式を構成する権利内容については若干の考察を行ったことがある。[43] 株式は出資者の株式会社に対する地位を表すから、出資の経済面での権利と会社支配面での権利が認められなければならないが、会社法が株主に認めるすべての権利が必ず株式の内容とならなければならないわけではない。この基本に留意しつつ、種類株式の限界は、諸条件の相関関係を考慮して立法政策として判断される。もっとも、特に上述の新しい理解に立脚するのであれば、権利内容に相違があっても「株式」として同様に扱われる基礎につき検討すべきだと考える――この新しい理解と従来の一般的な理解とは、「株式」を把握する解釈における方法論が異なろう。

株主の会社に対する地位を割合的単位で表す理由としては次の二点が重要であろう。まず、株主有限責任制度を基礎づける出資返還禁止原則との均衡上認められる株式譲渡自由原則が、実質的に機能するように株主権を構成したという点――投下資本の回収を容易にする。次に、株式会社においては、その支配を出資の割合に比例させる資本多数決制を基本とする点である。株主権の単位化＝単位としての株式が、このような立法判断に支えられているのであれば、小規模閉鎖的な株式会社にあっては、別個の観点で制度を構築してもよさそうである。実際、有限会社を株式会社化した新会社法は、非公開会社（会二条五号参照）において、株主ごとに一定の株主権の内容を異ならせる取扱を許容している。

株主ごとにその権利内容を定めるというのは、株主の「株式」に着目するのではなく、株主の株主権に着目してその内容を定めることにほかならない。そうすると、この点をも含めて株式の割合的単位としての意味を考えると、株主権＝株式を有する数によって株主の権利の量を決める（持分複数）のではなく、株主が有する株主権（株主ごとに一つの株主権）の権利の大きさを計る単位として株式を把握する考え方[44]（持分単一：株式は株主権を構成する単位部分だと把握する）に分がありそうである――会社（株式会社・持分会社）社員の持分の把握を統一的に解することもできる。

（15）　従来は、全社員が有限責任である会社を物的会社（物的責任会社）、そうでない会社を人的会社（人的責任会社）と分類するのが一般であった。つまり、全社員が有限責任である会社は会社資産のみが会社債権者の責任財産となり、無限責任社員が存する会社では無限責任社員も会社債務の責任を負うからである。この基本的性質から、人的会社では、原則として無限責任社員たる地位に会社経営権限が付随し（平成一七年改正前商七〇条・七六条・一五一条一項・一四七条）、社員の個性が会社運営に濃厚に反映されることになる。一方、物的会社では、会社経営権限は社員の地位に付随せず、制度的には、会社運営への社員の個性の反映は希薄だといえる。合同会社は、全社員が有限責任でありながら、社員の地位に会社経営権限が付随する（会五九〇条・五九九条一項本文）。会社制度の内容の多様化に伴い、従来の物的会社・人的会社概念の使用は混乱を招くことになろう。

（16）　山本爲三郎「単位としての株式」『倉澤康一郎先生古稀記念・商法の歴史と論理』（二〇〇五年）九〇三頁以下（本書三四三頁以下）参照。

（17）　なお、山本爲三郎『会社法の考え方〈第5版〉』（二〇〇五年、二刷）七三〜七四頁（第9版六六〜六七頁）参照。

（18）　ただし、同条三項「社員相互間ノ持分ノ譲渡ニ付テハ第一項ノ規定ニ拘ラズ定款ヲ以テ別段ノ定ヲ為スコトヲ得」。

（19）　大隅健一郎「定款による株式譲渡の制限（一）」民商法雑誌一二巻二号（一九四〇年）一八二〜一八三頁参照。

（20）　昭和二六年の有限会社法改正で、社員間の持分譲渡については自由化された（改正一九条一項「社員ハ其ノ持分ノ全部又ハ一部ヲ他ノ社員ニ譲渡スコトヲ得」）。一方、社員以外の者に対する持分譲渡については、会社は社員総会特別決議で、通知された譲渡の相手方以外の者を譲受人として指定することができる、とされた（改正一九条二項三項）。社員の投下資本回収に配慮したのである。

（21）　有限会社における持分譲渡制限は、「社員ガ其ノ持分ノ全部又ハ一部ヲ社員ニ非ザル者ニ譲渡サントスル場合ニ於テハ社員総会ノ承認ヲ要ス」（昭和四一年改正一九条二項）とされた。

（22）　昭和四一年改正商法二〇四条の二〜二〇四条の五。なお、同年改正有限会社法一九条三項〜五項参照。

（23）　この閉鎖性の意味につき、山本・前掲注（17）一一三〜一一七頁（第9版一〇三〜一〇六頁）参照。

（24）　株主間の譲渡につき承認を要しない旨の定めを置いたり、株主の会社に対する地位に関する事柄なので、取締役会設置会社が定款に承認機関を株主総会とする旨の定めを置くことは許容されよう（現代化要綱の第2部、第4の1（1）（注2）①④参照）。

（25）　合同会社などの持分会社は社員間の信頼関係を前提にした制度なので、死亡や合併（社員が消滅会社である場合）も退社原因とされている（会六〇七条一項三号四号）。社員の変動を基本的に予定しないのである――もっとも、相続や合併によって社員権が承継される旨を定款で定めることもできる（会六〇八条一項）。なお、社員の新規加入も認められるが（会六〇四条一項）、原則として全社員の同意が必要である（会五七六条一項四号・六三七条）。

(26) なお、退社によるのではなく、合同会社の社員は定款に定めた出資の価額を減少して出資払戻をなすことを請求できるが、会社は剰余金額を超えて払い戻すことはできない（会六三二条）。

(27) 社員の有限責任は例外的な制度なので（山本・前掲注（17）八頁・一四頁〔第9版七頁・一三頁〕参照）、責任限定により利益を受ける社員と反面において不利益を受けることになる会社債権者との利益を調節する制度を整備する必要がある。まず必要だと解されるのは、社員は会社の実質的所有者として会社資産に対する処分権限を有するので、社員自身に対する会社資産の分配規制である――全社員の有限責任制度下においては会社資産が会社債権者にとって唯一の責任財産となるから。これは出資返還規制が中心となる。さらに、会計情報の開示制度も欠かせない。監査も重要であるが、監査自体は直接には社員（会社の実質的所有者である社員に会社経営権限が与えられていない場合に、特に重要性を増す）・会社経営（適法で効率的に会社を経営するには、経営機関による自己監査は不可避である）のために行うものであり、社員有限責任制度を支える制度として必要不可欠だというわけではない――社員有限責任制度にとっての間接的な意味での重要性（開示される会計情報の信用性の裏づけは重要である――会計監査だけでなく、会計参与制度も意義を有する）を否定するものではない。

(28) なお、合資会社の有限責任社員は、平成一七年改正前商法においては、出資者でありながら経営権限を有さず（一五一条。もっとも、定款で有限責任社員に業務執行権限を付与することができるか否かについての議論があった）、したがって責任が制限されている存在であった。新会社法においては、合資会社の有限責任社員にも業務執行権限が帰属する（五九〇条）。したがって、新法における合資会社の有限責任社員は、出資し経営しながらも責任制限を受ける存在である（制度の均衡上、業務執行有限責任社員の職務遂行につき悪意または重過失がある場合には、当該有限責任社員は損害を被った第三者に対して賠償責任を負うこととされた〔会五九七条〕）。合同会社の社員も出資し経営権限を有しながら（会五九〇条）、責任制限を受ける（業務執行社員の対第三者責任〔会五九七条〕）。一方、合資会社倒産の責任は無限責任社員が負い、合同会社では全社員が有限責任である。制度的に責任を負担する社員（無限責任社員）が設けられているか否かで、特に会社債権者保護に関する法規整は相違することになろう。

(29) ただし、株式会社の場合（会四四〇条）と異なり、決算公告制度は存しない。なお、特例有限会社も決算公告の規定が適用されない（整備二八条）——旧有限会社と同様の措置である。

(30) 独立した監査制度の存置も望ましいが（ただし、前掲注（27）参照）、新会社法においては、株式会社であっても、監査役あるいは監査委員会を設置しない場合が認められている。なお、主として中小株式会社の計算の適正を図ることを目的として、計算書類等の作成にあたる機関である会計参与制度が新設された。この制度がどの程度利用されるかは予想できないが、その制度趣旨からは、合同会社への適用も考慮されてよいのではなかろうか。

(31) 松嶋隆弘「合同会社の創設に関する一考察」判例タイムズ一一六〇号（二〇〇四年）七五～七六頁は、合同会社のような小規模閉鎖的会社においては、会社倒産リスクを転嫁される会社債権者、特に小規模債権者や不法行為などの非自発的債権者の保護を議論しなければならない、と指摘される。

(32) なお、合名会社も合資会社も定款を変更して合同会社になることができる（会三六八条一項三号二項二号。持分会社間の会社の種類の変更）——社員は未履行の出資の払込・給付を完了しなければならないが（会六四〇条一項）、株式会社・持分会社間の組織変更に求められるような会社債権者保護手続（会七七九条・七八一条二項）は規定されていない（この点につき、相澤哲＝郡谷大輔「新会社法の解説（12）持分会社」商事法務一七四八号〔二〇〇五年〕二四～二五頁参照）。平成一七年改正前商法対照（合名会社・合資会社間〔一一三条・一六三条〕および株式会社・有限会社間〔平成一八年廃止前有六四条・六七条〕の組織変更のみが認められていた）。

(33) 会社法としてはその法的効果に差異を設けず、単に「準備金」として整理する趣旨である（現代化要綱第2部の第6の5（3）②（注）。なお、会四四五条四項参照）。会計処理として資本準備金と利益準備金とを区別する取扱（会四四五条三項参照）には合理性があり（公正な会計慣行〔会四三一条・六一四条〕参照）、株式会社の計算に関する法務省令案は両項目の区別を強制している（四七条二項三号四号）。

(34) 剰余金（会四四六条）の配当であり、債務超過会社（貸借対照表上において資産の評価総額が負債総額に達しない会社）は資本金減少によっても株主に出資の払戻はできない。

(35) 資本（資本金・準備金）額に相当する額の純資産の存在が保証されるわけではない。純資産額が資本（資本金・準備金）額を下回った場合に、資本減少が義務づけられるわけでもない。かつて昭和一三年改正前商法一七四条は、「会社財産ヲ以テ会社ノ債務ヲ完済スルコト能ハサルニ至リタルトキハ取締役ハ直チニ破産宣告ノ請求ヲ為スコトヲ要ス」（同条二項）との制度を前提に、「会社カ其資本ノ半額ヲ失ヒタルトキハ取締役ハ遅滞ナク株主総会ヲ招集シテ之ヲ報告スルコトヲ要ス」（同条一項）としていたが、昭和一三年商法改正後の資本にはこのような機能はない。なお、フランス商法二二五—二四八条（自己資本〔les capitaux propres〕が資本金額の二分の一を下回った場合に、会社解散か資本金減少を行わせる）参照。

(36) この資本の内容についての立法の変遷につき、山本・前掲注（16）九一〇～九一四頁（本書三五四～三五九頁）。

(37) 昭和二五年改正前商法によると、株式の発行価額のうち資本金に組み入れられるのは券面額だけであり、券面超過額も資本金の四分の一相当額までが準備金に組み入れられることとされていたに過ぎない（山本・前掲注（16）九一〇～九一三頁〔本書三五四～三五七頁〕参照）。

(38) 相澤哲編著『一問一答・新・会社法』（二〇〇五年）一六二頁、菅原貴与志『新しい会社法の知識』（二〇〇五年）一七四頁。

(39) 実質的に、無出資株主を認めることになるからである。もっとも、新会社法立案担当者は、資本金〇円の継続を認める立場のようである（郡谷大輔＝岩崎友彦「会社法における債権者保護〔下〕」商事法務一七四七号〔二〇〇五年〕二五～二六頁）。

(40) 山本・前掲注（16）九一六～九一九頁（本書三六四～三六六頁）参照。

(41) 資本との関係で株式平等が基礎づけられた昭和五六年改正商法以前の制度につき、山本・前掲注（16）九〇八～九〇九頁（本書三五一～三五二頁）参照。

(42) 相澤＝岩崎・前掲注（9）三九頁。

(43) 山本・前掲注（17）六八～七〇頁（第9版六二～六三頁）。

(44) 津田利治『会社法の大意（上）』（一九六三年、四版）一三八～一四〇頁、高鳥正夫『新版会社法』（一九九一年）七七～七八頁。

四　会社機関

会社の経営権限（業務執行権限・会社代表権限）は、平成一七年改正前商法・有限会社法の下では、合名会社・合資会社においては無限責任社員資格に付随する権限として規定されている（改正前商七〇条・七六条本文・一五一条一項・一四七条）。そして、合資会社の有限責任社員資格には経営権限が付随せず（改正前商一五六条）、有限会社社員および株主の地位にも経営権限は付随しない。経営権限の所在と社員の責任との関係が明確に設定されているのである。さらに、株式会社においては、定款によっても取締役・執行役が株主であるべき旨を定めることはできない、と規定されている（改正前商二五四条二項、平成一八年廃止前商法特例法二一条の一三第四項）。有限会社の取締役資格に関しては、このような規制はない。これは社員の変動に関する閉鎖性を原則としない株式会社と閉鎖性を原則とする有限会社との相違にも基づくものであろう。

新会社法においては、持分会社の社員資格に経営権限が付随する（会五九〇条一項・五九九条一項本文）。合資会社の有限責任社員についても、また、合同会社社員についてもである。株式会社においては、新会社法制定前と同様に、株主資格に経営権限は付随しない。平成一七年改正前商法では、社員の責任と経営権限の所在との関係が明白であったが、新会社法の下では、この点も相対化されている。合資会社および合同会社の経営権限については、社員の地位変動に関する閉鎖性を考慮したのであろう。したがって、株式会社でも非公開会社（会二条五号参照）においては、取締役・執行役は株主に限る旨を定款で定めることができることとされている（会三三一条二項但書・四〇二条五項但書）。もっとも、このような定款規定が設置されたからといって、取締役・執行役は株主であることを要するというだけである。すなわち、同じく閉鎖的会社でも、持分会社においては社員資格に経営権限が付随するが、閉鎖的株式会社である非公開会社においては、取締役・執行役は株主でなければならないという定款規定を設置できるだけであり、その場合でも株主資格に経営権限が付随することになるわけではない。この相違は一方が株式会社だという点にあると思われるが、株式会社だとなぜそう扱われるのか。所有と経営を制度的に分離する会社形態として株式会社制度が構築されている、というほかなかろう——平成一八年廃止前の有限会社についても同様である。

以上のように、新会社法の下では、所有と経営の制度的分離は株式会社の特徴だといえる。この点は従来からそうであり、経営機関を分離することから、株式会社の機関構成は本質的に多様化する基礎を有するといえよう。明治三二年商法の当時から株主総会・取締役・監査役が法定され、昭和二五年改正商法で取締役会制度が新設され業務執行機関である取締役会とは別個に代表取締役制度も新設された。これらは機関の分化と認識され、すべての株式会社における組織とされた。一方、大会社に強制される監査役会制度が平成五年商法特例法改正で、大会社・みなし大会社が任意に採用できる株式会社組織として委員会等設置会社制度が平成一四年商法特例法改正で、それぞれ新設された。新会社法は、さらに、株式会社の運営・経営・管理機構の多様化・任意化を推し進めている（もちろん、会社法が許容する範囲内での多様化・任意化である）[45]。所有と経営の制度的分離から生じる株式会社の特徴である[46]。

（45）　山本・前掲注（17）五～六頁参照（第9版五頁）。

（46）　なお、新会社法においては、公開会社（会二条五号）・非公開会社の区別が、株式会社の運営・経営・管理機構の組み立て方の一つの基準とされている（会三二七条・三二八条）。立法の大きな枠組の問題として、定款による株式譲渡制限制度と会社機構の関係は慎重に検討されるべき課題であろう（本節三（一）参照）。

五　おわりに

会社の実質的な概念——社団性・営利性、株主有限責任と退社禁止、資本制度の意義・機能、「単位」としての「株式」、社員地位と機関権限・機関構成の多様化、以上につき順に検討した。近年、会社制度はますます多様化・相対化されてきた。新会社法の制定にはその総仕上げの観がある。目前に提示される制度を表面的になぞるだけでは、本質を理解できないばかりか、見当違いの方向へ解釈論・立法論を導くおそれがある。本節では、株式会社の基本的制度の意義を再検討し、株式会社の法的性質の把握に努めた。今後の研究の礎としたい。

六　法改正に関する付記

第一章第三節、本章第五節参照。

■第五節■　会社の法的性質と新会社法

一　はじめに

平成一七年改正前商法五二条は、「本法ニ於テ会社トハ商行為ヲ為スヲ業トスル目的ヲ以テ設立シタル社団ヲ謂フ」（二項。商事会社）および「営利ヲ目的トスル社団ニシテ本編ノ規定ニ依リ設立シタルモノハ商行為ヲ為スヲ業トセザルモ之ヲ会社ト看做ス」（二項。民事会社）として、会社を定義するのにその実体をもって規定していた。会社の実体は出資者が組織する営利を目的とする社団だというのである。一方、会社法にこの規定に相当する条項は存在しない。平成一七年会社法は、「会社」という用語の意義を、「株式会社、合名会社、合資会社又は合同会社をいう」（会二条一号）とするのみである。これは会社の種類を限定する規定であり、平成一七年改正前商法五三条「会社ハ合名会社、合資会社及株式会社ノ三種トス」にあたるに過ぎない。

また、平成一七年改正前商法五二条一項に同四条一項が、同五二条二項に同四条二項がそれぞれ対応して、会社は商人とされた。一方、平成一七年改正商法四条二項からは民事会社を商人とみなす部分が削除された。

改正前に会社の実体につき共通の性質とされていた社団性および目的としての営利性、さらに商人性は、会社法ではどのように解されることになるのだろうか。新会社法の下での会社の法的性質をめぐって、検討を試みたい。

二　会社の商人性と営利性

(一)　会社の商人性

会社法五条は、会社がその事業としてする行為およびその事業のためにする行為を商行為としている。したがって、会社が行う行為は、商法の商行為に関する規定（平成一七年改正商第二編）の適用を受けることになる。それでは、会社は商法上の商人（商四条）であろうか。この点につき、最判平成二〇年二月二〇日民集六二巻二号五七六頁は、「会社がその事業としてする行為及びその事業のためにする行為は、商行為とされているので（会社法五条）、会社は、自己の名をもって商行為をすることを業とする者として、商法上の商人に該当」（商四条一項）する、と判示している。形式論理的にはそうであるが、若干の検討を要する。

まず、会社法五条は、会社の事業としてする行為および事業のためにする行為を「商行為とする」。会社がその事業としてする行為およびその事業のためにする行為は、内容いかんにかかわらず商行為とされる（商行為としているのであり、擬制や推定ではない）。そして、前掲平成二〇年最判は、会社は自己の名をもって商行為をすることを業とする者だから商人に該当するという。これは、わが商法が基本的に採用している[1]（商四条一項）、商行為と商人との立法上の定め方における客観主義（商行為主義）に合致するかのようである。客観主義（商行為主義）によると、典型的商取引と立法上認められた行為が商行為（基本的商行為。商人概念の基礎となる）であり、商行為を業としてなす者が商人となる。一方、主観主義（商人主義）によると、業務遂行態様などから形式的に商人資格を有する者が定められ、商人が行う行為が商行為とされる（商人概念が商行為概念の前提とされる）。そうすると、会社法における会社と商行為との関係は、客観主義ではなく主観主義（商人主義）の立場から定められたことになる。ところが、商法にも会社法にも会社を商人とする規定は設置されていない。

会社法五条がなくても、自己の名をもって商行為（商法五〇一条・五〇二条など客観主義によって限定的に法定列挙された基本的商行為）を業としてなす会社（商事会社）は商人である（商四条一項）。これに対して、会社法の規定に基づき会社として設立されたが、その事業目的に上述の商行為（基本的商行為）が含まれない会社（民事会社）の商人性を認めるには、解釈論としては、前掲平成二〇年最判の形式論理を採るしかない。[2] 民事会社を商人たる会社とみなす旨の規定が、会社法にも商法にも[3]設置されていないからである。[4] 前掲平成二〇年最判は、この両者を区別せずに会社法五条を介して会社の商人性を肯定する。会社法五条を介する解釈を認める以上、同条による商行為と他の規定による商行為とを区別する必要はないであろう。前掲平成二〇年最判の解釈でよい。もっとも、上述したように商法四条一項は客観主義（商行為主義）、会社法五条は主観主義（商人主義）にそれぞれ基づく規定であるから、整合性の観点[5]から、立法論としては、会社であれば商人とするか、あるいは、平成一七年改正前のように商行為を業としない会社を擬制商人とするか、のいずれかに整理することが望ましい。[6]

会社には商法第一編の第四章以下の規定は適用されず（商一一条一項括弧書）、会社法は会社の商業登記に関する規定を有している（第七編第四章）。会社の商人性を確認する実益は、商法第三編に規定された商人であることが要件とされる条文の適用について生じる。前掲平成二〇年最判は、会社は商人であるから、会社には商法五〇三条二項が適用されるとする。そして、問題となった行為の附属的商行為性が推定されるので、「これを争う者において当該行為が当該会社の事業のためにするものでないこと、すなわち当該会社の事業と無関係であることの主張立証責任を負うと解するのが相当である」という。もっとも、会社の商人性を前提にしても、会社に商法五〇三条二項が適用されるか否かについては古くから論争がある。そして、会社は生まれながらの商人であって、会社には商法五〇三条二項の適用はないと解するのが通説である[7][8]（ただしこの主張を前提にしても、その行為の法的性質上[9]、商法の商行為に関する規定が適用されない会社の行為があるか否かの問題はなお残る[10]）。

会社がその事業のためにする行為である附属的商行為に営利性は必要ない。会社（商人）がその事業のために行う限り、行為の性質を問わず、たとえ無償行為であっても、附属的商行為である。会社には商法五〇三条二項の適用はないとの立場は、会社は営利性が認められない行為をなせないとの主張ではない。前掲平成二〇年最判も、事業として行う行為および事業のために行う行為とこれら以外の行為の区別を営利性に求めているわけではない。会社法五条は、会社がその事業としてする行為とその事業のためにする行為とを区別することなく商行為としている。したがって、同条の商行為は営利性を要素としない[11]。

(二)　会社の営利性

平成一七年改正前商法五二条は、商行為をなすことを業とする目的を有するか（同条一項）、あるいは営利目的を有すること（同条二項）を、会社の成立・存続要件としていた。会社法にこのような規定は存しない[12]。会社法五条は、会社がその事業としてする行為およびその事業のためにする行為を商行為としている。けれども、前述のように、同条の商行為は営利性を要素としない。平成一七年改正前のように、会社は営利目的を要するだろうか。

平成一七年改正前の商法上問題とされた会社の営利性については、次のような所説が主張されていた。つまり、会社の目的である営利性とは、営利事業をなして、かつ、獲得した利益を社員に分配することである、と解する所説（①説）と、会社の目的である営利性とは利益の獲得目的であり、社員に対する利益の分配までは営利性の内容にはならない（利益の分配は、営利性とは次元を異にする私益性の内容）、とする所説（②説）である。[13] 会社法一〇五条二項は、定款によっても剰余金配当請求権および残余財産分配請求権の全部を与えないとする旨の定めを置くことはできない、とする。この限度で、会社法の下で、①説が採用されているようでもある。[14][15]

①説は、通常の営利性（利益獲得目的）と会社の営利性を異ならせて理解する。そこで、①説には、営利・私益法人（会社）と非営利・公益法人（公益法人）とを区別しさえすればよかった時代には、理論的精密さはともかく、二項対立的把握の分かりやすさがあった、といえるかもしれない。けれども、「営利目的」とは収支相償う意図があれば足ると解されるのが一般である。その意味においては、営利を目的とする社団は多様である。[16] それらの中で、剰余金配当請求権および残余財産分配請求権の全部を社員に与えない旨を社員間で合意している社団が、[17] 合理的・効率的な経営に適している会社制度を利用できないとする理由はあるのだろうか。このように考えたからといって、会社がその社員に利益を分配できることを前提とした会社法の制度設計を否定するわけではない。利益を分配しないという会社自治が、例外的に認められるか否かを問題としているのである。仮に会社法が①説を基礎としているとすると、会社法は①説による論理解釈の名の下、このような会社自治の排除を行っていることになる。[18] 会社制度の利用可能性や営利事業を行う社団の実態における多様性を考慮せず、観念論に陥っている[19] とも評しえよう。[20] 社員に利益を分配しないとの選択肢も少数派社員の利益を害しない限り認められてもよく、こ

れを完全に否定する理由はないというべきである。[21]

会社法は、株主は剰余金配当請求権および残余財産分配請求権を有するとしつつ（会一〇五条一項一号二号）、定款の定めによってもこの両請求権の全部を与えないとする旨の定めを置くことはできない、と留保している（会一〇五条二項）。この趣旨につき、会社法の立案担当者は、「従来は、たとえば完全無配当株式が認められるかということについて、株主の基本的権利であるからこれを奪うことはできないのではないかという議論がされることもあった」が、一〇五条二項の限度で「そのような内容の株式も株式として認められることが明らかにされ」た、と解説されている。[22]①説による営利性が会社の本質的性質ならば、完全無配当株式は会社の営利性に反するので例外的にも認められないとの主張が説得力を有しよう。

剰余金配当請求権と残余財産分配請求権の全部を株主に与えない旨の定款の定めがいかなる効力を有するかは、営利性の内容を特別に定めた上で、そこから演繹的に導かれるという性質のものではなかろう。この両請求権につき、どちらかを与えないとする定款規定、あるいは、両請求権の全部を与えない定款規定につき、それが効力を有するか否かの判断を前提として、その結論を正当化する理由づけに営利性を用いることはできても、その逆は真ではない。これは立法政策レベルで解決すべき事柄である。そうだとすると、この問題は、株式会社においては、会社法の条文上解決されている。

もっとも、上述のように、会社法一〇五条二項には立法論として疑問がある。剰余金配当請求権と残余財産分配請求権の全部を与えないことを禁止する実質的理由が明らかではない。[23]①説を採りながら、株主全員の合意があれば、①説が説く営利性に反する会社運営を行うことは妨げられない、との主張もなされている。[24]

平成一七年改正前商法においては、条文（改正前商五二条）上、営利性は各種会社共通の法的性質であった。①説も②説も、会社が営利事業を行うことを当然の前提としていた。しかしながら、会社法においては、かつての五二条にあたる規定は置かれていない。また、会社法五条の商行為は営利性を要件としない。会社は一般的には営利事業を行う存在であり、会社法ではそれを前提とした制度設計がなされているが、営利事業を行わないという選択肢は会社法上排除されていないのではなかろうか。(25)

（1）　なお、原則として客観主義によって（固有の）商人概念を定めるが（商四条一項）、本節本文後述の主観主義による（擬制）商人の定め（商四条二項）をも置く立法の主義を折衷主義と呼ぶ。
（2）　来住野究「法人の商人性」『慶應の法律学　商事法』（二〇〇八年）八三～八四頁は、このような解釈に批判的である。もっとも、その理由として明治四四年と昭和一三年の商法改正の経緯が挙げられているのには誤解があろう。明治四四年改正商法二八五条の二は、民事会社（同年改正商四二条二項）の行為に商行為に関する規定を準用する旨を定めていたに過ぎない。同条の下では、民事会社の目的事業は商行為ではない。これに対して会社法五条の下では、会社がその事業としてする行為およびその事業のためにする行為は商行為である。
（3）　本節本文で前述したように、平成一七年改正前商法四条二項後段は民事会社を擬制商人とする旨を規定していたが、平成一七年改正により同条項後段は削除された。これは、民事会社も会社法五条を介して商法四条一項の商人になることを前提とした削除だと解される。
（4）　豊泉貫太郎「会社法と旧商法の隠れた不連続性」慶應法学一〇号（二〇〇八年）一八九～一九〇頁は、「勿論会社が商人でないことなど誰も想定していないのであるが、これを明確に規定した規定が無くなった」、とされる。
（5）　会社がその事業としてする行為およびその事業のためにする行為は商行為とされる。自己の名をもって商行為を業とする者は商人である。したがって、会社は商人である。三段論法のようであるが、実は結論部分が述べられているに過ぎない。会社がその事業としてする行為とは会社が自己の名をもって業とする行為にほかならず、その内容にかかわらず、これは商行為とされているからである。
（6）　会社法の立案担当者は、本節本文で述べたような「技巧的な法技術を駆使することなく、端的に会社および外国会社がその事業としてする行為およびその事業のためにする行為を商行為とすることとして、その実質を確保することとしている。」と解説されている（相澤哲＝岩崎友彦「会社法総則・株式会社の設立」相澤編『立案担当者による新・会社法の解説』（二〇〇六年）一三頁）。しかし、本質を踏まえないでなされる立法は危険であろう。「実質」の理由が重要である。法性質上異なる事柄を結論として同様に扱うための法技術（例えば準用）は、「技巧的な法技術の駆使」との決めつけによって排斥されるべきではない。

（7）相原隆「会社の商人性と会社の行為の商行為性」『商法（総則・商行為）判例百選〔第五版〕』（二〇〇八年）七五頁、鈴木千佳子「会社の「事業のためにする行為」の意義」法学研究八二巻一号（二〇〇九年）一七五頁以下参照。

（8）従来の判例については、伊藤雄司「会社の行為についての商行為性の推定」NBL八八二号（二〇〇八年）三二～三三頁参照。

（9）商法五〇三条二項は、当該行為が営業（事業）のためになされたか否か不明確な場合に備えて商人性（したがって商行為性）を優先する趣旨の規定である。つまり、同条項が適用されるのは、営業（事業）のためになされる場合とそうではない場合がある行為についてである。これに対して、その行為の法的性質上、営業（事業）のためになされることがないと明確に解される行為、換言すれば、商法の商行為に関する規定の適用がないことが明確な行為に関しては、同条項の適用はないと解することができる。

（10）江頭憲治郎『会社法コンメンタール1』（二〇〇八年）一三二～一三三頁は、その行為の法的性質上、事業のためになされる行為にあたらないものとして、組織法的・団体法的行為につき論じられている。これに対して、組織法的・団体法的行為が事業のためになされる行為にあたるか否かについては、なお議論と検討を要するとされる、藤原俊雄「会社の行為の附属的商行為性」民事法情報二六八号（二〇〇九年）七～八頁参照。

（11）相澤哲ほか編『論点解説　新・会社法』（二〇〇六年）一一頁。

（12）なお、会社が「営利事業を営むことを目的とする法人」（民三三条二項）か否かは、会社法が定めるべき事柄である。

（13）①説・②説については、安井威興「会社の営利性について」修道法学一巻二号（一九七八年）一九一頁以下に詳細な検討がなされている。

（14）　相澤哲＝岩崎友彦「株式（総則・株主名簿・株式の譲渡等）」相澤編・前掲注（6）二二頁は、会社法一〇五条二項を「株式会社の営利性を表す規定であるといえる。」とされる。

（15）　なお、②説に立って、解釈上、私益性を会社の本質的性質だと把握することも可能であろう。その場合には、会社法一〇五条二項は、会社の私益性を制約する規定だと解されよう。

（16）　例えば、公共目的達成手段として日本において用いられる第三セクターは、通常、株式会社形態で設立される。

（17）　少数派社員の利益保護の観点から全社員の合意を基本とするが、常に全社員の合意が必要であるかについては場合による検討を要する。公開会社でない株式会社が、剰余金配当請求権および残余財産分配請求権の全部を社員に与えない旨を、原始定款に定めた場合や、株主全員の同意によって定款変更して同様の定めを置いた場合などは、当該会社の定款による自治規範として認めてよかろう。

（18）　①説に対する批判を展開される、加藤修「民主主義社会における株式会社の営利性と公益性」法学研究七七巻一二号（二〇〇四年）三三一頁以下参照。

（19）　例えば、平成一六年改正（法律一四七号）前民法三五条の注釈において、「営利は終局的に個人に帰すべきものであるから、財団の形式を考えることは不可能であり必ず社団である。」（林良平『新版注釈民法（2）』〔一九九一年〕一九一頁）、とされることがある。

（20）　会社法一〇五条二項により、剰余金配当請求権および残余財産分配請求権の全部を株主に与えない定款の定めは効力を有しない。したがって、反対解釈として、例えば、完全無配当株式でありかつ残余財産分配も大幅な制限を受ける権利内容の種類株式、あるいは、そのような株主ごとの異なる取扱（会一〇九条二項）は許容されよう。両請求権とも完全に与えない場合と実質的な差異はなくても、「会社の営利性」の顔を立てて、截然と区別するということか。

（21）　これに対して、一般社団法人においては、その社員に剰余金または残余財産の分配を受ける権利を与える旨の定款の定めは効力を有しないとされ（一般社団法人及び一般財団法人に関する法律一一条二項）、社員総会も社員に剰余金を分配する旨を決議できないとされている（同法三五条三項）。一般社団法人の法的性質上、当然に、その社員に剰余金等の分配請求権を認めることができないのではなく（したがって、残余財産の帰属に関する、同法二三九条二項参照）、立法判断として認めない整理をしたのである。会社法の規定の潜脱を防止する趣旨があろう（神作裕之「非営利法人と営利法人」『民法の争点』〔二〇〇七年〕六〇頁）。社員に剰余金等分配請求権を与えるのであれば、会社制度を利用すればよい。しかし、だからといって、会社においては社員に剰余金等分配請求権を必ず認めなければならないかは、立法判断に属する事柄である。会社法一〇五条二項は、同条項の限度においてこれを肯定する。

(22)　相澤＝岩崎・前掲注（14）二二頁。

(23)　落合誠一「会社の営利性について」『江頭憲治郎先生還暦記念・企業法の理論・上巻』（二〇〇七年）二一～二三頁は、利益の社員への分配を要素とする①説の法政策的意義を主張される。もっとも、会社法一〇五条二項や一般社団法人及び一般財団法人に関する法律二三九条二項（社員への残余財産の帰属を許容していると解される）は、法政策的に截然と区別しきる困難さを表している。

(24)　江頭憲治郎『株式会社法・第2版』（二〇〇八年）二〇頁。

(25)　教育、農業、自由業（医師、弁護士、建築家、画家など）等は、歴史的には、営利目的で行うものではないと解されてきた。けれども、これらを会社形態で行うことの認否は極めて立法政策に係る事柄であろう。これらの性質上、会社の事業目的になしえないと決めつけるべきではない。

三　会社の社団性

(一)　新会社法と会社の社団性

会社法の条文下では、会社とは、会社法の規定に基づき株式会社、合名会社、合資会社、あるいは合同会社として設立されたものを指すことになろう。この会社の実体である「もの」につき、平成一七年改正前商法はこれを社団だと定めていた（改正前商五二条）。このような規定が無くなったからといって、出資者の組織体としての会社の実体が変容するわけではないし、また、会社の実体を変容させる制度が新設されているわけでもない。[26][27]

平成一七年改正以降も、会社の実体は出資者からなる社団である。それは社員が会社の実質的所有者であることを意味する。平成一七年会社法の大きな特徴の一つは、原則と例外の相対化である。そのような会社法の下にあっても、会社の実質的所有者が社員であることが会社法制度の基礎にある。

実質的な利益調整型分析によると、出資をなし会社の最終的なリスク負担者である点に、社員が会社の実質的支配権を有する基礎を求めることができる。そして、社員の利益は他のすべてのステークホルダーの利益に優先される。[28] 株式会社においては、資本制度によって出資返還禁止や配当規制がなされ、限定的な責任（有限責任）しか負わない株主が、会社債権者にリスク転換しないようにもされている。このような基本構造は変わっていないのである。

従来どおり、会社法の下でも、会社は出資者が組織する社団だと考えてよいが、[29] その場合に、伝統的な社団概念――複数人の目的的組織――を前提にすると、一人会社が論理解釈上認められなくなってしまう（会社法が会社は社団であると定義しなかった趣旨はこの点にあろう）。[30]

平成一七年改正前商法五二条の「社団」をこのような伝統的社団概念で把握してよいか否かについては周知の議論があった。[31] 伝統的な社団概念で把握しようとする所説は、一人会社容認のために「潜在的社団性」論を主張していた。しかし、少なくとも平成二年の商法改正で認められたと解される設立当初からの一人株式会社については、「潜在的社団性」のあてはめが強引な感は否めない。平成一七年改正で認められたと解される一人合名会社や一人合同会社についてはなおさらである（持分会社は社員の交替や新規加入を基本的に予定しない企業組織である）。

社団とは何かを確定した上で、五二条の社団は同内容だと理解する方法論には限界があったといえよう。この点、会社の実体を定める規定が設置されていない新会社法の下では、「五二条の社団」概念から解放されて、会社の実体をそのままに把握することができる。そこで、会社の実体が社団であると解する場合に、その「社団」は上述のような伝統的な社団概念を前提にするのが自然である。このような観点から、一人会社も含まれる概念としての会社の実体は、出資者からなる社団あるいは出資者が一人だけの場合には当該出資者の資格である、と解することになろう。

(二)　株式会社社団の変容

株式会社社団の構成員である株主の地位は、株式という単位で把握される。株式は、昭和二五年の商法改正まで、資本の構成単位でもあった（同年改正前商一九九条「株式会社ノ資本ハ之ヲ株式ニ分ツコトヲ要ス」）。定款で定められた資本総額を同じく定款に定められた一株の均一な金額（券面額）で除し、発行済となる株式総数が求められたのである。各株式につき、資本に対する寄与は同額（券面額）であった。これが、各株式の権利としての均等性を基礎づけていた。細分化された均等な割合的単位としての株式である。

昭和二五年に無額面株式制度が導入され、昭和五六年改正によって券面額は資本組入最低額に過ぎなくなった。株式を資本の割合的単位とする制度が廃止されたのである（資本と株式の断絶）。もっとも、株式は、依然として、発行済株式総数との関係で社員権を構成する割合的単位である。ある株主の会社支配の割合は、その持株数によって示される。数種の株式（種類株式）は例外的な制度であった。昭和五六年の単位株制度も過渡的な制度として設定された。ところが、平成一三年六月改正商法は単元株制度を導入した(32)。

そして、平成一七年会社法一〇九条一項は、「株式会社は、株主を、その有する株式の内容及び数に応じて、平等に取り扱わなければならない。」とした。種類株式は、株主平等原則に取り込められ、もはや例外ではない[33]。株主の支配権の多様な設計が正面から認められたといえよう。そうすると、異なる扱いを受ける株主間の利害調整の検討が急務となる。

種類株主総会や株式買取請求権の再整理、具体的場面における株主権濫用法理の検討、これらを前提とする種類株式の内容の限界の検討など、課題は多い。公開会社（会二条五号）と公開会社でない株式会社（利益配当請求権、残余財産分配請求権および株主総会における議決権につき、株主ごとに異なる取扱を行う旨を定款に定めることができる〔会一〇九条二項〕）、あるいは、上場会社（株式の内容に明確性が求められ、一般投資家の保護を考慮しなければならない）と非上場会社とでは利益状況が異なろう。

単元株制度も検討課題を抱える。種類株式発行会社においては、株式の種類ごとに単元株式数を定めることになるから（会一八八条三項）、単元株制度を利用すると実質上の複数議決権株を生み出すことができる。公開会社における議決権制限株式の発行数は、発行済株式総数の二分の一以下にすることを要する（会一一五条）。単元株式数の設定においても、このような制約原理が必要か否か検討しなければならない。

上記の利益調整は株主間の問題である。さらに、同一の会社社団に属していることの意味（「株式」の意義・内容）を体系化することを要しよう[34]。しかしながら、株主の権利の多様性は、株式会社社団の内容の多様化であり、統一概念である株式の明確な把握を困難にしている。

(26)　会社が社団である以上、会社の合併は社団の結合になる。この点、会社法は、吸収合併において、存続会社の株式以外の財産を合併対価として認めている（会七四九条一項二号）。この合併対価の柔軟化によって、存続会社株式のみを合併対価とする従来の合併概念は修正されることになろうが、会社の社団性が否定されるわけではない。

(27)　なお、会社法は持分会社の構成員を「社員」と呼んでいるから、会社の実体が社団であることに変わりはない、と説明する所説がある（弥永真生『リーガルマインド会社法・第11版』〔二〇〇七年〕八頁）。けれども、これでは議論の立て方が逆であろう。社団であるか否かの検討後に、社員と呼ぶのが適当か否かが検討されることになる。

(28)　会社、特に株式会社においては、株主以外の多様なステークホルダーが存在する。そこで、ステークホルダーを会社の実質的支配に参加させる制度の構築も考えられる。もっとも、これには困難を伴う。株主利益の最大化とステークホルダーの利益促進とは往々にして矛盾するからである（山本爲三郎「労働者は経営に参加できるのか——フランスの労働株理論」『ブリッジブック商法』〔二〇〇二年〕六九頁以下参照）。

(29)　なお、ここでの「社団」は、「典型的社団であって組合ではないもの」だけを指すのではない。性質からみた目的団体は、強度の社団性を有するものから強度の組合性を有するものまで様々である。一方、会社には法人格が与えられる（会三条）。したがって、会社の実体は法人格を付与しうる性質を有していなければならない。組合は組合員同士の契約的結びつきに過ぎず、組合の活動も各組合員を中心とした関係として把握されるのに対して、社団は社員から独立した（経済的・社会的）主体性を有すると把握される。社団には法人格付与の適格性があるのに対して、組合にはない。すなわち、会社の実体である出資者の組織体は社団的性質を帯びる側面を有さなければならない。以上のような意味において、会社の実体は社団だというのであり、会社の実体の多様性を否定するのではない。

(30)　一人株式会社だけでなく、一人合同会社や一人合名会社の設立・存続をも認める趣旨である（会六四一条四号。会社法制の現代化に関する要綱案の第3部、第2の2（1）・第4の1〔商事法務一七一七号（二〇〇四年）三〇頁・三二頁〕参照）。対照、平成一七年改正前商九四条四号。

(31)　山本爲三郎『会社法の考え方〈第4版〉』〔二〇〇三年〕一九～二五頁参照。

(32)　以上につき、山本爲三郎「単位としての株式」『商法の歴史と論理・倉澤康一郎先生古稀記念』〔二〇〇五年〕九〇三頁以下（本書三四三頁以下）参照。

(33)　山本爲三郎「株式会社とは何か」山本編『新会社法の基本問題』〔二〇〇六年〕一五～一八頁（本書三九七～三九九頁）参照。

(34)　山本爲三郎『会社法の考え方〈第7版〉』〔二〇〇八年〕七四～七六頁（第9版六二～六三頁）参照。

■第六節■　仮装払込による募集株式の発行等

一　改正の経緯

(一)　平成一七年改正

平成一七年改正前商法では、株式の発行に関して、発起人・取締役に対する引受担保責任・払込担保責任の規定が設けられていた。すなわち、株式会社設立時においては、設立に際して発行する株式総数が定款の絶対的記載事項とされ(平成一七年改正前商一六六条一項六号)[1]、当該株式であって会社成立後なお引受がないものにつき発起人および会社成立当時の取締役に引受担保責任が課され(同一九二条一項)、また、引き受けられたにもかかわらず会社成立後出資未履行の株式につき発起人および会社成立当時の取締役に払込担保責任が課された[2](同一九二条二項)。会社成立後の新株発行に際しては、出資の履行をなさない新株引受人は失権することとされ(同二八〇条の九第二項。打切発行)、新株発行による変更登記があったにもかかわらずなお引き受けられていない株式(出資が履行されず失権した場合は引受のない株式となる)があるときには、当該株式につき取締役に引受担保責任を課していた(同二八〇条の一三第一項)。[3][4]

平成一七年会社法は、上記の規整を次のように変更した。すなわち、株式会社設立時においては、設立に際して発行する株式総数を定款の記載事項から除外し、出資を履行しない株式引受人は失権することとされた(三六条、六三条三項)。[5]したがって、引受担保責任制度は廃され、また、新株発行の場合と併せて払込担保責任の規定も設けられなかった。新株発行に際しては、従前と同様に出資の履行をなさない新株引受人は失権することとされ(二〇八条五項。打切発行)、引受担保責任の規定は設けられなかった。新株発行による変更登記があったにもかかわらずなお引き受けられていない株式があるときにも、株式の交付の問題ではなく、粉飾決算と虚偽の登記による責任問題と整理すれば足るとの立法判断であった。[6]

(二)　平成二六年改正の経緯

平成一七年会社法の下で、仮装払込による悪質な新株発行事例が多数存在すると指摘されている。[7]上場廃止を回避する目的で、会社資金の循環によって新株が発行され、(資金力のない)引受人が当該新株を市場で売り抜けるというのが典型的事案である。このような構図が露見した時には、実質的に出資が履行されていないのにそれに対応する株式が流通してしまっているわけである。

仮装払込に払込としての効力が認められるか否かについては周知の議論がある。[8]仮装払込は無効だとの立場を前提にすると、上記のような例において、株式引受人は失権しているのでそれに対応する「株式」は存在しない。[9]そして存在しない「株式」を流通市場で特定するのは著しく困難である。しかも、存在しない「株式」は善意取得されえないから、存在しない「株式」の議決権行使による株主総会決議の瑕疵の問題が尾を引く。仮装払込にも払込の効力を認める立場においては、存在しない株式が流通する問題からは逃れられる。もっとも、仮装払込有効説の立場でも、少なくとも上述のような悪質事例においては関係当事者間で払込債務の実質的な踏み倒しが図られているのであるから、その利益状況に即した解釈が求められる（取締役が会社資金を流用して自分で新株を引き受けるような単純な事案は中小企業に限定されるのではないか。上場会社においては、資金の迂回に様々な方法が用いられる。誰のどのような責任を追及できるのかは、事案ごとに慎重な検討を要することになろう）。[10][11]

いずれの立場にしても、会社は、募集株式引受人であった者に改めて出資の履行を請求することはできない。仮装払込無効説だと当該募集株式引受人は失権しているし、仮装払込有効説だと既に出資を履行しているからである。一方で、上述のような悪質事例では仮装払込による株式が流通しており、仮装払込無効説を採っても、事実上、当該「株式」の株式としての存在を容認せざるをえない状況が作出される。そこで、実質的に既存株主から仮装払込株主へ株式の経済的価値の移転が生じ、当該会社の株式の経済的価値が低下することになる。仮装払込株主は仮装払込の事実が露見する前にその株式を売り抜けるから、自身は払込義務も負わない意味でいわば二重に利得する上に、被害者は拡大する。新たな出資がなされた外形が形成されるから、その外形を信じて当該会社と取引関係に入った会社債権者の保護も考えなければならない。[12]

平成一七年会社法は、上記のような利害状況に対しては、取締役等の損害賠償責任で対処すれば足ると考えていたのであろう。しかし、当該会社に仮装払込分の損害が定型的に生じているとはいえない。募集株式引受人は失権している（払込義務を負わない）か、有効に払込義務を履行しているからである。利害関係者に対する個別の損害賠償もその損害額の確定からして容易ではない。そもそも、上述のように、仮装払込に係る株式が流通する事案を考えると、損害賠償だけで問題の解決が図られるとはいえない。平成二六年改正前会社法では、仮装払込

による悪質な新株発行事例に的確に対処できないのである。(13)

（1）　したがって、設立に際して発行する株式に関してはその総数が引き受けられる必要があった（平成一七年改正前商一七〇条一項・一七七条一項。総額引受主義――資本確定の原則）。

（2）　この引受担保責任・払込担保責任によって、会社成立後なお引受がない株式や払込がない株式があった場合に、会社設立無効を回避できるか否かについては見解の対立があった（上柳克郎＝鴻常夫＝竹内昭夫編代『新版注釈会社法（13）』〔一九九〇年、有斐閣〕三三五～三四二頁〔山口賢〕参照）。

（3）　新株発行の場合には打切発行されるので、この引受担保責任には一体としての新株発行の無効を回避する趣旨はないとされた（鈴木竹雄＝石井照久『改正株式会社法解説』〔一九五〇年、日本評論社〕一三七頁）。もっとも、仮装払込無効説を前提に、仮装払込で失権が生じても、取締役の引受担保責任の限度で新株発行に無効原因はないとされた（最三判平成九年一月二八日民集五一巻一号七一頁、金融・商事判例一〇一五号二七頁）。

（4）　以上の引受担保責任・払込担保責任は、資本充実の観点から説明された（鈴木＝石井・前掲注（3）五六頁・一三六頁）。

（5）　なお、後掲注（30）参照。

（6）　相澤哲編著『立案担当者による新・会社法の解説』（二〇〇六年、商事法務）五九～六〇頁。

（7）　実例については、証券取引等監視委員会「不公正ファイナンスの実態分析と証券取引等監視委員会の対応」http://www.fsa.go.jp/sesc/news/c_2013/2013/20130626.pdf（二〇一三年）一一頁以下参照。

（8）　田澤元章「仮装払込の態様と効果」会社法の争点（二〇〇九年、有斐閣）三〇～三一頁参照。

（9）　なお、株主総会決議（取締役会決議）ごとに均等に定められる募集事項（一九九条一項五項）に基づく一体としての新株発行における無効原因の有無と、新株引受による個別の権利株の失権とは別問題である。一体としての新株発行に無効原因がない場合でも、出資を履行しない引受人は失権する。

（10）　存在しない「振替株式」の善意取得は生じうる（振替一四四条）。しかしながらそれは、振替口座簿の加入者口座の記載・記録の合計数が発行済株式総数よりも多い場合の処置である（なお、振替一四五条・一四六条参照）。したがって、本節で検討している仮装払込事案は、振替株式を善意取得しうる場合にはあてはまらない。

(11) 当然ながら、この問題の発生を防ぐために仮装払込有効説を主張するのであれば、本末転倒した解釈ということになる。

(12) 「法制審議会会社法制部会第二一回会議議事録」http://www.moj.go.jp/content/000100831.pdf（二〇一二年）四五〜四六頁〔田中亘幹事発言〕参照。

(13) 従来から、仮装払込が横行しているといわれていたが、引受担保責任・払込担保責任が廃止されたことでさらに箍が外れたような状況になったともいえよう。

二　平成二六年改正の概要

（一）　仮装出資分の支払等責任

そこで、平成二六年の会社法改正では、まず、仮装出資分の支払等義務が新設された。[14]

①出資を仮装した募集株式引受人は、仮装した払込金額全額支払・現物出資財産給付をなす義務を負うこととされ（二一三条の二第一項。支払等義務）[15]、仮装出資（仮装払込と仮装給付。以下同じ）に関与した取締役・執行役も、その職務を行うにつき注意を怠らなかったことを証明しない限り（当該株式引受人は除く）、出資を仮装した株式引受人と連帯して支払義務（現物出資に関しては、会社が請求する当該財産の価額相当額の金銭支払義務）を負うこととされた（二一三条の三）。これらの責任は株主代表訴訟の対象とされ（八四七条一項）[16]、募集株式引受人の上記義務を免除するには総株主の同意を要することとされた（二一三条の二第二項）[17]。仮装出資に関与した取締役・執行役の支払義務

については、その免除に総株主同意要件が課されていない。つまり、通常の債務の免除と同様に、業務執行機関の権限でこの支払義務を免除できることになろう[18]（仮装出資株式引受人の義務が総株主の同意により免除できるとされている以上、仮装出資関与取締役・執行役の支払義務は免除できないと解することは困難である）。

②新株予約権を行使した新株予約権者に関しても同様の規整がなされた。募集新株予約権の仮装払込・給付をなした者[19]（募集新株予約権発行時の仮装払込・給付）、新株予約権の行使に際して仮装出資した者は、仮装した払込金額全額支払・現物出資財産給付をなす義務を負うこととされ[20]（二八六条の二第一項）、仮装払込・給付に関与した取締役・執行役も、その職務を行うにつき注意を怠らなかったことを証明しない限り（当該仮装払込・給付者は除く）、払込・給付を仮装した者と連帯して支払義務（現物出資に関しては、会社が請求する当該財産の価額相当額の金銭支払義務）を負うこととされた（二八六条の三）。これらの責任は株主代表訴訟の対象とされ（八四七条一項）、新株予約権を行使した新株予約権者の上記義務を免除するには総株主の同意を要することとされた（二八六条の二第二項）。仮装出資に関与した取締役・執行役の支払義務については、その免除に総株主同意要件が課されていない。

そして、③会社設立時における仮装出資に関しても同様の規整がなされた[21]。出資を仮装した株式引受人（株式を引き受けた発起人を含む）は、仮装した払込金額全額支払・現物出資財産給付をなす義務を負うこととされ（五二条の二第一項、一〇二条の二第一項）、仮装出資に関与した発起人・設立時取締役も、その職務を行うにつき注意を怠らなかったことを証明しない限り（当該株式引受人は除く）、出資を仮装した株式引受人と連帯して支払義務（現物出資に関しては、会社が請求する当該財産の価額相当額の金銭支払義務）を負うこととされた（五二条の二第二項三項、一〇三条二項）。これらの責任は株主代表訴訟の対象とされ（八四七条一項）、以上の義務を免除するには総株主の同意を要することとされた（五五条、一〇二条の二第二項・一〇三条三項[22]）。

(二)　仮装出資による株式の権利行使制限

仮装出資分の支払責任とともに、流通した仮装出資に係る株式の権利行使が問題となる。この点につき、平成二六年改正会社法は、仮装出資による株式の権利行使を制限する規定を設けた。

出資を仮装した募集株式引受人は、上述二（一）①の支払・給付（二一三条の二第一項、二一三条の三第一項）の後でなければ、当該募集株式について株主の権利を行使できないこととされた（二〇九条二項）。未出資株式につき株主としての権利行使を認めることは適切とはいえないからである。[23] もっとも、出資の履行を仮装した募集株式を譲り受けた者は、仮装出資の事実につき悪意者または（善意でも）重過失がある者を除き、権利行使制限を受けない（二〇九条三項）。取引の安全保護を図る趣旨である。

新株予約権を行使した新株予約権者に関しても同様の規整がなされた。出資を仮装した募集株式引受人は、二（一）②の支払・給付（二八六条の二第一項、二八六条の三第一項）の後でなければ、当該仮装出資に係る新株予約権の目的である株式について株主の権利を行使できないこととされた（二八二条二項）。もっとも、当該株式を譲り受けた者は、仮装出資の事実につき悪意者または（善意でも）重過失がある者を除き、権利行使制限を受けない（二八二条三項）。

そして、仮装出資に係る設立時発行株式に関しても同様の規整がなされた。出資を仮装した株式引受人は、上述二（一）③の支払・給付（五二条の二第一項二項、一〇二条の二第一項、一〇三条二項）の後でなければ、当該仮装出資に係る設立時発行株式について、設立時株主（権利株主）および株主の権利を行使できないこととされた（五二条の二第四項、一〇二条三項）。もっとも、出資を仮装した設立時発行株式[24]またはその株主となる権利[25]を譲り受けた者は、仮装出資の事実につき悪意者または（善意でも）重過失がある者を除き、権利行使制限を受けない（五二条の二第五項、一〇二条四項）。

(14)　募集株式発行等をなした株式会社は、現物出資給付に代えて当該現物出資財産の価額に相当する金銭の支払を請求することができる（二一三条の二第一項二号括弧書）。

(15)　坂本三郎＝高木弘明＝宮崎雅之ほか「平成二六年改正会社法の解説〔Ⅳ〕」商事法務二〇四四号（二〇一四年）八頁によると、既存株主から仮装出資した募集株式の引受人に不当に移転した価値を、当該募集株式引受人に実質的に返還させる趣旨の規定である旨の解説がなされている。既存株主と仮装出資株主との経済的衡平を図ることのみを考えるのであれば、結論から見た説明としては成立しえよう。しかしながら、まず、仮装された出資の効力（後述三（一）参照）を基礎とした説明がなされなければならない。さらに、本節一（二）で述べたように、会社債権者保護の趣旨も考慮されるべきであり、資本充実の観点からの説明に一定の合理性があると考える（山本爲三郎『会社法の考え方〔第8版〕』〔二〇一一年、八千代出版〕四〇頁〔第9版三二頁、二〇一五年〕参照）。なお、資本充実に関する責任だからといって、無過失責任であり免除できない責任でなければならないと硬直的に一律に把握する必要はないと考える（逆にいえば、免除が許されるから資本充実責任ではないとはいえない）。

(16)　仮装出資募集株式引受人の支払等責任については、会社（経営陣）の関与なくして仮装出資はなしえないので、会社（経営陣）からの責任追及が望めないからである（坂本＝高木＝宮崎ほか・前掲注（15）九頁）。

(17)　仮装出資募集株式引受人の支払等義務の免除を一般の債務免除と同様に経営判断の対象と把握すると、仮装出資に関する募集株式引受人と会社経営陣との関係（前掲注（16）参照）から、安易な債務免除が行われそうである（ただし、改正法では仮装出資関与取締役・執行役に支払義務が課せられているほか、取締役・執行役の善管注意義務違反による責任も生じうる）。坂本＝高木＝宮崎ほか・前掲注（15）九頁は、このような馴れ合いによる免除によって他の株主の利益が害されるおそれがあるので、この引受人の支払等義務の免除には総株主の同意を要することにしたと説明する。もっとも、前提として、株式引受契約による出資義務を一般の債務と同様に扱ってよいのか、更に検討する必要があろう（会社法二一二条一項責任とも異なる点に注意を要する）。仮装出資募集株式引受人の支払等義務は実質的な出資義務である（後述三（一）参照）。免除の対象としてよいのか。総株主の同意を免除の要件とするのは、新旧株主間の経済的価値の移転のみを考慮しているからではないのか（前掲注（15）参照）。

(18)　坂本＝高木＝宮崎ほか・前掲注(15)一〇頁(注53)によると、仮装出資によって仮装出資関与取締役・執行役自らが利益を得るわけではないからだと説明されている。この支払義務が免除されても、仮装出資関与取締役・執行役は善管注意義務違反による責任(会四二三条一項)を負う可能性はある。しかし、前述のように、会社に仮装出資分の損害が生じるとはいえない。仮装出資関与取締役・執行役の支払義務は、過失の証明責任が転換された厳重な責任である。そして、善管注意義務違反の職務執行によって利益を得た取締役・執行役だけが四二三条一項責任を負うわけではない。そもそも、仮装出資は会社経営陣が関与するから可能なのだから、その経営陣に免除の判断を任せる制度には問題があろう(前掲注(16)、後述四(二)参照)。

(19)　当該払込・給付が仮装であることにつき悪意または善意重過失で当該募集新株予約権を譲り受けた者(新株予約権を行使した新株予約権者)も含む。重過失のない譲受人に支払責任を課さないのは、新株予約権の取引の安全保護の趣旨である(坂本＝高木＝宮崎ほか・前掲注(15)一二頁)。

(20)　募集新株予約権を発行した株式会社は、現物出資給付に代えて当該現物出資財産の価額に相当する金銭の支払を請求することができる(二八六条の二第一項一号三号)。

(21)　成立した会社は、当該給付に代えて当該現物出資財産の価額に相当する金銭の支払を請求することができる(五二条の二第一項二号括弧書)。

(22)　設立時現物出資財産の価額塡補責任の免除に総株主同意を要することと平仄を合わせて、仮装出資関与発起人・設立時取締役の支払義務の免除にも総株主同意を要することとした旨の説明がなされている(坂本＝高木＝宮崎ほか・前掲注(15)一一頁(注55))。もっとも、設立時における価額塡補責任の免除制限については、発起人自身が現物出資者である点が強調されて説明されている(相澤・前掲注(6)六一頁(注11))。価額塡補責任と仮装出資に関する支払責任とを同列に扱ってよいのかも含めて、再検討に値する問題であろう。

(23)　なお、持分会社における新たな社員の加入は、当該社員に係る定款の変更時に効力を有する(会六〇四条二項)。ただし合同会社においては、定款変更時に出資の全部あるいは一部が未履行であれば、出資を完了した時に社員となる(同条三項)。基本的に社員権の流通を考えないからであろう。

(24) 会社成立後に当該株式が譲渡された場合であり、譲渡人に制約はかけられていないから、当該株式が転々流通した場合も含まれる。
(25) 出資の履行により設立時発行株式の株主となる権利、会社成立時に出資を履行した設立時発行株式の株主となる権利(両者の区別につき、後掲注(29)参照)の譲渡の効力につき、会社法三五条・五〇条二項・六三条二項(設立時募集株式引受人に関する、会社成立時に出資を履行した設立時発行株式の株主となる権利の譲渡の効力については、六三条二項を類推することになろう)参照。

三　仮装出資者の支払等義務の法的性質

(一)　支払等義務、権利制限、失権の各制度における整合的解釈

募集株式引受人は、出資を履行しないと、当該出資の履行により募集株式の株主となる権利を失う(会二〇八条五項)。一方、出資を仮装した募集株式引受人は支払等義務を負う(会二一三条の二第一項)。仮装出資無効説を採り、失権を前提にすると、この支払等義務は出資義務ではない。

他方で、この支払等義務を履行すると、募集株式引受人は、出資の履行を仮装した募集株式について株主の権利を行使できる(会二〇九条二項)。この募集株式は、募集株式発行等の手続に基づいて当該仮装出資株主に割り当てられた株式である。つまり、二〇九条二項は、上記募集株式発行等の手続とは別個に、募集株式発行等の手続を定める規定ではないと解さざるをえない。そうすると、上記支払等義務は当該株式についての払込金支払義務・現物出資財産給付義務であることになる。

仮装出資有効説を採ると、仮装出資募集株式引受人も当該株式の株主になる。一方、出資を履行したはずであるのに、当該募集株式引受人は、再度、払込金額全額支払義務・現物出資財産給付義務を負うことになる。しかも、この支払等義務を履行しないと、株主であるのに当該株式の権利を行使することができない。これら相互の法的関係を説明するのは難しいように思われる。

このように、仮装出資についての無効説、有効説のいずれに立っても、解釈上の困難に突き当たる。上述のような改正法は、仮装出資の効力や募集株式発行等の効力について特定の解釈を前提とするものではない、とされている所以であろう。[26]

もっとも、仮装出資無効説からは、平成二六年改正法は、次のように法律関係を整理したと解される。単に出資がなかった場合と異なり、仮装出資の場合には出資の履行行為が取締役・執行役と募集株式引受人とによって意図的になされるので、改正法によって、出資の履行により募集株式の株主となる権利は失効せず[27]有効な株式になるとされた。[28][29][30]したがって、仮装出資募集株式引受人が負う支払等義務は、当該株式についての出資義務に他ならない。[31]このように解することによって、株式の権利行使制限も無理なく基礎づけられる。これに対して、仮装出資有効説の立場では、支払等義務、株式の権利行使制限や仮装出資関与取締役・執行役の支払担保責任を定める規定の法的基礎を無理なく提示することは困難だと思われる。[32]改正法は、仮装出資無効説の観点から問題を整理したといってよいように思われる。

(二)　支払等義務と引受契約上の出資義務

このように仮装出資募集株式引受人の支払等義務（会二一三条の二第一項）は出資義務としての法的性質を有する。つまり、この支払等義務は募集株式引受契約上の株金払込義務・現物出資財産給付義務そのものである。仮装出資募集株式引受人は出資履行期経過後も失権しないのである。

ただし、出資履行期経過後は、募集株式引受契約上の出資履行義務は二一三条の二第一項義務として規整される。[33]すなわち、支払等義務は総株主の同意がなければ免除できず、現物出資の場合には会社に当該現物出資財産価額に相当する金銭の支払請求権が認められ、仮装出資関与取締役・執行役に支払担保責任が生じるのである。

(三)　出資の仮装は新株発行無効原因、会社設立無効原因に該当するか

個別の権利株（株式引受）の次元では、募集株式引受人は仮装出資によっては失権しない。つまり、当該新株は有効に発行される（ただし、権利行使制限を受ける）。（発行等決定・決議ごとに均一に定められる募集事項に基づく、一体としての）新株発行の次元においても、仮装出資者自身や関与取締役・執行役が支払等義務を負うので、たとえ発行全新株の出資が仮装であっても、新株発行には無効原因がないといえそうである。[34]もっとも、実際に支払等義務が履行されるまでは、既存株主から新株主への経済的価値の移転は是正されない。新株式の権利行使は制限されるが、仮装出資につき争いがあれば、決着がつくまで常に権利行使が問題とされる。抜本的解決の方法として新株発行・自己株式処分無効の訴えを活用できないか、困難ではあるが検討すべき問題であるように思われる（発行全新株につき出資が仮装である場合に限られよう）。

会社設立無効については別個の考慮要素が存する。かつて株金分割払込が認められていた頃には、出資義務を免れようとする株主が会社設立無効の訴えを提起していたが、昭和二三年商法改正によって株金分割払込制度が廃止され全額払込制になってからは、会社設立無効の訴えは利用されない制度になっている。[35]設立無効の訴えを提起する動機が見出しにくいからである。平成二六年の改正で仮装出資株式引受人の支払等義務が認められた。この義務を免れようとする仮装出資株主には、出資がなされていないとして、会社設立無効の訴えを提起する動

機が生じることになる。そして、平成一七年改正前商法においては、引受担保責任・払込担保責任制度を前提としながらも、引受あるいは出資履行の著しい欠缺は会社設立無効原因となると解する所説が通説・判例であった[36]。同年改正前商法下の議論がそのまま妥当するのか、再検討を要しよう。

(四)　仮装出資と新株発行の不存在

仮装出資募集株式引受人の支払等責任は、当該引受人の引受契約上の出資義務であり、当該募集株式発行におけるそのほかの手続は適法になされることが一応の前提となる。これに対して、新株発行の不存在は、基本的には新株発行の手続を全くといってよいほど欠く場合、つまり、会社の一体としての新株発行行為が法的には存在しないと評価される場合である。したがって、一体としての新株発行が不存在であれば、当該新株発行による個別の引受契約に効力を認めることはできず、仮装出資募集株式引受人の支払等義務は問題にならない。

一体としての新株発行が不存在と評価されなくても、個別の引受関係では、出資期日あるいは出資期間内に出資の履行をなさない募集株式引受人は失権する（会二〇八条一項二項五項）。一方、前述のように、仮装出資の場合には募集株式引受人は失権しない。仮装出資とは、形式的・外形的には出資が履行されているが、実質的には出資がなされた（出資によって会社資金が確保された）とは評価できない場合で、新株発行を行う取締役・執行役と募集株式引受人との間で出資を仮装する意図が共有されることを要する（「出資を仮装した」募集株式引受人の責任が問題とされる）。一体としての新株発行不存在とは次元を異にする、個別の出資の実質性が検討されなければならない[37]。

（26）　坂本＝高木＝宮崎ほか・前掲注（15）一〇頁（注54）。

(27)　会社法制部会資料24「会社法制の見直しに関する要綱案の作成に向けた検討(1)」http://www.moj.go.jp/content/000099099.pdf(二〇一二年)第1部第3の2④によると、支払等義務が履行されたときは、仮装出資募集株式引受人は、出資の履行をすることにより募集株式の株主となる権利を失わなかったものとみなすものとする旨の提案がなされていた(最終的には、このようなみなし規定は設けられなかった。この点につき、岩原紳作「『会社法制の見直しに関する要綱案』の解説〔Ⅱ〕」商事法務一九七六号〔二〇一二年〕一一頁参照)。一旦、失権する案のようであり、仮装出資無効説を前提としよう。失権するとしながら、出資の履行によって権利が復活する構成を論理的に説明することは困難なように思われる。

(28)　山下友信編『会社法コンメンタール2』(二〇一四年、商事法務)二二八頁〔松井智予〕参照。

(29)　会社法二〇九条一項は、募集株式引受人が当該募集株式の株主になる時期を定めるに当たって、「出資の履行をした募集株式の株主となる」と規定している。会社法は、「出資の履行をすることにより募集株式の株主となる権利」と「出資の履行をした募集株式の株主となる権利」を区別しており(出資履行前の権利株と出資履行後の権利株)、さらに、出資を履行しない募集株式引受人は失権すると定めている。これらを受けて同条項が表現しているのであり、同条項が出資を履行していない募集株式の株主を認めない趣旨を特に有するわけではなかろう。したがって、仮装出資の場合には、出資の履行により募集株式の株主となる権利は失効しないと解する以上、同条項がこの解釈の妨げになることはない。

(30)　会社設立における会社法五〇条一項の「出資の履行をした設立時発行株式の株主となる」も、前掲注(29)と同様に解される(特に、同条二項が「前項の規定により株主となる権利の譲渡」〔出資履行後の権利株の譲渡〕とすることから、条文の構造上も上述のような文言が用いられる)。なお、出資の履行をしていない発起人は、当然に失権するのではなく、失権手続を経ることにより失権する(会三六条)。出資の履行期経過後においても、会社側に発起人から株金等の取立の余地を残す趣旨である。失権手続がなされずに会社が成立した場合に、五〇条一項によって発起人は失権するのか否かは、同条項のみの文言から形式的に解釈されてはならない。上述した文言の整理からすると、失権手続がなされない以上、発起人は失権しない(同条項は発起人を失権させる効力を有しない)と解されると思われる(江頭憲治郎『株式会社法〔第5版〕』〔二〇一四年、有斐閣〕一一一頁〔注1〕)。なお、この場合には、少なくとも株主の権利行使制限に関する会社法五二条の二第四項五項が類推適用されるべきであろう。

(31) 野村修也「資金調達に関する改正」ジュリスト一四七二号（二〇一四年）三〇～三一頁参照。
(32) 野村・前掲注（31）三一頁注（23）。
(33) 出資履行期経過後も募集株式引受契約上の株金払込義務・現物出資財産給付義務である性質に変化はないから、出資履行期経過後の仮装出資募集株式引受人も、当該会社に対する自己の債権と支払等債務とを相殺することはできない（会二〇八条三項）。
(34) 前掲注（3）参照。
(35) 山本・前掲注（15）七三頁（第9版五八頁）参照。
(36) 山口・前掲注（2）三三五～三三六頁参照。
(37) 最二判昭和三八年一二月六日民集一七巻一二号一六三三頁、最三決平成三年二月二八日刑集四五巻二号七七頁、最一決平成一七年一二月一三日刑集五九巻一〇号一九三八頁参照。

四　仮装出資関与取締役・執行役の支払義務

(一)　法的性質

仮装出資によって会社に損害が生じれば、仮装出資関与取締役・執行役は善管注意義務違反の責任を負う（四二三条一項）。もっとも、出資が履行されないことによって、会社に未出資相当額の損害が当然に生じるわけではない。仮装出資関与取締役・執行役の支払義務は、仮装出資額の支払責任であり、通常の職務懈怠責任ではない。

前述のように、仮装出資募集株式引受人が負う支払等義務は、当該株式についての自らの出資義務である。仮装出資関与取締役・執行役は、仮装出資募集株式引受人のこの支払等義務を、当該株式引受人と連帯して負う。つまり、支払担保責任である（仮装出資と判断される状況では、株式引受人に資力がない場合が多いと思われるので、仮装出資関与取締役・執行役の支払義務は重要である）。もっとも、無過失責任とはされず、無過失の旨を証明すればこの責任を免れる。(38)

取締役・執行役がこの義務を履行しても、仮装出資募集株式引受人の出資義務が果たされたことになるだけであり、当該取締役・執行役が当該株式を取得することになるわけではない。もっとも、支払担保責任を履行した取締役・執行役は、当該出資を仮装した募集株式引受人に対して支払額を求償できる（民五〇〇条・五〇一条）。

(二)　支払義務の免除

前述（二(一)）したように、募集株式発行等あるいは募集新株予約権発行における、仮装出資に関与した取締役・執行役の支払義務は、業務執行機関の権限で免除できることになろう。ただし、このような法規整には次のような問題があると考える。

まず、この取締役・執行役の支払義務が免除されても、総株主の同意による免除がない限り、仮装出資者自身の出資義務は残る。そこで、同僚の取締役・執行役によって免除が安易に行われるおそれがあろう。しかも、仮装出資者に対して会社が行う取立は現実的ではない場合がほとんどであろう（募集株式引受人に資力が認められるのであれば、そもそも仮装出資とは判断されない蓋然性が高い）。したがって、取締役・執行役の支払義務の免除は、従来の株式から仮装出資株式への経済的価値の移転を実質的に肯定する意味を有することになる。通常の債務免除とは異なり、経営判断の対象とはいえないであろう。

立法論としては、取締役・執行役の支払義務の免除は、できないとするか、総株主の同意を要するとすべきであろう。改正法の解釈論としては、少なくとも取締役・執行役に委任できない重要業務執行として取り扱うべきである。取締役会設置会社（監査等委員会設置会社、指名委員会等設置会社も含む）では取締役会決議の専権事項と解するのである。なお、仮装出資関与取締役は特別利害関係人であるから、決議には参加できない（会三六九条二項）。すべての取締役が特別利害関係人となる場合もあろう。

（38）　前掲注（15）参照。

五　仮装出資による株式の権利行使制限

仮装出資によっても募集株式引受人は失権せず、払込期日（払込期間中の仮装出資した日）に当該募集株式の株主となる。[39]ただし、支払等義務を履行しなければ当該株式についての株主の権利を行使できない。株式は発行されているが、当該株式の権利の行使に属人的な制約が課せられている、と解することになろう。

支払等義務が履行されていないのに当該株式の権利が行使された場合には、無権利者による株主権の行使と同様に把握することができる。ただし、会社は免責を主張できないと解すべきであろう。取締役・執行役が仮装出資に関与したからである。例えば、権利行使制限を受ける者が株主総会で議決権を行使した場合には、当該決議に手続的瑕疵が存することになる（会社法八三一条一項一号に基づく総会決議の取消が問題となる。同条二項の裁量棄却の適用は排除されない）。もっとも、上場されている振替株式の場合には、仮装出資者の有する株式であっても仮装出資による株式である旨の証明は困難であろう。

株主の権利行使制限は属人的であるから、仮装出資株主から当該株式を譲り受けた者は原則として権利行使を制限されない。ただし、当該株式の譲受人が、仮装出資の事実につき悪意または（善意でも）重過失がある場合には、当該株式につき権利行使制限を課せられる。属人的な制限であり、譲渡人が善意無重過失であったとしても、悪意の譲受人は権利行使制限を受けることになる。

当該株式が仮装出資による株式である旨、および上述の悪意、重過失は、権利行使制限を主張する側に証明責任が存する。前者には、仮装出資が行われたことを実質的に証明した上で、当該株式がその仮装出資による株式である旨の株式の特定が必要であり、これに後者（悪意、重過失）の証明が重なる。特に、株式上場会社では容易な証明とはいえない。なお、出資が仮装されたが、その後、支払等義務が履行された事実があれば、その事実は権利行使制限を否定する反対当事者に証明責任がある。

（39）　株式は未成立であり、未成立株式の譲渡禁止の仮処分の必要性を指摘し（江頭憲治郎「会社法改正によって日本の会社は変わらない」法律時報八六巻一一号〔二〇一四年〕六四頁）、仮装払込引受人の有する権利は、支払義務を履行すれば株式を取得できる一種のコール・オプションだと解する有力説が主張されている（同・前掲注（30）一一二頁（注２））。重要な指摘であるが、コール・オプション構成は複雑に過ぎるように思われる。

六　改正法務省令(40)

(一)　仮装出資に対する関与

仮装出資に関与した取締役・執行役として、改正会社法施行規則は、①出資の履行の仮装に関する職務を行った取締役・執行役、②出資の履行の仮装が取締役会決議に基づいて行われたときは、仮装出資に関する議案を提案した取締役・執行役および当該決議に賛成した取締役、③出資の履行の仮装が株主総会決議に基づいて行われたときは、仮装出資に関する議案を提案した取締役、当該議案提案決定に同意した取締役（取締役会の当該議案決議に賛成した取締役）、当該株主総会において当該出資の履行の仮装に関する事項について説明した取締役・執行役、を定めている（改正会規四六条の二。会社設立時における、七条の二・一八条の二、新株予約権に関する、六二条の二）。

仮装出資にあたるか否かは実質的に判断される。会社の資金を循環させて実質的には会社の資金で新株を発行する場合でも、循環を構成する個別の取引にはそれぞれ目的が設定されよう。したがって、仮装出資の計画に気づかない取締役・執行役が存在する可能性がある。支払担保責任なので関与の範囲は形式的に定められているが、上記にあてはまる取締役・執行役でもその職務を行うについて注意を怠らなかったことを証明すれば支払義務を負わない。新株の第三者割当先がこれまで取引のない会社であったり、ほとんど価値のない事業や不動産の購入と組み合わされていたり、上場廃止リスクに直面していたりする場合には、慎重な審査・検討を要しよう。

(二)　支払等義務が履行された場合の会計処理

支払等義務が募集株式引受人に履行されて、あるいは支払担保義務が履行されて、会社に支払われた金銭・給付された財産額は、貸借対照表のその他資本剰余金の項目に計上される(改正計規二一条二号三号五号七号)。

実質的な出資なので資本金あるいは資本準備金の項目に計上すべきようであるが、配当原資となるその他資本剰余金に計上される。仮装出資は無効だとしても、確定した貸借対照表の資本金・資本準備金の額を減少するには一定の厳格な手続を要する。したがって、資産に計上した仮装出資額を減少すると、剰余金の減少で対応することになろう。支払等義務の履行によって、減少した剰余金の額が増加して元に戻る、という扱いとなる。資本金あるいは資本準備金を増加させると、剰余金の額が減少し債権者保護になるが、仮装出資者の出資額が資本金・資本準備金に倍額で反映されることになる。

(40)　平成二七年法務省令六号(二月六日公布)。

■第七節■

日本高速物流株主総会決議取消請求事件控訴審判決 〔判例研究〕

東京高判平成二二年七月七日、平成二一(ネ)五九〇三号、株主総会決議取消請求控訴事件、金融・商事判例一三四七号一八頁

判示事項

一　株主総会決議により株主の地位を奪われた株主の当該決議取消訴訟の原告適格

二　株主総会決議により株主の地位を奪われた株主が提起した当該決議取消訴訟について、決議後の会社の吸収合併による消滅等により訴えの利益が消滅したとされた事例

事実の概要

A株式会社（平成二〇年九月二六日時点の発行済株式総数四万九四三三株）は、平成二〇年九月二六日、臨時株主総会を開催して、種類株式発行会社になる旨の定款変更決議（決議1）、既発行株式（本判決は「旧普通株式」と呼んでいる）を全部取得条項付種類株式にする定款変更決議（決議2）、および、全部取得条項付種類株式を会社が取得する決議（決議3）をそれぞれ可決した。決議3の内容は、決議1および決議2に係る定款変更の効力が生じることを条件として、同年九月三〇日に、その前日の最終のA社株主名簿に登録されている株主の有する全部取得条項付種類株式を同社が取得し、これと引換に、決議2によって新設された定款の定めに従って、全部取得条項付種類株式一株に対して一八五〇分の一株の割合で同社の新たな普通株式を交付する、というものであった。そして、同日、この臨時株主総会の直後に、旧普通株主による種類株主総会が開催され、上記決議2と同内容の定款変更決議（決議4）が可決された。

本件は、A社の株主であったX_1、X_2、X_3およびX_4（平成二〇年九月二六日時点の持株数は、それぞれ、三〇〇株、八〇〇株、一八一四株、三〇〇株）が、決議1〜決議4（以下、「本件決議」と呼ぶ）について特別の利害関係を有する者が議決権を行使したことによって著しく不当な決議（会八三一条一項三号）がなされたとして、平成二〇年一二月二四日、本件決議の取消訴訟を提起した事案である。なお、A社は、平成二一年一月一日、B株式会社と吸収合併して解散した（A社の普通株式一株につきB社の普通株式六三五五・六六一二七株が割当交付されている）。さらに、B社は、同年二月一日、Y株式会社と吸収合併して解散したので（B社株式一株につき三万二〇〇〇円の割合をもって金銭が交付されている）、本件訴訟につきY社が承継人となった。

X_1〜X_4は、本件決議の効力発生によって、いずれもA社の普通株式につき一株に満たない端数の交付を受けたに過ぎず、A社の株主ではなくなっている。そこで、本案前の争点として、本件決議取消の訴えにつき、X_1～X_4に原告適格があるか否かが問題とされた。原審判決（東京地判平成二一年一〇月二三日金融・商事判例一三四七号二七頁）は、X_1～X_4はいずれも株主としての地位を有していないから本件決議取消の訴えの原告適格を認めることはできないとし、本件各訴えを却下した。

X_1、X_2、X_3（以下、「X_1ら」と呼ぶ）が、控訴して、予備的請求として本件決議の無効確認を追加した。控訴審では、本案前の争点として、本件決議取消の訴えにつきX_1らに原告適格が認められるか、および、本件訴訟の訴えの利益が問題とされた。

判　旨

一　原告適格の存否について

①「株主総会決議により株主の地位を奪われた株主は、当該決議の取消訴訟の原告適格を有する。当該決議が取り消されない限り、その者は株主としての地位を有しないことになるが、これは決議の効力を否定する取消訴訟を形成訴訟として構成したという法技術の結果にすぎないのであって、決議が取り消されれば株主の地位を回復する可能性を有している以上、会社法八三一条一項の関係では、株主として扱ってよいと考えられるからである。」

②「会社法八三一条一項後段も、商法旧規定下における取締役解任決議取消訴訟における解任取締役の原告適格を認める多数の下級審裁判例の蓄積とこれを支持する学説及び会社実務を受けて、明文化されたものである。他方において、商法旧規定の時代には、株主総会決議により株主の地位を強制的に奪われる局面はほとんどなく、

下級審裁判例の蓄積も乏しかったため、会社法立案の際には、株主総会決議により株主の地位を強制的に奪われた株主の原告適格の明文化が見送られたにすぎず、このような株主の原告適格を否定する趣旨で立法がされたものとはみられない。株主総会決議により株主が強制的に株主の地位を奪われるという現象は、全部取得条項付種類株式の制度が会社法制定時に新設されたことにより、同法施行後に著しく増加したものであることは、公知の事実である。そうすると、明文化されなかったものについては、その原告適格を否定するという立法者意思があったものとみることはできず、会社法八三一条一項後段を限定列挙の趣旨の規定と解することには無理がある。」

③「株主総会決議により株主の地位を奪われた株主が当該決議の取消訴訟の原告適格を有しないという解釈は、当該株主の権利保障にあまりにも乏しく、条理上もあり得ないものである。」

二　**訴えの利益の存否について**

①「本件決議の取消判決が確定すれば、X_1らはA社の株主の地位を取り戻すことができるし、全部取得条項付種類株式の創設等を内容とする定款変更も無効となるから、特段の事由のない限り、X_1らには訴えの利益があるものというべきである。」

②「本件決議に決議取消事由がある場合には、その決議取消訴訟を提起したX_1らは、A社のB社への吸収合併について、合併無効の訴えの原告適格を有する。すなわち、X_1らは、A社の株主として、会社法八二八条二項七号所定の合併の効力発生日に「吸収合併をする会社の株主であった者」に該当する（ただし、決議取消訴訟（本件訴訟）の敗訴判決確定を、原告適格を有することの解除条件とする。）。決議取消判決の確定により本件決議が取り消されない限り、X_1らはA社の株主としての地位を有しないことになるが、これは決議の効力を否定する取消訴訟を形

成訴訟として構成したという法技術の結果にすぎないのであって、決議が取り消されればA社の株主の地位を回復する可能性を有している以上、会社法八二八条二項七号の関係では、A社の株主として扱ってよいと考えられるからである。

このように、X_1らは、決議取消判決の確定に加えて、合併無効判決も確定させることによって、A社の株主（旧普通株式）の地位を回復することができる。そうすると、合併無効の訴えを適法に提起していた場合には、X_1らには回復可能なA社の株主の地位があるから、本件訴訟に訴えの利益があることは明らかである。なお、この結論は、合併契約により消滅会社の株主に交付される合併対価が、現金であるか、又は株式であるかによって左右されるものではない。」

「本件決議に決議取消事由がある場合には、その決議取消訴訟を提起したX_1らは、B社のY社への吸収合併についても、前記と同様の理由により、会社法八二八条二項七号の「吸収合併をする会社の株主であった者」に該当するものとして、合併無効の訴えの原告適格を有する（ただし、A社のB社への吸収合併について法定の期間内に合併無効の訴えを提起していることが必要であり、かつ、決議取消訴訟（本件訴訟）又はA社のB社への吸収合併の無効の訴えの敗訴判決確定を原告適格の解除条件とする。）。

吸収合併をする会社が過去に組織再編を経た会社である場合には、「吸収合併をする会社の株主」には、吸収合併をする会社の組織再編前の前身となる会社（組織再編が二回以上繰り返された場合における前身の前身等となる会社を含む。）の株主（その後の組織再編につき、組織再編無効の訴えが全部提起されている場合に限る。）も含まれると解するのが、条理上当然であるからである。」

③「イ　A社のB社への吸収合併について合併無効の訴えが法定の期間内に提起されていないから、この吸収合併は、たとえA社の株主であるX_1らへの招集手続を欠くA社の株主総会において合併契約の承認決議がされ

たという瑕疵があるとしても、もはやその効力を争うことはできず、有効な合併として扱われるべきことが、対世的に確定している。

ウ　イによれば、A社は、X_1らがその株主ではないことを前提とする合併契約によりB社に吸収合併されて消滅（解散・会社法四七一条四号）したものであり、X_1らは、もはや、この吸収合併の効力を争うことができない。そして、有効として扱われる合併契約においては、X_1らは、何らの合併対価の交付も受けないことになっている。そうすると、本件決議を取り消したとしても、X_1らには、A社又はB社の株主の地位等、対世的に確認すべき権利、地位がないことに帰する。したがって、（2）ウ〔（2）ウは、本節「判旨」の二①――筆者注〕記載の特段の事由があり、本件決議取消訴訟は、訴えの利益を欠くものとして不適法である。

エ　なお、株主総会において瑕疵ある決議をしたことを債務不履行や不法行為と構成して、会社その他の者に対して、X_1らに生じた損害賠償を請求するには、損害賠償請求訴訟の判決には対世効がなく、その判決の既判力は原則として訴訟の当事者にしか及ばないから、決議取消訴訟を提起して対世的に決議の無効を確定させておく必要はない。したがって、この観点から訴えの利益を認めることもできない。

オ　結局のところ、B社への吸収合併について合併無効の訴えの提起がなかったことから、仮に本件決議に瑕疵があったとしても、X_1らは回復すべき法律上の地位（A社又はB社の株主の地位等）を失ったものであって、（2）ウ記載の特段の事由があり、本件決議取消訴訟は、訴えの利益を欠くものとして却下するほかはないものである。」

三　**本件決議の無効確認について**

「本件第一審は審理の範囲を決議取消訴訟の訴訟要件の存否に限定した上で、決議取消訴訟について訴えの却下の訴訟判決をしたものであり、追加された予備的請求（決議無効確認訴訟）の請求原因たる株主平等原則違反の点についての実体審理をしていないことが認められる。このような場合に、控訴審において訴えの追加的変更を認めた上で株主平等原則違反の点について実体審理に入ると、被控訴人の審級の利益が侵害されることとなるから、控訴人らの当審における訴えの追加的変更は、民事訴訟法二一条、一四三条の趣旨に照らして許されない。」

研　究

一　本判決の意義

本件では、A社の株主総会において、種類株式発行会社（会二条一三号）になる旨の定款変更決議（決議1。残余財産分配に関する劣後株式の発行可能株式総数（一株）を定めた。会一〇八条二項柱書二号・四六六条・三〇九条二項一一号）、決議1によって種類株式となった既発行株式に全部取得条項を付す定款変更決議（決議2。同時に上記劣後株式の制度を廃止し、新しく普通株式を定めている。会一〇八条一項七号二項七号・四六六条・三〇九条二項一一号）、および上記二件の定款変更の効力が生じることを条件として全部取得条項付種類株式を会社が取得する決議（決議3。会一七一条一項・三〇九条二項三号）をそれぞれ可決し、その直後に、既存株主（全部取得条項が付される種類株式の株主）による種類株主総会が開催され、上記決議2にあたる決議と同内容の定款変更決議（決議4。会一一一条二項一号・三二四条二項一号）が可決されている。近時、このような方法によって、少数株主が締め出される事例が少なくない。上記のような本件決議につき、決議時にA社の株主であった者（本件決議によって締め出された少数株主であるX_1ら）が当該決議に瑕疵があったとしてその取消を求めたのが本件事案である。

このように、本件事案の特殊性は、まず、本件決議3の効力が生じた（平成二〇年九月三〇日）後に、本件株主総会・種類株主総会決議取消の訴えが提起された（平成二〇年一二月二四日）ので、原告であるX_1らは既にA社の株式を全部失っていた点にある。平成一七年会社法の制定以前にも、株主総会決議（例えば、株式併合決議）によって株主ではなくなった者が当該株主総会決議取消の訴えを提起する可能性がなかったわけではない。しかしながら実際には、会社法によって新たに認められた全部取得条項付種類株式を用いた少数株主の締出し事例が多数生じた結果、現実化した問題である（東京地判平成二二年九月六日金融・商事判例一三五二号四三頁も参照）。次に、本件訴訟提起後にA社はB社と吸収合併して解散し（平成二一年一月一日）、さらに、B社は翌月（同年二月一日）、Y社と吸収合併して解散している（したがって、本件訴訟につきY社が承継人となった）。総会決議取消訴訟提起後に、当該会社が組織再編行為によって消滅しているのである。そこで、さらに本件株主総会・種類株主総会決議取消訴訟自体の訴えの利益が問題とされた。新会社法下の経済界の実務によって実質的に発掘された論点といえよう。

なお、全部取得条件付種類株式を用いた少数株主の締出しに不満のある少数株主が、全部取得条項付種類株式の取得価格決定を申し立て（会一七二条）、取得価格を争った事例は多い（レックス・ホールディングス事件：東京高決平成二〇年九月一二日金融・商事判例一三〇一号二八頁、サンスター事件：大阪高決平成二一年九月一日金融・商事判例一三二六号二〇頁、サイバードホールディングス事件：東京地決平成二一年九月一八日金融・商事判例一三二九号四五頁）。本件X_1らも、その主張を見ると、価格に納得できないことが動機となって本件決議取消訴訟を提起したようである。なぜ取得価格決定の申立をなさなかったのかは不明である（手続的要件〔決議3の株主総会に先立って会社に対してなす反対通知、上記申立は同決議の日から二〇日以内〕を満たさなかったのか、あるいは、決議取消訴訟を取引材料にしたかったのか）。本件決議3によれば、全部取得条項付種類株式一株に対して一八五〇分の一株の割合で同社の新たな普通株式が交付される。端数は金銭処理される（会二三四条一項一号）。金銭処理は、端数の合計数を競売あるいは売却して行う。この手続には、上記取得価格決定の申立のような（少数）株主側が関与する制度は設けられていない。X_1らはこの点にも不安があったのであろう。

二　株主総会決議取消の訴えの原告適格

株主総会・種類株主総会の決議取消訴訟を提起できるのは、株主や取締役などに限定され、法的安定性が図られている（会八三一条一項前段）。株主に関しては、少なくとも訴え提起時には株主でなければならず、かつて株主であったとしても訴え提起時点において株主ではない者は原告適格を有しない。一方、当該決議の取消によって取締役や監査役など一定の地位を回復する者も原告適格を有する旨が規定されている（会八三一条一項後段）。そこで、当該決議の取消によって株主の地位を回復する者も同様に考えてよいかが問題とされた。この点は、判旨一①がいうように「決議が取り消されれば株主の地位を回復する可能性を有している」者あるいは「決議取消により回復されるべき潜在的株主資格を有している」者（大隅健一郎＝今井宏『総合判例研究叢書・商法（5）』（一九五九年、有斐閣）一五〇～一五一頁、大森忠夫ほか編『注釈会社法（4）』（一九六八年、有斐閣）一九三頁〔谷川久〕、上柳克郎＝鴻常夫＝竹内昭夫編代『新版注釈会社法（5）』（一九八六年、有斐閣）三二八頁〔岩原紳作〕）は会社法八三一条一項の株主に含まれると解してよい（同旨、前掲東京地判平成二二年九月六日。反対、東京地判大正一一年三月二八日法律新聞一九九五号一八頁）。同条項後段については判旨一②が指摘するとおりであり、そのように解しないと不当な結論が導かれる（一③）。

三　株主総会決議取消の訴え提起後の組織再編と訴えの利益

株主総会決議取消の訴えは形成の訴えであるから、原告適格を有するX_1らの訴えには、特段の事情がない限り、訴えの利益が認められる（判旨二①）。本件では、この特別の事情が問題となる。すなわち、本件訴訟提起後、A社はB社への吸収合併によって解散し、さらにB社もY社への吸収合併によって解散しているので、このような事情の下ではX_1らにA社株主の地位が回復する可能性があるといえるかが問題となるからである。

この点について、本判決は判旨二②のように論理を構成する。判旨一のように解する以上、基本的には、A社とB社との合併についての無効の訴えおよびB社とY社との合併についての無効の訴えにおいて、X_1らは原告適格を有すると解することになろう（「吸収合併効力発生日において吸収合併をする会社の株主であった者」〔会八二八条二項七号〕に含まれると解する）。本件において総会決議取消判決が確定し、かつ、A社とB社の合併を無効とする判決が確定すると、X_1らはA社株主の地位を回復する。したがって、本件決議後の上記合併自体は本件訴訟の訴えの利益を消滅させる特段の事由ではない。その後のB社とY社の合併についても同様に解することになろう。

本判決は、本件総会決議取消訴訟の訴えの利益を認めるには、「その後の組織再編につき、組織再編無効の訴えが全部提起されている場合に限る」と解しているようである。しかし、この点については次のように解すべきであろう。すなわち、本件決議後にA社を当事会社とする組織再編が複数あっても（それら組織再編が外形上のもので法律上は存在しない場合を除く）、原則としてX_1らの本件総会決議取消訴訟につき訴えの利益が認められる。ただし、当該組織再編無効の訴えにつきX_1らに原告適格も認められる。ただし、当該組織再編無効の訴えのうち一つでもその提訴期間内に訴えが提起されなかった場合や、当該組織再編無効の訴えのうち一つでもX_1らの敗訴が確定した場合には、その時点で本件総会決議取消訴訟の訴えの利益は消滅する。

なお、本判決は、「本件決議の取消判決が確定すれば、X_1らはA社の株主であったことになるから、A社のB社への吸収合併については、X_1らに対する招集の手続を欠くA社の株主総会において合併契約の承認決議をしたという合併無効事由があることになる。これに伴い、X_1らに対して、株式買取請求権の行使の機会を与えなかったことも、問題となる。」という。基本的にそのように解してよいと思われるが、合併承認の株主総会決議の招集手続に瑕疵がある場合であるから、株主総会決議取消訴訟における裁量棄却と同様の考慮が許されるか否かが問題となろう。

四　決議取消事由

定款変更によってある種類の株式に全部取得条項を付す場合には、当該種類株式の種類株主を構成員とする種類株主総会の決議が必要である（会一一一条二項一号。本件では決議4）。これにつき反対株主（会一一六条二項）は、当該種類株式を公正な価格で買い取ることを会社に請求できる（会一一六条一項二号）。このような決議に不満のある少数派株主の利益を保護する趣旨である。さらに、全部取得条項付種類株式を会社が取得する株主総会決議（会一七一条一項。本件では決議3）がなされた場合に、会社法一七二条一項各号の反対株主には取得価格の決定の申立制度（会一七二条）の利用が認められている。取得価格に不満のある少数派株主の利益を保護する趣旨である。一で指摘したように、全部取得条項付種類株式を用いた少数株主の締出し事例では、取得価格の決定の申立制度によってその額が争われることが多い。そのような状況の中で、本判決は、会社による全部取得条項付種類株式の取得によって株主ではなくなった者にも、株主総会決議の効力を争うことによって、当該事例における全部取得条項付種類株式を用いた少数株主締出しの構想自体を否定する可能性があることを示している（もっとも、決議取消判決が確定しても、会社支配権についての多数派株主と少数派株主との勢力関係は当該総会決議前と基本的に変わらないであろう。また、当該総会決議の効力を否定するには後述のように多数決の濫用による決議である旨を証明しなければならず、この証明が容易であるとは必ずしもいえないであろう）。

本案前の訴訟要件の段階で終局判決が下されたのではあるが、本件における総会決議取消事由につき一応の考察をしておこう。X_1らの本件控訴審での主張では、Y社とB社は「子会社保有分も含めると、本件決議により、A社の発行済み株式のうち議決権行使可能なものの全部を取得することになるから、特別利害関係者に当た」り、その議決権行使により著しく不当な決議がなされた。不当性は、X_1らをA社の株主から締め出し、一株八万五五〇〇円になるはずの取得価格が一株一万八〇〇〇円を基準に定められようとしている点にある。このような主張がなされたのは、本件のように株主総会招集手続や総会決議の方法に手続的瑕疵がないことを前提にすると、決議が多数決の濫用による旨、つまり特別利害関係人が議決権を行使したことによる著しく不当な決議である旨（会社法八三一条一項三号を類推する）の証明を要するからである（奥島孝康＝落合誠一＝浜田道代編『新基本法コンメンタール・会社法3』〔二〇〇九年、日本評論社〕三六九頁〔小林量〕）。X_1〜X_4のうち持株数が一番多かったのは一八一四株保有のX_3であったから、旧普通株式一八五〇株につき新普通株式一株を交付するという決議3には、X_1らを締め出す意図があったと推測される。問題は、その締出しの不当性である。これは実質判断である。本件のように組織再編を重ねて企業グループを再編成するという高度な経営判断は正当性を基礎づける判断対象の一つとなろう。また、前述のように、少数派株主の利益を保護する制度も設けられている（もっとも、これらが少数派株主の利益保護としての機能を十全に果たすように設計されているか否かには疑問の余地があろう）。以上から、現行制度を前提とする限り（全部取得条項付種類株式の利用を規制すべきだとの立法論には十分に説得力があると思われるが）、単なる締出し自体をもって不当であるとはいえず、取得価格の不当性証明等を要することになろう（同旨、前掲東京地判平成二二年九月六日）。

五　株主平等原則違反と総会決議の無効

本判決は、控訴審においてX_1らが追加した本件決議の無効確認を求める予備的請求につき、判旨三のように判断している。多数決の濫用による総会決議は株主平等原則違反に該当するので無効であると解する場合にも、本件における多数決の濫用の証明は上記四の取消事由の証明と同様になる。総会決議無効確認訴訟の提訴権者に特別な制約はない。そして、訴えの利益については判旨二と同様に考えることになろう。そうすると、本判決のように大上段に構えなくても、総会決議取消の訴えと同じく訴えの利益を欠くとの判断で足りたのではなかろうか。

六　法改正に関する付記

本判決が一つの契機となり、平成二六年改正によって、株主総会決議取消訴訟の原告適格者に、「当該決議の取消しにより株主となる者」が追加された（改正会八三一条一項後段）。

全部取得条項付種類株式の取得価格決定の申立に関する平成二六年改正については、第二章第二節三および四参照。

初出一覧

序章　譲渡による株式取得と株主権行使

書き下ろし

第一章　株主名簿制度効力論

第一節　株主名簿制度効力論

「株主名簿制度効力論」法学研究七〇巻一二号（一九九七年一二月二八日）二二五〜二五一頁

第二節　無権利者の請求による名義書換

「無権利者の請求による名義書換」法学研究六六巻一二号（一九九三年一二月二八日）一四三〜一七〇頁

第三節　個別株主通知の効力

「個別株主通知の効力」山本爲三郎編『企業法の法理』（二〇一二年三月三〇日、慶應義塾大学出版会）五七〜八二頁

第四節　株主名簿上の名義〔演習〕

「演習商法」（表題付加）法学教室三六一号（二〇一〇年一〇月一日）一二六〜一二七頁

第五節　名義書換未了株主の会社に対する法的地位〔演習〕

「事例商法入門10　名義書換未了株主の会社に対する法的地位」受験新報五〇巻一〇号（二〇〇〇年九月一日）八〜一一頁

第六節　他人名義による出資の引受〔判例研究〕

判例研究〔商法五七〇〕「他人名義による出資の引受」法学研究八九巻一一号（二〇一六年一一月二八日）六三〜七四頁

第七節　有限会社において、持分譲渡に伴わずに生じた「失念持分」の帰属先〔判例研究〕
判例研究〔商法四五六〕「有限会社において、持分譲渡に伴わずに生じた「失念持分」の帰属先」法学研究七八巻九号（二〇〇五年九月二八日）六三～六九頁

第二章　基準日と株主

第一節　株式の流通・発行と基準日
「株式の流通・発行と基準日」法学教室三七四号（二〇一一年一一月一日）一〇～一三頁

第二節　基準日後株主による取得価格決定申立
「基準日後株主による取得価格決定申立」法学研究八九巻一号（二〇一六年一月二八日）一～二三頁

第三節　議決権行使基準日後株主と全部取得条項付種類株式取得価格決定申立権〔判例研究〕
判例研究〔商法五六〇〕「株主総会における議決権行使に係る基準日後に株式を取得したことのみをもって、当該株式に係る全部取得条項付種類株式取得価格決定申立権が与えられないとまでいうことはできない、とされた事例」（改題）法学研究八八巻一〇号（二〇一五年一〇月二八日）七九～八九頁

第三章　定款による株式譲渡制限制度の法的構造

第一節　定款による株式譲渡制限制度の法的構造
「定款による株式譲渡制限制度の法的構造」中村眞澄教授・金澤理教授還暦記念論文集第一巻『現代企業法の諸相』（一九九〇年二月二八日、成文堂）一三五～一六三頁

第二節　取締役会の承認のない譲渡制限株式の譲渡の効力と譲渡人・譲受人の地位
「取締役会の承認のない譲渡制限株式の譲渡の効力と譲渡人・譲受人の地位」判例タイムズ八〇八号（一九九三年四月一五日）三六～四二頁

第三節　会社の行う株式の譲渡制限について
「会社の行う株式の譲渡制限について」法学研究六六巻一号（一九九三年一月二八日）一四三〜一六六頁
第四節　商法三五〇条一項の株券提出期間経過後になされた未提出株券の交付による株式譲渡の効力〔判例研究〕
判例研究〔商法二八〇〕「商法三五〇条一項の株券提出期間経過後になされた未提出株券の交付による株式譲渡の効力」法学研究六〇巻一一号（一九八七年一一月二八日）一二二〜一二六頁
第五節　譲渡制限株式に関する譲渡承認および相手方指定請求撤回の時期〔判例研究〕
「譲渡制限株式に関する譲渡承認および相手方指定請求撤回の時期」平成15年度重要判例解説（別冊ジュリスト一二六九号、二〇〇四年六月一〇日）一〇四〜一〇五頁
第六節　日刊新聞紙の発行を目的とする株式会社の従業員持株制度における合意の有効性〔判例研究〕
「日刊新聞紙の発行を目的とする株式会社の従業員持株制度における合意の有効性」『判例セレクト 2009 Ⅱ』（法学教室三五四号別冊付録）（二〇一〇年三月一日）一六頁、『判例セレクト 2009-2013〔Ⅱ〕』（二〇一五年三月一日、有斐閣）七〇頁

第四章　株券法理
第一節　株券法理
「株券法理」倉沢康一郎＝奥島孝康編『岩崎稜先生追悼論文集　昭和商法学史』（一九九六年一二月二〇日、日本評論社）七四三〜七六八頁
第二節　単位としての株式
「単位としての株式」倉澤康一郎先生古稀記念『商法の歴史と論理』（二〇〇五年七月一六日、新青出版）九〇三〜九三一頁
第三節　単位株制度
「単位株制度」法学教室三五〇号（二〇〇九年一一月一日）一六〜一七頁
第四節　株式会社とは何か

「株式会社とは何か」山本爲三郎編『新会社法の基本問題』（二〇〇六年二月二八日、慶應義塾大学出版会）三～二六頁

第五節　会社の法的性質と新会社法

「会社の法的性質と新会社法」法の支配一五三号（二〇〇九年四月三〇日）三四～四二頁

第六節　仮装払込による募集株式の発行等

「仮装払込による募集株式の発行等」鳥山恭一＝福島洋尚編『平成26年会社法改正の分析と展望』金融・商事判例一四六一号（二〇一五年三月一五日）四〇～四七頁

第七節　日本高速物流株主総会決議取消請求事件控訴審判決〔判例研究〕

商事法判例研究「1　株主総会決議により株主の地位を奪われた株主の当該決議取消訴訟の原告適格　2　株主総会決議により株主の地位を奪われた株主が提起した当該決議取消訴訟について、決議後の会社の吸収合併による消滅等により訴えの利益が消滅したとされた事例――日本高速物流株主総会決議取消請求事件控訴審判決――」（改題）金融・商事判例一三五七号（二〇一一年一月一五日）二～六頁

東京地決平成 21 年 10 月 27 日金融・商事判例 1360 号 27 頁 ……………………………100
東京地決平成 21 年 11 月 13 日金融・商事判例 1337 号 31 頁 ……………………………100
東京高決平成 22 年 1 月 20 日金融・商事判例 1337 号 27 頁………………………………100
東京高決平成 22 年 2 月 9 日金融・商事判例 1337 号 27 頁 ………………………………100
東京高判平成 22 年 7 月 7 日金融・商事判例 1347 号 18 頁 ……………………………441~
東京地判平成 22 年 9 月 6 日金融・商事判例 1352 号 43 頁 ………………… 448, 449, 452
最決平成 22 年 12 月 7 日民集 64 巻 8 号 2003 頁…………………86, 96, 100~101, 103, 187
最判平成 24 年 3 月 28 日民集 66 巻 5 号 2344 頁…………………………………176, 194, 201
東京地決平成 25 年 7 月 31 日資料版商事法務 358 号 148 頁………………… 171, 185, 195~
東京地決平成 25 年 9 月 17 日金融・商事判例 1427 号 54 頁………………… 171, 185, 195~
東京地決平成 25 年 11 月 6 日金融・商事判例 1431 号 52 頁 …………………………185, 189~
東京地判平成 27 年 2 月 18 日判例時報 2267 号 114 頁………………………………………125~
東京地決平成 27 年 3 月 4 日金融・商事判例 1465 号 42 頁 ………………… 185, 186, 196~
東京地決平成 27 年 3 月 25 日金融・商事判例 1467 号 34 頁………………… 184, 185, 196~
東京地決平成 27 年 10 月 14 日金融・商事判例 1497 号 17 頁 ……………………………203
東京高決平成 28 年 3 月 28 日金融・商事判例 1491 号 32 頁………………………………202
最決平成 28 年 7 月 1 日民集 70 巻 6 号 1445 頁 ……………………………………………203

平成元年〜20年

大阪高判平成元年4月27日判例時報1332号130頁 …… 299, 301
東京地判平成元年6月27日金融・商事判例837号35頁 …… 261
東京高判平成2年11月29日判例時報1374号112頁 …… 261
最決平成3年2月28日刑集45巻2号77頁 …… 435
名古屋高判平成3年4月24日高裁民集44巻2号43頁 …… 33
京都地判平成4年2月27日判例時報1429号133頁 …… 31
東京高判平成4年11月16日金融法務事情1386号76頁 …… 33, 135
最判平成4年12月18日民集46巻9号3006頁 …… 139
神戸地判平成5年2月24日判例時報1462号151頁 …… 31
最判平成5年3月30日民集47巻4号3439頁 …… 137
東京高判平成5年8月23日金融法務事情1389号32頁 …… 34
高知地判平成7年5月17日金融・商事判例1001号10頁 …… 35
東京地判平成7年8月23日金融・商事判例1002号38頁 …… 37
名古屋地判平成8年1月26日判例時報1564号134頁 …… 37, 38
高松高判平成8年5月30日金融・商事判例1001号8頁 …… 35
名古屋高判平成8年6月27日資料版商事法務149号218頁 …… 38
最判平成9年1月28日民集51巻1号71頁、金融・商事判例1015号27頁 …… 424
札幌地判平成9年11月6日判例タイムズ1011号240頁 …… 133
福岡地決平成12年8月22日民集57巻2号213頁 …… 296
福岡高決平成14年1月29日判例時報1795号158頁 …… 296
最決平成15年2月27日民集57巻2号202頁、判例時報1815号157頁、判例タイムズ1117号222頁 …… 295~
千葉地判平成15年5月28日金融・商事判例1215号52頁 …… 141~
東京地判平成16年7月15日金融・商事判例1225号59頁 …… 147
最決平成17年12月13日刑集59巻10号1938頁 …… 435
最判平成20年2月20日民集62巻2号576頁 …… 408~410
最判平成20年2月26日民集62巻2号638頁 …… 113
東京高決平成20年9月12日金融・商事判例1301号28頁 …… 448

平成21年〜

最判平成21年2月17日集民230号117頁、判例時報2038号144頁、判例タイムズ1294号76頁、金融法務事情1868号45頁、金融・商事判例1312号30頁・1317号49頁 …… 305~
大阪高決平成21年9月1日金融・商事判例1326号20頁 …… 448
東京地決平成21年9月18日金融・商事判例1329号45頁 …… 448

最判昭和45年4月2日民集24巻4号223頁……113
大阪地判昭和46年3月29日判例時報645号102頁……31
東京地判昭和46年8月16日判例時報649号82頁……33, 34
東京地判昭和48年2月23日判例時報697号87頁……147
最判昭和48年6月15日民集27巻6号700頁……211, 212, 214, 221, 241, 246, 261
東京地判昭和50年1月28日判例時報774号111頁……208
最判昭和50年11月14日裁判集民116号475頁、金融法務事情781号27頁
……35, 132

昭和51年～64年

大阪高判昭和51年7月7日金融・商事判例504号27頁……147
最判昭和52年1月8日民集31巻6号847頁……229
大阪地判昭和54年5月30日金融・商事判例582号48頁、判例タイムズ391号124頁
……219, 222, 243, 261
東京地判昭和56年2月24日判例時報1018号119頁……278
東京地判昭和56年6月25日金融・商事判例636号55頁……147
東京地判昭和56年9月8日金融・商事判例649号37頁、判例タイムズ463号140頁
……287~
東京地判昭和57年3月30日判例タイムズ471号220頁……133
福岡簡判昭和58年12月21日判例タイムズ520号262頁……273
最判昭和60年3月7日民集39巻2号107頁……233, 291
京都地判昭和61年1月31日判例タイムズ595号85頁……222, 246~
大阪高判昭和61年5月30日金融・商事判例794号5頁……248
東京地判昭和61年12月2日判例時報1218号132頁……281, 284
東京高判昭和62年6月29日金融・商事判例779号30頁……281, 284
金沢地決昭和62年9月9日金融・商事判例790号15頁……265
東京地判昭和63年1月26日金融・商事判例799号16頁……27
名古屋高判昭和63年1月28日金融・商事判例792号14頁……281, 282
仙台高決昭和63年2月8日判例時報1272号136頁……299
最判昭和63年3月4日金融法務事情1195号41頁……280
最判昭和63年3月15日金融・商事判例794号3頁、判例タイムズ665号144頁
……14, 212~214, 222, 223, 242~
大阪地判昭和63年3月30日判例タイムズ674号193頁……243, 261, 299, 301
大阪地判昭和63年4月27日金融・商事判例827号18頁……299, 301
最判昭和63年7月7日金融法務事情1197号21頁……280

判例索引

明治・大正

大判明治30年3月3日民録3輯3巻26頁……325
大判明治38年11月2日民録11輯1539頁……324
大判明治39年5月7日刑録12輯11巻542頁……325
京城覆判大正4年（月日不明）法律新聞1015号29頁……214
大判大正5年3月6日民録22輯5巻178頁……325
大判大正5年5月15日民録22輯16巻953頁……325, 326
大判大正8年10月16日民録25輯25巻1878頁……324, 325
東京地判大正11年3月28日法律新聞1995号18頁……449
大判大正12年4月16日民集2巻6号251頁……325
大判大正13年12月23日民集3巻12号543頁……325
大判大正15年12月21日民集5巻12号881頁……326

昭和元年～50年

大判昭和5年12月24日法律新聞3216号16頁……214
大判昭和8年7月15日民集12巻20号2050頁……333
大判昭和18年5月17日新商事判例集1巻791頁……67
大判昭和19年2月29日民集23巻3号90頁……326
福島地判昭和29年1月29日下民集5巻1号86頁……147
最判昭和30年10月20日民集9巻11号1657頁……122, 228, 258
最判昭和31年4月27日民集10巻4号450頁……326, 328, 329
最判昭和33年10月3日民集12巻14号3053頁……138
最判昭和35年9月15日民集14巻11号2146頁……146
東京地判昭和37年4月12日下民集13巻4号728頁……147
最判昭和38年10月1日民集17巻9号1091頁……330
最判昭和38年12月6日民集17巻12号1633頁……435
最判昭和41年7月28日民集20巻6号1251頁……76, 122, 227
大阪高判昭和41年8月8日下民集17巻7・8号647頁……33, 36
最判昭和42年11月17日民集21巻9号2448頁……35, 111, 132
山口地判昭和42年12月7日下民集18巻11・12号1153頁……147
最判昭和43年12月12日民集22巻13号2943頁……146
大阪地判昭和45年2月26日週刊金融・商事判例230号12頁……147

跋

学問的価値の高い研究成果であつてそれが公表せられないために世に知られず、そのためにこれが学問的に利用せられずして、そのまま忘れられるものは少なくないであろう。又たとえ公表せられたものであつても、口頭で発表せられたために広く伝わらない場合があり、印刷公表せられた場合にも、新聞あるいは学術誌等に断続して載せられた場合は、後日それ等をまとめて通読することに不便がある。これ等の諸点を考えるならば、学術的研究の成果は、これを一本にまとめて出版することが、それを周知せしめる点からも又これを利用せしめる点からも最善の方法であることは明かである。この度法学研究会において法学部専任者の研究でかつて機関誌「法学研究」および「教養論叢」その他に発表せられたもの、又は未発表の研究成果で、学問的価値の高いもの、または、既刊のもので学問的価値が高く今日入手困難のものなどを法学研究会叢書あるいは同別冊として逐次刊行することにした。これによつて、われわれの研究が世に知られ、多少でも学問の発達に寄与することができるならば、本叢書刊行の目的は達せられるわけである。

昭和三十四年六月三十日

慶應義塾大学法学研究会

著者紹介
山本 爲三郎 （やまもと ためさぶろう）
慶應義塾大学法学部教授。
1958 年生まれ。慶應義塾大学法学部法律学科卒業、慶應義塾大学大学院法学研究科民事法学専攻博士課程単位取得退学。公認会計士試験試験委員（2006 年～ 2010 年）、新司法試験考査委員（2006 年～2007 年）。
著書に、『会社法の考え方〔第 9 版〕』（八千代出版、2015 年）、『会社法〔第 2 次改訂版〕』（共著、学陽書房、2015 年）、『企業法の法理』（編著、慶應義塾大学出版会、2012 年）、『新会社法の基本問題』（編著、慶應義塾大学出版会、2006 年）ほか。

慶應義塾大学法学研究会叢書　87

株式譲渡と株主権行使

2017 年 5 月 31 日　初版第 1 刷発行

著　者――――山本爲三郎
発行者――――慶應義塾大学法学研究会
　　　　　　代表者　大沢秀介
　　　　　　〒 108-8345　東京都港区三田 2-15-45
　　　　　　TEL 03-5427-1842
発売所――――慶應義塾大学出版会株式会社
　　　　　　〒 108-8346　東京都港区三田 2-19-30
　　　　　　TEL 03-3451-3584　FAX 03-3451-3122
装　丁――――鈴木　衛
印刷・製本――萩原印刷株式会社
カバー印刷――株式会社太平印刷社

Printed in Japan ISBN978-4-7664-2431-7